人说山西好风光

近年来，历史、文化和旅游结合得越来越紧密，文化旅游受到越来越多的关注，人们徜徉于自然山水的同时，也感受着历史文化的熏陶与启迪，自然与人文通过文化旅游自然地结合起来。山西，这一华夏文明的起源地之一，最早的中国所在地，具有开展文化旅游得天独厚的条件。

五千年绵延不绝的华夏文明给三晋大地留下了大量瑰宝和丰厚的文化积淀。山西现存文物古迹53000余处，旧石器早期遗址400余处；山西是全国古村落保存最完整的省份之一，古村落和古民居近千处遍及全省；宋辽金及之前的木结构建筑占全国的72.6%，享有“中国古代建筑艺术博物馆”的美誉；现存唐代以来彩塑12712尊，金元以来古戏台2800余座，均居全国之冠。山西现存戏曲剧种38个，剧种数量为全国之最。山西又是“民歌的海洋”“民间舞蹈之乡”，现存的民间舞蹈有200多种，民歌更是高达20000余首。这些琳琅满目、数不胜数的历史文化资源，等待着我们去保护、开发、利用，并将其完好无缺地传承给我们的后代。

在2016年夏季达沃斯论坛上，李克强总理提出的旅游、文化、体育、健康、养老五大幸福产业的概念。随着经济社会发展水平和居民收入等条件不断提升，旅游与文化会逐步成为民众获取幸福感的刚需。

2017年楼阳生省长在山西省旅游发展大会上指出，“把文化旅游业培育成我省战略性支柱产业”，要求把旅游业发展成为“大众创业，万众创新的大舞台”，提出打造黄河、长城、太行三大旅游板块的思路举措，要加快构建“乐水、尚城、崇山”旅游品牌体系。此后，山西省政府连续召开了黄河、太行、长城三大板块及其相关会议。相关部门在顶层设计、项目引领、业态融合、基础建设、市场营销等方面进行了积极探讨，并对三大板块进行了总体和局部的部署。在省政府的统一部署下，各地政府也加快旅游产业布局与政策落地，全省上下掀起一股发展旅游业的热潮。一时间，黄河、长城、太行成为最热的词汇。

黄河、长城、太行是华夏文明的载体，是三晋大地悠久历史文化和壮美山川风光的标识与符号。黄河之魂在山西，长城博览在山西，大美太行在山西。立足黄河、长城、太行三大品牌集聚一省的独特禀赋，目前，我省正着力推动转型发展，加快把文化旅游业培育成我省战略性支柱产业。以此为契机，山西旅游发展也开启了新的时代。山西将充分挖掘黄河的博大内涵，凝练黄河风情、民族精神主题，构建母亲黄河、龙腾黄河、多彩黄河、生态黄河的旅游精品线路；挖掘长城的边塞、军事、农牧、贸易等历史文化元素，凝练爱国主义、民族融合主题，建设古建长城、军事长城、民族长城、丝路长城的历史文化旅游公园；挖掘太行的山水、生态、红色圣地等文化元素，凝练大美太行、天下脊梁主题，打造雄奇太行、秀丽太行、红色太行、古韵太行的精品风景旅游带。三大板块不同于传统意义的景区景点，也不是简单景区景点集合集群。它既是旅游地理概念范畴，更重要的是山西旅游产业发展新定位。

2017 年 9 月山西省教育厅批准成立“山西省互联网 + 与旅游产业升级协同创新中心”，中心的牵头单位为坐落于华夏文明重要发祥地古尧都临汾市的山西师范大学。中心的建设思路和发展目标定位为根据《山西省“十三五”发展规划》和国家《“十三五”旅游业发展规划》的要求，努力把文化旅游产业发展成为山西省的战略性支柱产业。探索旅游业与互联网融合发展路径，提升旅游业资源和要素整合集成能力和模式创新能力，促进旅游基础设施和旅游公共服务体系数字化建设，推动旅游管理体制和机制改革的信息化建设，建设互联网 + 旅游综合改革试点，培育山西旅游新业态，形成旅游新优势。在我省提出打造“三大板块”的旅游战略后，我们及时抓住这一契机，组织力量编写关于黄河、长城、太行的系列图书，尝试为三大板块旅游做一些文献、文化方面的准备，也为中心工作的开展做一些有益的尝试与探索。

山西省「1331工程」山西省互联网+与旅游产业升级协同创新中心系列成果

表里山河丛书 BIAOLI SHANHE

上善若水

——黄河岸边的文化与旅游

夏文华／编著

山西出版传媒集团

山西经济出版社

《表里山河》丛书编委员会

长风破浪会有时，直挂云帆济沧海。在刚刚结束的第十三届全国人民代表大会第一次会议上，通过了国务院机构改革方案，其中与文化与旅游直接相关的就是新组建“文化和旅游部”，这一改革是为了增强和彰显文化自信，统筹文化事业、文化产业发展和旅游资源开发，提高国家文化软实力和中华文化影响力，推动文化事业、文化产业和旅游业融合发展，具有极其重要的历史意义，给文化旅游的发展带来新的契机，文化旅游即将迎来新时代。我们庆幸赶上了这样的新时代，我们渴望在新时代里有新作为，我们愿意为我省的文化旅游尽自己的绵薄之力。千里之行，始于足下，编写“三大板块”系列图书只是我们的一个开端，我们也希望能抛砖引玉，唤起文化界同仁们关注文化旅游的热忱，共同投身于文化旅游的事业中来。

车晓梅

2018 年 3 月

前 言

黄河是中国第二长河，世界第五长河，因河水含沙量大、水色浑浊发黄而得名。在中国历史上，黄河及沿岸流域给人类文明带来了巨大的影响，成为中华民族最主要的发源地，黄河是中华民族当之无愧的“母亲河”。黄河包含了“上善若水”所承载的所有含义，正是黄河源源不断的“善行”，培育了中华民族“自强不息，厚德载物”的民族精神。

黄河文化是依托黄河产生的，也是黄河流域内人们的生产和生活在文化领域的长期积淀。千百年来，数不清的文人骚客挥毫泼墨，感叹不已，为之折服。如李白的“君不见，黄河之水天上来，奔流到海不复回”描绘了黄河在中华大地奔腾不息的壮美场景，“黄河落尽走东海，万里写入襟怀间”道出了黄河的雍容雅量、恢弘大度；王之涣的“白日依山尽，黄河入海流”、王维的“大漠孤烟直，长河落日圆”、刘禹锡的“九曲黄河万里沙，浪淘风簸自天涯”无不包含了对古老黄河的赞美……

黄河自偏关老牛湾至垣曲马蹄窝，流经山西一千余千米。山西属黄河流域的土地面积为九万多平方千米，占全省总面积的六成以上。奔流不息的黄河不仅给沿岸的百姓带来了各种福祉，也培育了黄河岸边丰富的文化。三晋大地自古以来就是人类活动的中心区域，是中华民族创造历史的重要舞台，积淀了极其丰厚的历史文化。作为中国传统文化的主流之一，三晋文化博大精深，源远流长。黄河文化与三晋大地的结合，使二者交相辉映，焕发出别样的风韵。

黄河文化资源蕴含着巨大的文化产业潜力与广阔的市场前景，伴随着国家东部开放、中部崛起、西部大开发战略的全面实施以及各地对产业结构升级的迫切要求，将黄河文化资源优势转变为黄河文化产业优势的呼声日益高涨。2017 年山西旅游发展大会召开，提出大力推动文化旅游融合发展，把文化旅游业培育成我省战略性支柱产业，是推动转型发展、构建多元产业体系的必由之路。黄河、长城、太行成为当前重点打造的三大旅游板块，就黄河板块而言，要充分挖掘黄河的博大内涵，凝练黄河风情、民族精神主题，构建母亲黄河、龙腾黄河、多彩黄河、生态黄河的旅游精品线路。人们逐渐认识到，黄河之魂在山西，黄河的山西段是黄河文明的核心、中华精神的地标、大河风光的华章、黄土风情的高地。

鉴于上述时代背景，为深入挖掘黄河文化的深厚内涵与当代价值，在充分吸收已有黄河文化研究成果的基础上，我们集体编写了这本书，希望能对当前山西黄河文化旅游略尽微薄之力。

目 录

第一章 认识母亲河

第一节 黄河概说 …… 3

一、黄河形成前的古华夏 …… 3

二、黄土高原的形成与黄河的发育 …… 4

三、全新世与黄河的自然史 …… 7

四、黄河之“利”与“弊” …… 8

五、黄河问题上的天人关系 …… 12

第二节 黄河山西段的一级支流 …… 15

第三节 黄河的灌溉与航运之利 …… 22

一、黄河的灌溉之利 …… 22

二、黄河的航运之利 …… 28

第四节 黄河著名物产举要 …… 33

一、澄泥砚 …… 33

二、黄河奇石 …… 37

三、黄河鱼 …… 40

第五节 黄河历史上的决徙与治理 …… 48

一、黄河历史上的决徙改道 …… 48

二、历史上的黄河治理 …… 53

第六节　黄河忧思录 …… 58
一、黄河的污染 …… 58
二、黄河的断流 …… 63

第二章　黄河文化的历史与价值

第一节　黄河文化的形成与演变 …… 69
一、黄河之水天上来 …… 69
二、华夏文明的摇篮 …… 73
三、气势恢宏的文明之路 …… 78
四、历久弥新的传统文化 …… 84
第二节　黄河文化的内涵与精髓 …… 87
一、开放包容的广阔胸怀 …… 87
二、自强不息的奋斗精神 …… 91
三、家国一体的民族情怀 …… 94
四、薪火相传的精神文明 …… 97
第三节　黄河文化的当代价值 …… 100
一、黄河文化的生态之善 …… 100
二、黄河文化的人文之善 …… 104
三、黄河文化的民生之善 …… 108

第三章　黄河文化与三晋风韵

第一节　黄河文化与日常生活 …… 115
一、一方水土一方人 …… 115
二、能人巧匠夺天工 …… 118
三、寻根问祖归故里 …… 121
四、岁时节日有讲究 …… 124
第二节　黄河文化与文学艺术 …… 128
一、诗词韵脚里的大河风情 …… 128
二、俗成于语的黄河智慧 …… 131

一、中国旅游市场 …… 244
二、山西旅游市场 …… 245
三、旅游市场热点 …… 245
第六节　旅游产品开发与培育 …… 250
一、康体养生游 …… 250
二、山水休闲游 …… 251
三、美丽乡村游 …… 251
四、红色廉政游 …… 252
五、自驾越野游 …… 252
六、研学实践游 …… 253
七、低空飞行游 …… 254
第七节　黄河板块旅游发展重点工程 …… 256
一、智慧旅游建设工程 …… 256
二、全域旅游推进工程 …… 257
三、旅游精准扶贫工程 …… 259
四、旅游厕所革命工程 …… 260
五、品牌营销工程 …… 262
六、建立黄河旅游发展委员会 …… 263
七、人才引进工程 …… 264
参考文献 …… 266
后记 …… 270

第一章 认识母亲河

史念海／文

浩瀚壮阔的黄河，奔腾澎湃，流经黄土高原。黄河流域是黄种人滋生繁衍的地区，也是轩辕黄帝居住营卫的所在。黄河哺育着中华民族。中华民族得到这份自然的恩赐，瓜瓞绵延，永无止境，与山川相辉映，与日月共久长。

题记——黄河颂

据远古记载，黄河流经壶口、华阴、孟津、大伾入于渤海。而砥柱则岿然屹立于浊浪怒涛之中，显示出坚韧不拔的气概。砥柱之北的大阳县也因处于大河之阳而得名，又因在大河之北，遂定名为河北县，其后乃改称平陆。小县得大名，实为鲜见。

黄河流域气候温和，土壤肥沃，适宜农业的经营。炎黄子孙得天独厚，在此肥沃的土地上，经之营之，日臻文明。淳朴勤俭的风俗，早见于《诗经·国风》的歌诵；也深得吴国季札的称道；太史公著《货殖传》、班孟坚撰《地理志》，亦皆颂扬不止。而关西尚雄武，山东称儒雅，两汉将相洵出其间，称为盛世，隋唐而后，更见发扬。人文鼎盛，彪炳史册，令人缅怀留连，无时或已。

自远古时起，黄河流域即为都城所在。三皇五帝的传说，就未远离此域，夏商周三代更辗转迁徙于其间。由秦汉以迄唐宋，咸阳、长安、洛阳、开封，迭为建都之地。都城所在，人文荟萃，历久不衰。

奔腾的黄河，激励世人向外发展，齐鲁方士，期望三神山，秦皇汉武，亲临东海上。虽说是景慕神仙，实际是谋图海外开拓。而张骞凿空，甘英远行，始知西域的广大无垠。海上三神山诚渺茫难稽，日南交趾的设郡，汉廷使者遂得远至已不程国。以今地按之，已达到印度南部海岸。这种向往开拓的精神，历隋唐而至于今世，初未稍泯。

黄河流域，既是肥沃的地区，又有瑰丽的文化，但与北方草原相毗邻，不免引起游牧族类的骚扰。为了促进文化发展，也为了使农业地区不受蹂躏，从战国时起，就修建了长城，历秦汉而至明代，皆有所修建。由于有了长城，黄河流域的文化不仅得到了保护，而且更显得丰采。长城并未使黄河流域受到封闭，也并未使人趋于保守。霍去病驰骋于祁连山下，徐自为筑城于卢朐山旁，窦宪勒铭于燕然山侧，王越取胜于红盐池畔，都是不以长城为限。而参天可汗道的修筑，丝绸之路的畅通，又皆显示出没有受到任何的阻隔。这些都是开拓和进取，而不是封闭和保守。黄河的激荡和奔放，是不会使人封闭和保守的。

近世以来，黄河屡经泛滥，造成了若干破坏。这是人为作用的恶果，是不肖的炎黄子孙的造作。植被的破坏，水土的流失，愈至晚近而愈行严重，黄河怎能不频繁泛滥？如果除旧布新，有所改革，黄河必能充分恢复它原来的哺育力量，中华民族也必能因之早日得到振兴，益臻于繁荣富强！

第一节　黄河概说

黄河是中国第二长河，世界第五长河，因河水含沙量大、水色浑浊发黄而得名。它发源于青海巴颜喀拉山脉北麓的玛曲，蜿蜒东流，穿越黄土高原及黄淮海大平原，注入渤海。干流全长 5464 千米，水面落差 4480 米，流域面积 79. 5 万平方千米（含内流区面积 4. 2 万平方千米），平均流量为 1774. 5 立方米/秒。入海口河宽 1500 米，一般为 500 米，较窄处只有 300 米，水深一般为 2. 5 米，有的地方深度只有 1. 2—1. 3 米。黄河呈“几”字形，自西向东分别流经青海、四川、甘肃、宁夏、内蒙古、陕西、山西、河南及山东 9 个省区，最后于山东注入渤海。黄河中上游以山地为主，中下游以平原、丘陵为主。由于河流中段流经中国黄土高原地区，因此挟带了大量的泥沙，是世界上含沙量最大的河流。恰如左河水诗曰：“几环咆哮卷沙腾，一路狂涛气势宏。裂岸穿峡惊大地，带云吐雾啸苍穹。”在中国历史上，黄河及沿岸流域给人类文明带来了巨大的影响，是中华民族最主要的发源地，因此黄河又被称为“母亲河”。

黄河作为地球上一种自然状态的存在，少说也有 100 多万年的历史，如果再往前追溯，计算上古黄河胚胎期的湖盆水系，黄河的历史则更长。我们的“母亲河”到底从哪里来呢？

一、黄河形成前的古华夏

古华夏数十亿年的地质过程，为未来黄河在历史舞台上的演化铺下了庄严的红氍毹。

在地质时期，通过一系列的构造运动，形成华北原地台这一稳定的古陆，这正是后来华北大地与黄河演化的基地舞台。中国北方经过多次沧海桑田的更替，古陆块解体形成一系列断陷盆地、断块山地、大陆裂谷与隆起。开、合——这一地壳的“阴阳”变化，最终决定着大江大河的格局。喜马拉雅造山运动，使得青藏高原强烈萌动，喜马拉雅山、昆仑山、秦岭形成，北半球的海陆格局随之巨变，亚欧大陆内部气候变干，季风气候形成，西北沙漠、戈壁开始发育，这一地质环境过程和断块活动一起，决定了未来黄河的格局，为第四纪黄土高原的形成作了物质准备。喜马拉雅运动，是黄河生命的前奏曲。板块运动使太行山以西断块地域剧烈升降，鄂尔多斯断块抬起，周缘断裂下陷，形成了一系列断陷盆地，以盆地为中心开始形成内陆湖盆的向心水系，把未来可能发育黄河水系的湖盆走向勾绘了出来。

在未来的黄河上、中游地区，以一系列盆地为中心形成向心水系，一个个水系中心，是一个又一个的内陆湖泊。由于各湖盆相互间隔，水系自成体系，还不存在一条连贯的黄河，但这正是黄河的胚胎。湖盆与湖泊的演化发育，对第四纪黄河的形成起到了关键作用。到第三纪末、第四纪初，大自然的造化已经把太行山以西的华夏大地，着意地收拾了好几遍，由基岩丘陵、盆地与古河谷阶地形成的坦荡舞台已构筑起来。现在，诸多条件已经具备，单等主要演员——黄土与黄河，登台上演这大自然界的悲喜剧了。

二、 黄土高原的形成与黄河的发育

第四纪，是黄河形成、发育和演化的地质时代。

黄土是内陆条件下干旱地区的粉尘物质，经西风搬运到草原环境之中，沉积而成的粉沙岩。贯通欧亚大陆的西风将中国西北戈壁沙漠的沙粒刮向华北大地。在第四纪 240 万年中，黄河中游地区承受并堆积了 1. 19 万亿吨—8. 30 万亿吨黄土。黄土与环境的振荡，在北方地区引发一系列反应：温湿气候环境下，黄土高原与华北平原发育土壤或细颗粒物质沉积，山麓洞穴（如著名的周口店）中有石灰岩沉积；东部沿海发生海浸、湖沼发育。转到干冷气候条件下，粉尘堆积加强，大量粗粒黄土沉积，平原古河道发育，东部海平面显著下降。

由于被侵蚀破坏，黄土高原沟壑纵横、满目疮痍，极目四望，一片黄土，满天黄沙。百万年尺度的侵蚀，把高原地貌装扮得千奇百怪，一种是黄土山地，另一种是丘陵宽谷，第三种是丘谷沟壑地区，第四种是丘陵沟壑，第五种类型是高原与山间平原。更新世以来，高原侵蚀强度在增加之中，驰名中外的黄河泥沙，就正是从这永恒的侵蚀中来的。

第三纪以来，彼此独立的古水文网络又随构造起伏、河流的溯源侵蚀袭夺，发生大动荡、大分化、大改组，使得原来处于分割、封闭状态的水体开始连通，湖盆积水串联、外泄。这一柔水不言、务实千秋的深刻过程，充满了早更新世百万年的地质历史。早更新世以来，水体的重新组合，使中游的水系格局初步形成，黄河中游的雏形已隐隐可见。

在距今 167 万年—145 万年前后（另一说在距今 110 万年左右），即早、中更新世交接之际，一次新的构造运动导致了青藏高原和整个华北地区的躁动，秦岭以北断隆、断陷强烈，上新世以来的大型湖盆，特别是三门峡湖盆进一步萎缩。这次脱胎换骨的躁动，赋予了华夏水系强大的生命力，水流溯源侵蚀骤然加剧，其最伟大的功绩，就是位于三门峡两翼的古河流迅急地向三门峡溯源，它们奋力切割基岩，人门、神门、鬼门，一一凿开，一往无前的流水，很快地会师于三门峡口。三门古湖如同一个巨型水库溃失在一旦，沉静了万千年的大水喧嚣沸腾，一泻千里。古黄河水系终于外泄进入华北平原这一巨大的凹陷盆地，多元独立的湖盆水系已形成一条一统的古黄河。

关于黄河形成的时间，到目前仍是众说纷纭，具体的地区、具体的年代，只有随着地质科学的进一步发展，特别是一些新科学技术手段的介入，才能更准确地了解。但有一点是明确无误的，那就是黄河从鄂尔多斯断块周缘断裂系的内陆湖泊演化而来。

黄河中、下游贯通为一，或北流入渤海、黄海，或由南路入黄海、东海。黄土高原、华北平原与海洋的沟通，使黄河水系进入一个大发展时期，海平面成为全河一统的侵蚀基准面。中、下游河道通过不断的调整，在塑造着河床与周界的同时，还收容了一个又一个的小水系，黄河水系也因之在不断地自我完善、丰盈充沛，不断走向成熟。一次次的构造抬升使黄河水系发展、定型，也加大了黄土侵蚀、输移的势差。一次次沉积、侵蚀高潮，给黄河干、支河道输送了滚滚而来的黄沙巨流，塑造着河床的边界，改造着下游大地。到更新世末、全新世初，黄河水系终于发展成现今的状况。

第四纪黄河下游的发育、演化，也与上中游一样，受制于地质环境的大变动，与华北凹陷盆地的持续沉降、中国东部海平面的变化紧密关联。

在早更新世数量众多的钻孔里，未发现宏大的河流冲积物，说明黄河尚未进入华北平原。而河南省地质钻孔显示，中更新世早期，岩性、砂层等已与早更新世及第三纪的地层迥然不同，黄河在早、中更新世之际打开三门古湖，进入华北大平原，冲积扇开始发育。到中更新世晚期，黄河冲积扇进一步向东扩大，河道带更为发育，堆积作用大大加强，南流部分仍相对较小，沉积物以较细的颗粒为主。整个中更新世，南部沉积厚度为 40 米—80 米。

晚更新世的河流冲积堆积物覆盖面积很大，黄河冲积扇的南北差异缩小，华北平原已大致堆积淤平，一般厚度为 20 米—50 米。沉积物以黄土亚沙土、中细沙、粉细沙为主，成因以冲积为主。

在晚更新世早期，正值庐山冰期，冲积扇规模发展更大，原来古淮水与黄河之间的天然分水岭已不复存在，黄河能夺淮进入黄海、东海。晚更新世晚期，南部冲积扇略有收缩，但仍保持着黄水入淮的势头。这一时期，相应处于大理冰期，黄河中下游环境干冷严寒。总的来看，更新世时期黄河在华北平原上始终受到基底构造的控制。第四纪中，平原持续下降，为承纳巨量的泥沙塑造了深广的空间。

华北大平原本是一个大海湾，是黄河冲积扇的推进，填海为陆，塑造了大平原。第四纪以来，随着全球构造活动、气候变迁演化，与华北平原相伴的东部大海，即渤海、黄海与东海，发生过多次海浸与海退。海退与海浸和气候冷暖、黄河水沙虚盈、黄河下游河道演变有着密切联系。海面下降几十上百米，黄河河道也随之迅速下切，原来的一些河漫滩高地被突出出来，这或许是现在华北平原上独有的一种地貌，一些更新世的河流阶地、漫滩物质，或高出地表，或为近代黄河冲积物浅埋。在海退的时候，水流动力较强，自然河床要陡一些，黄河泥沙大都被挟带到大陆架上，华北平原上黄河河谷内沉积的多是一些砾石、粗颗粒。当海面上升时，则往往导致河口段的河患增加，变迁加剧。

更新世的黄河，就这样与环境变异相依联，环境始终决定着黄河的演化。而且这一切变异的基本规律，从本质上遗传到了一个新的地质世纪，它就是全新世。

三、 全新世与黄河的自然史

全新世指地质史上大约距今 1 万年伊始、至今仍不断向前发展的最新地史。与奠定黄河总体格局的更新世相比，这 1 万年来气候温暖，海面回升，人类文明迅速发展。

黄河是一个上联天地、下入海洋的巨型开放系统，它与地球环境相联的每一子系统，100 个世纪以来都以强烈的参与意识影响着黄河的发展变化。全新世的黄河自然史，承袭了第四纪以来的演化发展，仍然是宏观地质环境作用的结果。大气圈、岩石圈、水圈交互作用，气候变迁、沙漠冰川演化、新构造运动、海平面变化，再加上日益加剧的人类活动，这些因素共同影响制约着黄河的演化。

气候振动过程中间出现的数百年低温，是人类发展不得不接受的挑战，这种振动对于黄河，也存在着微妙的生存、发展意义。不要低估黄河流域冷暖干湿变化的影响，气候韵律也许是老天赐予黄河的一台起搏器，黄河的躁动，黄河体内水与沙的起伏、盈虚，全都与大自然存在某种和谐的波动联系。

深受全球变化影响，在更新世时扮演过重要角色的亚洲内陆沙漠，依然虎视着黄土高原与高原下的黄龙，沙漠扩展恶化了黄河的环境。近 1000 年来，华北出现 5 次雨土频发期，源源不断的风沙从柴达木戈壁顺祁连山南直逼青海共和盆地，从腾格里沙漠南插陇东与陕北，从乌兰布和、库布齐沙漠两处包抄毛乌素与陕北，余力尚能到达山西高原。就是这1000年，西风输送的沙尘在黄土高原疏疏松松地撒下一二米厚，这是全新世中的一次大堆积。

说到新黄土堆积，科学家早就做出过推断，还发现过许多实例。古土壤的发育，无疑缓和了侵蚀的严峻形势，而黄土堆积及风沙弥漫的时段，也正是黄河中游的侵蚀强化阶段。这些风沙不可小觑，即便是撒落在中游大地的黄土并不全都冲进黄河，但仅仅河曲以上1200千米的黄河干流段，直接进入黄河泥沙量，即可达到每年5000万吨。而鄂尔多斯风沙区1300千米长的支流，每年接纳的风沙量就达到1亿吨。黄河下游河道，大概每年也就是淤积3亿吨。风沙的强弱起息，与黄河堆积相关，是影响黄河沙量的一个活跃因素。

人们面对千岭万壑、满目疮痍的黄土高原，往往禁不住感叹：高原与黄河，都已衰老了。殊不知，鄂尔多斯高原从未衰老，全新的构造运动，仍在大河上下不停地进行，活动不息，冲击不止。黄土高原持续上升，华北平原持续下沉，侵蚀——堆积的势差始终存在，且在不断发展中，而一些时段地壳的极不安稳，与黄河中下游的极度躁动有着内在联系。全新世以来，一些对比构造单元地壳垂直运动幅度特别大的地区，其掀升、翻腾，在某种意义上决定着黄河的变徙。

海洋地质构造与海平面变化，也干预着全新世的黄河。每一次海面波动，都影响到下游河段的泄水、输沙，致使黄河下段出现多处骚动。

四、黄河之“利”与“弊”

世界古代文明最早产生于易于开发的温带河谷平原地区，这里所指文明是从工具而言的，即从新石器时代到青铜时代文明；从社会形态上讲，则是从原始社会进入阶级国家社会。一般而言，文明的主要特征有四个：文字、城市、金属器和大型礼仪性建筑。从生产力的角度讲，只有当社会生产力达到一定水平才有可能出现以上的文明特征，所以在中国并不是所有地区都同时跨入文明的门槛。

太恶劣的自然条件制约了文明产生和文化进步，太优越的自然环境又抵消了文明产生和文化发展的诱发动力，相对适中的环境才能为文明产生和文化进步创造主观和客观上的进取机制。所以，古代文明大都产生于温带。这是由其地理环境的气候、土壤、地貌条件所决定的。就黄河中下游地区而言，气候普遍比现在湿润。在距今5000年至3000年前，大部分时间的年平均气温高于现在2℃左右。在这样的气候环境下，黄河流域的土壤和植被都有利于农业生产的发展。其土壤黏着性不强，疏松柔和，最易于耕作，而南方涂泥黏着性强，不易耕作，加上气候湿热，湖沼过于广阔，故农业文明不可能首先发展。

黄河流域水利和森林植被良好，为农业发展提供了良好的农业生态环境；一大批湖泊存在，气候湿度明显大于现在。这一切都为黄河中下游农业的发展奠定了基础。农业经济的发展促进了人口的增加，城市发展起来；经济的发展使人们有更多交流的必要，文字便出现了；经济的发展使人们有更多的时间去求得精神的寄托，也有大量时间和财力去投入，大型礼仪建筑出现了；经济的发展为金属冶炼和加工创造了基础，文明由此产生了！

长江流域一些地区也有了文明的萌芽。但黄河流域文明的时间之早、规模之大、影响之远、延续之长都是中国其他地区文明不能比拟的。这种文明的分布格局与黄河流域的环境和文明发展所需的生产力密不可分。区域物质文化和精神文化超前形成的吸力主要不靠区位，而是靠区域的综合环境与文明产生所需的生产力的最佳碰撞的超前核心形成的。

文明的产生主要是通过物质资料生产方式来实现的。只有在暖温带的大河地区，气候适中，疏松肥沃的土壤有利于用石器时代的工具大量拓殖，大江大河有利于农业灌溉，适度的森林和开阔的土地为人类进取奠定了基础。这种文明产生的生产力与温带大河流域的环境的碰撞便是中国黄河文明形成超前的核心区的关键所在。

1万年以来，黄河这条不驯的黄龙就像古代的黄河人一样，居栖活动的范围也在不断变更，近半个世纪以来，中国人才使它略为驯服一些，在全新世历史上，它几乎流经整个华北平原。

“黄河之水天上来”，黄河之水始起于青藏高原。恰好在1万年前，青藏高原的新一次抬升，再次激发了黄龙的活力，它溯源而上，楔入若尔盖盆地，从此玛多地区成为黄河源头。从玛多到内蒙古托克托县河口镇为黄河上游，长3191千米。6000里征程，飞龙叩关劈峡，到河口镇勒头探路，已降低了3000多米。从河口镇到郑州桃花峪为黄河中游，有36万平方千米的流域领地，是目睹、记录和参与第四纪天翻地覆大变动的黄土地。黄河中游行程1234千米，下降了近900米。沿途汇入红河、无定河、延河、渭河、汾河、伊洛河等支流，径流约为247亿立方米，黄河丰硕的泥沙正取自于这一段。山陕主要产沙流域达13万平方千米，每年入河9亿吨沙，占全河挟沙量的56%。龙门到潼关，流域面积19万平方千米，沙量5.5亿吨，占全河的34%。可见黄河泥沙主要来自中游，把中、上游进行对比，人们认识到水沙异源，水沙是不均衡的。桃花峪以下至入海口为黄河下游，长达768千米。上游来的16亿吨沙，约有4亿吨进入深海，8亿吨散布于河口三角洲及滨海地区，还有4亿吨落淤河床。

黄河的主要资源是河水与黄沙，历史上黄河水沙有过多次变异。现在它的天然年径流量约为580亿立方米，这一径流量比起长江、珠江少了许多，但正是这些“先天不足”的流水，却在半个中国造就了惊天地泣鬼神的壮举。它每年输向下游16亿吨泥沙，水少，沙多，这就是黄河。

从有记载的历史看，黄河就是善决善徙的。经过2000多年的一系列重大改造，黄河完成了一次大三角洲的巡礼。黄河的自然变迁，不乏人类蓄意决口改道的因素，人类政治、经济及其他狭隘的用意，都可能使在必然发展中的黄河发生偶然的变化。

正因为它善决善溢，所以黄河多河患，黄河流域多水旱灾害，人们曾把黄河称之为“黄祸”，西方人译为“中国的灾祸”，或“中国的忧患”。黄河的灾祸，除了恶性的决溢泛滥，还包含着为数众多的水旱灾害，2000多年来，赤地千里，饿殍遍野的悲惨景象，史不绝书。黄土高原的水旱灾害，最能反映出黄河水文泥沙的变异。以甘宁、山陕资料分析，2000多年来有几次长达数百年的湿期和旱期，水旱总次数偏多正是气候失调的象征。失调实质上是气候与降水的剧烈调整，对阴阳寒暑敏感的黄河来说，河流水文与河道演变，往往正发生在气候失调阶段，这是天、地诸系统失调的表现。水旱变异，也是灾祸降临的征兆，秦代以来华北与渤海地区发生 6 级以上大震 78 次，96% 都发生在亢旱向大水转化的临界点上。

黄河中游不是黄河径流的主要产区，却是暴雨洪水的主要产区，也是暴雨侵蚀产沙的主要策源地，历史上 1500 多次决溢河患是最真实的记录。已考证清楚的 1843 年暴雨洪水，就来自黄土高原，曾有民谣唱道：道光二十三，黄河涨上天。冲走太阳渡，捎带万锦滩！

晚更新世时期，黄河下游岗丘遍布，湖沼沟河串联。1 万年前的华北，还不是今日这一片广阔的平原。1 万年，黄河把大三角洲平地碾了几遍，又留下了古河道高地、背河洼地这一道道“碾迹”。西风在播撒黄土尘埃的同时，并未疏忽下游地区，使之形成一些岗丘风成地貌。近 3000 年来，黄河被局部的与系统的人工堤防约束，冲积扇的堆积较前 7000 年减小。

黄河似一湛蓝的孔雀屏，实际上在秦汉时期，整个“几”字形的黄河，就像一只振翅奋飞的金孔雀，万千的湖泊正是金黄彩屏上蔚蓝、海蓝、墨绿的羽环。古代湖泽曾是洪水的天然调节处所，随着泥沙垫淤、人工堤防的阻隔、河道迁徙，河、湖的天然依存关系断裂，加之气候向干燥化发展，从而使得湖沼群逐渐萎缩，黄河终于被自己“放荡”的行止，以及人类与自然的夹击，堵塞了原本宽阔的出路。

巨鹿、巨野，这曾是人对自然的赞叹，但当年的两“巨”城何见？漫步豫东、鲁西南原野，沉甸甸的历史令人深思：黄河湮没的城镇何其多也！我们总有一天会揭去一层层黄沙，像发现维苏威火山灰下的古迹一样，发现中原文化的一座座“庞贝城”。明末、清代以来的几次大水冲城把整个开封城活活地埋在了两丈多深的黄土之下，当地盛传的“城下城、街下街”绝非海外奇谈。徐州市中心彭城商场下，也有一个地下城，那正是黄河夺泗以前的徐州老城。在黄淮海大平原上，类似的古城还有好多。黄河就是这样“一方面用它的水和沙哺育了中华民族悠久的古代文明，一方面又如此轻率地调侃了散步在它身畔的人文聚落”。

黄河在夷平华北大地、扫荡人文聚落的同时，也反复塑造了自己，即黄河河床的淤积抬升。多年来，对黄河河床的淤积抬升，有种种说法，大概人们心中较深的印象，就是每年10厘米—20厘米了。黄河下游的淤积不是直线式的，而是淤淤冲冲，不断地自我调整，淤多了可能触发决溢，把过量的泥沙泄出去，也可能加大局部的河道纵向坡降，可能较顺畅地把过多泥沙挟带到下一段去。但总的趋势是堆积，冲和淤的累积结局，仍旧是淤积、堆积。“三十年河东，三十年河西。”黄河的这种自我塑造，又表现在横的方向上。正是陕西朝邑、山西蒲州一段黄河左右摆动，给历代的行政区划与管理带来了不少麻烦。黄河就像一个顽童，自鸣得意于这种没完没了的恶作剧。

黄河塑造华夏大地也体现在河口地区。3000年以前，大约有44%的下泄泥沙被输送到河口三角洲与外海，这一比例维持到1855年以前，今天这一比例增大到60%。自1855年到1954年，黄河河口海岸线每年向前推进150米，其后加快为420米，每年平均造陆速度23平方千米。河口就叫做垦利县，由于黄河每年平生出三四万亩土地，真是越造越垦，越垦越利。1194年—1855年，黄河夺淮入海，河口向前推进了大约90千米，在苏北海岸造陆15700平方千米。河口延伸，同时也改变了河道自己。向浅海倾泻泥沙，丝毫不意味着河床淤积的减缓，它导致的反馈，使河口以上一二百千米，持续地淤积抬升，成了一种溯源淤积。这也是河流泥沙的辩证法，欲泄则不达了。

海口延伸，河床抬升，大平原在淤淀，城池、田野被湮没，这一切变化和中游黄土高原的侵蚀，黄河的侧蚀与下切，汇合成天衣无缝的自然耦合。由于新构造运动，大地以无限的勇气挺而向上，去迎接风力，水力等外力作用的挑战，结果是黄河干、支流下切，侧蚀加强，这也是古湖盆消亡后，侵蚀水准平衡失落的必然。

五、 黄河问题上的天人关系

原生的地质地貌和全新世侵蚀结合，使黄土增加了更多的沟谷，沟谷密度是反映这种结合的指标。更新世到全新世，全新世又1万年，侵蚀在一直加大之中。地理学家与土壤学家认为，3000年以前的年侵蚀量9.75亿吨，可以看成自然侵蚀过程。现代人为加速侵蚀所占比重越来越大。水土的流失随着人类社会生产力的增长而急剧扩大。黄土高原为人类社会的进步，付出了极其沉重、艰辛的代价，人类社会的文明发展却以大自然的盘剥为前提，人类的生态前景实在令人忧虑。

西周以前，黄土高原农林牧协同发展，自然生态系统保存较好，之后人类干预环境的能力大大增强。到清代大发展时期，1820年高原人口激增到3400万，丘陵沟壑区已垦辟殆尽，发展到山垦，沙漠化进一步发展，自然生态环境的恶化，已不可逆转。人类的垦殖活动，集中在破坏天然植被与地表土壤的扰动上。森林砍伐，引起自然生态系统的倾斜，如六盘山林区在明代还保留甚好，到清末，已经是童山濯濯，“薪已如桂”。贺兰山、阴山，经过明清采伐，林木亦是一蹶不振。如此掠夺性的开发，留给近代的就只能是自然的惩罚了。

人类企图改变黄河的最大努力就是兴筑堤防，以局部和系统的堤防来护卫低于洪水水位的土地。黄河大堤从古到今，保卫了一个民族的生存，它的重要意义至今都还是积极的。在有了各种工程手段的当代，人们还不得不借助于黄河大堤。但系统的堤防同时也使黄河下游原本能够广阔游弋的空间大大束窄，由起初的30万平方千米剧减到4000平方千米，这不仅是量级上的冲击，而且是水沙承纳空间环境的巨变。水沙在平面上失去的自由，总要从垂向上去争取夺回。在人与自然的较量中，人往往会取得暂时的胜利，但最终黄河总是以水位的升腾、河床的抬高来维护大自然的尊严，藐视人类的一切努力。这就是自然的辩证法。

由于种种原因，人类也在不断地干扰治河，结果黄河得不到真正的治理，灾祸衍生、扩大，灾害链成为难以解脱的桎梏。不过，这些都是局部的短期行为，人们从传统文化的宗旨出发，始终清楚黄河的整治、黄河的统一与国家大一统的关联。尽管治河史上有种种不同意见，不管人们因何种原因，屡屡干扰治河，但治河的大一统，始终占主导地位。这是黄河自然伟力的反映，而又与中国传统文化神秘地相维系着。

中国人在与水，特别是与黄河打交道中，很早就认识到自己与自然的关系，其中存在三种认识倾向：消极无为、人与天地自然协调融合、人定胜天。古人从大禹治水获得的精神力量是深远的。人们承认自然环境的巨大作用，承认自然灾害的威胁。但在与黄河的斗争中，人们最崇尚的，仍旧是通过自身的奋斗战胜水旱灾害，去控制黄河，他们这样去想，也这样去做了。自古以来，历朝历代治水从未间断，各种治水学说也众说纷纭，宗旨都是人类控制黄河。即便是对于黄土高原的生态环境，古代也有不少认识与维护措施，但始终没受到真正的重视，反而受到人类的干扰、破坏，谐和自然也始终受到征服自然、剥夺自然的压抑。剥夺的结果，是黄土的剥蚀，人类生存环境的日益困顿与恶化。

不过，事情的发展并不令人悲观，人类仍在坚持不懈地为发展寻求出路。今日，久负盛名的中国泥沙科学，正力图跨越时代去重新驾驭黄河。“高含沙水流运动”这一发现并不仅仅对于灌溉和水库工程有用，而且说明当代人类可能将黄河的巨量泥沙通过种种措施，顺畅地输移到海洋。

正如上百年来黄河泥沙曾塑造了华北平原一样，当代的泥沙也是一种资源。它在自然环境较佳、开发环境较好的黄河下游填海造陆、滩涂围垦与发展养殖业的好处姑且不说，单是渤海海洋石油开采，由海上采油转变成陆地开采，就提供了更为便利的条件。渤海海区的水土资源开发，也可能会有一种意想不到的新格局，使它成为北方最大的综合型产业基地。

是害还是利，是贫困的根源还是开发致富的资本？一词之差，结果都将是迥然不同的两个天地。新世纪的黄河人，一定能用智慧真正和黄河和谐共存，相依为生。

第二节　黄河山西段的一级支流

黄河自偏关老牛湾至垣曲马蹄窝，流经山西1081千米。山西属黄河流域的土地面积为9.71万平方千米，占全省总面积的62.1%。流入黄河的一级支流有苍头河、偏关河、县川河、朱家川、岚漪河、蔚汾河、湫水河、三川河、屈产河、芝河、昕水河、清水河、鄂河、汾河、涑水河、允西河、沁河、丹河等。其中汾河最大，沁河次之。山西黄河流域是一个半干旱、半湿润、水土流失较为严重的黄土高原地区，气候干燥，雨量稀少，沟壑纵横，除晋中、晋南盆地外，整个山西农业生产条件很差。

苍头河——发源于平鲁城北郭家窑，在燕家堡流入右玉县境，经刘家窑汇入李红河、石匣河、二道河及三道河；北流经杀虎口出右玉县境，入内蒙古称红河，再西流入黄河。位于东经112°10′—113°06′，北纬39°40′—40°26′。古名中陵川水，又名兔毛河。《水经注》："中陵川水，水出中陵县西南山下，北俗谓之大浴真山。东北流经中陵县故城东北。"《清一统志》朔平府："兔毛河，在右玉县西，源出平鲁县北，绕流府城西，分成二：一会南河东流，……一北流，经杀虎堡出口外，西流入乌兰木楞河。古名中陵川水。"主流全长95.5千米，流域面积2103平方千米。

偏关河——发源于平鲁县西部下木角乡。上游叫另山河，北流经下水头西拐在贾堡入偏关县境内，经老营、陈家营、窑头、偏关县城南，至关河口入黄河。主流全长 129 千米，流域面积 2089 平方千米。古名关河，亦作官河。《宁武府志》：官河，毁关河，自朔州流入（偏关）县境，其源有三：远者出朔州狸狸沟鸦鸭高坪，近者出老营堡东鸦儿崖下，最近者出县中马站堡西沙窊寺。万泉汇流，经城南，绕而西北至关河隘口入黄河。”流域位于东经 111°24′—112°16′，北纬 39°15′—39°41′。流域面积大于 50 平方千米的支流 11 条，其中最大的是水泉河，次为大松沟、东昌沟、沙峁沟等。

县川河——发源于神池县马坊乡六家河村营管涔山西麓，自东向西流经神池、五寨、偏关、河曲等县，至河曲县禹庙注入黄河。位于东经 111°10′—112°4′，北纬 39°3′—39°36′。古名沙泉河，《清一统志》保德州：沙泉河在河曲县东南 65 千米，源出宁武府五寨县，流经县界，至本州界入黄河。主流全长 110 千米，流域面积 1559 平方千米。流域地处黄土高原丘陵沟壑区，支离破碎，水土流失严重，气候干燥。较大支流有悬沟河、尚峪沟、红崖子沟 3 条。

朱家川——发源于管涔山西麓神池县北的金土梁、达木河。东支源于朔州西部的南西沟和西辛庄。南流至东湖乡，西拐入五寨县境汇入二道河，经韩家楼汇入鹿角河后入保德县境，向西南流入阴塔、沙泉、窑圪台汇入曹虎河后西流，至花园汇入黄河。位于东经 110°56′—112°14′，北纬 38°43′—39°18′。包括神池、五寨、岢岚、河曲、保德及支流源头的朔州市西部。主流全长 167.6 千米，流域面积 2915 平方千米。流域内神池、五寨为缓丘峻岭，低谷滩地，主产粮食。河曲、保德、岢岚为黄土沟壑区。桥头以上大部分为石灰岩地区。

岚漪河——发源于芦芽山、鹿径岭西的饮马池山、岚县北部河口乡。自南向北流经岢岚县宋家沟乡，向西北流经岢岚县城关，西流经温泉乡，入兴县县境；再经木崖头、魏家滩、瓦塘，至裴家川口汇入黄河。位于东经 110°52′—111°53′，北纬 38°28′—38°42′。《太平寰宇记》：岢岚河，在岚谷县县东，从岚州宜芽县走马岭流出，古称岢岚河。《永乐大典》岢岚州：岚漪河，在州东五十里王道村发源，经本州南五十步，下流入兴县界合于黄河。《清一统志》太原府：岢岚河，在岢岚州南，源出州东走马岭北，又名岚漪河。主流全长 114 千米，流域面积 2167 平方千米。岚漪河流域还包括五寨、保德少许面积。

蔚汾河——发源于岚县草则寨、野鸡山西之白龙山。流经大蛇头、界河口入兴县境内，又经恶虎滩汇入岚尾河，西流经兴县城南、蔡家崖、高家村，在赵家川口汇入南川河，流至碧村、张家湾汇入黄河。位于东经 110°53′—111°36′，北纬 38°13′—38°36′。《清一统志》太原府：蔚汾水，在岚县西，源出黄岭山，西流入兴县界，合诸涧水，西南入黄河。主流全长 81. 5 千米，流域面积 1477 平方千米。

湫水河——发源于兴县黑茶山东北麓的大坪头。自东北向西南流经东会，至阳坡入临县境内，经白文、窑头、城庄、万安里、临县城关、安业、马塔、三交、枣圪塔、林家坪至碛口汇入黄河。位于山西中西部吕梁山西翼，东经 110°46′—111°27′，北纬 37°36′—38°17′。古称陵水，亦名秋水、临水。《水经注》：陵水水出陵川北溪，南经其川，西转入河。《五朝志》云太和县有秋水。《临县志》：湫河发源兴县湫水寺，南行经县城东南，西入黄河。因发源湫水寺故名湫水河。主流全长 125 千米，流域面积 1989 平方千米，流域内土石山区和黄土丘陵区各占一半，流域包括兴县、临县、方山、离石、柳林 5 县。流域内大于 10 千米长的支沟有 26 条，5 千米长的支沟 42 条，但无大支流。最大的城庄沟、榆林沟流域面积也不过百十平方千米。

三川河——主流北川河发源于方山县东北边赤坚岭，南流至大武入离石县境，在离石县城西北汇入东川河，西流至交口汇入中阳县流来的南川河后，进入柳林县境，再西流入黄河。因三川汇集而成，故称三川河。位于吕梁山中段西翼，东经 110°38′—111°37′，北纬 37°4′—38°10′。《永乐大典》太原府石州：（北川水、东川水、南川水）三川水西南流入黄河。主流全长 168 千米，流域面积 4161 平方千米。流域内除三大支流外，流域面积在 10—100 平方千米之间的沟道共 66 条，小沟道 1500 余条，沟壑密度大，水土流失严重。

屈产河——发源于石楼县东南罗村乡义门庄。自东向西流至石楼县城汇入宋家沟后折北偏西，经西卫、裴沟乡，到柳林县三交乡下塌上村汇入黄河。主流全长68千米，流域面积1220平方千米，古名龙泉水。《水经注》：龙泉水，出东南道，在山下牧马川上，多产名驹，其水西北流，至其城东南，有上军水出道，又北屈经其城东，西北入于河。《太平寰宇记》：屈产水，在县东南四里，传有白马饮此泉生龙驹。《清一统志》：龙泉水，在石楼县东，今名屈产水。

芝河——发源于永和县北部马家沟，南流经岔口汇入两条小支流，向西南流经坡头乡、永和县城西、罢骨乡，在交口汇入桑壁河，到佛堂村南汇入黄河。古称仙芝水。《永和县志》：仙芝河，源出仙之谷，西南流经县西，又西南入黄河。《金史・地理志》：永和县有仙芝水。又叫索驼河。主流全长45千米。河床狭窄，水流湍急。流域面积850平方千米。

昕水河——有南北两条上源，北支发源于隰县北石楼山麓腰庄，流经冯家乡、朱家峪乡，汇入小支沟，南流经隰县城，汇入城川河，南流经水堤乡，在午城汇入发源于蒲县东北太林乡碾沟村流来的南支。西流经大宁县汇入义亭河，又西流经曲峨、徐家垛，至古镇北汇入黄河。位于东经110°29′—111°22′，北纬36°7′—36°55′。古称蒲川水、斤水、蒲水、日斤水。《水经注》：蒲川水出公楼山。《太平寰宇记》：日斤川在大宁县，从隰川县及蒲县两界来，并乎日斤川，其水屈曲入黄河。主流全长102千米，流域面积4321平方千米，主要流经蒲县、隰县、大宁三县。

清水河——发源于吉县东北吕梁山西麓的石板店，西北流经曹井乡，至下落折向西南方向，流过川庄乡、吉县城东，过前下岭汇入黄河。又名州川河，古名燕完水。《水经注》：河水越孟门，又有燕完水注之，异源合舍，西流注河。《清一统志》：清水河，在吉州南，即古燕完水也。主流全长59千米，流域面积670平方千米。

鄂河——发源于吕梁山西麓乡宁县东北管头乡麦楷峪。自东北向西南流经乡宁县城、张马、谭坪等乡，至万宝山汇入黄河。主流全长60

千米，流域面积 980 平方千米。

汾河流域——位于山西省中部，东经 110°30′—113°32′，北纬 35°20′—39°00′。东隔云中山、太行山与海河水系为界，西连芦芽山、吕梁山与黄河为界，东南有太岳山与沁水为界，南以孤山、稷王山与涑水河为界。流域面积 39471 平方千米，是山西省内第一大河流。汾河流域包括忻州、太原、晋中、吕梁、临汾、运城等地（市）。流域分为太原和临汾两大盆地，是山西精华所在，是山西省的政治、经济、文化、交通中心。流域内汇入流域面积大于 100 平方千米的支流 47 条。其中大于 1000 平方千米的有岚河、潇河、昌源河、磁窑河、文峪河、洪安涧河、浍河等 7 条。

汾河流域古代生态条件优越，水草资源丰富，森林茂密，湖泊众多，水量充沛。《水经注》卷六中说，汾河流域“杂树交荫、云垂烟接”。太原东西两山，明代仍长满古柏苍槐，有“锦绣岭”之美称。下游曾有枢、栲、杻等稀有树木生长。植被覆盖良好。有并州薮、邬泽、昭余祁、汾陂、文湖、洞过泽、王泽等湖沼。其中昭余祁（九泽）秦代曾为方圆数百里之大湖，唐代叫蒿湖，明代叫邬城泊，清代叫邬泽，萎缩为数十里的小湖，清末干涸。文湖在汾阳县东 5 千米，唐代叫西河泊，宋代叫西河泺，方圆 20 千米。远在 10 万年前的“丁村人”至炎黄时代后的尧、舜、禹建都于此，隋末李渊父子起兵太原，夺取天下，建立大唐，可称为中华古代文明的发源地。随着人口繁衍，乱垦滥伐，植被破坏，泥沙日增，旱、涝、碱等灾害时有发生。到明朝中叶（16 世纪）文学家李梦阳便发出“太行山西浊汾流”的叹息。金代掘井灌溉，宋代在太原筑坝植柳以防洪，元代筑石墙御敌防洪。汉武帝时凿番系渠引汾河、黄河水灌皮氏、汾阴、蒲坂三县地 50 万亩。新绛鼓堆泉隋文帝开皇十六年

(公元596年)开渠灌溉，并引水入域内。洪洞通利渠开挖于金代兴定二年(公元1218年)，润泽渠开挖于元代景定年间(公元1260—1264年)。明代汾河干流有58条“泥渠”。民国初年拦河打冬埝10条，后来形成汾河著名的八大埝，灌溉农田20—40万亩。沿汾河水提水灌溉，始于本世纪20年代，在襄陵、新绛用锅驼机带水泵提汾河水灌溉。

汾河在宁武县宁化乡以上由两大支流组成。西支曰洪河，即汾河干流，发源于管涔山雷鸣寺上游。现雷鸣寺已毁，然寺中“汾泉灵沼”石刻犹存。流经岔上、东寨、化北屯各乡。东支曰天池河，在群山之巅，有15个大小高山湖泊，最大的叫天池，又名祁连池、马营海；次大的叫公海，古称玄池，又名元海。两池跌水相通。水可从天池西南王老沟，随山势出峡，南流入汾。成为汾河之源。流经迭台寺、好水沟，在蒯屯关与西支汇合南流，称为汾河。汾者大也，故名汾河。南流经芦芽山支和云中山支之间，穿过下静游至上兰村高山峡谷区，进入太原断陷盆地。再穿过V字型灵霍山峡，进入临汾断陷盆地。遇孤山、稷王山隆起阻隔，沿侯马——河津断裂折向西流，至万荣县庙前村汇入黄河。主流全长709.9千米，流域面积39471平方千米，古名汾水。《唐六典》：汾水，河东之大川也。汾河在兰村以上为上游，主流全长197.7千米，流域面积7705平方千米。地广人稀，气候寒冷。汾河从兰村至义棠为中游，长157.6千米，流域面积1.62万平方千米。义棠至河口为下游，流域面积1.55万平方千米。汾河集流泉水较大的有：兰村泉、晋祠泉、洪山泉、霍泉、郭庄泉、龙子祠泉、鼓堆泉等著名大泉，这些泉水是汾河干流的重要补给水源。

涑水河流域——流域位于山西省西南部，东经110°17′—111°43′，北纬34°44′—35°32′。东南部环绕着中条山，西北部为峨嵋岭。流域面积5774.4平方千米，是一个南北高、中间低，从东北向西南倾斜的半闭流区。涑水流域包括运城、永济、临猗、闻喜、夏县大部及绛县、万荣一部分，气候温和、盛产棉麦，为山西省棉麦主产区。中条山北侧有号称“百里银湖”的河东盐池闭流区。涑水河流域由涑水河、姚暹渠、湾湾河三条河道组成，均系人工河道，在永济市伍姓湖汇合。河道特点是上宽下窄，上陡下缓，洪水集中，历时短暂的间歇性河流。

涑水河发源于绛县陈家峪，流经绛县、闻喜、运城、临猗、永济入伍姓湖后注入黄河，主流全长195千米。涑水河古名涑川，也称阳安涧。《水经注》：涑水出河东闻喜县东山黍葭谷，西过周阳邑南，又西南过安邑县西，又西南注入张扬池。《绛县志》：涑水发源于县东南十五里，自陈村峪东出，伏流地中，至柳庄复出，会冷口峪水而下。涑水河上游陈村峪、紫家峪、洮水河（冷口峪）三条支流在柳庄汇流经东镇入吕庄水库。

允西河——发源于翼城县大河乡的毋鸡沟。自北向南纵贯垣曲县中部，从大举寨进入垣曲县境，经同善、谭家、古城等乡镇，在东坡村南与亳清河汇合后注入黄河。主流全长68千米，流域面积575平方千米。

沁河流域——位于山西省中南部。东经111°55′—113°30′，北纬35°11′—37°08′，为山西省第二大河，黄河的主要支流，总流域面积12800平方千米，其中山西省境内12264平方千米。沁河流域地形呈阔叶树状，北高南低，大部分为山区。流域包括晋城、临汾、长治三市，有一级支流47条，大于25千米长的有30条，较大支流13条，其中丹河最大，全长162千米，在河南汇入沁河，丹河有5条较大支流。沁河水量丰沛，流域特点：一是沙少水多，二是坡陡水流急，三是地高水低，四是矿产丰富。

沁河发源于沁源县霍山南麓将台上村，经二郎神沟，在郭道汇入赤石桥河，东阳城汇入紫红河，蜿蜒于太行山东麓，向南经沁源、安泽、沁水、阳城、晋城，从河南五龙口出太行山，至武陟县南贾村汇入黄河。主流全长450千米，其中山西境内351千米，不包括丹河的沁河在山西境内流域面积9200平方千米。因流经沁源、沁水故名沁河，古称少水、涅水。《水经注》：“沁水，在上党涅县谒戾山，沁水即涅水也，或言出谷远县羊头山世靡谷。”沁河地高水低，坡陡流急，水旱灾害频繁。暴雨下游多于上游，多在七、八两月。

第三节 黄河的灌溉与航运之利

一、 黄河的灌溉之利

我国的灌溉业有着悠久的历史，奔腾在各地的江河湖泊涓涓滴滴，滋润了千里农田，也孕育了中华灿烂的文明。黄河流域是我国最古老的农耕区，数千年前当先民们叩石垦壤、辟土植谷，将农耕文明的火种播撒在大河两岸的同时，灌溉沟洫工程即已相伴而生。传说中黄河流域最早的灌溉事业起步于距今约 4000 年前的大禹治水时代，那时黄河流域的自然环境与今天大不相同，肆虐无羁的洪水不时冲击着两岸的田园，禹率领民众随山浚川、疏江决河，平息了这场浩浩洪水，并开创了最早的灌溉沟洫工程，故史称灌溉之业“成于大禹，备于周”。

进入商周以后，引黄灌溉得到初步发展。春秋战国时期，黄河流域的大型水利工程初兴于魏国，最受称道的当属西门豹为邺令时主持兴凿的漳河十二渠，经过一番治理，既杀住了漳河的水势，又使腹内田亩得渠水灌溉，无干旱之患。漳河是一条含沙量很大的河流，十二渠开凿后，不但滋润了四周亟待浇灌的农田，而且富含有机物质的河水还使原来遍布于两岸的盐碱地得到改良。西门豹治邺不但使邺地的经济迅速繁荣起来，魏国无边鄙之患，而且还为后世留下了不没的功业，从秦汉至隋唐，漳河十二渠一直为当地农业生产发挥着巨大作用。

战国末期，黄河流域大型水利工程的兴建逐渐进入成熟阶段，郑国渠的开凿使黄河流域的灌溉之业进入了一个新的时期。据史书记载，郑国渠流经路径横穿了几道天然河流，在施工与设计上都具有较高的技术水平，其中干渠选线与渠道“立交”技术都是当时最先进的工程措施。郑国渠所流经的关中平原，是我国古代重要的农业区，但这里大陆性的气候特点所带来的春旱缺水，对农业生产常常造成威胁，水利灌溉工程的兴建大大缓解了旱情，有力地促进了农业生产的发展。郑国渠兴建以后，全部灌区面积达 4 万余顷，富含有机质的泾河河水淤灌着大片农田，原来瘠薄的渭北平原变成了有丰无欠的沃壤，大大增强了秦国的经济实力。正如水工郑国所言，以疲秦为目的而兴凿的郑国渠，给秦国带来了万世之功。郑国渠的巨大功效向人们展示出水利的巨大作用与济世价值。

郑国渠虽然是一项伟大的水利工程，但到了汉代仅一渠之水已无法满足关中的农业发展，为了加强关中水利建设，西汉武帝时便酝酿出扩大灌区的计划。陕西引泾工程最著名的当属汉武帝太始二年（公元前 95 年）兴建的白渠。白渠西端从郑国渠南侧开口引泾水，东流经过栎阳县，到下邽县注入渭河，全长 200 里，"决渠为雨"，使池阳、栎阳、下邽及高陵几县部分农田得到了灌溉之利。因白公为此呕心沥血，造福人民，得到了武帝与四方百姓的赞许，该渠遂以其名命名为"白渠"。

关中水利除了灌溉农田外，水中泥沙所含的大量有机质，对于改造盐碱地也有着绝好的功效。关中平原气候干燥、蒸发量大，泾渭诸河下游地下水都埋藏较浅，于是大量可溶性盐分便借助土壤毛细作用上升至地表，形成了土壤盐碱化，妨碍作物生长。这种土壤的改良除用水浇淋外，覆盖淤沙也是可以奏效的办法。流经关中平原的河流富含泥沙，泾水的含沙量尤其高，自古就有"泾水一石，其泥数斗"之称。因此秦修郑国渠、汉修白渠都引泾水改造盐荒瘠地，清流溉田，泥沙淤地，"且溉且粪"，一举两得。

水利工程滋润了关中的财富，仅白渠就溉田 4500 余顷，"衣食京师，亿万人口"，汉代君王背靠着这片收获丰硕的平原，将历史带进了辉煌灿烂的一页。

黄巾军起义后直到隋统一的 400 年间，黄河流域政权林立，此兴彼伏，动荡分裂，灌溉农业大受破坏。然而也有个别雄君明主在征战厮杀的同时，谋划着农田水利的复兴。得水利者得天下，曹魏西晋灭蜀平吴，前秦、北魏统一北方，隋唐统一全国，无不在一定程度上受益于灌溉农业的恢复和发展。

唐代关中在前代的基础上大兴水利，久负盛名的郑白渠是这时扩建的重点。由于当时郑国渠已大部分淤废，因此扩建工程首先从兴修引水开始。第二步即将白渠改造为太白、中白、南白三条渠道，以便扩大渠水灌溉范围。经过一番改造，唐时白渠又称为三白渠，它恢复并扩大了灌溉面积，据说唐初灌田可达 4 万顷。郑白渠改建完成后，朝廷加强了对渠道的管理，确定了比较详细的用水制度，并将渠道工程 30 年大修一次定为定制。唐代关中水利的另一处工程是对成国渠的扩建改造。成国渠改造的重点不在延长渠道，而在于扩大水源。除这两处大的灌区之外，唐代还在其他可以利用的河流上兴复了不少水利工程，在南山脚下利用山间溪谷、兴建的小型水利工程更是不计其数。“八水绕长安”不仅仅是人们对唐代关中水利的赞颂，而且也的的确确反映了水利事业对唐代灿烂文化的重大贡献。

在九曲黄河的上游，边鄙大漠并没有成为人们播云布雨的障碍，唐代这里的水利事业在原有的基础上又进入了一个新阶段。对河套地区原有水利工程进行了颇有建树的修建，使周围农田得到灌溉，获得了稳定的收入。河西走廊是唐代中央政权与西域诸国进行联系的必由之路，戍边的军队，往来的商旅，粮草补给单靠内地千里辇运，常使人马陷入窘困之中，为了使将士及过往行旅免于饥寒，各统兵将帅兴置屯田，开发雪山融水，兴建水利，为这一地区的农业生产发挥了巨大作用。

黄河支流在山西境内的汾河是流经河东最大的一条河流，汾河中下游是一片平原川谷，为发展农业生产的理想场所。作为龙兴之地，太宗李世民入都长安后，除了将太原设为北都，尤其重视汾河水利的兴复，在朝廷的积极支持下，从太原到蒲州，水到之处都有河渠水道。贞观年间（公元 627—649 年），首先在太原开凿了晋渠，随后又在文水县兴建了文谷水引水工程，在此基础上开凿的甘泉渠、荡沙渠、灵长渠、千亩渠将整个工程的灌溉面积扩展至数千顷。绛州一带的引汾灌区是汾河流域一处较大的水利工程。唐德宗贞元年间（公元 785 年—804 年）绛州刺史韦武在朝廷的支持下，将原来分散的工程统一规划，协调布局，重新修建为一个统一的大型水利工程。工程完工后，灌溉效益大大提高，1.3 万余顷农田得到渠水的浇灌。

宋西夏金元时期的黄河灌溉事业以北宋的经营成就最大，王安石变法推动灌溉农业较唐代又有了突出的发展。据《宋会要辑稿·食货》记载：熙宁变法时期，开封府、河北西路、河北东路、京东东路、京东西路、京西北路、河东路、永兴军、秦凤路等北方行政区内共建农田水利830 多处，灌溉面积达到 13.28 万顷以上。这一成就如果从全国波澜壮阔的水利运动来看，所占份额虽不如长江下游地区大，但从黄河流域自身发展考虑，在黄河灌溉史中可以说是十分引人注目、成效显著的。这个时期黄河灌溉事业的发展在两个方面表现得很突出：一是引黄淤灌，二是中上游以关中平原为代表的老灌区的扩建。

黄河及其支流经过黄土高原无不挟带大量富含有机矿物质的泥沙奔泻而下，河水流经之地，泛滥之区，泥沙沉淀后，往往将后来泻卤不毛、硗埆贫瘠的土地变成肥沃之壤。古人发现这种自然现象后，就开始有意识地决口放淤，这种利用自然之力自然改良土壤的办法，就叫做“淤灌”。淤灌之法在我国出现得很早，至迟汉初就已为人们所运用。王安石十分赞赏放淤造田之法，把它作为迅速发展黄河灌溉事业的一项重要措施加以推行。北宋的引黄淤灌，大致集中分布在三个区域：首先在开封府展开，熙宁二年（1069 年），在开封府引黄河、汴水淤灌沿岸农田，成效显著，使开封府成为一个很重要的淤灌区，开封府大面积的实践为推广积累了经验。灌区一方面顺汴河扩展到了睢阳（今河南省商丘县南），另一方面在黄河下游也展开了。熙宁五年（1072 年）七月，程昉在洺州（河北境内）引漳河、洺水淤灌。同年河北沧州也引黄河水淤灌种稻。熙宁六年（1073 年）开发河北滹沱河深州段淤田。与永静军、深州相邻，横跨黄河河北干流的冀州在此前后也进行了建闸修渠，引河水淤灌黄河两岸的工程建设。山西西南、关中平原东端是又一个淤灌区。熙宁七年（1074 年）和八年（1075 年），河中府知府陆经也在其辖区内引黄河、涑水放淤。解州也不甘落后，熙宁九年（1076 年），都水监丞被派往河东路淤田，以扩大淤田灌区。与河中府隔河相望的同州

（陕西境内）同年也大引黄河、北洛河淤灌了朝邑、冯翊等县部分土地。淤灌扩大了耕地面积，提高了产量，起到了富国裕民的作用。新耕肥沃土地的增加，扩大了田赋基础，增加了赋税收入，为官府另辟了一个财源，北宋靠出售淤田又获得了一笔可观的收入。

关中平原引黄河支流泾水灌溉，在唐代后期由于王公权贵在干渠上建造硙碓，渠水散失，灌溉之利大受减损，到宋初灌溉农田不及 2000 顷，只相当于唐代灌溉效益的 1/22。在熙宁变法大兴水利的热潮中，王安石特别关注三白渠灌区的大修。不知是因史官们的疏忽，还是因文献的散失，有关这次大修的详细情况今天已无法了解了。30 年后，北宋对引泾三白渠灌区又进行了一次大规模的维修改建，成效可观。神宗皇帝御赐三白渠以“丰利渠”之名。

西夏、金、元的统治者都是来自北方善于骑射的游牧民族，受中原汉族文化的影响，也渐渐融进到农耕社会之中。黄河流域的灌溉农业虽无新的发展，但也得到程度不同的恢复。一代天骄成吉思汗的后代忽必烈，更是少数民族君王中重视灌溉农业的国君，他在关中平原设立屯田府督治三白渠灌区水利，关中麦“盛于天下”，“年谷丰衍，民庶康乐”，当与忽必烈注重水利有必然联系。中书省所属山西汾河中下游灌区也得到了修复，并新开利泽、善利、大泽三渠，灌溉赵城、洪洞、临汾等县沿河之地。黄河流域修复的另一个较大的灌区就是中书省怀庆路（河南境内）所在的沁、丹灌区，这个灌区的有些灌渠在金大定六年（1166 年）仍发挥着灌溉作用。

相形于长江流域灌溉事业的发展，明清时期黄河流域的农业灌溉大大落后了。秦汉以来一直在黄河流域乃至全国农田水利事业中起龙头作用的关中灌区，已经失去了往昔的辉煌，呈现出明显的衰退状态。引泾灌渠，是关中灌区衰退的典型。在关中灌区，引泾灌渠的历史最为悠久，从秦的郑国渠，到元朝的御史渠，历代整修、改造、扩建不辍。但经元之世，引泾灌渠已经瘫痪了。虽然明清时期对泾水上游进行了开发，利用了南山北麓谷水，涌现出了一些小型灌区，但这些都无法重振关中灌区昔日的荣光，掩盖不了这顶皇冠日益暗淡的现实。

不过，黄河流域其他古老灌区则依旧生机盎然，其中河套和陇西出现了前所未有的新景象。河套灌区分宁夏前套和内蒙后套两部分，朱元璋立国之后，在前套灌区设立卫所进行屯田，驻防官兵与当地民众积极修治了古代渠道，并开始向灵州以上中卫附近黄河两岸大力拓建农田水利工程，把前套灌区向南，即黄河上游大大扩展了。汉唐古渠所在的宁夏卫一带灌区不仅没有收缩，反而有了新的发展。汉渠、唐渠两岸都新开了几条支渠，灌溉面积扩大到了万余顷，这在当时黄河流域灌区中是很可观的。

入清以后，康、雍、乾三朝对该灌区用功最勤，后世受益不薄。康熙四十七年（1708 年），水利同知王全臣主持在汉、唐两渠之间新开了一条灌渠，引黄河水经过 75 里，归入唐渠。沿途建有斗门 167 座放水灌溉，使 1200 多顷田地变成水浇田。这是清廷动工兴建的第一条大渠，故命名为“大清渠”。雍正四年（1728 年），在灵州以西、黄河西岸十升堡处开渠口引河水北流，命名为“惠农渠”。该渠两岸支渠众多，支渠上小陡口小灌口千余个，渠系完整，沟塍绣错，大渠两岸十余万株垂柳随风轻拂，护送着渠水淙淙流淌到田间。为了方便交通，还在渠上建了 30 多座桥供两岸民众行旅来往通行。惠农渠竣工后，据说灌区又扩大了 2 万余顷。在修建惠农渠的同时，一条长 110 里的新渠已经出现在惠农渠下游东面一块河滩地上，该渠有支渠 20 余道，并配备有进水闸、分水闸、退水闸以及逼水闸，灌溉面积达到了 1000 多顷，又免除了渍涝之苦，负责工程建设的满族官员通智把它命名为“昌润渠”。这 3 条干渠的兴建，是清代最突出的成绩，它们使前套灌区向北，即黄河下游方向进一步拓宽，扫除了原来灌区内一些荒旷之地。灵州、中卫等地其他灌渠在清代也都得到了维修整治。到清后期，宁夏灌区共有 38 条主干渠，形成了黄河上游最大的灌溉体系，其中唐徕、汉渠、大清、惠农、昌润 5 渠最为有名，灌溉面积最大。

由于黄河河道的演变和清王朝的边疆政策，后套灌区新渠系到道光八年（1828 年）才开始得到发展。从道光到光绪的短短五六十年间，一条条渠道组成了这片农耕区的血脉。其中永济渠、塔布渠、长济渠、通济渠、刚目渠、丰济渠、沙河渠、义和渠这 8 条干渠最著名，故有“河套八大渠”之称。

发源于山西宁武县管涔山、在龙门下归流于黄河的汾水，是一条有着悠久历史的河流，太原以下的河谷平原是山西最富庶的农耕区，明清时期以中小型水利工程为主，汾河谷地开发出一片片的灌溉农区，总面积远远超过了前代。明朝的水利工程主要分布在太原府和平阳府之间的太原、阳曲、榆次、交城、徐沟、太谷、文水、祁县、汾阳、孝义、介休、平遥、赵城、洪洞等十几县的汾河两岸及支流上。这种以中小型灌溉农业为主的发展趋势到清代就更为明显，范围也较明代有所扩大，不仅局限于太原府和平阳府之间，平阳府以下的绛州、蒲州、解州 3 府州内的绛州、闻喜、河津、稷山、绛县、垣曲、安邑、夏县、平陆、芮城、永济、虞乡、猗氏、荣河等十多个县也兴建了农田水利工程。从水源上看，也由汾河流域扩大到了涑水、毫清河等黄河支流，灌渠把两岸村庄连结起来，休戚与共，增加了对汾河、涑水等河流水利灌溉的依赖，一个县基本上就是一个小的灌区。明清以特有的方式，使晋中、晋西南地区的灌溉农业获得了新的发展。

伊、洛、沁河的水利资源也得到了利用。沁河发源于龙门以上山西沁源县北太岳山东麓，南流到河南怀庆府武陟县入黄河。引沁工程最大也是最艰难的一次改造，是在万历二十八年（1600 年）进行的，由于土质问题，引沁灌渠很容易坍塌淤塞，不利于引灌。广济渠引水口如不改成石口，灌区就难以充分发挥功用，经过 3 年艰难的施工，终于建成了新的引水渠口和引水渠。同时对下流灌渠也进行了调整，修建了排洪道，使沁水通过灌渠浇灌了济源、河内、温县、武陵 4 县的农田，古老的灌区得到新生。

二、　黄河的航运之利

黄河航运的萌芽，可以从考古发现中寻找蛛丝马迹推断一二，根据文化层推断，很有可能仰韶文化时期已存在“剡木为舟”了。上古传说中有三皇五帝，黄帝在神农之后，神农相当于仰韶文化时期，黄帝当在仰韶文化晚期与龙山文化时期。我国古代经典《易经·系辞》里曾记载："黄帝刳木为舟，剡木为楫，舟楫之利，以济不通，致远以利天下，盖取诸涣。"黄帝及其部族主要活动在黄河流域，当时已有舟楫，可谓黄河航运的先声。大禹治水的方法既有疏通，也有航运的成分，从河南三门峡考古发现推断，当时黄河航运的存在或有一定的道理。

汉朝初年，为解决漕运通过河南三门峡时损耗太大、上航困难，大司农郑当时建议，开凿一条顺直的人工渠道，既可以缩短里程又能灌溉农田，可谓一举两得。汉武帝欣然采纳郑当时的建议，这项工程历时三年完成，政府受益匪浅。漕渠起自黄河风陵渡经陕西华阴、华县、渭南、临潼，过长安直抵昆明池。汉武帝时漕运数量猛增到400万石，最高年限曾达600万石。漕渠通航，出现了可载重500斛—700斛的船只。

隋代，除孟津至陕县间为避开三门用陆运外，其余河、渭皆可通航。开皇三年（公元583年），隋文帝下令在蒲州、陕州、虢州、熊州、伊州、洛州、郑州、卫州、汴州、许州、汝州置仓廪，从事漕粮转运。郑、怀、邵、卫4州在三门峡以下濒于黄河，虢、熊、洛3州在洛水流域，汴州在汴水岸边。当时已形成以黄河、渭河为中心的全国河网运输系统。大业元年（公元605年），隋炀帝下令进行通济渠工程，"自西苑（洛阳）引谷、洛水达于河"，再"自板渚（河南荥阳）引河通于淮"。由淮河经古邗沟到江都（扬州）达于江。通济渠的凿通，沟通了河、淮、江3条水系，由江淮可通过运河直达洛阳。大业四年（公元608年），隋炀帝下令河北诸郡男女百余万开永济渠，引沁水，南与河接，北通涿郡。通济渠、永济渠建成后，对隋朝南北交通有重要意义，江淮地区的粮食、财物经山阳渎、通济渠，西行抵达大兴城。同时，通过通济渠口渡过黄河进入永济渠一直可以到达北方重镇涿郡。在沿河、渠的重要枢纽位置上，隋朝建立了许多仓廪贮藏粮食。

宋朝建都汴梁。春秋时，郑庄公命郑邴在这里筑城，取名"开封"即开土封疆的意思。开封恰在河水（黄河）、济水（今黄河下游河道，当时是黄河的一条支流）、汴水之间。而漕米主要来自江淮，汴渠是宋王朝的基本命脉所系，备受重视，诚如汴渠决口时宋太宗所云："东京

（北宋有四京，东京开封府即汴梁，另有西京洛阳府，北京大名府，南京应天府）养甲兵数十万，居人百万家，天下转漕，仰给在此一渠水，朕安得不顾?”宋朝初年，运江淮米不过数十万石，到了北宋末年，漕运量稳定在500多万石。

汴河引黄河为源，水沙俱下，宋人治汴的经验由此而生。每年春天选址开口引黄，到十月枯水时，闭口进行维修。引黄还有淤积问题，为防止淤积，采用自然冲刷的方法。用木岸人为地将河道变窄，河宽仅60步，木岸狭河开后来束水攻沙的先河。为保证汴河的水量，在渠旁筑塘蓄水济运，这在古代叫水柜。同时，在堤上建斗门用于引水放淤。

宋代熙宁年间（1068年—1077年），因为汴河引黄作为水源淤积日趋严重，于是有人设想引洛济汴代替引黄。为了拦黄不入汴，从巩县神尾山到汴口修筑大堤拦黄。同时还修筑陂塘蓄水，以便洛水不足时，决口济汴。直到北宋末年，汴河基本以洛河为源。元丰年间以前，由于汴口冬闭春启，一年通漕不过200余天，引洛入汴后，基本上全年通航。

元世祖忽必烈定都大都（今北京），从空间上看，不可能走隋代的通济渠、永济渠旧道，于是直达的京杭大运河应运而生。元代对大运河最大的贡献是开通会通河。至元十九年（1282年）开始开凿济州河，为了保持航运畅通，沿河置闸蓄水。济州河修通后，南来的漕船可以直抵东平，再由大清河运至利津出海运到直沽。后来因为海口沙壅，陆运至临清走御河，在陆运途中，有一段地势卑下，夏秋适逢雨季来临，车行其间艰阻万状，于是在至元二十六年（1289年）开会通河。直到这时，山东段内运河才全部打通。至此，南来的漕船可以从杭州直达通州（今北京通县）。为了解决从大都到通州的航运，至元二十八年（1291年），郭守敬建议开凿通惠河，引北京北面昌平的白浮泉，西南流，沿北京西山山前汇集沿途西山的泉水从北京旧城西北入城，汇入积水潭，东南出城东流到通州与运河相接。积水潭也就成为大运河的最终码头，是大都城商业最集中的地方，也是最繁华的地段。元代会通河的开凿沟通了南北大运河，功绩斐然。到了明代，经进一步整修，大运河在南北交通中继续发挥着重要的作用。

清代自嘉庆末年以来，因“借黄济运”，大量泥沙淤积在运河中，加之太平天国、捻军起义等军事原因使运河不能畅通。鸦片战争后，海上运输逐渐开辟，用轮船转运，既省时又省工。此后，虽然几度设法恢复通航，终归失败。这是河运史上的重要转折点。

进入近现代，沿海与内地差距日趋扩大，北方东西向的交通由陇海铁路取代了黄河。但在西北内陆陆路交通不便而接近黄河的地方，黄河航运在局部仍扮演着重要角色。兰州到内蒙古河口镇，分段可以通航，因沿途地质、水文状况不同，各段通航能力也有差异。从磴口经包头附近的南海子到河口近 1400 里，是沙质河床，河床游荡，民国年间，这里是黄河中上游最繁忙的河运段。

黄河上游第一大码头就是兰州，它不仅是甘肃的省会，而且还是黄河上游最大的贸易中心、物资集散地。宁夏的中卫县，直接腹地，地势平坦，且有引黄灌溉之利，是富庶的塞上江南鱼米之乡，加之又是黄河出了峡谷后进入宁夏平原所流经的第一个县城，因此成为三级商业网点。横城堡在黄河岸边，距宁夏省城很近，是黄河沿岸的二级商业网点。石嘴子即今宁夏石嘴山市，当时工业并不发达，是贸易转运点。内蒙古磴口在黄河“几”字形转弯处，是从绥远西行新疆、外蒙的必经之地。南海子在黄河岸边，距包头不到 10 里，包头上下水货物均由此转运，运输繁忙，货栈林立，是民国年间黄河上游第一大码头、民国西北的一大商贸城市，也是“山西帮”的大本营。潼关是黄河中游最重要的水陆码头，它还是关中的门户，潼关是黄河中游的一级货物集散地。黄河出孟津以下进入冲积平原，比较重要的水陆联运码头有两个：一个是京汉铁路（北京至汉口）与黄河交汇处的黄河南站，另一个是津浦铁路（天津至浦口）与黄河交汇处的泺口。

从新石器时代起直到隋唐时期，黄河中游的关中、晋南、河洛地区是华夏文化的核心区，流经这一地区的黄河及其支流因为水上交通的缘故很早就引起人们的重视。航运总是联系着政治中心与人口密度大的地方，也就是经济中心，黄、汾、渭、洛航运发达与定都长安、洛阳有机地联系在一起。仅仅依靠关中、河洛地区不足以供给、支撑作为大一统时期国家首都的众多人口时，随着东南新经济区的开发，东粮西调对于维持一个国家的正常运转十分重要，国家对东南的仰仗日益加重，连接京师与东南的航运交通必然受到官方的重视。宋以来，对来自东南粮食与财富的需求，使开封成为新的不同于汉唐长安的全国内河航运网络中心，更加靠近经济中心。元、明、清三代由于特殊的非经济原因，政治中心远离经济中心，京杭大运河作为连接政治与经济中心的重要交通干线，在数百年间发挥了重要作用。中国历史上有若干个基本经济区，不同经济区之间的发展演变决定国家倚重的转移，中国经济中心演变的总趋势是由黄河流域向东南推进，历史上的航运也围绕这个主题。黄河及有关运河航运事业的兴衰演变，都是当时经济和政治需求的产物，国家行政中心对全国漕赋的依赖使粮食运输一直是我国历史上内河航运中所占比重最大的货种。黄河在近现代河运交通上的地位日趋下降，除政治经济中心转移等原因外，它本身治理疏导困难，挟带大量泥沙沉积在海口使之不能成为深水良港，这些自然原因对黄河航运的影响也不可低估。

与黄河航运有关的环境变迁问题最重要的是黄河的水沙与航运的关系。流域产沙的因素一个是自然条件，黄河自河口进入山陕谷段，流经黄土高原，河流挟带大量泥沙。另一个原因是人类活动，历史上的黄土高原，如果以畜牧业为主，对土地的压力就会小些，黄土高原水土流失也就会少些；以农业为主，人口对土地压力大，迫使扩大耕地，就会加剧水土流失。产水主要受自然影响，某一时期，气候湿润，来水多，通航条件好，反之亦然。因此黄河是否通航、何时通航可以反映出河流水量的多少和季节分配情况，进而反映出这一时期的气候干湿。

第四节　黄河著名物产举要

一、　澄泥砚

澄泥砚是中国四大名砚之一，从唐代起，端砚、歙砚、洮河砚和澄泥砚并称为“四大名砚”。澄泥砚产于中游黄河岸边诸地，以制作工艺独特称著于世，与端、歙、洮砚齐名，史称“三石一陶”。黄河澄泥砚以沉淀千年的黄河渍泥为原料，经特殊炉火烧炼而成，质坚耐磨，观若碧玉，抚若童肌，储墨不涸，积墨不腐，厉寒不冰，呵气可研，不伤笔，不损毫，倍受历代帝王、文人雅士所推崇，唐宋皆为贡品。武则天、苏东坡、米芾、朱元璋均有所钟，并著文记之。

澄泥砚以朱砂红、鳝鱼黄、蟹壳青、豆绿砂、檀香紫为上乘颜色，尤以朱砂红、鳝鱼黄最为名贵。华夏澄泥砚不施彩釉，采用科学周密的原料配方，精心的药物熏蒸，特殊的炉火烧炼，使之自然窑变，同窑之中的澄泥砚幻变神奇、色彩各异、无不巧夺天工，不但保持了史书记载的名贵颜色，而且烧制出古砚从未有过的花石纹，其纹理天成，美妙多姿，令人叹为观止。经专家评鉴确认，完全具备古砚“泽若美玉、击若钟磬、易发墨、不伤笔、冬不冻、夏不枯、写字作画虫不蛀”等特点。

在“四大名砚”中，端、歙、洮均以天然石材雕琢而成，唯澄泥砚使用经过澄洗的细泥作为原料加工烧制而成，其产地莫衷一是，有河南虢州说、山西绛州说、山东青州说，虽各有说法，但都没有离江河太远，古人说取河泥澄而制砚不假。只是这个制法却颇费周折，光是淘洗澄结便要一二年，出泥后“令其干，入黄丹团和搜如面，作二模如造茶者，以物击之，令其坚。以竹刀刻作砚之状，大小随意。微阴干，然后以利刀刻削如法，曝过，间空，垛于地，厚以稻糠并黄牛粪搅之，而烧一伏时。然后入黑蜡、贮米醋而蒸之五七度。”如此繁复的工序，使砚台坚如铁石。

由于原料来源不同、烧制时间不同，澄泥砚具有鳝鱼黄、蟹壳青、绿豆砂、玫瑰紫等不同颜色。澄泥砚一般注重图案，讲究造型，器物线条凝练。绛州汾河湾的泥质干，强度偏高，手感滑腻，无砂，可塑性高，韧性强，绛州澄泥砚已经成为古城绛州的一大地方特产。黄河澄泥砚的制作需经过几十道工序。首先，将采掘来的河泥放置在一个绢制的箩中过滤。古法制砚，是将一种特制的双层绢袋吊挂于汾河中，河水中裹带的泥沙流入绢袋中，经第一层绢袋过滤后，沉入第二层绢袋的细泥即是澄泥。随着时代的变迁，汾河的水流量和流速都起了很大的变化，滤出的极为细致的泥土就是制砚的原料——澄泥，澄泥砚之名也由此而来。再将滤制出的澄泥放置一年以上的时间，历经冬夏以去其燥性才能使用。澄泥砚“取之于水而成之于火”。在造型艺术上，澄泥砚也别具一格。它十分注重图案和造型，雕刻形式多样，色泽典雅秀丽，显得极为古朴大方。

澄泥砚是陶砚，是陶器的一种，我国的陶器是在人类进入新石器时代出现的。在我国发现距今 10000 年以上残存有陶器的遗址有多处，距今 8000—4000 年的古陶遗址更是遍及黄河、长江流域的河南、河北、甘肃、山东、内蒙古、湖南、湖北、浙江、江苏、四川等地。直至距今约 3500 年的商代，原始青瓷出现，陶器的使用开始发生了转变，大量的生活用陶开始逐渐由瓷器替代。即使如此，陶瓷在汉唐及辽宋时期仍有生产和使用，并延续了很长的一个时期。

目前最早科考出土的石砚是在 1958 年陕西宝鸡仰韶文化遗址中的双格石砚，其距今约有 5000 年的历史。也就是说，在遥远的原始社会，当人们懂得利用石材磨制石砚的时候，人们已经熟练掌握了制陶技术，并具备了相当丰富的造型能力。

随处可用的制陶材料、塑烧工艺简单的制作过程、低廉的成本以及人们长期对陶器的生产和使用所积累的丰富的制陶经验，都使陶器乃至陶砚的生产和使用存在着一个相当长的岁月。在汉代，当人们在尝试着用各种石材制砚的时候，“十二峰陶砚”已奇峰劲拔、一柱擎天！在唐代，当红丝、端、歙在唐代已有鼎立之势时，质地优良的“秦砖汉瓦”砚已经风靡一时，“砚中第一”已成为时人对澄泥砚最为中肯的评价。如宋代李之彦《砚谱》载：“虢州澄泥，唐人品砚以为第一，今人罕用。”米芾也曾在有关论述中，盛赞澄泥砚“坚实如此，扣之金声，刀之不入”。即便如此，尽管“四大名观”在隋唐时先后行世，但从现今科考出土的实物来看，所遗存的唐砚大多仍是陶砚。至此，我们可以得知，唐代是澄泥砚的一个大发展时期。

唐后至宋，由于优质石砚端歙的普遍使用，对澄泥砚的生产和使用产生了一定的影响，加之红丝砚因资源枯竭淡出历史舞台后，最终在宋代形成了端、歙、洮、澄“四大名砚”，并延续至今，从而确定了澄泥砚在我国砚史中的历史地位。至明代，澄泥砚的制作更是炉火纯青。在清代，乾隆皇帝对澄泥砚尤为酷爱，御笔赋诗，并编入《西清砚谱》。然而，由于诸多历史的原因，澄泥砚的制作工艺在明末清初失传，从此中断了三百余年。今日所见古澄泥砚极为稀少，上品更是难求，其原因之一，恐怕就在于制作工艺繁复而产量甚低了。加上石砚中的佳砚理当比泥砚更胜一筹，流传久远者当然比泥砚更多。到清代，澄泥砚已经没落衰微，偶有较好的，也多是世俗之品。

由于缺少相应的宣传推广，抑或有更多伪劣产品的泛滥，如今人们一提及澄泥砚便认为其不过是用泥烧成的“大路”货，甚至在一些古玩市场的地摊上，十几元、几元就可以买到所谓的“澄泥砚”，这对于曾经赫赫有名的“四大名砚”澄泥砚来说实在是一种悲哀，更不用说与其他三大名砚相提并论了。

严格地说，烧制澄泥砚的科技含量和生产难度在某些方面并不亚于甚至还超过了端、歙等名砚。比如：端歙等名砚用的砚材是天然的石材，其质地、颜色和纹理是天然生就的，制砚者可以根据自己的要求拿来任意使用，而澄泥砚则不同，是用天然的泥料经过人工筛选、过滤、焙烧而成，其质地的优劣、纹色的美丑都和人烧制技术的高低有着直接的关系，而且直到科技高度发展的今天，上乘的质地和一些名贵的纹色也不是随便可以烧制成功的，还需要高超的技艺和“运气”，故质地和纹色与端歙相比也都极为难得了。再比如端歙等石质砚，一般来说只有雕刻水平的高低之分，基本上没有成品和废品之别，即便是偶然碰伤或损坏，还可以进行修改和补救，而澄泥砚的制作则从一开始直至烧制完毕，在整个制作过程中的每一个环节中都可能存在未知的和不可预知的结果，特别是焙烧阶段，尽管在燃料、时间、温度方面做足了功课，但烧制的成功率也只有烧制总数的百分之三十左右，而精品仅有1%—2%，自然是身价不菲，所以，真正品质上乘的澄泥砚无论其使用价值、观赏价值，还是收藏价值都足以与端、歙等名砚相媲美。

最能说明问题的是，近年来随着我国第四次收藏热的兴盛，各种历史名砚、现代名家砚作也纷纷亮拍并且成交价格也是屡创新高。诸如2009年所拍的“吴昌硕铭紫云砚”就高达548.8万元，而在2010年6月北京保利拍卖会上，一方乾隆御铭题诗的伏虎澄泥砚则以高达1250万元的“天价”成交。这方砚不仅说明了乾隆御用砚本身的稀有性，从另一方面讲，这方砚也足以说明澄泥砚所具有的可贵品质和广阔的收藏空间。

砚凝结了我国古代文人的思想抱负和审美情趣，是我国民族文化传承的情结所在。其坚润的质地、优良的材质、精美的造型、雅丽的纹饰，使人们从中获得精神上的愉悦，希望与其长相厮守，不由心生爱慕之情。正所谓“笔砚精良，人生一乐”、“心苦砚冰知”等，这就是历代文人发自内心的赞叹。澄泥砚亦不例外。由于澄泥砚所用的材料遍及我国各地，具有生产和使用方面广泛的社会基础，加之在加工制作方面融合了木雕、石雕、骨雕等姊妹艺术的表现手法，还嵌入了文学、书法、绘画等其他艺术，并且涉及土壤、物理等现代学科，形成了我国诸多生产地域相异、造型各有千秋、工艺质量上乘的各类澄泥砚，从而使澄泥砚不仅成为一种本身具有优良品质的实用文具，而且还兼备了更多的人文、历史、民俗等地域文化和传统的民间感情色彩。

二、 黄河奇石

亿万年时光穿越，千万里河水流淌，黄河在崇山峻岭中切过，沿途岩石经过风化和水流的冲击，逐渐坠入河道中，经河水的搬运、撞击和打磨，形成了色彩艳丽、千姿百态、形态动人的黄河卵石，被称为“黄

河奇石”或“黄河石”。黄河奇石具有天然性、稀有性、区域性、商品性等特点，凡产于黄河河道中的具有艺术价值的卵石都可以称为黄河奇石，但黄河河道悠长，并不是哪里的河槽都出产珍贵的奇石，黄河奇石主要产于上游刘家峡水库至宁夏青铜峡水库的河道里，尤以兰州地槽一段所产为多，是天然形成的具有观赏、玩味、陈列和收藏价值的人间奇品，凝聚了天地之灵气、时空之精华。

黄河石最大特色是“类多、色多、形多”。类多实指石质构成繁多，包括成岩、沉积岩、变质岩等，色多只是黄河石因包含不同的矿物质而呈现出多样的绚丽的色彩，形多是指其外形千姿百态。黄河石形成形状与其历史有关，在漫长的时光流逝中，石块在黄河河道中被水流和泥沙石冲击打磨、相互碰撞，造成其造型各异、千姿百态的形状。黄河石的大小各异，大则数吨，小则几百克，色调古雅浑厚。黄河石有图案石、具像石、抽象石和古生物化石，其图案有古今人物、历史场景、动植物图案等。黄河石的观赏价值主要在于两方面，一是独特的外形，二是色彩花纹的组合变化。许多奇石能形成天然的造型，如各种动植物、人物、鬼怪、神仙等。一些造型并不奇特的石头，表面的石纹却能形成一

些自然天成、鬼斧神工的画面，如花鸟、山水、人物、文字符号等等，无奇不有。黄河奇石是大自然的杰作，不可多得，上品黄河石数量尤少，一般要求体积稍大，石形完好无损，画面浑然天成，或以造型胜，或以色彩胜，或以意境胜。

黄河石包括星辰石（原名鼓丁石）、造型石与图像石。体型远较中下游黄河石巨大，石质细腻坚硬，色泽以黑、褐为主，白、绿、黄次之，红色、紫色最罕见。目前，青海地区民间收藏多以此石种为主，且藏量较为可观，不乏精品绝品，有的可称为稀世奇珍。

黄河是中华民族的发祥地，黄河文化源远流长。黄河母亲这神工巨匠塑造了这些千姿百态、形象生动、异彩纷呈的奇石，成为黄河物质文化的一部分。中卫黄河奇石便是她家族中的一员。奇石界有人将黄河奇石细分为黄河源头石、甘肃黄河石、刘家峡黄河石、白银黄河石、宁夏中卫黄河石、内蒙古黄河石、陕西黄河石、河洛日月石。《中华古今奇石大观》、《中华名家藏石大观》对黄河石特别是卵石的介绍是：滔滔黄河从青藏高原奔腾而下，经过无数高山峡谷，接近兰州地势逐渐平坦，水流开始平缓，蓄积卵石多多。甘肃兰州、宁夏中卫、河南洛阳诸多黄河流域地区均产卵石，古即赏之。宋人杜绾所著《云林石谱》载："兰州黄河水中产石有绝大者，纹彩可喜，间于群石中得真玉，璞外有黄络，又有如物像，黑青者极温润，可试金。"黄河石质地坚硬，气质凝重，纹理丰富，构图多样，以浑厚、淡雅、大气著称石坛。二书都将中卫黄河石作为黄河石的一个成员，中卫黄河奇石以其独有的特色，占有一席之地，使黄河奇石爱好者趋之若鹜。

中卫市地处宁夏回族自治区中西段，"东阻大河，西接沙山"，是宁夏、内蒙古、甘肃三省的交界点，唐代诗人王维"大漠孤烟直，长河落日圆"的诗句曾经倾倒了无数的文人骚客，也令无数的后来者心驰神往和苦苦追寻。其实这一神奇的景观就位于宁夏中卫境内，中卫黄河石也就产生在这一神奇的地方。

黄河进入宁夏首先始于黑山峡段，从沙坡头以下水流变缓，进入平原地带，所以地质演变和冲出黑山峡的卵石便在中卫得到沉积，形成了今天黄河石中的奇葩——中卫黄河卵石。

黄河是一条大河，河卵石岩性庞杂，丰富多彩，沉积岩、岩浆岩、变质岩三大岩类俱全，中卫黄河石以其丰富多彩、石形圆润、石质细腻、色彩淡雅、纹理清晰、韵味十足、品类齐全而闻名赏石界。从观赏角度（赏石要素）来分，有景观石、色彩石、纹理石、文字石、形象石、奇石等。凡黄河石所具有的古朴、浑厚、美丽、淡雅等特征在中卫黄河石中都能找到。甚至出自黄河源头青海的星辰石也能很容易觅得，石源之丰富可见一斑。

中卫黄河奇石呈现的最大特点：一是石质细腻，品相较好。经过黑山峡长达300多千米的冲刷洗理，卵石滚动磨擦，相对而言比兰州黄河奇石普遍较细，表面光滑少瑕疵，而且大多比较完整，石形圆润，只要具备奇石条件者均比较坚硬细腻，所以中卫黄河奇石几乎没有打磨的，而且大多构成奇石的卵石品相都比较好，外部形态饱满端庄，无裂痕，表皮自然，石肤光滑。

二是规格小。中卫黄河奇石大部分在10cm至20cm之间，超过20cm的奇石为数不多，小于10cm的均作为石料用做建筑材料，同时也不具备奇石的规格，但可做手上把玩的黄河奇石。在中卫小于10cm的手上把玩的奇石非常多。近年来，随着奇石热的升温，玩石者几乎均有几方自己认为的黄河奇石。据2005年8月21日举办的“圣雪绒杯”第二届银川国际奇石展销节暨雅石组合艺术表演赛制定的鉴评工作纲要，将各类标准石确定为20cm—80cm，按此标准，中卫黄河奇石够标准的确实不多，这就给黄河奇石界定了一个非常高的标准。在中卫黄河奇石的规格方面还呈现自上而下的规律性分布。沙坡头以及迎水地区石头稍大一些，20cm以上的奇石也为数不少，沿黄河越往下游石头越小，所以比较好的中卫黄河奇石大多出自沙坡头附近的迎水地区。沙坡头堤坝开挖时在选石场挖出许多大于20cm的奇石，尤其是龟纹石特别多，吸引了许多奇石爱好者，一度成为热点。这期间觅石、买石者特别多，据采石场工人介绍，曾经有外地奇石爱好者一次花数万元买了一皮卡车卵石，最贵的一方石头出价达5000元，引得当地老百姓都闻风觅奇石，中卫黄河奇石从此更是声名鹊起。

三是色彩淡雅，对比度明显。中卫黄河奇石大多以图案石为主，象形石不多，图案石中大多颜色图案泾渭分明，色彩和线条构图和谐，色差明显，清晰易辨，色度饱满，两种颜色的图案居多，三色以上的不多。

四是品类齐全。根据《奇石风流》一书中《略论奇石艺术及分类》文，按艺术特征进行分类，奇石可分为天然造型石、天然画面石、天然文字石、怪石等。在“圣雪绒杯”第二届银川国际奇石展销节上，将奇石分类为：图纹石、景观石、象形石、意象石、组合石。这些品类在中卫黄河石中均能找到，尤以天然画面石、文字石最多。中卫黄河石中上品的画面、文字都特别逼真，惟妙惟肖，让人一见便可感知，无须引导解读，真可谓妙笔天成。特别值得一提的是，中卫以上黄河段的黄河奇石所有的种类在中卫都有表现，而且弥足珍贵。奇石界中曾有人说：“奇石在天，立意在人。天赐奇石，人赋妙意。”这也许就是大自然给予人类的最好回报。石头是美丽的，精美的石头会唱歌，这是大自然的造化，是人与自然的和谐，是人石合一，灵石崇拜的反映，这也正是黄河石之天然艺术品的奇之所在，美之所在。愿中卫黄河奇石能走出黄河，汇入大海，在浩瀚的奇石界被人认可、解读、欣赏、尊重，成为黄河奇石中耀眼的一分子。

三、 黄河鱼

受水沙条件、水体物理化学性质及流域气候、地理条件等因素影响，黄河水生生物种类和数量相对贫乏，生物量较低，鱼的种类相对较少，但许多特有土著鱼类具有重要保护价值，是国家水生生物保护和鱼类物种资源保护的重要组成部分。

黄河泥沙含量大，透明度低，水极度浑浊，阳光难以透射进入，并且黄河水流湍急，底质多为泥沙、砾石，缺乏腐殖质，所以黄河与其他河流相比，浮游植物、浮游动物、底栖生物种类和数量相对贫乏，生物量较低。黄河干流及支流浮游植物总量都很低：上游水质清澈但水温低，种类以硅藻为主；中游各水体的环境条件变化很大，浮游植物情况也相差悬殊，在组成上仍以硅藻为主，支流浮游植物在组成上以硅藻和甲藻为主；下游进入宽广的冲积平原，比降减小、流速变缓，泥沙大量沉积，浮游植物量稍高于上游，在组成上以硅藻、甲藻和绿藻为主，支流由于外环境不同，浮游植物总量也不同，组成以硅藻、甲藻、绿藻等为主。

黄河上游浮游动物量很低，在组成上以桡足类和轮虫为主；中游浮游动物量较上游更低，支流变化更大，组成上桡足类或枝角类占优势；下游浮游动物量表现出上升的趋势，远高于上游段和中游段，在组成上以轮虫为主。

黄河水系底栖生物量按各水体的生物量高低大体可分为三种类型：上游扎陵湖、鄂陵湖和刘家峡水库地处高寒地带，底栖生物量最少；中游处于黄河冲刷地带，水流过急或泥沙淤积较大，底栖生物量稍多；下游地势低，温度适宜，水质肥美，有大量的软体动物，底栖生物量最多。

根据2002—2007年黄河水产所对黄河干流重要河段调查，黄河干流共采集到鱼类标本47种，分别隶属于7目11科，以鲤科鱼类占绝对优势，共24种，占51.1%。其次为鳅科，共11种，占23.4%。本次调查列入《中国濒危动物红皮书》3种，土著鱼类15种，未发现《国家重点保护水生野生动物名录》中的鱼类。根据调查结果，黄河干流各河段鱼类基本情况如下：

龙羊峡以上河段：鱼类资源较多，大多为冷水性鱼类，以裂腹鱼和鳅科鱼类为主。主要鱼类有拟鲇高原鳅、极边扁咽齿鱼、骨唇黄河鱼、黄河裸裂尻鱼、厚唇裸重唇鱼等，其中拟鲇高原鳅、极边扁咽齿鱼、骨唇黄河鱼为珍稀濒危鱼类。

龙羊峡——刘家峡河段：该河段水库众多，人工养殖鱼类较多。由于水电站建设对该河段鱼类区系组成影响较大，土著鱼类种类减少。

刘家峡——头道拐河段：黄河在刘家峡以上为清水，泥沙含量较低，出刘家峡后，泥沙含量急剧增大，水变浑浊，因此鱼类组成上也发生了较大的变化，滤食性鱼类急剧减少，该河段的代表性鱼类有兰州鲇、黄河鲤等鱼类，均为地方性保护鱼类。

头道拐——龙门河段：该河段鱼类组成极为简单，且数量较少，小型鱼类和鳅科鱼类较多，如麦穗鱼、餐条、泥鳅等。

龙门——高村河段：代表性鱼类有黄河鲤、兰州鲇、赤眼鳟、草鱼等，其中草鱼目前的数量较少。

高村——入海河段：该河段溯河洄游性鱼类较多，代表性鱼类为刀鲚、鲻鱼和梭鱼，目前，刀鲚数量较少。

黄河水系历史上曾经分布的、列入《国家重点保护水生野生动物名录》的鱼类有中华鲟、白鲟、松江鲈等鱼类。列入《中国濒危动物红皮书》的鱼类有10种，分别是骨唇黄河鱼、扁咽齿鱼、拟鲇高原鳅、北方铜鱼、平鳍鳅鮀、中华鲟、达氏鲟（鳇鱼）、白鲟、松江鲈和秦岭细鳞鲑。历史上曾经分布的土著、经济鱼类主要有厚唇裸重唇鱼、花斑裸鲤、极边扁咽齿鱼、骨唇黄河鱼、黄河裸裂尻鱼、拟鲇高原鳅、兰州鲇、北方铜鱼、黄河鲤、卿鱼、刀鲚、鲻鱼、梭鱼等。

近几十年来，黄河鱼类的数量、种类和种群分布，无论是在干流还是在附属水域，都呈减少、衰退的趋势，鱼类资源变化主要表现在以下方面。

（一）国家重点保护鱼类和濒危、土著鱼类种类减少

20世纪五六十年代黄河水系有国家级重点保护水生野生动物4种、濒危鱼类8种，80年代国家级重点保护水生野生动物1种、濒危鱼类6种，2007年调查发现濒危鱼类3种，未发现国家级重点保护水生野生动物。80年代黄河土著鱼类24种，2007年调查仅发现15种，土著鱼类物种资源严重衰竭。

（二）鱼类种类急剧减少，上中下游鱼类构成发生很大变化

20 世纪五六十年代黄河干流鱼类为 153 种，80 年代黄河干流鱼类为 125 种，2007 年调查干流共有鱼类 47 种，鱼类种数急剧减少。从鱼类构成上分析，五六十年代，上游鱼类 27 种，中游 17 种，下游最多为 134 种；80 年代调查黄河上游鱼类仅 16 种，区系组成简单，仅有鲤科、鳅科两个科，中下游鱼类种类多，有 147 种；而 2007 年调查上游鱼类达 6 科 20 种，中游仅 7 科 26 种，下游仅 5 科 16 种，上中下游鱼类构成发生很大变化。

（三）鱼类区系组成发生明显变化

近半个多世纪以来，黄河干流的鱼类区系组成虽然仍以鲤科鱼类为主，但其区系组成的变化是明显的。在黄河干流原有的自然分布鱼类，现已很难找到其踪迹。如 20 世纪五六十年代黄河下游及河口有中华鲟、白鲟的分布，但 80 年代和 2007 年调查均未发现有分布；而一些原来没有自然分布的鱼类，现在却有了一定的自然分布，例如：20 世纪 60 年代以前在宁蒙河段并没有鲢、鳙、草、鳊、鲂等江河平原复合体鱼类的分布，在青海河段没有第三纪早期复合体的鲤、鲫鱼类的分布，在 80 年代以后的调查中，可采到一定量的鱼类标本。

（四）鱼类资源量急剧下降

鱼类资源量减少，20 世纪五六十年代，黄河中的鱼类资源相当丰富，70 年代后，黄河干流中的鱼类产量急剧下降，玛曲河段 70 年代中期平均年捕鱼量约 100 吨，到 80 年代，年捕鱼量不到 50 吨。由此可以看出，黄河干流半个世纪以来的鱼类资源的变动规律是：五六十年代，鱼类资源丰富、产量高，70 年代急剧下降，到 80 年代更低，与五六十年代相比，渔业产量下降 80%—85%。

鱼类资源变化原因主要是：

（一）水文水质条件的变化

1. 黄河水量减少、水文情势变化是鱼类资源严重衰退的重要因素。近几十年来，受全球气候变化、流域社会经济发展、水库蓄水运用等影

响，黄河干支流来水量大幅度减少，水文情势发生了较大改变，水文过程均化，鱼类产卵、觅食等所需生态水量及过程不能满足。加上围湖、淤滩造田、浅滩排干，河流、湖泊水位下降等，造成鱼类的生存空间减小，鱼类产卵场退缩，鱼类失去了赖以栖息、摄食和繁殖的场所，引起鱼类资源的衰退。

2. 水污染日益严重，影响鱼类的生存状况。20 世纪 80 年代，黄河干流的水质，按渔业常规项目指标，基本符合渔业用水标准。但是从生化需氧量、酚、氰化物、砷、汞等指标上看，各河段均有不同程度的污染和超标现象。90 年代以来，黄河干流水污染日益加重，尤其是中下游河段，大量生活污水、生产废水及有毒废水排入黄河，加大了水域污染，鱼类中毒死亡的现象经常发生，鱼类生存环境受到了破坏，对鱼类资源造成了严重危害。

（二）水利水电工程建设运转

水利水电工程对渔业的负面作用主要是通过工程直接阻隔作用、水文条件变化、水温变化及泄水氮气过饱和对鱼类产生影响。人为工程阻隔了鱼类繁殖、索饵和越冬洄游通道，改变了水域生态环境，影响了天然种群的繁殖生长，使洄游性经济鱼类大量减产，有的几近绝迹。各级水库大坝的梯级开发建设，改变了原有的生态环境，破坏了原有的鱼类栖息、索饵、繁殖场所，阻断了某些鱼类的洄游通道，对黄河鱼类尤其是特有土著鱼类资源造成了长期、累积性的影响甚至是破坏，引起鱼类资源严重衰退。

（三）掠夺式的过度利用和不合理的捕捞

目前，在黄河的各种水生生物中，鱼类的利用率最高，不同程度地存在着竭泽而渔、过度捕捞及非法捕捞等现象，缺乏科学管理及滥捕对鱼类资源造成严重破坏，捕捞量已远远超过自然增殖量，补充群体严重不足，直接影响着种群的恢复，是造成鱼类种群结构变化、数量急剧减少、资源破坏的重要原因之一。

（四）外来物种的侵入

鱼类养殖业大力发展，引发外来鱼类品种入侵，外来种通过改变环境条件和资源的可利用性，迅速形成优势种群，破坏土著鱼类的原有区系平衡，引起天然水域鱼类区系成分的改变。移殖驯化是将一些原来没有自然分布的鱼类引入该区域，同时该鱼类又具有较强的生存适应能力，从而不断繁衍，形成一定的群体。如刘家峡水库20世纪90年代引进的池沼公鱼、大银鱼等已在该水域形成主要群体，致使土著鱼类的数量不断下降。

综合以上分析，造成黄河鱼类资源衰减、生物多样性下降的主要原因是水质污染、大坝建设、水文情势变化、不合理捕捞等。从时段上，80年代前期鱼类种类和数量较50年代大幅度减少，主要原因是过度捕捞、大坝阻隔和局部水质恶化；90年代鱼类状况进一步恶化，是水质恶化、水文情势变化、不合理捕捞等因素共同作用的结果。从河段上，上游鱼类保护的主要威胁因子是大坝阻隔、过度捕捞、水质污染和因气候变化造成的栖息地破坏，中下游鱼类保护的主要威胁因子是水质污染、漫滩洪水减少、过度捕捞，河口鱼类保护的主要威胁因子是水利工程阻隔、入海水量减少、水质污染等。

为保护黄河鱼类种质资源，农业部综合考虑鱼类的濒危程度、物种价值、土著意义、鱼种灭绝后引起的遗传基因损失评价、该鱼类在河流生态系统食物链上的重要程度、经济价值和优势种等因素，截至2008年，在黄河流域建立13处国家级水产种质资源保护区，其中9处位于黄河干流河段，首批建立的有6个：

1. 黄河上游特有鱼类国家级水产种质资源保护区：分布在龙羊峡以上河段的干支流，重点保护对象为拟鲇高原鳅、骨唇黄河鱼、极边扁咽齿鱼、花斑裸鲤、黄河裸裂尻鱼、黄河高原鳅等高原冷水鱼。

2. 黄河刘家峡兰州鲇国家级水产种质资源保护区：分布在刘家峡库区河段的干流，重点保护对象为兰州鲇、黄河鲤、拟鲇高原鳅等。

3. 黄河卫宁段兰州鲇国家级水产种质资源保护区：分布在青铜峡库区河段的干流，重点保护对象为兰州鲇等。

4. 水产种质黄河青石段大鼻吻鮈国家级水产种质资源保护区：分布在青铜峡——石嘴山河段的干流，重点保护对象为大鼻吻鮈、北方铜鱼等。

5. 黄河鄂尔多斯段黄河鲇国家级水产种质资源保护区：分布在鄂尔多斯河段的干流，重点保护对象为兰州鲇、黄河鲤等。

6. 黄河郑州段黄河鲤国家级水产种质资源保护区：分布在郑州河段的干流，重点保护对象为黄河鲤等。

第二批建立的有5个：

1. 扎陵湖、鄂陵湖花斑裸鲤极边扁咽齿鱼国家级水产种质资源保护区：分布于黄河干流附属湖泊：扎陵湖、鄂陵湖，重点保护对象为花斑裸鲤、极边扁咽齿鱼等。

2. 黄河洽川段乌鳢国家级水产种质资源保护区：分布在小北干流河段，重点保护对象为乌鳢、黄河鲤等。

3. 圣天湖鲇鱼黄河鲤国家级水产种质资源保护区：分布在牛轭湖，重点保护对象为鲇鱼、黄河鲤等。

4. 洮河扁咽齿鱼国家级水产种质资源保护区：分布在洮河碌曲段及其支流，重点保护对象为扁咽齿鱼、厚唇重唇鱼等。

5. 大夏河裸裂尻鱼国家级水产种质资源保护区：分布在夏河县河段的支流，重点保护对象为黄河裸裂尻鱼、花斑裸鲤、厚唇重唇鱼等。

第三批建立的有2个：

1. 黄河尖扎段特有鱼类国家级水产种质资源保护区：分布在龙羊峡——刘家峡河段的干流，重点保护对象为黄河裸裂尻鱼、拟鲇高原鳅。

2. 沁河特有鱼类国家级水产种质资源保护区：分布在沁河支流，重点保护对象为乌苏里拟鲿、唇䱻。

资源保护区所在河段是黄河鱼类的重要栖息地。黄河上游特有鱼类国家级水产种质资源保护区位于黄河源区，是青藏高原区域具有典型性的水生生物多样性集中分布区，以保护高原冷水土著鱼类及其栖息地为主；黄河尖扎段特有鱼类国家级水产种质资源保护区位于龙羊峡——刘家峡河段，以保护高原冷水土著鱼类及其栖息地为主；黄河刘家峡兰州鲇国家级水产种质资源保护区、黄河卫宁段兰州鲇国家级水产种质资源保护区位于刘家峡和青铜峡之间的梯级水电站群中，以保护兰州鲇和黄河鲤等静水鱼类为主；黄河青石段大鼻吻鮈国家级水产种质资源保护区位于青铜峡坝下河段，水位落差大，水流湍急，以保护大鼻吻鮈、北方铜鱼等激流或洄游性鱼类为主；黄河鄂尔多斯段黄河鲇国家级水产种质资源保护区、黄河郑州段黄河鲤国家级水产种质资源保护区位于黄河宽河段，以重点保护黄河鲤、兰州鲇等静水鱼类为主。

第五节 黄河历史上的决徙与治理

一、 黄河历史上的决徙改道

黄河中上游地区流经黄土高原的面积约有 30 万平方千米，黄土的最大特点是土质疏松，很容易被雨水冲刷。历史上活动在这一地区的人们还进行无节制的垦殖、过度的放牧和不合理的樵采，加剧了地表植被破坏，使得土壤侵蚀严重，每遇暴雨大量泥沙就被带至下游，使黄河成为世界上含沙量最高的河流。据陕县站多年观测，黄河年平均输沙量为 16 亿吨，最高时达 33 亿吨。其中 1/4 被输入海；2/4 堆积在利津以下河口地区，平均每年造陆约 38 平方千米；1/4 堆积在利津以上的河道里，日积月累，河床淤高，成为悬河。同时，黄河流域气候干燥，年降水 200—700 毫米，因蒸发量高，径流量十分贫乏，年内分配极不均匀，降雨多集中在夏秋季节（6—10 月），且多为暴雨，往往在短短几天内倾泻年内一半以上的降水，下游宣泄不及，就泛滥成灾。黄河流量年际变化也很大，据陕县站观测统计，多年平均洪峰流量不超过 1546 立方米/秒，但历史上曾出现过 3.2 万立方米/秒（1761 年花园口）、3.6 万立方米/秒（1843 年三门峡）、2.2 万立方米/秒（1933 年三门峡）和 2.23 万立方米/秒（1958 年花园口）的大洪水和特大洪水，给下游河道带来严重危害。洪水和泥沙是造成黄河频繁决口、改道的根本原因。

黄河泥沙主要来自于自然侵蚀，因此在人类活动尚不剧烈的远古时期它就是多泥沙的河流，到了战国时有“浊河”之称，汉代人称“河水重浊，号为一石而六斗泥”，到了唐代“黄河”变成了固定名称，宋人说黄河“泥沙相伴”，明人则更具体地说黄河平时“沙居其六”，伏汛时“则水居其二”。黄河泥沙的含量在长时段内并不是一直直线上升的，而是随着中游土壤侵蚀情况变化而变化；下游河道的决溢、改道也有剧有缓，这又与下游河道防治工作有密切关系。但总的说来，宋金以后决溢改道愈演愈烈，据统计，解放前黄河下游决口泛滥有记载的约1500余次，较大的改道也有二三十次，洪水扫过的范围北至海河、南达淮河，纵横25万平方千米，对中国黄淮海平原的地理环境和社会经济造成了巨大的影响。

黄河下游的河道变迁大致可分为以下七个时期：

（一）公元前4世纪以前（战国以前）。当时黄河由河北平原入海，在平原中部呈现出漫流状态，到处泛滥和改徙，两岸未筑堤防，河道极不稳定。在这种环境下，人们无法立足生存，故河北平原中部一带至今未见新石器时代至商周时期的遗迹。古代“河”为黄河的专称，文献记载表明，黄河下游曾往返更迭多次，《汉志》、《水经注》记载河北平原上被称为“河”的水道（即某某河）达10余条，都可能是黄河某次决流改徙后的故道。当时河北平原人烟稀少，这种情况对人类社会影响不大。大约到前4世纪中叶（战国中期），下游两岸全面修筑了堤防，黄河河道才开始固定。

（二）前4世纪至公元初年（战国中期至西汉末年）。战国中期所筑堤防堤距宽广可达50汉里（1汉里相当于今414米），河道蓄洪能力强，不易决口。当时下游人口稀少，人类活动对堤防影响甚小。以后下游经济发展，人口开始增多，人们在河堤内淤出的滩地上进行耕种，并修筑民埝以护之，从而迫使河道变窄、弯曲，不利于行洪。自西汉文帝时开始出现较大规模的改道，以后河道淤积严重，西汉末年今河南浚县境内“河水高于平地”，已经成为“悬河”。秦汉时期，黄河中游大兴垦殖，农业空前发展，水土流失随之加剧，下游河道淤积、险情迭出与此有关。西汉一代见于记载影响较大的决溢改道就有10次，河患较为严重，大多发生在今河北、山东两省交界地区。

（三）公元1—10世纪（东汉至唐末）。公元69—70年，东汉政府征发数十万民工，派水利工程专家王景主持整治黄河下游河道。他采取因势利导的方针开辟了一条新河道，自长寿津（今河南濮阳西）由西汉大河别出，流经今冀鲁交界，在山东利津县入海。此后八百年间，黄河下游河道相对稳定，出现安流局面。黄河安流期的出现主要有以下几点原因：一是从东汉开始，中游主要被游牧民族占据，之前垦殖破坏的植被得到了恢复，水土流失减弱，河水泥沙相应减少。二是当时黄河下游河道两岸存在不少分支，沿途还有许多大小湖泊和沼泽洼地，起着分洪、排沙和调节流量的作用，减轻了干流负担。三是王景治理过的河道流路顺直，有利于泥沙的冲刷，延缓了泥沙堆积。

（四）公元10世纪—1127年（唐末至北宋末）。经过近千年堆积，唐末黄河下游河道已复淤高，又开始改道。五代时期53年内有19次决溢，平均不足三年一次，决口频率显著增加，决口地点逐渐上移，10至12世纪20年代，澶州（今河南濮阳）、滑州（今滑县东旧城）一带决口次数最多，占下游总决口数的1/3。944年黄河在滑州决口，洪水淹没了鲁西南数州之地，最后积聚在梁山周围，将原巨野泽扩大为著名的梁山泊。入宋以后，下游河道变迁紊乱，时而北流、时而东流、时而两股并行、时而决入梁山泊分南北清河入海，河道在河北平原呈游荡性活动。

（五）1128年—16世纪中叶（金元至明嘉靖、万历时）。1128年（南宋建炎二年）宋东京留守杜充为了阻止金兵南下，“以水代兵”，在今河南滑县西南人为决河，涛涛黄流经豫东北、鲁西南地区，汇泗入淮。这是黄河下游河道变迁史上的一件大事，从此黄河不再进入河北平原，在此后的700多年内以东南入淮为常。本时期变迁的特点可归纳为下列三点：一是决口地点西移，二是河道干流逐渐南摆，三是下游河道除干流外，同时分出几股岔流，迭为主次，变迁无定。

（六）16世纪中叶—1854年（清咸丰四年）。黄河下游河道多股分流的局面至16世纪中叶（明嘉靖中）基本结束，由于泥沙充填，“两岸故道始尽塞”，“全河尽出徐、邳，夺泗入淮”。万历年间，潘季驯治河，推行“筑堤束水，以水攻沙”的治河方针，下游被固定为单股河道。单股河道有利有弊，它对于漕运和日常维护来说是有利的，但水沙不能旁泄，来沙有增无减，后果只能又是河床逐渐淤高成为悬河。到清中叶以后下游河道淤废不堪，一次大的改道已不可避免。

（七）1855 年（清咸丰五年）—1949 年。1855 年农历六月，黄河在河南兰阳（今兰考县）铜瓦厢决口，结束了 700 多年由淮河入海的历史，又由渤海湾入海。决口发生时，清政府正忙于镇压太平天国和捻军起义，无暇顾及河工，直到 1876 年才修成全线河堤，今天的黄河下游河道基本形成。1938 年国民党为阻止日军再次在郑州花园口决堤，使全河南下夺贾鲁河、颍、涡河入淮，1947 年始复故道。

综上所述，对历史时期黄河下游河道变迁有下列几点认识：

（一）从新石器时代以降至 12 世纪 20 年代（宋金之际），黄河下游绝大部分时间流经太行山以东、泰山山脉以北的河北平原上，由渤海湾西岸入海。12 世纪开始河道离开了河北平原，东南流经黄淮平原合淮入海，前后约 700 余年。先是流经黄淮平原北部，以后逐渐南摆，至 13 世纪已达到了豫西山地东缘，至此黄河下游河道已在华北平原扫了一遍，16 世纪中叶，大致固定在今废黄河一线。19 世纪中叶，又折而东北流，至渤海湾西岸入海。

（二）从历史上曾出现过的数十条黄河泛道来看，由利津入海的东汉大河和由徐州会泗夺淮入海的明清大河，流经的时间最长，前者大致行水 800 年，后者约 500 年，两者均为 1855 年前黄河下游各条泛道的主干。这是由于黄河下游冲积平原由山东丘陵分割为两部分，使黄河具有或东北入渤海，或东南入黄海的两种可能性。黄河按着水流就下的规律，必然寻求坡面最陡和距海最近的流路，而这两条泛道正具备这两种条件，因而成为各条泛道的主干。

（三）历史上黄河决溢改道的根本原因，一方面在于中游水土流失，另一方面在于下游防御措施不力。西汉河患频繁，与秦代以来中游地区扩大农耕、水土流失加剧有关。东汉以后黄河出现近800年的相对安流期也与中游地区返耕还牧、水土流失相对减弱有关。唐宋以后中游地区水土流失总的趋势是日趋严重，河患也随之愈演愈烈。迨至明清时期除潘季驯、靳辅时代加强了下游河道的防治，河患稍息外，总的趋势仍然是日趋严重。新中国成立后，由于在全流域进行了综合治理，河防才取得显著效果。

（四）历史时期黄河不断决徙改道，对下游黄淮海平原的地理环境产生了巨大影响。每一次决口首先会吞没大片农田和生命，给人民酿成严重的生命财产损失；洪水过后，泥沙沉积留风化形成许多断续的沙丘和沙垅，吞噬农田、房屋以至城市，阻塞道路交通。现在河南省东北部和东部的许多沙丘、沙垅和大片盐碱地，就是历史上黄河泛滥的结果。黄河不断决徙改道也直接改变了黄淮海平原的水系面貌。战国以来的文献记载黄河下游原有很多河流和湖泊，呈现出河网交错、湖泊密布的地理景观，《水经注》里就记有黄河下游180多个大小湖泊，这些河流和湖泊大多可以通航，而且可以用于农业灌溉，同时还可以调节黄河及其支流的水量。黄河一次次的泛滥淤积使得下游的河流和湖泊大部分淤平断流。许多湖泊被黄河泥沙淤浅后，不久均被垦为农田。如古代著名的大陆泽、圃田泽、荥泽、孟诸泽、雷泽、蒙泽等湖泊，在宋以后均告淤平。唐以前的巨野泽和宋以后的梁山泊在明以后也被耕田所代替。故现今黄淮海平原上主要河流仅能作季节性通航，湖泊更为稀少。这些情况无疑是造成当地气候干燥、水资源缺乏的原因之一。黄河泥沙的广泛漫淤，使黄淮海平原地面普遍淤高。今河北巨鹿县地下6.7米深处发现宋代的瓷器和屋基，宋代巨鹿县是1108年一次黄河决口被淹没了的。明代以前的开封城地面大约被淤高10米左右。明末以前徐州城已被黄河的泥沙埋没在今徐州城下数米。以上仅举数例，说明黄淮海平原在历史上因黄河泥沙的堆积而地面抬高的现象到处可见。

新中国成立以来，对黄河进行全面综合的治理，成效显著，40年来下游河道未出事故，就是很好的说明。但在中游水土流失尚未根本改变，下游河道仍在不断淤高的情况下，黄河决溢的隐患还不能说已根本消除。

二、历史上的黄河治理

黄河是中华民族的“母亲河”，“厥土惟黄壤，厥田惟上上。”黄河在中华民族的繁衍和发展史上发挥了重大作用。但是，黄河又以善淤、善决、善徙而著称于世。治理与利用黄河是历代治国兴邦的大事，我国史书中有关河渠、沟洫、五行、地理志等部分的内容中，有很多文字是关于黄河治理与利用的，记载的典籍之多，为世界各大河之冠。虽然受制于社会和科技条件限制，古代一直未能从根本上解决黄河的灾害问题，但几千年来黄河治理的实践和丰富的治河理论与技术，特别是防洪、引黄灌溉、开凿运河等方面的创造，在世界水利史上仍可谓独具特色。

早在远古传说时期，我国人民就开始了与黄河灾害的斗争，传说共工、鲧采用“壅防百川，堕高堙库”的方法治水，大禹则采用以疏导为主、拦蓄为辅的综合治理方法取得了成功，还发明了测量工具“准绳”、“规矩”，用来测定地势的高低，作为治水的依据。各种治水传说代代相承，反映了远古先民面对水患表现出的不屈精神以及对成功治水功绩的热情歌颂。

春秋战国时代，随着铁器的广泛应用，沿黄各国纷纷修筑黄河大堤，下游的堤防由小到大、由局部到整体逐步兴筑起来。战国中期，齐、魏、赵等国都筑起了大堤，形成了黄河下游的第一个堤防。这条大堤堤距宽广，泄洪冲沙能力强，起到了稳定下游河床的作用，有效地防止了洪水泛滥。堤防的出现，是治河史上的一大进步。

秦汉时期，由于西北边疆开始大规模垦殖，中游游牧区逐渐形成有规模的农耕区，季节性的农业作物代替常年覆盖的原生植被，使得土地裸露的时间延长，水土流失加剧，黄河下游泥沙淤积，河床逐渐抬高，一再发生决口。东汉任用著名的水利工程专家王景主持治理黄河，他依据河道地势，凿山阜，破砥碛，疏决壅积，使下游河道更顺直、通畅，并统一规划修建了防洪大堤。这一时期的修堤疏河技术与之前相比有很大发展，材料上开始使用石料修堤，更加坚固，以桩料铁石堵口，抗冲击力大大增强；治理方案上通盘考虑，从水文、地理位置及工程材料等方面综合谋划，用裁弯取直的方法来整理河道；对黄河水灾的成因和防御有了新的更加深入的认识，提出了分疏说、改道说、水力冲沙说，并采取放淤、改土、通漕等措施。王景治理的河道流路顺直，有利于冲刷泥沙，东汉以后中游退耕还牧，土壤侵蚀相对减弱，加上下游分支河道的分水分沙作用，使黄河出现了一个近800年相对安流的局面。

隋唐时期为了满足京畿附近的物资需求，政府组织人力利用黄河水系开凿运河，发展漕运。开皇元年（581年），隋文帝杨坚命大将郭衍主持开凿漕运渠道，郭衍率领水工民夫凿渠引渭水，渠道经大兴城北东延至潼关，全长四百里。渠道开通以后，关内赖之，名之曰富民渠。富民渠凿修时间仓促，运力有限，开皇四年（584），文帝又命宇文恺着手整修，加宽增深，工程当年告竣，富民渠易名为广通渠，通航能力大大提升。大业四年（608年），炀帝杨广征发黄河以北诸郡民夫百余万，引沁水南达于河，开永济渠，北通涿郡，渠道全长850千米，成为河北平原的主要航运河道。在沁水入河处建有可以启闭的闸门，使黄河和永济渠的往来船只可以自由出入，大大方便了水路交通。入唐以后，政府再次着手扩建永济渠，一方面浚深南段河道，另一方面又开凿出几条支渠，连通河北的重要产粮区。运河体系是隋唐时期重要的交通命脉。

北宋时期，王安石倡导引黄放淤，设“淤田司”专管引黄河水改造两岸低洼瘠薄之地，使斥卤之地变为肥沃良田，成效显著。当时，人们已初步认识到黄河河汛规律，根据物候现象来记述洪水到来的时间，把一年分成凌汛、桃汛、伏汛、秋汛四个汛期，还掌握了简单的报汛方法。当时“埽工”这一河工建筑材料已经得到广泛应用。

金元时期，由于长期泥沙淤积，黄河下游河道逐渐被抬高，形成“悬河”，发生多次决口。元至正四年（1344）黄河在山东曹县白茅堤决口改道，十一年（1351）山西高平人贾鲁临危受命主持治河，提出了疏、浚、塞并举的综合治理方案，堵塞决口，挽河南流，沿泗水、淮水旧道入海。贾鲁治水共疏浚河道140千米，修筑堤防350千米。他在堵口技术上取得的重大突破是首次采用沉船法堵塞缺口。

明代治理黄河的总原则是“治黄保漕”，即黄河治理要服务于漕运大局。当时，人们提出了许多治水理论，如分流论、北堤南分论等。明后期，水利专家潘季驯提出“以堤束水，以水攻沙”的建议，从嘉靖四十四年（1565 年）到万历二十年（1592 年），他四次主持治河工程，其成就在治黄史上受到很高的评价。束水攻沙是潘季驯治河的核心，他主张依靠水力排除河沙，这一策略被后世治河奉为圭臬。他还非常强调堤防的修建，在黄河下游许多地段都修有双重河堤，内堤叫缕堤，紧逼河道，用它来约束河道，加快水流速度，延缓泥沙淤积，缕堤之外修筑遥堤，作用是防止河水漫溢。在实际治水中又不断改进堤防设计，在缕堤和遥堤之间实行淤灌，将洪水带来的大量泥沙沉积在这里，起到加固堤岸的作用。

明清交替之际因朝代更替社会动荡不安，黄河堤防失修频繁泛滥。康熙朝任命靳辅为治河都督，陈潢辅之，大规模治理河道。靳辅、陈潢主张堵塞决口以挽正河，修筑堤防以束水攻沙。他们把束水攻沙和人工疏浚结合起来，在浚挖黄河故道时，总结出“川”字形凿河法，并用挖出的泥土修河建堤，既挖深了河道，又巩固了堤岸。在疏浚河口时，他们还创造了带水作业的刷沙机械，在船尾系上铁扫帚，翻动水底泥沙，利用流水的冲力，把泥沙送到海中，这是我国利用机械治河的开端。陈潢还总结治河经验，《陈潢河防述言》反映了我国古代水利学的最高成就，傅泽洪主编的《行水金鉴》、黎世序的《续行水金鉴》收集了古代包括黄河在内的主要水系的资料，集中总结了古代治河经验，也是我国古代水利学的重要著作。到了近代，著名治河专家李仪祉提出治河应该上中下游并重，扭转古代一直以来偏重下游治理的做法，将防洪、航运、灌溉、水电等统筹兼顾。张含英也提出治理黄河必须就全河立论，上中下游统筹，主道与支流兼顾，以整个流域为治理对象，这些治黄思想对当代治河有重要影响。

我国历史上对黄河的治理和利用既有成功经验，也有失败的教训，值得我们思考和借鉴。首先，治理黄河应该以大局为重，从维护中华民族的根本利益和全局利益出发，不能以某个人或某个集团的利益为导向来治理。古代统治阶级认识的局限、封建集团利益的矛盾冲突，往往给黄河治理带来了消极影响和人为障碍。总的来说，国家统一的和平时期，便于集中人力、物力、财力治河，分裂时期统治者忙于战争，无心顾及治河，水患严重。12 世纪以前，黄河大规模决口 16 次，而五代半个多世纪中竟占 9 次之多。更为甚者，有的军阀为战胜敌手，不惜以水代兵，人为溃堤决口，制造河患。有的王朝为了自身政权，使治黄方略从属于内外大政方针，逆河之性来治河，损失重大。如北宋将治河与防边御敌相结合，给治河增加了复杂因素，明清以保漕运为治河目的，虽然保证了京师供应，但给治河增加了难以克服的困难，也使治河工程仅局限于下游，不能从全局考虑进行综合治理等。

其次，治理黄河应防洪与利用并举。黄河尽管对下游地区造成了很大的灾难，但它的水沙可以为人们利用，变害为利，发展灌溉、淤田、航运等。治理黄河应该将防洪与利用结合起来，我们的先民在这个方面做了很多有益的、成功的尝试，其成就在世界水利史上占有重要地位。《尚书·禹贡篇》说，当时黄河上下游地区的贡赋都可以通过水路运输到政治中心所在的黄河中游。战国凿通的鸿沟引黄河之水流，在黄、淮、济三水之间形成一个较为完整的水上交通网，大大便利了诸侯国之间的交往。秦汉时期关中开凿的郑国渠、白渠、漕渠、龙首渠、六辅渠、灵轵渠、成国渠，宁夏贺兰山下汉唐开凿的秦渠、汉伯渠、汉延渠、光禄渠、薄骨律渠、七级渠、特进渠、御史渠、唐徕渠等，都是水利灌溉工程的代表。隋唐以长安、洛阳东西二京为中心，利用黄河水系大开运河，贯通海河、淮河、长江、钱塘江五大水系，极大地便利了南北、东西向的水路交通，是世界上规模最大的运河系统。

第三，治理黄河应着眼全局，全河立论，综合治理。几千年来，人们与黄河水沙灾害斗争的故事可歌可泣，也取得了许多成就，很大程度上保证了黄河流域下游地区文明的延续和发展进步。黄河下游水沙灾害根源不在下游，而是上中游，尤其是中游地区，古人对此缺乏足够客观真实的认识，因而治理时只知治标，未能治本。从几千年来的黄河治理历史来看，人们的治河思想和实践大都未能超出在下游筑堤防水、浚河输送水沙的范畴。黄河中游侵蚀严重，下游泥沙就多，河患就严重，反之亦然。实践证明，不采取着眼全流域的统一规划和综合治理的措施，仅局部的、措施单一的治理难以从根本上解决黄河水患，只有统筹安排，以工程措施治下游之标，以生物措施治中游之本，以恢复和保护中游植被、保持水土为主，兼及上游和下游，辅以筑堤、疏浚，才能取得更大的成果。

最后，流经地域的生态平衡对黄河水患的抑制作用十分重要。黄河流长五千多千米，从第一阶梯发源，在第三阶梯入海，途中流经的地貌和自然环境各具特色。自然环境变化对黄河具有巨大的影响，不仅导致河水盈绌，而且决定着泥沙含量。历史表明，黄河流域的生态平衡与黄河安流与否息息相关，治理黄河应该从调整黄河流域的生态平衡出发，尤其注意土壤极易侵蚀流失的中游黄土高原的封山绿化，植树种草，才能抑制黄河水患。只有守护好生态保护的绿水青山，才能收获经济发展的金山银山。

第六节　黄河忧思录

一、黄河的污染

黄河历来被称为中华民族的“母亲河”，它横贯东西，哺育了光辉灿烂的中华文明，为我国北方的经济社会发展提供宝贵的生命之泉，在生态环境平衡以及中华文明传承中都具有重大作用。然而近年来，随着社会经济发展，加上流域固有的自然因素限制，黄河的污染加剧，程度已远远超出黄河水环境的承载能力，对流域城乡居民的生产生活和经济社会的可持续发展带来了严重的负面影响。

黄河流域污染物排放量巨大。据国务院《水污染防治行动计划》披露，每年排入黄河的污水总量已达 44 亿吨，比 2000 年增加 70%，是 20 年前的 2 倍多；每年排入黄河的 COD（化学需氧量）超过 140 万吨，氨氮近 15 万吨，分别超过黄河水环境容量的 1/3 和 2.5 倍。黄河水量只占全国水资源的 2%，COD 排放量却占全国 COD 排放总量的 13.3%，污染量占全国水污染的 8%。全流域 COD 排放平均浓度为每升 424 毫克，高于全国平均水平 60%。

河流对于污染具有一定的自我净化能力，但这种承载力是有限的，由于入黄污染物已经大大超出黄河水环境的承载能力，致使黄河水体严重污染。黄河污染目前已超过淮河，污染程度居全国七大江河之首，成为全国污染最严重的河流。而且随着黄河流域人口增加和经济发展，污染排放量将持续增加。因此，如不采取有效措施，按目前趋势发展，不久后黄河将完全失去水体生态功能，成为一条废水河。

从结构看，黄河污染主要来源于工业。总体而言，黄河污染物中工业废水污染占六至七成，生活污水污染占三成左右，农业及其他污染占一成以下。国家水利部监测数据显示：2005 年，黄河流域来自工业的废水排放量为 32 亿吨，占污水总量的 73.5%，工业是黄河的污染大户。而在工业中，化工、食品酿造、石油加工、炼焦、造纸等 5 个行业又是污染的主要排放者。

从省份看，黄河污染的主要贡献者是陕西、甘肃、山西和河南。从城市看，黄河污染的主要贡献者是兰州、西安、太原和洛阳。

从支流看，黄河污染物主要来源于渭河、汾河及干流上段。黄河中上游流域主要纳污河流中，干流上游段（兰州——呼和浩特）、渭河、汾河、湟水河等河流纳污量约占全流域的 75% 左右，水质不达标断面主要分布在这些河流上。作为黄河主要支流的渭河和汾河，水质污染已十分严重。据调查，渭河流域年污水排放量达 8 亿吨，COD 排放量达 27 万吨，占黄河流域排污总量的 18%，年接纳的污水和 COD 几乎相当于其环境容量的 4 倍，已基本丧失了河流的水生态功能，成为黄河流域污染最为严重的河流之一。汾河被称为山西的母亲河，每年流入黄河的水量在 3 亿吨以上，其 COD 浓度超过国家Ⅲ类水质标准 7.3 倍，氨氮超标 20 倍。自太原以下的水体已完全失去了生态功能。山西境内的另一条黄河支流涑水河，实际上已经成为一条排污沟，全程都是劣Ⅴ类水，COD 超过国家Ⅲ类水质标准近 10 倍，氨氮超标 35 倍。湟水河是流经青海的黄河重要支流，近年来纳污量大量增加，每年接纳的工业废水和生活污水近 2 亿吨，水质急剧恶化，特别是进入西宁市后的各河段，枯水期水质基本在Ⅴ类或劣Ⅴ类。黄河其他重要支流中，沁河、伊洛河的水质也仅能达到Ⅳ类或Ⅴ类。

黄河水质污染，已给流域城乡居民生活和经济社会可持续发展带来严重影响。

首先，水质污染直接威胁城乡居民的饮用水安全和身体健康。沿黄城市如兰州、白银、银川、石嘴山、乌海、包头、三门峡、郑州等，饮用水安全已受到黄河水质污染的直接影响。三门峡市区 30 多万人口，由于黄河水虽经多道程序净化但仍有异味，市民不得不买水吃，形成了“守着黄河买水吃”的尴尬局面。万家寨、小浪底水库，对太原、天津等用水城市的饮用水安全也有较大影响。由于缺乏必要的处理设施和措施，直接饮用黄河水的农民，饮用水安全和身体健康所受威胁更大。黄河沿岸直接饮用黄河水的农民，已成了各种怪病的高危人群。我们一般更容易想到饮用污染水会对人体带来危害，其实水污染对人体健康的危害是多方面、多途径的，除了饮用之外，皮肤接触、蒸发后被呼吸系统吸入也会直接危害健康，污染水还会侵入土壤，增高农产品毒素含量，也可通过被污染水加工的食品被人吸收。据有关测算，黄河流域因水质污染每年导致的人体健康损失高达 20 多亿元。

其次，主要由工业导致的水质污染反过来也使工业经济活动遭受很大损失。有测算表明，黄河流域每年因水污染导致工业用水成本增高、产品质量下降带来的直接经济损失达二三十亿元。水利专家指出，水污染同时还间接给水资源价值、城镇供水以及水利工程带来损失，并增加政府处理污水的额外投资，这些间接方面的总损失每年可达六十亿元。

第三，水质污染使农业生产受到较大威胁。黄河流域总的来水降雨不多，黄河是流域内沿岸地区农田浇灌用水的主要来源。有统计显示，目前沿黄地区引黄灌溉面积已发展到一亿亩左右，用水量占黄河总用水量的九成。地处黄河上游的宁夏灌区，农用水源几乎全部来自黄河。黄河水质污染，直接导致农业污水灌溉，这不但造成农产品品质下降，还使一些农田水利设施报废，给农业造成较大损失。据有关专家测算，黄河水质污染每年给农业造成的损失已高达 33 亿元。

第四，水质污染使河道中许多水生物灭绝。排入黄河的各种污染物超出其自身净化能力，严重破坏了黄河的生态系统，致使水生物濒临灭绝。黄河流域许多支流在建国初期水质良好，呈现出水清鱼跃、苇深蛙鸣的和谐景象，目前则鱼虾急剧减少。靠近入海口的下游河段原本是很多洄游鱼类的产卵场，因水污染，目前这些洄游鱼类种群和数量接近枯竭，虽然黄河断流是洄游鱼类生存的最大威胁，但水污染则是洄游鱼类的直接“杀手”。据调查，近十多年来，由于污染加剧，黄河河道中原有的 16 个水生生物种群，已有 1/3 绝迹。

黄河污染的主要成因有以下几方面：

第一、流域产业结构不合理，经济增长方式粗放

流域产业结构不合理，经济增长方式粗放，是黄河污染加剧的主要成因。由于历史原因，黄河流域尤其是中上游地区工业结构存在着一“重”二“小”偏差，与黄河水环境特点不相适应，工业结构性污染十分突出。“重”主要表现在干流流经的兰州、包头以及主要支流流经的宝鸡、西安、咸阳、太原等城市重工业高度密集，集中排放，超出了环境容量；“小”主要表现在企业规模小，大都没有治污设施，点多线长面广，治理难度大。不合理的工业结构和粗放的经济增长方式，导致黄河入污量急剧增加，黄河水环境急剧恶化。

第二、城市污水处理能力不足，大量污水直接排入河流

目前黄河流域八省区每天实际处理污水量不足百万吨，处理率仅一成多，远低于全国平均水平。大量不符合标准甚至是未经任何处理的城市雨水混合城市生活污水直接排入黄河，是导致黄河污染加剧的一个主要因素。另外，现有污水处理设施还大量存在管网不配套的问题，导致其实际处理能力远达不到设计要求，出水水质不达标。另一方面是现有污水处理设施大量闲置，利用率很低。运行经费短缺，是污水处理设施开工不足的直接原因。黄河流域城市污水处理费低，收取晚，收取面不宽，全流域平均每吨不足 0.4 元，一些地区甚至不收。再一方面是对污水处理设施管理不善。很多地方几十家排污单位共用一个排污管，发生污染事故，追查起来难度很大。

第三、工业废水排放达标率低，多数企业未实现达标排放

黄河流域尤其是中上游地区的企业，多数设备陈旧，工艺落后，原材料及水资源利用效率低，污染治理投入不足，废水处理水平很低，不能实现达标排放。“不治污”是一个主要成因，这已成为我国环保问题

的一大症结。企业要使排放达标需要投入巨额资金购置设备并维持运转，其成本往往远远高出政府开出的罚单，排污罚款对企业的经济压力远小于治污投入，所以企业宁愿选择受罚也不建治污设施，致使企业长期超标向黄河排污。

第四、农业面源污染趋于严重，面源污染物入河量增加

农业面污染对黄河的威胁主要表现在农田径流、水土流失和分散养殖等方面。黄河中上游流域共有耕地近2亿亩，人均耕地是全国平均水平的1.5倍。由于农药、化肥的大量施用，且利用率低，化肥的平均利用率仅在30%－35%之间，加之黄土疏松，土壤侵蚀严重，大量氮、磷等有机质随水土流失进入河流，加剧了黄河水环境的恶化。

第五、流域水资源短缺，流量减少加剧了水质污染

黄河虽然很长，但水资源比较匮乏，北方长时期的气候变迁有逐渐干旱的趋势，黄河水量总体上呈不断减少之势。另一方面，改革开放以后，黄河流域经济和社会快速发展对水资源的需求急剧增加，使水资源的开发利用率不断提高，2005年中上游水资源开发利用率已达九成多，绝大多数水量被开发利用直接导致流域的生态用水不足，大大加剧了流域水环境质量的恶化。一方面是来水量在减少，另一方面是入污量在增加，遂使黄河水污染形势变得更加严峻。

第六、污染监管治理体制不顺，环保执法不严

黄河污染监管治理体制不顺，主要表现为部门间分散管理、上下游相互推诿。由于部门分散管理，同样的污染监测，水利和环保两大部门提供的数据截然不同。环保总局的数字显示，黄河污染中工业废水约占40%，生活污水约占60%；水利部的数字则是工业废水约占70%，生活污水约占30%。两部门据此制定的黄河污染治理方案的重点不同，相互矛盾。现行的水法和水污染防治法中，对水利和环保部门的相互协作缺乏明确规定，导致实践中出现“水利不上岸、环保不下河”局面，水污染防治和水资源保护工作严重脱节，缺乏统一规划、部署和行动。

第七、地方政府对环保重视不够，环保投入严重不足

黄河污染加剧，从根本上讲是发展观问题，是没有牢固树立和落实

科学发展观和生态文明观。黄河流域多属经济不发达省份，地方政府对加快经济发展高度重视，但对环境保护重视不够，环保投入严重不足。有的甚至将发展经济和保护环境对立起来，认为加大环境保护力度会影响经济发展，甚至提出“宁可呛死、不能饿死”的观点，认为花钱搞环保不如投资上项目。不少地方领导考虑发展经济是动脑、动口、动手，而遇到环保问题更多时候只是动动嘴巴、做表面文章，有的甚至对一些污染大户但同时又是纳税大户的企业给予特殊保护，不允许环保部门进行查处，默许污染企业偷排乱排。在行政隶属关系上，各地环保部门隶属于各级地方政府，财政人事都由政府说了算，纵然项目有严重污染，只要领导坚持要上，环保部门很难阻止。

黄河是中华民族的“母亲河”，清除黄河污染，保障黄河水质安全，不仅具有重大的经济意义，而且具有重大的政治和社会意义。今后一段时期内必须把治理黄河污染放在环保工作的重要位置，可通过调整优化流域产业结构、完善法律法规、强化环保执法、增强沿黄城市污水处理能力、理顺环保工作机制、改变政绩考核办法等措施，实现黄河水质的根本好转。

二、 黄河的断流

作为中华民族的母亲河，无论从自然地理还是人文地理的角度看，黄河都是一条很特殊、很重要的河流。李白《将进酒》用“君不见黄河之水天上来，奔流到海不复回”来形容黄河水势之大，然而这种壮观景象现在已经很难见到，自上世纪七十年代以来，黄河下游开始频频断流，进入九十年代以后，无论是断流天数还是断流河段里程都在增加。

黄河断流的原因众多纷纭，各有道理，应该说是多方面的。首先是自然因素，黄河流域地处北方，降雨本就算不上丰沛，加上干旱化趋势仍在延续，自然降水对黄河径流的补给作用有限。下游成为地上河，非但得不到支流和地下水补给，反而要补给地下水。其次是流域用水增加很快，工农业生产和居民生活用水与日俱增。再次是用水管理不协调，水资源浪费严重。

解决黄河下游河道断流问题可以采取的对策有以下几条。

第一、增加黄河水量

即从流域外调入水源，增加黄河水量，南水北调，分东、中、西三线。西线年引水200亿立方米到黄河上游，目前方案还在勘测设计研究中，所经地区地形地貌复杂，工程难度很大，投资也很大，短期内难以实现。中线年引水百亿立方米到黄河下游河道上端，一方面帮助冲沙入海，另一方面也增加下游供水。中线引水工程投资大，引水主要供京津华北之用，难于分水入黄，而且入黄之水主要是冲沙，经济效益不大，难以实现。东线引水一二十亿立方米，向黄河下游供水，缓解其断流之困，是现实可行的。

第二、节约用水

黄河水资源紧缺，必须对有限的水资源进行科学分配、高效利用。目前各省用水配额较高，利用效率低下，浪费严重。节约用水可以有效地缓解黄河下游断流，这其中特别是要节约灌溉用水，因为灌溉用水占据总用水量的八成以上，可通过渠道衬砌、管道输水、田间工程、喷灌、滴灌、微灌、渗灌等技术措施节约用水量，提高利用效率。这些工程投资大，一般农户很难承担，可由农民、中央政府、地方政府分担。沿黄工矿企业要根据实际供水情况合理配置，不能盲目上项目、铺摊子。居民生活用水也要节约，可以适当提高水价。

第三、减少黄河泥沙

黄河下游泥沙淤积，需要大量的水来冲刷入海，如果能减少下游泥沙，不仅能够减少河道冲沙水量，缓解黄河断流，而且还可以减轻或延缓下游河道淤积，有利于防洪。主要工作包括做好上中游，尤其是中游黄土高原地区的水土保持工作，在下游合理地引黄淤灌，疏浚河床泥沙来加固堤防等。

第四、做好工程的调度运用

小浪底水库的主要功能是治沙防洪，它不仅能拦蓄上中游泥沙，减少下游河道淤积，还可以蓄水供下游使用。优化小浪底水库调度运用方案，采用高浓度输沙的办法把泥沙送入海，可以减少输沙水量，对于缓解乃至解决下游河道淤积和断流问题大有好处。上游水库，如龙羊峡、刘家峡等要进一步研究优化调度方案，既满足发电要求，又有效供下游用水，缓解下游河道断流。

第五、整治下游河道

对下游河道定期整治以稳定河槽，防止或减少河槽游荡，有利于冲刷河槽，再能结合高浓度输沙，能提高输沙效率。此外整治河道，加固险工，也有利于防洪，因此要加紧进行。

第六、合理利用地下水

进一步合理利用地下水，减少下游灌溉用水对河水的依赖，可实行井渠联合灌溉，缓解下游河道断流。但要注意到地下水和地表水是互补的，前提是查明地下水资源分布，不能影响补给地表水。灌溉时还要注意进行排水，防止土壤盐碱化，同时也可以利用浇灌对盐碱地进行洗碱，改良土壤。

第七、全河统一调度

全河、全流域统一调度，分级管理和分配水资源。做好流域内水资源的评估，将地表水和地下水合理配置利用。制订好沿河省份的水量分配方案，包括平均年份的、枯水年份的、半枯水年份的等等，尽量具体而细化，定出实施办法，并监督落实。流域内水库调度方案要进一步优化，并适时改进。此外还要继续深化节水教育和技术培训，直接投入资金或帮助地方筹集资金用于改良水土和节水设备等等。

第二章 黄河文化的历史与价值

黄河拥有水之至善的一切美德，从古至今，人们无不享受着“至善黄河”带来的恩赐。海纳百川的文化气质赋予黄河文化雍容大度的精神内涵，塑造了自强不息的民族性格，培养了家国一体的民族情怀。这既是黄河文化当代价值的体现，也彰显了黄河“至善之水”惠泽万民的宽广胸怀。

“上善若水。水善利万物而不争，处众人之所恶，故几于道。居，善地；心，善渊；与，善仁；言，善信；正，善治；事，善能；动，善时。夫唯不争，故无尤。”老子在《道德经》里认为最大的善，就应如水一般。水施善行于众生，处在众人都不喜欢的地方，因此水的德行最接近“道”。最善的人，居处最善于选择地方，心胸善于保持沉静却又宽广无边，待人善于真诚、友爱和无私，说话善于恪守信用，为政善于精简处理，能把国家治理好，处事能够善于发挥所长，行动善于把握时机。最善的人所作所为正因为有不争的美德，所以没有过失，也就不会埋怨他人。水能造福苍生，滋养万物，却不与万物争高下，这才是最为谦虚的美德。黄河是中华民族的母亲河，它用自身哺乳了亿万华夏子孙，华夏文明沿着黄河生根发芽，可以说它是中华文明能够得以延续的载体。黄河包含了“上善若水”所承载的所有含义，正是黄河源源不断的“善行”，培育了中华民族“自强不息，厚德载物”的民族精神。

第一节 黄河文化的形成与演变

黄河文明是华夏文明的主体，灿烂的黄河文化构成了黄河文明的基本体系，黄河文化历史底蕴之深厚足以令世人称叹。她从萌芽之初就作为华夏大地最具代表性的文化展现着古老东方挺拔、包容的姿态。在成长、成熟的数千年里，黄河文化始终朝气蓬勃，不断吸纳、融合不同文明的精华，成为中华文化坚实的脊柱。黄河文化更是作为一种民族精神、民族灵魂推动中华文明奋力前行。

一、 黄河之水天上来

黄河文化是依托黄河产生的，也是黄河流域内人们生产和生活在文化领域的长期积淀。可以说黄河是黄河文化的载体，研究黄河文化就必须了解黄河，了解它形成的过程，了解属于它的“来龙去脉”。一般认为黄河河流总长度约 5464 千米，它覆盖的总流域面积约 752443 平方千米，几乎包括了中国领土面积的十分之一，是世界第五大长河，也是我国除长江之外的第二长河，可谓雄浑壮观，气势磅礴。无怪乎千百年来，数不清的文人骚客挥毫泼墨，感叹不已，为之折服。唐代李白就不止一次赞叹黄河的广阔胸襟，在其名作《将进酒》中写道“君不见，黄河之水天上来，奔流到海不复回。”描绘了黄河在中华大地奔腾不息的壮美场景；在《赠裴十四》中更是写道“黄河落尽走东海，万里写入襟怀间。”道出了黄河的雍容雅量、恢弘大度；此外还有王之涣的“黄河远上白云间，一片孤城万仞山”“白日依山尽，黄河入海流”，王维的“大漠孤烟直，长河落日圆”，刘禹锡的“九曲黄河万里沙，浪淘风簸自天涯”无不包含了对古老黄河的赞美。

黄河发源于我国青海省青藏高原的巴颜喀拉山脉查哈西拉山的扎曲，北麓的卡日曲，和星宿海西的约古宗列曲，蜿蜒徘徊在祖国大地，大致行状呈“几”字形，就像祖国的脊椎一般挺起了整个中华大地。黄河之水自西向东分别流经青海、四川、甘肃、宁夏、内蒙古、陕西、山西、河南及山东等 9 个省（含自治区），最后在山东半岛注入渤海。黄河跨越了中国第一、二、三级阶梯，其自西向东的流向同时也是中国西高东低自然地貌的客观反映。

黄河自身在孕育、形成、发展的过程中并非是受到单一因素的影响，而是受到多种因素、多个方面的共同作用，最后形成了我们今天所看到的黄河基本形状。在影响黄河形成的各种因素中，以地质因素发挥的作用最大，也是最为主要的。黄河是在外营造力和内营造力共同作用下形成，简单的说外营造力以地壳运动产生的构造运动为主，而内营造力则是主要靠黄河在流经过程中，自身产生的侵蚀、搬运、堆积等营造形式。黄河在成河的历史过程中，并不是一蹴而就的，而是经过了漫长的运动不息，与时俱进的过程。据地质专家在地质演变史考证过程中发现，黄河在距我们今天 115 万年前的早更新世的时候，其流域内还是一个个独立的内湖水系系统，还有一些单独的湖盆，它们之间并没有连接起来，也缺乏贯通的必要条件，但是在随后地壳运动的过程中，随着西部高原地势（主要指青藏高原）的抬升，湖盆间拥有了连接的可能性条件，而事实上也是这样发展的，在河流不断侵蚀、持续夺袭状态下，经过了近 105 万年的中更新世，各湖盆间才得以缓慢的、陆续的连通，构成黄河水系的最早雏形。直到距今 10 万到 1 万年间的晚更新世，黄河才逐渐演变成为从其发端的源头到入海口处，上下全面贯通的海洋水系。

黄河可以分为上、中、下游三段，其分段基本是依据中国三级阶梯的地势形态划分的。上游以青海省果洛藏族自治州玛多县为发端，玛多的藏语含义为“黄河源头”，同时又被称为河源区，截至到内蒙古自治区托克托县的河口镇。黄河上游包含区域内的河道总里程数为 3417.6 千米，超过了中游和下游的河道总长。在整个黄河流域中，黄河上游所覆盖的流域面积大约为 42.8 万平方千米，其覆盖面积占到流域总面积的 53.8% 左右，其流域面积在整个黄河流域中是最大的。黄河上游流经的地区处在中国的一级阶梯上，由于该区域内地势落差大，河段总落差就达到了近 3496 米，因此黄河上游的水力资源较之其他两个流域最为丰富。黄河上游到了内蒙古自治区河口镇之后，其流向发生了改变，由自西向东流向转为向南，而河口镇也成了黄河上游的最后一站。在这一区域，由于处于一级阶梯和二级阶梯的交界处，因此地势较为平缓，水面落差也减小了很多，黄河在这一流域成为宽浅的平原型冲积河流，形成了著名的“黄河河套地区”，形成了发展农业得天独厚的自然优势，这里被誉为我国的“塞外江南”。从内蒙古的河口镇一直到河南郑州的桃花峪构成了黄河中游段，从河口镇开始，黄河的流向发生了变化，改变自西向东流向，进而急转南下，沿着山西陕西分界线奔腾而去。黄河中游河段长约 1206.4 千米，覆盖的流域面积约为34.4万平方千米，占整个黄河流域面积的43.3%。与黄河上游的河段落差相比，黄河中游河段落差相对较小，约为890米。黄河行至山陕的南端交界处，地势落差迅速增大，地势落差最大可达到六百多米，形成了独特的自然景观“晋陕大峡谷”。晋陕大峡谷将黄土高原分割开来，以黄河为界，左边山西省，右边陕西省。峡谷内则是滚滚黄流、奔腾不息。晋陕大峡谷的下端就是黄河干流上唯一的瀑布，位于陕西省宜川县、山西省吉县交界处的黄河壶口瀑布。由于地势狭隘，黄河行至这里，水面收缩，形成了“千里黄河一壶收”的独特景观，壶口瀑布也是仅次于贵州省黄果树瀑布的中国第二大瀑布。晋陕大峡谷的最后一站就是古渡口——龙门，由于地势显要、河道狭窄，它成为了古代山陕之间的重要战略要地。晋陕大峡谷一直到黄河桃花峪，构成了黄河中游的末端，这一区域内有渭河和汾河相继汇入黄河，同时在山西、河南交界处，由于河道穿行通过中条山、崤山，地势落差较大，形成了黄河流域内最后一个峡谷“晋豫大峡谷”。黄河下游段由黄河桃花峪至山东东北部的入海口构成，是整个黄河流域中最后一段，本河段长约786.5千米，流域面积仅2.3万平方千米，占流域面积的3%，下游覆盖区域面积也是最小的。黄河下游是流域内河段地势落差最小的流域，在786.5千米的河段内，落差仅94米。但是由于下游汇聚了黄河从上游携带的大量泥沙，造成了河道淤积，河床不断抬升，部分河段抬升突出，形成了“地上悬河”的独特景观，也成为了淮河水系和海河水系的分水岭。由于黄河下游贯穿整个华北平原，且泥沙淤积，河床抬升，黄河行至下游，时有泛滥，给农业生产与人们生活造成了不小的困扰，为了尽可能地避免黄河泛滥给生产生活带来损失，黄河下游绝大部分河段要靠设置堤坝来约束河水泛滥，两岸的防护堤坝几乎达到河段总长的70%。泥沙不仅在途中集聚，黄河也把更多的泥沙带到了入海口，淤积在滨海地带。也正是得益于黄河运送来的大量泥沙资源，长期以来，当地不断填海造陆，使得大陆架不断延伸，塑造了黄河三角洲。与此同时，由于泥沙淤积，也迫使黄河入海路线不断改道，尤其是在1949年以后，曾经三次对黄河入海流路进行人工改道，造成了河口段长度不断发生变化。20 世纪 90 年代后的入海河道是 1976 年对黄河入海口进行人工改道后又不断淤积而成的新河道。

二、 华夏文明的摇篮

人类文明的形成过程各有迥异，包含的内容更是千差万别，但这并不意味着它们不具备同一性，因为它们有共同的依托条件——水。文明的形成离不开水，人类文明的形成总是与水密切相关，世界上公认的四大文明无一不是依水而生，如古埃及文明是依托尼罗河形成；古印度文明得益于印度河、恒河的流经；古巴比伦文明则是在幼发拉底河、底格里斯河的浇灌下盛开文明之花；华夏文明更是在黄河与长江的哺育中生根发芽、茁壮成长。这是

因为人类生活离不开水，因此我们的先民在早期生活中总是“以水为邻、择水而居”，这也是大江大河能够成为文明生长摇篮的根本原因。用更贴切的话来说，古文明与古文化事实上是一种“水文明”“水文化”，在文明发展历程中，都吸收了“水之至善、水之包容”的优秀精神品质，使得古老文明能够一直延续，历久弥新、活力无穷，至今都散发着迷人的芬芳。

中国的传统文化是由两大文化系统构成的，一个是黄河文化体系，另一个是长江文化体系，这两大文化都有自己独立的系统，不同的发展轨迹与历程，但它们也有着相似的地方，两大文化在发展过程中不断地进行交流与融合，最终形成了一个大的文化体系，即华夏文化。我们的先人在横贯东西、南北呼应的大江大河上创造着各自的文化，也在不断的文化碰撞中产生了共鸣，共同推动华夏文明向前发展。自诞生之日起，华夏文明就从未停止前进的步伐，它也是唯一没有中断的古文明，创造了人类文明发展史上的奇迹。黄河文明作为华夏文明的重要组成部

分且长期处于主导地位，了解其产生的源头及价值体系能够帮助我们深入了解传统文化的内涵，对于阐发黄河文化在历史与当代的价值也有积极作用。

我们今天追溯黄河文化的源头最早可以到旧石器时代。从 20 世纪 20 年代开始，科学的考古学开始发展，通过考古学家的努力发现黄河文化在旧石器时代就产生了萌芽，旧石器时代早期的人类文明就是使用打制石器，这算是当时最先进的工具了。随着人类由低级向高级的发展趋势，黄河流域的先民们掌握了火的使用、磨光以及钻孔技术等，为原始农业的出现创造了条件。在黄河覆盖的区域内发现了不少旧石器时代的文化遗存，包括位于山西芮城黄河东岸的西侯度遗址、陕西蓝田的蓝田人遗址、周口店遗址、大荔人文化遗址、丁村遗址等都发现了早期的石器化石和用火留下的灰坑遗迹等。这一时期的黄河文化处于形成的早期阶段，而且相当活跃，对周边地区的远古文化也产生了很大的影响。最为典型的就是处于旧石器时代中期的辽宁鸽子洞文化遗存，其使用的工具种类及石器的特点与周口店发现的遗迹基本一致。因此，据考古得出的结论可以推断最迟到旧石器时代中期，黄河流域的旧石器文化已经非常繁荣了，这一现象在早期就有显现，只不过到了中期表现得更为明显。

在距今 12000 年左右，我们的祖先开始从旧石器时代迈入新石器时代。在这一时期，黄河流域的地貌地势基本形成并且稳定下来。新石器时代是黄河文化形成的关键时期，历代在此基础上对黄河文化进行了不断的丰富与发展，赋予了黄河文化持久的生命力，一直延续至今。新石器时代是由旧石器时代演变而来，两个时期的过渡阶段也就是细石器文化时期，先民们对工具的要求越来越高，而细石器的使用对于原始采集与狩猎很有帮助，这也是生产方式不断进步的重要表现。之所以说细石器文化在新旧石器交替过程中占据突出地位，是由于在持续的考古中发现，细石器文化遗存几乎遍布了整个黄河流域。如在陕西大荔沙苑发现了大量小石片、石叶、刮削器等典型的细石器。基于此，沙苑文化成为了我国第一个中石器时代的文化遗存。此外，黄河中下游也发现了不少细石器文化遗存，更证实了这一时期事实上是存在的。细石器文化也为农耕文明的出现奠定了坚实的基础，也是从这个时期开始，黄河流域在我国远古文化发展过程中居于了主导地位。在新石器时代，黄河文化与龙山文化、仰韶文化、大汶口文化、齐家文化等文化系统均有密切关系。现阶段，在黄河中下游地区已经发现了关于新石器时代丰富的文化遗存，在这些文化遗存中发现了陶片一类的遗迹，这一发现很可能能够证实陶器的最早发源地就是黄河流域。如 1972 年在河北武安县磁山当地村民发现了一些形状较为怪异的陶器和石器，随后考古学家开始组织发掘，挖掘出大量的灰坑遗迹和陶器、石器等，证实了早期农耕文化产生的时间要更早。在裴李岗文化遗存发掘过程中除出土大量的磨制石器和部分细石器外，还发现了一些纹饰简单、制作粗糙的原始陶器。从中可以看出，黄河流域的先民们已经开始了早期的农耕作业，生活方式也逐步走向定居。从发现的墓葬坑遗迹能够看出，先民们拥有了原始的葬俗，原始的宗教信仰开始影响他们的生活。

新旧石器时代是黄河文化形成的重要阶段，先民们使用的生产工具不断进步，提高了生产力，随着改造自然的能力不断强化，他们开始由频繁迁徙的生活方式走向定居，这是农耕文明形成的重要标志，也是黄河文化被塑造成型的重要时期。至此以后很长一段时间，农耕文化成为了黄河文化的主要表现形式，也正是黄河流域先进的农耕文明将黄河文化推向华夏文明的中心。

根据相关文献记载佐以当代的考古发掘，我们大致可以确定，在传说中的黄帝一直到尧舜禹那个年代，他们的活动中心就在今天山西西南部。《左传》孔颖达疏曰：“尧治平阳，舜治蒲坂，禹治安邑，三都相去各二百余里，俱在冀州，统天下四方，故云‘有此冀方’也。”平阳就是今天的山西临汾，蒲坂在今天山西永济西部，夏邑在今天山西夏县的西北部。三者皆分布在今天晋西南地区的临汾盆地和运城盆地。考古发掘的结果表明，晋西南地区的远古文化源远流长，文化遗址分布密集，文化发展水平内涵丰富，在同类文化中具有相当的代表性。目前我国已发现的旧石器时代早期文化遗址近 200 处，山西就有 157 处，且主要分布于中条山南麓的垣曲盆地、晋西南的黄河沿岸以及汾河流域。著名的丁村遗址就位于临汾盆地南端襄汾县丁村附近。著名考古学家苏秉琦先生给予晋西南地区在华夏文明发展中的地位以极高的评价，明确地称之为中华民族总根系中的“直根”，他指出：“小小的晋南一块地方曾保留远至 7000 年前到距今 2000 余年前的文化传统，可见这个‘直根’在中华民族总根系中的重要地位。”

晋西南这片沃土，不仅培育了黄河文明这条华夏文明的“直根”，更让这条根发芽成长，不断吸收、融合周边各个文明，最终发育成一棵屹立千载而不倒的大树。正是在这棵大树的荫蔽下，先民们遥远的记忆得以延续，千年之前的事迹能够存留，不管是真实的历史史实还是看似无稽的传说怪谈，都能一代代的流传至今，这些都是一个民族初生时最珍贵的历史瞬间。华夏民族的形成、氏族部落的兴衰、农耕技术的发展、王权社会的建立、历法制度的滥觞、宗教礼制的出现，这些历史点滴仿佛一道道刻痕，深深嵌入每一个华夏子孙的脑海里。尤其是“万姓同根，万宗同源”的根亲观念，使得诞生伏羲、黄帝、炎帝等华夏先祖的黄河流域，成为海内外亿万华人心目中姓氏、宗族、家庭的根脉之地。黄河文明的传承不仅是整个中华民族历史的传承，也是华夏民族集体记忆的延续。

自商周至唐宋，黄河流域在中华文明的历史长河中一直是政治、经济和文化的中心。在近三千年的文明历程里，黄河文明始终引领着中华文明的发展方向。儒、墨、道、法、阴阳、名、杂、农、纵横等诸子百家的争鸣在此展开；汉赋、唐诗、宋词中许多不朽的篇章在此诞生；两汉经学、魏晋玄学、宋明理学等在此孕育；天文历法、中医中药、农田水利、陶瓷、丝绸、造纸、活字印刷等古代科技发明由此传向四方。汉语汉字、工笔绘画、雕塑建筑，甚至是中华文明中独特的国家体系、宗法制度、社会习俗等等都在这里形成，并融入了整个民族集体的血脉之中。因此，安作璋先生曾说："由于黄河文明本身具有经济上的先进性、政治上的正统性、学术上的包容性及所处的特殊的地理位置，黄河文化长期居于中国古代多元文化的领导地位，成为多元文化的凝聚中心和中华古代文明当之无愧的代表，并且不断给予周围的多元文化以深刻影响，最终形成了以黄河文化为核心的、统一的、不可分割的'多元一体'的文化体系——中华文明。"黄河文明联结着中华民族长远的历史记忆，构成了中华民族记忆的核心与主体，正因为如此，每当危机到来，黄河——这一黄河文明最重要的载体便会成为能够唤醒每个炎黄子孙、凝聚整个中华民族的象征。

黄河文明带给我们这个民族的不光是悠久的历史和集体的认同，还有它的包容性和整合性，这两种特性共同塑造了中华民族相对一体的文明主轴。黄河文明在其形成和发展的过程中，一直具有独特而鲜明的文化类型与文明形式。但这并不意味着黄河文明固步自封墨守成规，相反，对其他域外文明的包容和借鉴，同样对黄河文明演进与传承起到至关重要的作用。黄河文明正是以自身文明为基础，结合其他域外文明成果，整合、创新并最终形成了具有鲜明特色的华夏主流文明。这里所谈及的域外文明不仅仅指我国其他地域文明，也包括中亚、北亚、西亚等世界范围内其他地区的文明成果。黄河流域地处东亚大陆的核心，是东西方文明交流的主要通道——南北丝绸之路的起点，也是史前东西方人类大迁徙的必经之路，独特的地理位置使得黄河流域成为中国文化史上最活跃的民族大熔炉。从陶器、青铜器、车马技术、原始宗教、社会习俗中，可以发现黄河文明与周边文明存在某些共性，甚至具有与世界其他文明的相似类型。中国社科院彭卫先生曾说过："任何文明的形成、发展、兴盛都离不开与其他文明的交流，而任何文明交流的产生都是历史时期人口流动与迁移下的结果。"或者是战争，或者是贸易，或者是文化的交流，使得一群群古老的部族或者个体从黄河流域出发到达中亚、北亚、西亚、东欧、北非，也有另外的人群从中亚、南亚甚至欧洲来到黄河流域，在流动与迁移中他们把世界其他文明与文化带到了中国，也将中华文明传播到世界。因此，东、西方文明之间的互动交流使得黄河文明得以包容与整合域内外文明的优秀成果，形成多样但一体的文明主轴。

确立黄河文明在中华文明中的核心与主体地位，不仅是事关中华文明传承与现代中国民族集体记忆延续的重大问题，而且对于增强中华文明的核心价值观，提升民族的向心力与凝聚力具有重要的理论意义与现实价值。所以，黄河文明的主体性与核心性是中华文明的统一性和不可分割性的具体表现，是维护国家统一和民族团结的精神支柱与文化主轴。

三、 气势恢宏的文明之路

黄河文化自经历了旧石器时代到新石器时代的形成阶段后，迎来了发展期，从夏代开始，直至今天，黄河文化都在不断地发展与演变。在不同的时代，黄河文化都有不同的表现形式与载体，而多样的文化成分也铸就了黄河文化海纳百川的文化姿态。从古至今，黄河文化始终居于多元的中华文化中的重要地位。

（一）三代文化：黄河文化之摇篮

夏、商、周三代是黄河文化形成的摇篮阶段，这一时期古老的中国完成了由原始社会向奴隶制社会的过渡，社会形态发生了转变，之后产生的各种文化学说都是在三代文化的基础上孕育而来。可以说夏、商、周三代文化在中国古代文明的形成与发展过程中意义非凡。

“夏文化”根据字面意思理解，很容易解释为夏代的文化，其实不然，它指的是夏代的文化遗存，它不仅包含了当时华夏族的文化，也包含了其他族群的文化，是一个泛指的文化概念。目前夏文化的探索主要集中在陶寺、河南龙山、二里头等文化遗存，它们存在的年代大致和夏代所处时代相当。从上述三个文化遗存中的墓葬可以发现当时的社会阶级性已经很明显，并且出现了早期的礼乐制度。更重要的是发现了彩绘龙纹陶盘，印证了我们的先民已经把龙作为一种图腾象征。从二里头文化得知，当时的陶器文化已经十分发达，展现了先民的伟大智慧。

最能代表“商文化”的莫过于甲骨文了，通过河南安阳及其他地方出土的刻有甲骨文的龟甲兽骨等，我们揭开了商这个朝代神秘的面纱，商代占卜祭祀文化盛行，几乎无事不卜，将先民对天的敬畏展现的淋漓尽致，同时甲骨文也是我国最早的具有系统性的成熟文字。商代是青铜文明发展的黄金时期，我们今天探索商代文化除来源于甲骨文外，很大一部分资料也得益于青铜器上刻铸的铭文。青铜器也被作为一种等级的象征，凡出征、祭祀、赏赐、朝会等都要铸铜器，不同级别贵族使用的铜器是不一样的，有森严的阶级等级。此外，为了指导古代农业生产，商朝在夏朝历法“夏小正”基础上制定了“殷历”，帮助人们进行农业耕作。周代为黄河文化的形成起了奠基作用。周代是中国农业文明的形成时期，奠定了中国农业立国的基石。也就是在这个阶段，黄河文化完成了从城邦国家到城邑国家的转变。周代是华夏农耕文明成熟的时代，我们今天能够见到的大部分农作物在周代时已经存在，蔬菜、果类、农料作物等种类丰富，农业生产已经脱离了原始的粗放型的生产模式，农业生产技术也有了很大的提高。周代的农耕文化为当时社会的繁荣提供了丰富的物质基础。沿黄河流域的城市文明也开始发展，分封制的实行也促进了城市文化的成熟。《诗经》是周代民间文化繁荣的标志，《周颂》产生于西周初年，其中主要描写贵族生活，以歌颂宗庙与神祇为主，也有部分描写当时的农业生产。《大雅》则是在周王朝最鼎盛的时期产生的，被誉为“中国上古仅存的史诗”。《小雅》产生于西周晚期到东迁以后。《鲁颂》和《商颂》都产生在周室东迁（前770年）以后。可以说《诗经》代表了中国文学史上第一个繁荣的高峰期。周朝后期也是百家争鸣的时代，持续了三百多年，儒、法、道、墨等学术流派竞相争辉，绽放异彩，这是中国学术史上最辉煌的一个时代。这些都是黄河文化的重要组成部分，黄河文化也自此揭开了新的发展篇章。

（二）汉风唐韵：黄河文化之成长

自秦汉至隋唐是黄河文化的重要成长阶段，每一个朝代都赋予黄河文化不同的内涵，黄河文化也在不断地丰富与发展，不断地注入新的元素，呈现出别样的风采。

经历了春秋战国的“百家争鸣”后，中国的学术流派在竞争中有的留存下来，有的则被淘汰，到了秦汉以后，影响力较大的就只剩下儒家、法家、道家学派。秦朝为以法立国，将法家的思想奉为统治思想。到了汉代，统治者认识到高压的、缺乏弹性的法家思想不利于社会的稳定与发展，开始采用儒家思想作为统治思想，尽管在立国之初为了恢复凋敝的经济，采用了道家无为而治的思想，但很快就被董仲舒提出的新儒学所代替，至此以后的两千多年，中国封建社会的正统思想都是儒家思想。而法家思想由于其具有实用性，也为统治者所用，但为规避讳言，一般都采取儒表法里的方式。到了隋唐出现了儒、释、道并存的局面，且其他两个流派发展迅速，儒学统治地位遭到挑战，一部分儒学大师便提出了三教合归儒的主张，以图巩固儒学的主体地位。儒学大师韩愈提倡复兴儒学，引起了当时儒家学者的共鸣，儒学又逐步巩固了在思想界的统治地位。

此外，黄河流域孕育了中国最早的史学、文学以及书法艺术等，将黄河文化推到一个新的高度。这一时期涌现出如司马迁、班固、刘知几等一批知名的史学家，创作出了《史记》《汉书》《通典》《史通》等在中国史学史上占据重要地位的史学著作。汉代史学最大的成就就是纪传体史书的出现，司马迁的《史记》和班固的《汉书》都是代表力作。其以记事详备、文辞精炼被称为中国古代史学的典范之作。魏晋南北朝时期，陈寿的《三国志》、范晔的《后汉书》都是代表这一时期史学成就的著作。还有《魏书》《晋书》《隋书》《北齐书》等，史学发展繁荣为历代之典范。在文学方面，秦汉至隋唐可谓是高潮迭起、百转千回。在继承先秦文学的基础上，这一阶段在文学形式上有了明显的突破，汉赋、唐诗的发展可谓一代之盛典，建安文学更是傲然风骨，铮立于世，为后世追忆。不同文学形式展现了各自的时代风采，汇聚成灿烂的文学长河，给后代留下了宝贵的精神财富。秦汉至唐是中国书法艺术发展的奠基时期，秦汉之际，隶书代替小篆成为官方文字，到了魏晋，汉字的发展从自发阶段转向自觉阶段，草书、行书的出现使得书法的审美价值得到了极大的体现，降至隋唐，楷书成为官方通行的文字，也涌现出一大批书法艺术家，如王羲之、王献之、张旭、怀素、柳公权等，将中国的书法艺术推向巅峰。中国的汉字艺术就成熟于这个阶段，汉字艺术如黄河之水奔腾向前、川流不息，笔墨间就将黄河文化的韵味抒发得淋漓尽致。

黄河文化发展至唐代，已经是包罗万象。它将触角延伸至除文化之外的更多领域，也正是因各种丰富元素融入黄河文化中，才使得黄河文化从秦汉至隋唐能够迅速成长，实至名归地居于华夏民族的主体文化地位。

（三）宋元风采：黄河文化之繁荣

从秦汉至隋唐，以汉族为主体的中原封建王朝实力在不断增强，无论是从政治制度、经济实力，还是从文化传统方面，都处于一种优越的位置。与此同时，中原地区也在逐步加强同周边少数民族地区的联系，以长安和洛阳为中心的黄河文化，向周边地区辐射，有力地加强了汉族同周边少数民族的交流，也促进了黄河文化的传播与推广。尽管自唐末到宋元以来，由于社会动荡等因素，中国的经济重心在逐步向南方转移，但整体来说文化重心还在黄河流域。在这个过程中，黄河文化在对其他民族产生深远影响的同时，自身也在不断的从其中汲取丰富的营养，有效地促进了黄河文化自身的繁荣。

降至宋元，由于经济环境相对宽松，加之海上贸易的繁荣，黄河文化的影响扩散至周边国家和地区，因此这一时期，黄河文化在自身输出的过程中多元化特征也越发显现出来。宋代由于实施开明的文化政策，极大地促进了宋代文化的发展，宋代民间文化繁盛的标志就是宋词的出现，宋词是继唐诗之后的又一文学形式，宋代商业发达，市民阶层的扩大直接催生了这一文学形式，词本身灵活的特点也更适合表达市民的情感。如柳永、李清照、辛弃疾等都是宋代著名的词人，他们的作品可谓脍炙人口、经久不衰，流传至今仍能广为传颂。能够代表宋代文化成就的除宋词之外还有理学。南宋的朱熹就是著名的理学大师，其编著的《四书章句集注》成为历代科举考试的教科书。宋代书院兴盛，北宋有四大著名书院，白鹿洞书院、石鼓书院、应天书院、岳麓书院，这是宋代文化繁荣的一个缩影。而北宋的都城汴京，也就是今天的开封，是黄河流域的古都城之一，因此，宋代文化也被深深打上黄河文化的烙印。

元代也是黄河文化繁荣的重要时期，元代是中国古代为数不多的少数民族政权之一，立国之后，建都大都，也就是今天的北京。元代统治者为了加强对南方的统治，开凿了联系南北的大运河，虽然大运河开凿的直接目的是为了南粮北运，强化南北方政治上的联系，但间接地促进了南北文化的交流。尽管唐代以来，中国的经济重心逐渐南移，至元代，南方已经完全取代北方成为中国的经济重心。但由于全国的政治中心在北京，因此文化中心还是在以北京为中心的黄河流域。而以北京为中心的黄河文化通过大运河也在不断地影响着南方，元代发达的海外贸易也使得黄河文化能远播海外。元代与宋代相似，产生了新的文学形式——元曲，也出现很多广为人知的曲作家，如关汉卿、马致远、白朴、郑光祖等都有很高的文学成就，《西厢记》《倩女离魂》《墙头马上》等都是脍炙人口并且广泛流传的文学作品，这都是黄河文化一颗颗璀璨的明珠，也是黄河流域文化繁荣的重要标志。此外，元代农耕文化也有不少成就，人们在劳动过程中更加注重精耕细作，指导农业生产的农学著作《农书》《农桑辑要》《农桑经》等都是劳动人民智慧的结晶。

黄河文化在宋元时期依然保持繁荣，尽管南方已经取代北方成为中国的经济重心，但黄河流域一如既往的保持着文化的繁荣，让人们在认识之余不禁感叹黄河文化无穷的魅力与经久不衰的生命力。

（四）明清之变：黄河文化之蛰伏

明清时期世界开始逐步形成一个整体，无论是早期的西方资本主义殖民扩张，还是后期资本主义的经济侵略，世界各地政治、经济、文化间的联系都日益紧密，中国与世界的联系也在不断加强。但是这种联系经历了一个从主动到被动的发展历程。从明代早期的主动出使外国、宣扬国威到明清之际的闭关锁国再到清末国门洞开、被动挨打，成为西方资本主义国家的半殖民地。中国的封建社会在西方的坚船利炮之下被击的粉碎。因此，在整个明清时期，中华文化可以说是处在一个与外国文化频繁的交流期。而作为华夏文化代表的黄河文化发展到明清时期逐渐式微。一是由于明清之际中国的经济重心已经完全转移到南方，尽管全国的政治中心仍然在以北京为中心的黄河流域，但随着经济重心的南移以及早期资本主义的出现，南方的文化发展繁荣，已占据优越性并且呈现出了巨大的活力。黄河文化在这一时期的特征就是开放性与包容性更为明显，黄河文化本身的文化特性在渐渐淡化，它以代表华夏文化的新姿态积极与外来文明进行融合。

明朝初期国力强盛，为了向当时所谓的"四夷诸番"宣扬明朝国威、扩散华夏文化影响力，明廷自永乐至宣德年间先后七次派遣郑和远赴西洋联系诸国。郑和七下西洋一方面加强了明朝与东南亚、南亚国家的联系，重新确立了以明朝为中心的政治秩序，更为重要的是借助这一渠道极大增强了中华文化在这一区域的影响力，许多先进的发明被带出国门，促进了东南亚国家科技文化的进步。到了 16 世纪，西方的思想解放运动开始兴起，各个领域都显示出蓬勃生机，很多方面都超越了古老的东方文明。西方文明开始逐渐向东方渗透，继马可·波罗的东方之行后，另一位西方传教士利玛窦来到中国，传播西洋文化。利玛窦找到了西方文化与中国传统文化的契合点，其传教活动得到了许可，中国文化不断吸收着新的外来元素。利玛窦与徐光启合译了西方几何学的经典名著《几何原本》，与李之藻合译了《同文算指》。此后越来越多的传教士来到中国，为中国传统文化注入了新鲜的血液，东西方的文化交流日益紧密。与此同时，中华文化也在西传，中国的茶文化、瓷器漆器文化、水墨画等文化在欧洲产生了广泛的影响，尽管同时代中国在科学等领域已无法与欧洲媲美，但在政治思想、文化艺术、伦理道德等方面还是给欧洲提供了丰富的养分，促进了欧洲文明的发展，中华文化在世界文明近代化的过程中贡献了属于自己的力量。

然而，中国与西方的文化交流并没有保持一个良好的势头，从明朝后期到清朝，政府先后实行了海禁和闭关锁国政策，中西文化交流陷入缓慢发展的状态，这种情况一直持续到1840年，古老中国的国门终于被资本主义强国英国叩开，自此中国在一个多世纪的时间里都处于半殖民地半封建社会，西方殖民者在经济侵略的同时也在进行文化灌输，中国也被迫降低姿态，老老实实地在西方面前做起了小学生。鸦片战争前，中国鲜有人去西方国家学习，1840年以后，尤其是洋务运动时期乃至后来，留学西方逐渐成为一种潮流。在此过程中，对外学习的程度也在不断加深，从早期器物到制度，再到思想文化，西方文化对中国的影响非常巨大。由于长时期的落后挨打，中国的传统文化不断地受到质疑、批判，甚至在新文化运动时期有人喊出了“打倒孔家店”的口号，传统文化的发展几乎举步维艰。

国家强大、文化才能自信的观念一直根植于国人的脑海，从处于封建社会末期的明末清初到处于半殖民地半封建社会的清末民国，中国“天朝大国”的观念一次次受到冲击。以黄河文化为代表的传统文化在这个过程中也进入了式微阶段，亟需国家振兴、民族振兴为文化复兴提供坚实后盾。

四、 历久弥新的传统文化

自中国共产党成立之日起，中国的革命面貌便变得焕然一新，而古老的黄河文化也随之迸发出新的活力，尤其在抗日战争中，共产党领导人民围绕黄河流域进行广泛的敌后抗日战争，给敌人以沉重的打击，为抗日战争胜利作出了不可磨灭的贡献。黄河文化逐渐从沉睡中再次走向觉醒，甚至在抗日战争过程中黄河文化作为一种精神力量给予处在灾难中的华夏子孙走向光明的希望。

风在吼、马在叫，黄河在咆哮，黄河在咆哮……保卫家乡、保卫黄河、保卫华北、保卫全中国。回首那峥嵘岁月，这高亢激昂、荡气回肠歌声仿佛依然不绝于耳。这是黄河文化在那个岁月留下的印记，也是黄河在经历无数蹂躏之后发出的巨吼，一次又一次地激励着中国人民反抗日本帝国主义的侵略。在长征、抗日战争、解放战争时期，大河上下都遍布着革命的足迹。1935 年 8 月，工农红军在毛主席的带领下战胜了饥饿、寒冷，跨越了草地、沼泽，继而又突破了腊子口天险开辟了长征的新局面。同年 10 月，红军三大主力会师吴起镇，长征胜利结束。1937 年 1 月党中央进驻延安，在之后的十年里，延安成为革命的圣地，成为指导革命的灯塔。延安精神在黄河母亲的浇灌下深深植根于中华大地，成为一代代人的精神脊梁。

中华人民共和国成立以后，对于黄河文化的建设更加重视，除了加大对黄河自然环境治理、经济建设的扶持力度之外，更加重视黄河流域的精神文明建设，发挥黄河文化作为中华民族文化重要组成部分在国家文化建设中的积极意义，近年来，在黄河文化的发展过程中，其地域性、民族性特色更为明显，给古老的黄河文明增添了别样的色彩。

1949 年以来，党和政府围绕黄河治理与文化建设投入了巨大精力，黄河一改几千年来肆意泛滥的局面，不仅如此，黄河流域的文明建设紧跟时代步伐，其文化内涵无不反映了中华民族崛起的要求。黄河文明再次以崭新的面貌重新演绎着往日的光辉。毛泽东、周恩来、邓小平等党和国家领导人多次批示要把黄河的事办好，这是利国利民的大事。周恩来总理更是直接领导治黄工作，制定了“黄河综合利用规划”和“三门峡工程建设”等一系列方针与措施。1996 年国家制定了《黄河治理开发规划纲要》，在以往治理黄河的基础上进一步细化了黄河开发的方向与措施，为黄河发展前景绘制了清晰的蓝图。同时，也取得了很大的成就，首先，有效地治理了中上游水土流失的状况；其次，在黄河流域建立了一批利民工程，如堤坝、水电站等等；再次，修建了大量的条田、梯田等，可以说治理黄河给人们带来的是实实在在的好处。治河文化得到了极大的丰富，一改以往简单治理的模式，新时期的黄河治理更加注重绿色治理、可持续发展的治理模式，将黄河流域的开发当作经济社会转型发展的典范。黄河的治理与开发关乎国家经济社会的发展，也注入了一代代人不懈的努力，形成了开发与保护、促进可持续发展等新的治河理念和不畏艰险、迎难而上等新的精神风貌。黄河文化从古到今一路走来，穿越风雨，历经辉煌，也曾式微，但终究在一代代中华儿女的努力下，古老的黄河不断焕发出勃勃生机，以母亲的姿态抚育华夏子孙，培育华夏文明，悠久的文化传统流经数千年历史长河后，仍散发出无穷的魅力。

第二节 黄河文化的内涵与精髓

黄河文化历经数千年发展，形成了完整的文化体系，这个文化体系是在不断丰富、不断融合的过程中构建起来并且作为华夏文化的轴心存在的。尽管如此，她并未固步自封、裹足不前，相反，黄河文化以极强的包容性吸纳着不同文明的精华。正是海纳百川的文化气质赋予黄河文化雍容大度的精神内涵，塑造了自强不息的民族性格，培养了家国一体的民族情怀。

一、 开放包容的广阔胸怀

黄河文化是一种具有很强的包容性的文化系统，开放包容是黄河文化重要的文化特性。正所谓"黄河之水天上来，奔流到海不复回"，黄河带走的不仅是河湖之水和黄土泥沙，更将黄河文化传播到了流域内的每个角落。

黄河文化作为华夏文明的代表性文化，其自身的形成过程就是各种文化不断综合的结果。如新石器时代的龙山文化就是大汶口文化和仰韶文化的产物，而大汶口文化则是东夷土著和青莲岗两种文化融合而来，我们今天熟知的仰韶文化则是河北磁山文化、河南裴李岗文化和陕甘大地湾文化共同作用的产物。我们的先民进入文明时代，又历经了夏、商、周的不断损益，华夏文化最终形成了以黄河流域为根据地、以三代文化为核心的文化系统。春秋战国时期，诸侯国林立，主要集中在黄河流域，这为黄河流域特色的地域文化增添了色彩，形成了三晋文化、秦文化、齐文化、鲁文化等地域文化。至秦汉大一统国家建立后，黄河文化作为一个整体吸收了不同地域文化的特点，一方面透露出秦、晋文化注重实际、重视法制的特点，另一方面则保持了齐鲁文化重视伦理、富于理想的特征。黄河文化在发展的历史长河中，不仅吸收了羯、鲜卑、羌、匈奴、契丹、乌桓、高车、柔然、氐、突厥、女真、回纥、蒙古等西方和北方的少数民族文化，而且借鉴并吸收了南方的楚文化、百越、巴蜀文化。正是这种海纳百川的广阔胸怀，使得黄河文化成为中华民族古代文化当之无愧的代表。

黄河文化之所以经久不衰，除了得益于它在政治上的正统性和经济上的先进性之外，更多的受益于其文化自身的开放性和包容性特征，使之能够汲取不同文化的优秀成分作为成长发展的丰富养料，因而黄河文化能够保持其在传统文化中的主导地位。纵观历史发展的脉络，黄河文化吸收外来文化大致可以分为三个阶段，一是先秦秦汉时期、二是魏晋南北朝至隋唐时期、三是宋元明清时期。

先秦秦汉时期。黄河流域尤其是中下游地区由于拥有优越的自然条件，因此很早就成为中国古代农业文明的发源地，流域内的仰韶文化就是黄河文化最早的形态。在之后的发展过程中，不断有族群进入黄河流域，如黄帝族、炎帝族、三苗族和东夷族等先后进入这个区域，这些部落在相互的竞争中也在不断创造着新的文化，都成为黄河文化的一部分。在这个过程中，流域内的文化不断向更高级的形态发展，夏、商、周先后建立了早期的奴隶制国家形态。尽管在竞争中王朝不断更迭，但由于拥有共同的生活环境，最终在流域内形成了一个大的华夏族，并且创造出了灿烂辉煌的华夏文化。事实上，华夏文化是黄河文化早期的文化形态，也是构成中华文化的基石，对后来中华民族以及中华文化的发展产生了深远影响。进入东周，随着周王室权力的旁落，对周边地区已无力控制，造成了黄河流域周边的少数民族乘虚而入，因此出现了“南夷与北狄交，中国不绝若线”的局面。春秋战国是诸侯国进行争霸兼并的时期，黄河流域是列国争夺的焦点，而处于黄河流域的三晋、秦、齐、燕等大国都形成了以自已为中心的民族融合与地域文化中心。各国之间的文化相互交流、融合，直至秦汉黄河文化才形成了统一的、整体的面貌。秦统一后，在全国范围内统一文字、度量衡等，为黄河文化的进一步融合提供了有利的政治环境和社会环境，对于促进黄河文化的发展具有里程碑意义。进入两汉，由于北方匈奴与羌族不断地威胁中原，其文化也逐渐渗透入中原文化，在抗击外来入侵的过程中，汉朝取得了胜利并以广阔的胸怀将游牧文化融入汉家文化体系。在先秦秦汉时期，黄河文化处于蓬勃发展的上升阶段，尽管秦汉在抗击少数民族过程中取得了很大成就，但是在对待外来文化的态度上却显示了恢弘的气度，能够主动接纳并改造外来文化，将其融入到华夏文化体系之中。

魏晋南北朝隋唐时期。魏晋南北朝时期是中国民族融合的关键时期，东汉末年，诸侯割据导致黄河流域西边和北边的少数民族有机可乘，不断迁入内地，形成了民族杂居的局面。其中，匈奴族主体分布在今山西西北及内蒙古以南等地；氐、羌等族主要居于陕西、甘肃一带；羯族主要内迁于今山西上党、太行山地区；鲜卑则分布广泛，散落于整个北方地区。《晋书·文帝纪》记载内迁少数民族的分布情况，“西北诸郡，皆为戎居”“关中之人，百余万口，率其少多，戎狄居半”。黄河流域的文化面临严峻的考验。西晋末年，发生“八王之乱”后，原内附的少数民族均伺机而起，建立政权，在黄河流域内形成了“五胡十六国”的局面。伴随着民族间的混战，各民族间的文化较量也令人关注。尽管匈奴、羯、氐、羌、鲜卑等族先后进入黄河流域并建立了自己的政权，但都湮没在历史的潮流中，而这最终的结局证明了黄河文化强大的融合力。北魏孝文帝改革后，少数民族文化逐步融入到汉族文化之中，黄河文化得到了统治者的推崇，正统地位得以重新确立。隋唐又进入汉家大一统的时代，历经了数百年沧桑与磨难的黄河文化显得更加气度恢弘、博大精深。黄河文化吸收了游牧文明尚武习俗、奋力拼搏的进取精神，部落之间互帮互助的人际关系等优势；游牧文明同时也对黄河文化体系中固有的门阀礼法观念、虚诞浮华的世风、种族偏见等陋习形成了冲击，为黄河文化注入了新鲜的血液。到隋唐时期，汉家显赫的文治武功、昂扬的精神风貌、高度发达的文明遥遥领先于世界，而这与黄河文化增添新的元素促进了其更新发展是密不可分的。

宋元明清时期。宋代自建立起就一直受到来自北方和西北方少数民族政权的威胁，并且长期处于守势。黄河流域北部和西北部地区被辽和西夏一步步吞并，随后东北的女真击败了辽，势力扩展到黄河流域，而且流域内大部分地区在其控制范围内。随之，大批少数民族迁入内地，如女真、党项、契丹、回鹘等部族的大部分人移居这一地区。到了南宋末年，蒙古迅速崛起并且以强大的武力统一北方并横扫亚欧大陆。偏安一隅的南宋政权在蒙古骑兵的强大攻势下于1279年覆灭。元朝建立之后，定都大都，也就是今天的北京，全国的政治中心又重新回到了黄河流域，而流域内的大部分区域均属于元朝中书省直接管辖的“腹里”地区，大批的蒙古人、色目人进入了黄河流域，和汉人杂居。终元一代，统治者都实行民族歧视政策，尽管如此，但共同的文化背景和社会环境使得民族之间的差异性逐渐缩小，促进了黄河流域的民族融合，这也是黄河文化融合力的具体体现。明朝取代元朝之后，在民族复兴的口号下，对黄河文化的正统地位再次进行了确认，明太祖朱元璋在挥师中原之前就曾告谕蒙古军民“愿为臣民者，与中夏之人抚养无异”，对蒙古人采取怀柔政策。同时发文通告“其辫发、椎髻、胡服、胡语、胡姓，一切禁止”，“使百有余年胡俗，悉复中国之旧”。元朝百余年的习俗被废除。明成祖即位后将都城由南京迁往北京，无不体现了统治者对黄河文化主导地位的认同。清朝建立之后，为保持其自身文化不被汉化，采取了一系列手段来抑制汉文化的发展，包括大规模的移民中原、文字狱、剃发令、禁止满汉通婚等等。但在黄河文化不断潜移默化的过程中，满族文化最终融入了黄河文化。

明清时期，黄河文化凭借深厚的文化习俗及包容性传统，对不同文化产生了强大的同化力。但由于经济重心已经南移，黄河流域已经失去经济上的主导地位，另一方面长期以来受到北方少数民族文化的不断冲击，黄河文化自身的独立性在渐次消失，成为更大范围的中华文化的重要组成部分。黄河文化自诞生之日起，就开始不断吸收各种优秀的文明成果，不仅建构了内涵丰富的中华文化，更推动了中华文明不断向前发展。

二、自强不息的奋斗精神

黄河流域长期以来作为中国古代的政治、经济、文化中心，培育了源远流长、博大精深的黄河文化。黄河文化作为中华传统文化最为重要的构成部分之所以能够经久不衰、独树一帜，与之在成长过程中形成的自强不息的奋斗精神休戚相关。从古到今黄河文化艰苦奋斗、自强不息的精神品质在我们的先民与天抗争、与自然抗争以及治河历程中展现得淋漓尽致。

远古时代，生活在黄河流域的先民们渴望探索自然的奥妙，但又苦于对自然认识太浅，面对变幻无常的自然灾害，先民们为了鼓励自己与之斗争，创造了许多歌颂人类力量的神话传说，如炎帝之女女娲在东海遨游，不幸溺水身亡，死后化为精卫鸟，衔石子，填东海。又如远古洪荒，伏羲女娲为了拯救苍生，面对天崩地裂，毫无犹豫开始补天、杀黑龙、立四极、止淫水。再如尧帝时，天上出现了十个太阳，大地上的庄稼禾苗都被晒死枯萎，花草树木无有幸免，百姓嗷嗷待哺。东夷部落有一个叫后羿的年轻人，射术精湛，为了解救黎民于水火，勇敢地对天宣战，十个太阳射落了九个，只留下了一个普照人间。伏羲、女娲、后羿这些被创造出来的神话人物，被人们赋予了可以为人类消灾解难的神奇力量，只要有他们出现，人类面对的自然灾害顷刻间便能化解。萌发了先民渴望战胜自然的美好愿望，也激励着他们不断奋斗，推动历史向前进步。因为对自然灾害形成的原因没有形成正确的认识，远古先民义无反顾地走上抗争的道路，这也是黄河文化中自强不息品质的精神源头。到了夏商周三代，在人们的思想中，天占据着主导地位，敬天思想已经形成。即便如此，人的主观能动性还是被充分重视。如《周易》中就说“天行健，君子以自强不息。”认为人应该像天一样自求进步，发愤图强，永不停息。将人类的自强不息看做是上天对人的期许，鼓励人类不畏艰险，迎难而上。《荀子·天论》中也讲到“天行有常，不为尧存，不为桀亡”，天有自己的运行规律，又说道“天有其时，地有其财，人有其治，夫是之谓能参”，认为人在改造自然过程中可以发挥能动性。

因此，早在三代以下至春秋战国，孟子、荀子等思想家就根据人们的社会实践阐述了人定胜天的乐观思想。随着人类历史的前进，“人定胜天”思想在人们脑海里生根发芽，形成了中华民族在面对困难时不畏艰险、顽强拼搏、自强不息的精神品质。

经历了春秋战国数百年的诸侯混战，秦朝军队依靠顽强的毅力、艰苦卓绝的战斗精神击败了对手，统一了六国。随后，在秦的暴政下，六国相继反抗，楚人项羽发出了“楚虽三户，亡秦必楚”的凌云壮志，在巨鹿之战中，项羽破釜沉舟，自断退路，展现出非凡的勇气，以少胜多，击败了强大的秦军，奠定了西楚霸王的地位。与之相似的是在楚汉相争中，韩信背水一战，尽管力量对比悬殊，但他激发了士兵的斗志，最终大败二十万赵军。陈涉在未起义前把自己的志向比作“鸿鹄之志”。可以看出，在秦汉之际，无论贵族还是平民，都富有开拓进取，锐意革新的英雄气魄。进入西汉，这种气魄并未随着和平的到来而被消磨，反而更加助长了人们的进取精神。彼时，西域对中原有莫大的吸引力，为了探索神奇的异邦，也为了加强中原与西域的联系以求共同抗击匈奴，汉武帝派遣张骞出使西域，史称“凿空”。出使途中，张骞历经艰险，甚至被匈奴抓获羁押长达一年多，但仍未磨灭他的意志，后来匈奴发生内乱，张骞才得以逃脱，后因军功受封博望侯，其开辟的连接亚欧之路也就是丝绸之路极大促进了古往今来东西方政治、经济、文化等各方面的交流，至今地位仍举足轻重。此外，苏武牧羊、班超从戎以及后世的文天祥殉节、岳飞抗金、郑成功收复台湾等无不表现出优秀的华夏子孙在面临艰险时坚贞不屈、自强不息的民族气节。这不仅是个人气节，在代代相传的过程中俨然融入中华民族的血肉之中，成为黄河文化乃至华夏文化的宝贵财富。

黄河自古多泛滥，洪水肆虐四千年。黄河是中华民族的母亲河，抚育了亿万华夏子孙，但历史上黄河泛滥带来的危害也成为人们的肘腋之患。从汉文帝时期开始一直到民国时期，黄河泛滥次数达到 380 次，几乎每 5 年黄河流域就发生一次水患。从古到今，人们在治理黄河水患过程中可谓百折不挠、殚智竭力，形成了丰富的治河文化，生动的反映了劳动人民与黄河洪水的艰难斗争，而悠久的治河文明也成为黄河文化不可分割的一部分。据说尧舜时期，黄河流域气候变暖，出现了洪水肆虐大地的现象，尧先命鲧治理水患，但以失败告终。之后，鲧之子禹接替父亲继续治理黄河，历经艰难，治水十三年，三过家门而不入，最终以疏导的方式平息了黄河泛滥，尽管其中有很多传说色彩，但大禹治水的精神却广为流传。商周时期由于黄河流域气候干旱，黄河泛滥的情况比较少见，春秋战国时期各诸侯国治理黄河的特点就是局域性，标准不一，甚至会妨碍河流的通畅。直至西汉，国家统一，为有组织、大规模的治理黄河提供了保障。汉武帝时期，黄河濮阳段决堤，洪水漫延至淮河一带，朝廷调集数万人塞治决堤口，以巨大的代价堵住了口子。为纪念此事，还在决堤口外建立了宣防宫，此后西汉还有王延世、王景等先后治理黄河水患并取得了不小的成就，治理水平明显提高。唐代时针对黄河决堤先后四次进行大规模的水患治理，在长期的治河过程中，形成了比较规范的治理措施，极大地鼓舞了人们在改造自然方面的斗志。宋代对治理黄河的重视程度是历代所不及的，付出的代价最大，取得的成就也最高。仅在北宋的 167 年里，大小治河行动就达五十余次，几乎每三年就有一次针对黄河大规模的治理行动。之后的元明清三代，均有官方主导或者民间自发的治河行动，将黄河水患可能带来的危害降到最低。进入民国，水利专家李仪祉借鉴国内外治河经验创立了上、中、下游全面治理的新方略，即“节源、减洪、分量”。但迫于形势，未能全面实施，直到进入中华人民共和国后，才得以系统应用这套理论，将其确立为新的治河方针。1950 年到 1957 年政府曾调集大批人力物力修建沿岸堤坝，人民在参与治理过程中显示出了极高的热情，大大推动了治理进程，推动治理黄河进入新的阶段。

从古到今的治河历程显示了华夏儿女非凡的智慧，古代的人们面对肆虐泛滥的水患不仅没有退缩，反而坚信人定胜天的信念，表现出无畏的奋斗精神，一次次地战胜了洪水这头“猛兽”，并且总结出一整套完整的治河理论。这种在逆境中成长起来的奋斗精神是中华民族生生不息的动力源头，也是黄河文化积淀下来的优良传统。

三、 家国一体的民族情怀

“家天下”是我国古代社会的主要形式，从我国第一个奴隶制王朝——夏朝开始，中国社会的政权交替方式由禅让制进入到世袭制，中国古代也进入了家天下的社会模式。到了周朝，随着互为表里的分封制与宗法制的施行，更加巩固了“家天下”的政治模式，同时也为其传承提供了制度层面的保障。因此“家国一体”的思想是中国古代政治制度进行建构的理论基础，古往今来，代代华夏儿女心中都有着共同的精神信仰，就是“家国情怀”，这种情怀在不断升华的过程中形成了中华民族独特的精神气质，成了一种民族情怀。“家国一体”的民族情怀是在黄河的哺育中逐渐成长的，因此其中也寄托着对以黄河文化为中心的民族认同感，将国家、民族、个人作为融为一体，同呼吸、共命运。

《礼记·大学》有言“古之欲明明德于天下者，先治其国；欲治其国者，先齐其家；欲齐其家者，先修其身；欲修其身者，先正其心；欲正其心者，先诚其意；欲诚其意者，先致其知，致知在格物。物格而后知至，知至而后意诚，意诚而后心正，心正而后身修，身修而后家齐，家齐而后国治，国治而后天下平。”修身齐家治国平天下是中国古代士大夫毕生追求的理想境界，这也逐渐凝聚成为一种家国情怀，并且在古代社会发展的两千余年里保持着强大的生命力。作为影响中国古代社会发展的重要因素，家国情怀对于今天的社会建设与国家治理仍有一定的借鉴作用。

家国情怀事实上是“家国一体”思想的具体体现，早在西周时期这种思想就已经形成并且表现出来，因此它的渊源可以追溯到西周早期。周武王灭商后，为了巩固统治，将宗室与功臣以及古代帝王后代分封到全国各地，屏藩周王室，正所谓“天子建国，诸侯立家，卿置侧室，大夫有二宗”，同时通过宗法制将各诸侯与周王室紧密地联系起来，异姓诸侯则通过姻亲的方式与周王室形成血缘共同体，从而建立起以周天子为大宗的家国体系，形成了普天之下以周天子为共主的大宗族。从这里开始，国就被烙上了家的印记，在政治运行的具体过程中渗透进了家族宗法的思想。整个周代社会都依据与周王室血缘的亲疏远近被划分为严格的等级秩序。春秋时期，礼乐崩坏，宗法血缘关系开始淡化，社会处于一种无序状态，为挽救社会危机，孔子致力于按照周代的礼乐制度重构社会道德秩序，使得“家国一体”思想体系更为成熟。正如《诗经》所云：“迩之事父，远之事君”，强调对待君主要像对待自己的父亲一般。孔子又云：“孝乎惟孝，友于兄弟，施于有政。是亦为政，奚其为为政。”认为治家与治国的道理是一样的。孟子、荀子则进一步阐发了孔子的家国思想，孟子认为“天下之本在国，国之本在家，家之本在身”，荀子认为“臣之于君也，下之于上也，若子之事父，弟之事兄。”其中家国情怀的理念更为清晰明了。

家国一体的民族情怀自周代发端，经儒家学派的继承与丰富，奠定了在中国古代思想领域的突出地位，对中国传统社会的影响不可谓不大。自汉武帝采纳董仲舒的意见“罢黜百家，独尊儒术”之后，儒家在思想界的正统地位正式确立，“家国一体”也随之成为国家权力建构与社会治理的重要思想指导。人们不自觉地就会将“家”与“国”联系到一起，百姓是这样，帝王将相也是如此。唐太宗为太子选择老师的时候就说过“但自古嫡庶无良佐，何尝不倾败家国”；宋徽宗也曾说过：“内外家国，理当一体，则有条而不紊”；明太祖朱元璋告诫大臣时也说：“理财要当视国如家，君民即父子也。子衣食不给，而父独能稻锦乎？”可见家国思想早已渗透到古代帝王的治国理念中，直接或者间接地引导着中国传统文化的价值取向，由此中国古代社会充裕着浓厚的家国一体的民族情怀。对于个体而言，父母膝前尽孝，君王面前尽忠已经内化成为人生观的主体部分。《诗经·蓼莪》里说道：“父兮生我，母兮鞠我。拊我畜我，长我育我，顾我复我，出入腹我。欲报之德，昊天罔极。”被认为是赞扬孝行的绝作，孝不再是一种对人的道德约束，而成为一种价值追求。为国尽忠是大孝，是面对国家时的家国情怀。恰恰在中国古代最能振奋人心的也是这种情怀，晏婴“利于国者爱之，害于国者恶之”；司马迁“常思奋不顾身，而殉国家之急”；班固“爱国如饥渴”；陆游“死去原知万事空，但悲不见九州同。王师北定中原日，家祭无忘告乃翁”道出了对国家最真挚的情感。每当国家危难之时，总有仁人志士挺身而出，为国家献身。文天祥“人生自古谁无死，留取丹心照汗青”；林则徐“苟利国家生死以，岂因祸福避趋之”，吉鸿昌“恨不抗日死，留作今日羞，国破尚如此，我何惜此头”字里行间都是一颗颗赤子之心的满腔热血与家国情怀。家在中国传统社会是连接个人与国家的纽带，自古以来家的内涵与意蕴对于中国人而言是无尽的、绵长的。“烽火连三月，家书抵万金”真切地流露出游子对家的牵挂，个人的成长除了与血脉和亲情相关外，离不开家庭作为后盾的支持。中国古代社会中，家族自觉承担起维护国家稳定与统一的历史责任，将自己的荣辱与国家命运紧密结合。古代家族的家训要求族人处理好最重要的关系就是个人与家族和国家的关系，个人应始终将家国利益摆在首位，当家族与国家发生利益冲突时要以国家利益为重。毫不夸张地说家族文化是国家一统的文化基础。从国家层面来看，“普天之下，莫非王土；率土之滨，莫非王臣”，作为最大的“家”，古代士大夫一直对它寄予深切的期许，要求君主以民为本，“民为邦本、本固邦宁”，君主与人民是利益共同体。荀子曾就君民关系提出“君舟民水”的论述，认为君主是船，老百姓是水，水可载舟，亦可覆舟。而君主作为天下这个大家族的“家长”，就必须正已率下。唐太宗就曾说过：“若安天下，必须先正其身，未有身正而影曲，上治而下乱者”，对君主的行为规范作出了要求。

这种家国一体的民族传统在中国古代社会一直保持着稳定的状态，直到中国近现代的两次运动对中国传统文化产生了巨大的冲击。第一次就是新文化运动，随着革命的浪潮在中国掀起波澜，当时的中国人极力提倡自由、平等、民主等思想，对传统文化严重曲解，“家”被认为是落后、封闭的小农意识，而救国图存的民族意识则被无限放大，家、国的观念与传统文化所提倡的渐趋背离。改革开放以后，随着市场经济的发展，它的负面效应也暴露出来，拜金意识冲击着人们的价值观，家国观念更加淡化，导致了一系列道德滑坡问题。尽管家国一体的传统意识有一部分不适合时代发展的内容，但其中包含的家国情怀对于构建新时代中国人的价值体系有不可估量的作用。尤其是我们今天比任何时代都更接近中华民族的伟大复兴，弘扬民族精神、凝聚国人力量的时代要求从未像今天这么迫切，家国情怀早已流淌在中华文化的血液之中，重新阐发其中能够振奋民族力量的优秀成分，将其与时代精神相结合是实现“中国梦”的必由之路。

四、 薪火相传的精神文明

黄河，这条自西向东奔腾不息的东方大河作为中华民族的母亲河，自流域内连接成完整的水域系统后便亘古不息地流淌在华夏大地，孕育了最古老也最让中华儿女自豪的黄河文明。黄河流域不仅是黄河文明的发源地，更是中华文化的发祥地，探寻到远古，就有人类的足迹留在这片土地上。新旧时期时代，各类文化遗存可谓星罗棋布，遍布大河上下。从奴隶制社会的第一个王朝——夏朝开始，黄河流域就成为了全国的政治、经济、文化中心，成为华夏文明的摇篮。

早在世界的其他地方还处在混沌时期的时候，我们的远古先民已然开始对黄河流域进行早期开发，正是他们的披荆斩棘、勤劳勇敢，使得这片土地上出现了文明的曙光。进入炎黄时代，氏族部落的相互融合又为黄河文明增添了新的内容，炎黄部族及其他部落形成了早期的“华夏族”，黄帝也被后人奉为华夏之祖，黄河开始被称为“母亲河”，不仅如此，黄河还被视为“四渎之宗”，这片黄土地也成为华夏各族的根。

千百年来，王朝更迭、时代变幻，黄河却因她那得天独厚的地理位置和文化传统成为维系华夏文明薪火相传的精神纽带，产生了以黄河文化为基础，融合华夏各族文化特色的中华文化，可以说是黄河文化孕育了最早的中华文化，也是其中最具代表性、最为优秀的文化。黄河文化同时也根植于优秀的传统文化，在历史的沧桑中成长为中华民族的精神之根、力量之源。而黄河精神是流域内的人们在长期与黄河灾害斗争、拼搏的过程中凝聚而成的精神风貌与民族气节，黄河精神也成为黄河文明中独特的文化气质，历经千年而不衰。新时代文明继承了黄河精神的精华，并且给古老黄河精神融入了时代元素，使黄河文明穿行千年之后依然是民族的脊梁。新时期黄河精神被浓缩为十个字，“团结、拼搏、求实、开拓、奉献”。正是在黄河文化中蕴含的百折不挠的顽强精神引导下，中国共产党带领人民在六十余年的治黄历程中取得了伟大的成就，对传统的治黄理念进行进一步的丰富与发展。在一代代治黄人的不懈努力下，曾经肆虐的黄河以崭新的面貌重现在世界的面前，也彰显了中国人民对传统黄河精神的继承。

新时期黄河文化的精髓就是黄河精神，黄河精神也是中华民族精神百花园中的一朵奇葩。数千年来，大河沿岸的华夏儿女在与自然灾害作斗争的过程中，造就了具有民族特色的黄河文化，也孕育了催人奋进的黄河精神。从有记载以来第一次大禹治水到共产党领导的人民治河，黄河精神的基本内涵是一直延续的，一脉相承与时俱进的。艰苦奋斗，求实开拓，团结治河，无私奉献。这是对黄河精神的集中概括，也可以看到鲜明的时代精神。仅用这十几个字并不能把广博宏阔、意蕴绵长的黄河精神全部包含，但历代治黄形成的“自强不息”“以国为家”的民族气节是能够反映出来的，这也是黄河文化薪火相传的见证。

黄河文化蕴含的精神品质与中华民族的民族精神是休戚与共的。“民族精神是一个民族赖以生存和发展的精神支撑。一个民族，没有振奋的精神和高尚的品格，不可能立于世界民族之林。”也可以说，一个国家、一个民族如果没有自己的民族精神，没有自己的文化信仰是无法在世界民族之林立足的。民族精神就是中华民族实现伟大复兴的精神动力和力量之源。中华民族精神是无数华夏子孙在艰苦奋斗的过程中形成的宝贵财富，是真正的民族脊梁。在他们中间涌现出了一批批值得后人去敬仰的楷模，后羿射日、女娲补天、大禹治水、愚公移山展现的是中华民族不畏艰险、自强不息的奋斗精神。儒家先贤在长期的实践中形成的“仁者爱人”的仁爱精神、“知行合一”的行动准则、“居安思危”的忧患意识、“人定胜天”的自强精神等，无一不是在大河两岸形成的，这些精神不仅是民族精神的精华，也是黄河精神的精华。中华民族的精神内涵从来都不是一成不变的，在社会的发展进程中，它不断的被赋予新的内涵，引领着时代的精神道路。在共产党领导的民主革命过程中形成的井冈山精神、长征精神、延安精神、西柏坡精神，建国后的铁人精神、抗洪精神以及习总书记提出要实现中华民族的伟大复兴、实现中国梦都是以民族精神作为基石，成了当代民族精神的具体体现，成为中华儿女坚持不懈、砥砺奋进的精神支柱。

悠久的黄河文明在黄河流域这块古老的土地上孕育、成长、成熟，它是中华文明历史悠久的见证，也是中华文明中最具代表性、最有民族特色的组成部分，尽管在成长过程中历经磨难、挫折不断，但数千年黄河文化孕育成的精神文明如凤凰涅槃之后浴火重生，一次次以崭新的面貌重现在古老的华夏大地，成为中华儿女最宝贵的精神财富，指引着一代代人在这片土地上创造文明、传承文明，开放包容、自强不息等优秀品质也注定了黄河文化创造的精神文明会薪火相传、绵延后世。

第三节 黄河文化的当代价值

黄河拥有水之至善的一切美德，从古至今，人们无不在共享“至善黄河”带来的红利。黄河文化的当代价值是多方面的，正如“上善若水”的本义一般，黄河的“善”塑造了黄河文化，黄河文化则将这种“善文化”传播到流域内的每个角落。黄河文化品牌建设产生的效益对于推动区域内产业结构转型有不可忽视的作用，对于提高流域内人民生活水平有显著效果，同时可以促进黄河流域环境治理与保护，并使优秀的黄河文化重新焕发持久的生命力。这既是黄河文化当代价值的体现，也彰显了黄河“至善之水”惠泽万民的宽广胸怀。

一、 黄河文化的生态之善

古人君臣相得，号为“鱼水”，这是取了鱼不可离水的习性。鱼自然是离不开水的，人也是如此。人体内百分之七十是水，没了粮食人还能坚持十天，没了水，最多只能支撑三天。水是人类赖以生存的必备资源，是生命延续的基础与保障，是生命之源，这并非一句空话。水对人是如此的重要，因此，仁人先哲对水有着无尽的赞美，赋予了水无数人格化的精神，比如善，所谓“上善若水，水善利万物而不争”，老子在《道德经》里赋予了水至善的美德，水造福万物、滋养万物，却不与万物争高下。默默奉献，不计荣辱，不求回报，这是水的美德，也是母爱的最佳写照。此外，《荀子》有云“君者舟也，庶人者水也，水则载舟，水则覆舟，此之谓也。故君人者，欲安则莫若平政爱民矣。”将君主比作船，人民比作水，水可使船行，也可使船覆，告诫统治者巩固统治的前提是以人为本，爱惜人民。可见我们的祖先对水的崇敬与信仰，或许正因如此，我们会把那带来无尽水源滋润了万里沃土，养育了沿岸亿万子民的河流称作“母亲河”，比如说，黄河。

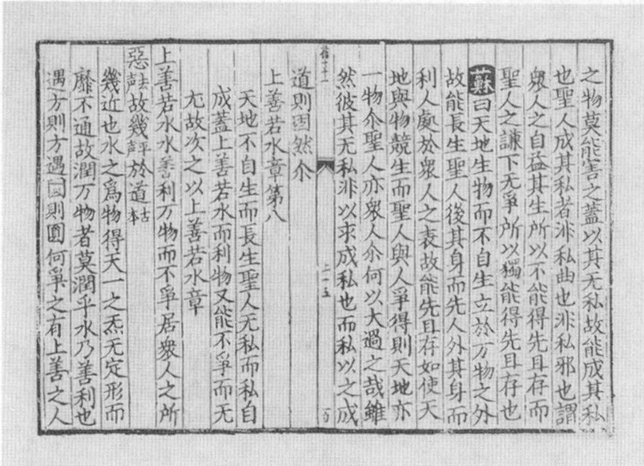

之物莫能害之蓋以其无私故能成其私
也聖人成其私者非私曲也非私邪也謂
衆人之自益其生所以不能得先且存而
聖人之謙下无爭所以獨能得先且存也
蘇曰天地生物而不自生立於万物之外
故能長生聖人後其身而先人外其身而
利人處於衆人之表故能先且存如使天
地與物競生而聖人與人爭得則天地亦
一物亦聖人亦衆人亦何以大過之哉雖
然彼其无私非以求成私也而私以之成
道則固然介
上善若水章第八
天地不自生而長生聖人无私而私自
成蓋上善若水而利物又能不爭而无
尤故次之以上善若水章
上善若水水善利万物而不爭居衆人之所
惡去聲故幾平聲於道古本
幾近也水之爲物得天一之炁无定形而
靡不通故潤万物者莫潤乎水乃善利也
遇方則方遇圓則圓何爭之有上善之人

黄河，我们的母亲河，它流淌的不仅是河水，也是属于全体中华儿女的宝贵财富。它不仅用自己甘美的“乳汁”哺育了亿万华夏子孙，更用身体里流淌的“血液”浇灌出了灿烂辉煌的黄河文化。黄河流域是华夏文明的发源地。黄河是中华民族的母亲河，它蕴含着宏博的精神文化内涵，见证了中华民族优秀文化生生不息、薪火相传的光辉历程。黄河文化是华夏文明不可或缺的一部分，自从文明的曙光出现在古老的华夏大地上，黄河文化就以不同的方式参与其中，并成为其中最具代表性、创造性的主流文化。

然而，成也黄河，败也黄河，这条哺育了我们的母亲河偶尔也会变得狂暴。自有历史记载以来，黄河泛滥的次数就达到一千多次。“黄河东来决昆仑，咆哮万里触龙门”，我们的母亲河啊，从遥远的巴颜喀拉山一路向东，途径广袤的黄土高原，裹挟了千万吨黄土，挟万钧之势咆哮而来，滚滚黄沙，天地风雷，把荣耀与灾难，欢笑与泪水，一同抛洒给沿岸的亿万生民。在相当长的一段时间里，黄河仿佛神灵，无论他带来的是毁灭还是恩赐，都没有人能够拒绝，直到那个叫禹的英雄出现。

大禹治水的故事在民间广为传颂，他“开九州，通九道，陂九泽，度九山。”历时十三年，三过家门而不入，最终成功疏浚了黄河。大禹因此被民间称为“治水英雄”，在故事渐次流传的过程中，大禹的形象更是被神化，成了人们心中黄河的守护神。不仅仅是因为大禹身上的高尚品质，原因更多地在于大禹成功治理黄河水患，既使人们的生活得到了可靠保障，也使得社会秩序安定下来。其中展现了人们战胜黄河水患的坚定信念，也包含着人们向往幸福生活的美好愿望。

自此之后，在中国古代，凡是能够成功治理黄河水患的人都受到民间极大的推崇，历代在治理黄河水患过程中涌现出一大批治水英雄，他们的故事至今仍被广为传颂。西汉末年的贾让针对黄河水患频发，提出了以“宽河行洪”思想为主的全面治理黄河的上、中、下三种不同对策，上策主张滞洪改河，中策提出筑渠分流，下策则为缮完故堤，贾让还对此进行了对比选优和评估。贾让的“治河三策”为后世治理黄河提供了经验，在历代治理黄河过程中均能看到“治河三策”的影子，对后世产生了重大影响。从东汉王景疏浚汴渠、明代潘季驯的“宽滩窄槽，束水攻沙”，到近代李仪祉的“水沙兼治、上中下游统一治理”，中华民族为消除黄河水沙灾害进行了无数次的尝试与不懈的努力。然而，遗憾的是，这些措施尽管在一定时期内对改善黄河水患产生了积极作用，但由于受到科技与认识水平的限制加之社会制度本身的制约，均未能从根本上扭转黄河水患频发、频繁改道给中华民族带来的深重灾难。直到中华人民共和国的诞生，才彻底改变了这种局面。

党和国家高度重视黄河的开发治理及保护工作，在党和人民长期坚持不懈的努力下，黄河的开发治理与保护工作取得了可喜的成就。二十世纪五十年代制定了《黄河综合利用规划技术经济报告》，针对黄河的治理与发展进行了规划，旨在从根本上消除黄河地区的水患因素，同时充分利用黄河独特优势，开发流域内的灌溉、水利、通航、电力等潜在资源，促进沿黄地区农业、工业以及交通运输业的发展。在这一报告精神的指引下，围绕黄河流域的经济建设如火如荼地开展起来。此外，黄河两岸的生态环境治理也取得了显著成效。山西的水土流失问题一直以来都很严重，尤其是山西西部处于黄土高原地段，黄土层覆盖厚度平均达到 8－13 米，加之不良的自然条件与不合理的人类经济活动加剧了黄河山西段的水土流失问题，导致区域内沟壑纵横、支离破碎，给山西人民的生产生活带来了严重影响。山西针对区域内水土流失严重的问题采取了不少有效的措施。针对吕梁山区水土流失问题，采取了小区域综合治理方式，将区域划分为一个个小的地理单元，综合规划，治理落到实处，一条一条沟治理，一年一年的抓。同时将开发与治理充分结合，依靠政策，农林牧副渔并举，不仅有效控制了泥沙，而且部分改变了区域内农民贫穷落后的局面。此外，区域内大量修建了梯田、坝地、滩地、旱坪等，有效地改造了区域内的土地。山西在其他水土流失的区域也通过采取修建梯田、保土保墒、拦洪蓄水、植树造林、绿化荒山、修建土坝等一系列措施有效地遏制了水土流失，推动了黄河流域的生态建设，使得山西在治理黄河生态方面迈出了坚实的一步。现阶段，我国已经摒弃以牺牲环境换取经济发展的做法，建设生态文明成为国家发展的重要战略之一。黄河治理极大推动了黄河流域生态环境的修复，围绕“生态黄河”的特色产业不断复苏，焕发出新的生命活力，可以说“生态黄河”给人们带来的是实实在在的好处。近年来沿黄地区争相依托黄河优势培育新型产业，围绕“生态黄河”的产业迎来了发展高峰期。生态农业、生态渔业、生态旅游业等特色产业为流域内的经济发展提供了新模式，为百姓创收提供了新的途径。

“生态黄河”发展思路不仅给人们带来了生态农业，生态旅游业也随之蒸蒸日上。沿黄流域内生态旅游区被不断开发，如黄河生态旅游区、黄河古迹生态旅游区、黄河生态文化大观园等都是生态旅游区开发过程中的典范，黄河湿地生态旅游开发也初具规模。现阶段，黄河流域的生态旅游每年能够吸引数百万旅游者前来观光、休闲，创造了可观的经济效益和社会效益，促进了当地经济社会的综合发展。

生态旅游是现代旅游发展的一个新趋势，也是实现生态效益与社会效益双赢局面的一种旅游模式。一方面生态旅游在开发过程中当地居民能够最大程度的参与，为当地提供更多的就业机会，使当地居民从中受益，实现其扶贫功能，另一方面，在实现社会效益的同时，为了实现生态旅游的可持续发展，各方参与者更加注重黄河流域的生态保护，使生态环境处于一个良性发展的过程中，实现人与自然和谐相处，生态效益与经济效益双丰收。

“生态黄河”既体现出“人水和谐”的生存理念，也是新时期经济社会可持续发展的内在要求，今天我们致力于建设“生态黄河”，可以说是功在当代、利在当代、遗泽千秋，这也是生态黄河之善回馈人们的最大福祉。

二、 黄河文化的人文之善

黄河文化产生于新石器时代，在长期的发展与交流过程中，成为了中国多元文化的中心。“观乎人文以化成天下”，从最早的“人文初祖”黄帝开始，黄河流域为中华文化奉献出了无数的优秀人才和杰出成果，做出了不可磨灭的贡献，可以说，黄河文化是中华文化的杰出代表，这不仅在于它流域内地广物博，英杰辈出，更在于其自身发展与内涵的源远流长、博大精深。

从石器时代的裴李岗文化到仰韶文化再到龙山文化，这些考古成果都在无声地诉说着围绕黄河形成的黄河文化是如何推动着黄河流域最早进入文明时代的。从炎黄直至北宋，黄河流域的政治、经济、文化一直处于领先地位。政治方面，黄河流域内相继形成的六处古都群，足以雄辩的说明千年来中国的政治中心一直停留在这里，稳如磐石，无可争议。经济方面，沿黄地区拥有着便利的灌溉条件，形成了区域内精耕细作的农业体系，手工业、商业也发展迅速，从先秦到北宋，近两千年来中国的经济重心一直在黄河流域。文化方面，沿黄地区的人们在生产生活过程中形成了不同特点的文化，这些风格各异的地方文化共同构成了兼容并蓄又独具特色的黄河文化。

可以说，黄河文化是一种“善文化”“包容文化”“开放文化”，它的诸多品质造就了华夏文明独特的民族品格。宋室南迁后至明清，中国的经济重心进一步向南迁移，加之海运兴起、黄河泛滥等因素，沿黄地区文化辉煌不再，逐渐滞后于南方地区。但这并不代表黄河文化已经退出历史舞台。黄河文化是华夏文明一颗璀璨的明珠，其本身蕴含着巨大的价值。咆哮的黄河不再甘于蛰伏，黄河子孙开始呼唤黄河文化的复兴。

近年来，沿黄地区的历史人文资源不断被开发，形成了一批黄河文化与地方特色相结合的旅游产业和文化产业，为黄河文化注入了新的生命力。在自然资源与人文资源的双向发展过程中，黄河文化逐渐被打造成新的文化品牌，组合成了全新的文化产业，黄河文化的时代价值在不断凸显。

黄河文化产业是黄河文化的一个重要组成部分，也是我国文化产业

发展的一个新的契机。我们一般说的黄河文化产业，是指以围绕黄河文化的弘扬与传播为中心，以生产、发展和经营黄河文化商品和黄河文化服务为主要内容，主要由市场化的行为主体实施的，将文化价值转化成为经济价值的一系列活动的总和。黄河文化产业的发展，在弘扬黄河文化的同时也向群众提供优质的黄河文化商品和黄河文化服务，在满足人们物质消费需求的同时也注重充实人们的精神文化需求，能够极大地提升黄河文化弘扬与传播的力度，丰富黄河文化建设的内容，改变黄河文化的生产消费方式，推动黄河文化的大发展大繁荣。

历经千年的发展沉积，黄河文化历史人文资源积淀深厚，不仅文化形式多样，而且它的内涵也十分广博。依托黄河流域产生的历史文化、文学艺术、神话传说、生态文化、治理文化等形成了独特的黄河文化群。黄河流域内的国家级非物质文化遗产、国家级历史文化名城、重点文物保护单位、文化名镇、历史名人可谓浩如烟海。其文化类型的丰富、种类的繁多更是闻名世界。如原始社会遗址、农耕、民俗、服饰、宗教、饮食、游牧、草原、建筑以及近现代的革命文化等都有其独特的魅力。黄河流经的各省基本都形成了自己的主体文化，如秦陇文化、河套文化、三晋文化、中原文化、齐鲁文化等，这都是黄河文化的重要组成部分，是丰富的文化资源宝库，也是发展黄河产业文化的基础。可以说黄河文化本身就是一座取之不尽、用之不竭的资源宝库。

黄河文化资源蕴含着巨大的文化产业潜力与广阔的市场前景，伴随着国家东部开放、中部崛起、西部大开发战略的全面实施以及各地对产业结构升级的迫切要求，将黄河文化资源优势转变为黄河文化产业优势的呼声日益高涨，与此同时，其内在的转变条件已经基本具备。例如，近年来山西省为适应全国范围内产业结构升级的新趋势，寻找新的发展出路，连续出台相关政策，致力于将旅游业打造成全省支柱型产业，着力重点从发展旅游业到发展文化旅游业。2014 年 12 月山西省委十届六次全会将转型发展提高到根本性、方向性的重大问题。2015 年山西旅游发展大会提出要从全局和战略高度深刻认识推进旅游业改革发展的重大意义，强调要强化推进旅游改革发展的支持保障措施，把旅游业打造成山西新型支柱产业。2016 年山西旅游发展大会指出加快把文化旅游业培育成我省战略性支柱产业，是经济发展规律使然、产业转型升级之必要、发挥比较优势所在。利用历史文化、自然生态、红色文化、人力资本等各类资源形成新的增长动能。要积极发展“旅游业 + ”，推动旅游业与相关产业融合发展，促进旅游产业、旅游消费不断升级。

2017 年山西旅游发展大会召开，提出大力推动文化旅游融合发展，把文化旅游业培育成我省战略性支柱产业，是推动转型发展、构建多元产业体系的必由之路。黄河、长城、太行成为当前重点打造的三大旅游板块，并指出黄河之魂在山西，长城博览在山西，大美太行在山西。充分挖掘黄河的博大内涵，凝练黄河风情、民族精神主题，构建母亲黄河、龙腾黄河、多彩黄河、生态黄河的旅游精品线路；构建文旅融合大格局，实现山西旅游大发展，助力山西转型发展。在这一系列的精神指

引下，有关黄河旅游发展板块的实施不断推进。人们逐渐认识到，黄河之魂在山西，黄河的山西段是黄河文明的核心、中华精神的地标、大河风光的华章、黄土风情的高地。在这一认识的基础上，母亲黄河、龙腾黄河、多彩黄河、生态黄河的黄河国家旅游精品线路被不断构建出来。新的旅游业发展政策针对黄河产业发展不平衡、缺少知名文化品牌与黄河文化价值不相匹配、与我国文化产业发展形势不相适应的问题提出了具体实施措施，黄河产业发展进入了质量提升的新阶段。

黄河文化是黄河文化产业发展的动力源泉。黄河文化产业是黄河文化传承与发扬的产物，也是黄河文化当代价值的具体体现。因此，弘扬优秀的黄河文化必须从发展黄河文化产业着手。一方面要发展黄河文化事业，另一方面也发展黄河文化产业，两者唯有互为表里、互相促进才能充分发掘黄河文化的当代价值。

三、 黄河文化的民生之善

许慎《说文解字》说：“善，吉也。从言从羊，此与义、美同意。”善与美同意，指的都是羊。不同的是，善指许多羊，美指大羊。“善”和“膳”也可相通，西周金文《善夫克鼎》即以“善”为“膳”。黄公绍《古今韵会举要·霰韵》：“膳，亦作善。”《说文解字·肉部》：“膳，具食也。”段玉裁注：“此与食部膳字同义。具者，供置也。欲善其事也。”善同食物联系在一起，这样善就变成了膳。羊多，就变成了羊肉多。于是善又有了“好”的意思。所以善就是羊多，就是有食物、有保障，就是好。这就是善的本义。所以“善，吉也。”随着社会的发展，善的含义也在增加和变化。但是万变不离其宗，尽管“善”已从食物对人的生存的支持，对人的食欲的满足扩展到了一切事物对人的生存、生命的欲望满足，但善的基本含义“好”“利于生存”是不变的。总而言之，“善”与人们的生活水平与质量悉悉相关。

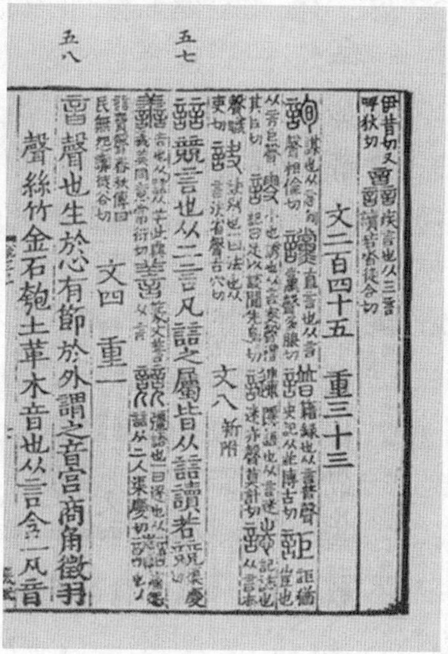

文二百四十五 重三十三

誩 競言也从二言凡誩之屬皆从誩讀若競

文四 重一

音 聲也生於心有節於外謂之音宮商角徵羽聲絲竹金石匏土革木音也从言含一凡音

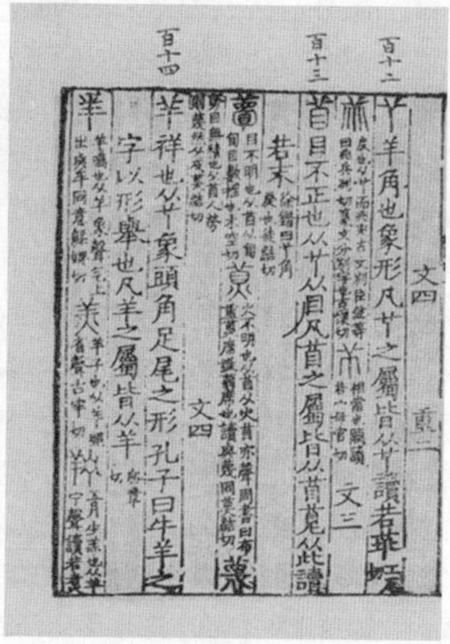

文四 重一

𦍌 羊角也象形凡𦍌之屬皆从𦍌讀若乖

文三

首 目不正也从𦍌从目凡首之屬皆从首莧從此讀

文四

羊 祥也从𦍌象頭角足尾之形孔子曰牛羊之字以形舉也凡羊之屬皆从羊

黄河两岸的人民，他们享受了黄河带来的无尽恩惠，因为黄河的存在，他们得以发展农工，不断进步，创造了灿烂的文明。黄河的丰功伟绩值得浇铸于青铜器上，铭刻于大理石上，书之于竹帛，传之于万世。正是拜黄河所赐，两岸的人民开辟了一个个幸福的时代。

然而，人民享受着黄河带来的便利，也承受着黄河带来的苦难。在1946年以前的两千五百四十年间，黄河决口近一千五百九十次，河道大改道二十六次。每当黄河泛滥，它就像是一头翻滚跃动的巨龙，凶猛暴虐，咆哮众生，纵横几千里，杀人数十万，伤稼千万亩，吞噬无数生灵，毁灭亿兆人的幸福。而后，它才会归于平静，再次展现它温和慈善的一面，人民得以再享安宁，重建他们的生活，直到开启新一轮的循环。

长太息以掩涕兮，哀民生之多艰。如何打破黄河治理与泛滥的循环，让沿岸居民永享黄河的恩惠慈爱，需要政府采取相应的措施，也需要吸收民间的智慧，各方共同努力，共同探索出一条真正的惠及大众的民生之路。以黄河流域的农业为例，高效生态农业成为农业发展的新趋势。长期以来这片区域内农业发展模式单一，农业产出效益低下，要改善黄河流域内农业经济落后的局面，实现农、林、牧、渔等各业的协调发展，达到农业生产的生态、经济、社会效益的统一，高效生态农业是必由之路。这样做一方面给农民带来了可观的经济效益，另一方面也改善了当地的生态环境，实现了保护生态与实现效益的双赢局面。山西晋南黄河沿岸各地在近年农业发展模式探索过程中，充分利用生态黄河优势，除了发展种植业、养殖业外，由于有黄河便利的灌溉条件，大力发展果业园，培育出了有地方特色的农产品品牌。经过十多年的不断发展，不断创新发展模式，果业人均纯收入占到农民人均纯收入的比例稳步提高。在此基础上先后推出了果园观光、果园采摘等新模式，更是让当地居民的生活水平不断提高，高效的农业发展方式真正实现了人们依靠农业致富的愿望。通过生态农业、民俗旅游等方式充分挖掘黄河沿岸的文化底蕴，既保护了黄河沿岸的生态环境，解决了黄河泛滥的危机，同时又改善了人们的生活水平，彻底打破了黄河治乱的循环，让人民从黄河中受益更多，这都是黄河文化在民生方面“善”的最佳体现。

此外，黄河给山西的用水安全提供了保障。长期以来山西以煤著称，但不平衡的是山西是一个严重缺水的身份，以至于形成了这样的认识：“山西之长在于煤，山西之短在于水”，山西人均水资源是全国人均水资源占有量的五分之一不到，更是只有世界人均水资源占有量的百分之四。长期以来的水资源短缺严重制约着山西经济社会的可持续发展，影响了人们生活水平。黄河水是唯一可以缓解山西水资源危机的途径，引黄工程也成为山西水资源的生命线。从上世纪九十年代开始，万家寨引水工程开始上马，分总干线、南干线、联接段、北干线四部分，基本可以覆盖全省，其中一期工程自 1993 年实施以来，到 2002 年已开始成功向太原市供水，大同段、朔州段、吕梁段也先后供水成功，全省范围内形成了比较完善的引黄系统，极大的缓解了山西的水资源危机。以吕梁为例，从 2012 年开始，山西省陆续启动实施了大水网东山供水、辛安泉供水、中部引黄、小浪底引黄等四大骨干工程。作为山西大水网四大骨干工程之一的中部引黄工程，事关全省经济社会发展用水全局，事关吕梁山区经济社会发展和贫困地区群众吃水问题，对于促进吕梁山区农业增产、农民增收、改善生态环境、维系当地群众生产生活用水需求具有重要意义，是促进吕梁山区脱贫攻坚的重要水源工程。山西引黄工程全线实施不仅能够满足全省人民的生活用水，沿线的农业生产用水问题一定程度上也得到了解决，为全省的农业转型发展创造了契机。引黄工程还缓解了区域内土地因缺水而严重退化的问题，有助于恢复地力，防止水土流失，对生态缓解的保护起到了积极作用。因此引黄工程是促进山西社会进步、经济发展、提高人民生活水平的重大战略性工程，是全省人民的共同意愿，为山西经济社会发展注入了新的动力，同时也是母亲黄河对生活在这片土地上儿女的最好馈赠。

保护与发展并举，创新与古老并存，协调发展，和谐共处，使黄河水安详地流淌，为沿岸人民带来便利与安宁，改善民生，服务大众，黄河文化民生之善，尽在此处。

第三章 黄河文化与三晋风韵

在几千年华夏文明的历史长河中，奠定了黄河“母亲河”的地位。中华民族的文化和文明，是先民在筚路蓝缕之中，在大河岸边创造出来的。黄河流域孕育着我们伟大祖国的原始文化，进而迸发出灿烂多彩的人类文明。三晋文化悠久、丰厚的积淀，承载着山西人民千百年来对中华文明和民族文化的突出贡献。

古老的黄河孕育了华夏文明，给中华民族留下了永不磨灭的历史印记。黄河自偏关老牛湾至垣曲马蹄窝，流经山西一千余千米。山西属黄河流域的土地面积为九万多平方千米，占全省总面积的六成以上。奔流不息的黄河不仅给沿岸的百姓带来了各种福祉，也培育了黄河岸边丰富的文化。三晋大地自古以来就是人类活动的中心区域，是中华民族创造历史的重要舞台，积淀了极其丰厚的历史文化。作为中国传统文化的主流之一，三晋文化博大精深，源远流长。黄河文化与三晋大地的结合，使二者交相辉映，焕发出别样的风韵。

第一节　黄河文化与日常生活

随着几千年的岁月变迁，黄河的河道虽几经改变，但接受黄河文化熏陶的地区却几乎没有改变，这就使得黄河两岸的劳动人民能够长时间保留着黄河给予他们的馈赠，从而形成具有黄河特色的生活习惯和生产习惯，这包括独特的饮食习惯、生产活动、时节习俗等。这些特色的生产、生活方式不仅是母亲河的伟大馈赠，而且更多的是这些地区的人民在生产、生活中发挥出的智慧。

一、一方水土一方人

美如甘酥色莹雪，一由入口心神融。

旁人未许窥炙釜，素手每自开蒸笼。

——明·程敏政《傅家面食行》

人说山西好风光，地肥水美五谷香。在黄河流过的山西大地上，五谷里最主要的就是麦子和谷子，也就使得山西人在千百年来都以面和米汤为主食。说到山西的面，那真叫花样百变、口味十足！拉面、擀面、刀削面、撅片、花馍、猫耳朵、红面剔尖、荞面拨鱼、莜面栲栳栳……提起这些面食，直教人口齿生津。成熟的麦粒被磨成面粉，又用水调和，经过母亲的手千百次糅合之后，一碗热腾腾的面才能出锅上桌。对于山西人而言，面不仅仅是食物，更是童年的记忆和家乡的味道。

花馍是晋南传统的特色面点，花样多变，形态各异，色彩缤纷，独具风格。早在明清时期，花馍就盛行于世。俗话说“有馍就有事，有事就有馍”，这是山西人日常生活的真实写照。人们在举办生活大事时，必不可少的一样东西就是花馍。根据用途来划分，就有时节花馍、庆典花馍、嫁娶花馍、寿诞花馍、乔迁花馍、丧葬花馍等，并且形成了“花糕”“花馍”“吉祥物”“盘顶”四个系列。清代文人有这样的描述：“纤纤玉手费工夫，雪白花糕别处无。曾说范金成佛像，不闻面团起浮屠。”

刀削面是山西人民日常喜食的面食，因其风味独特而驰名中外。刀削面对和面团和削面技术的要求很严格，水、面的比例一般是一斤面三两水，揉成一尺多长的筒状。揉面也是技术活，如果功夫不到，削时容易粘刀、断条。技术上最重要的就是刀功。削面的刀要使用特制的弧形削刀，并且手腕要灵，出力要平，用力要匀。一手托面，一手持刀，对着汤锅，嚓、嚓、嚓，一刀赶一刀，面叶儿恰似流星赶月，柳叶飞扬，在空中划出一道白弧，落入汤锅，汤滚面翻，根根如银鱼戏水，煞是好看。“一叶落锅一叶飘，一叶离面又出刀，银鱼落水翻白浪，柳叶乘风下树梢。”很多外省朋友来到山西，在品尝刀削面之后都赞不绝口。在外游子回家以后，都要先赶去削面店，去吃一碗刀削面，来解日夜思乡之情。

杂粮也在山西人民的饮食习惯中占据了一席之地，南部盛产小麦，中部、东南部盛产谷子、高粱、玉米，北部盛产莜面麦、荞麦、大豆等。所以山西北部的杂粮小吃也是非常之多的。碗托是流行于晋中一带的一种小吃，是把荞面与水和到一块儿后，用锅加热熬成糊状，之后再放置到一种阔口浅底的碗中，等待晾凉后就可以食用了。食用的时候，在碗中放入秘制的油辣椒、醋和蒜，然后再用小刀将碗托划开进行食用，入口咬嚼，酸味清凉柔韧，香醇可口，霎时间碗托的柔韧、辣椒的香气、陈醋的酸味混满口腔，回味无穷。

窟垒是山西流行的一种小吃。与山西中、北部“不烂子”用料、做法相似，但不是一种食品。由于山西南部、中部、北部的农作物种植品种有很大不同，山西南部盛产小麦，因此多食白面窟垒，中部、北部多产玉米、莜麦等杂粮，因此多以玉米面、莜面、高粱面制作。制作时根据时节的不同还可以加入一些槐花、榆钱、土豆、豆角之类的辅菜，使之营养均衡。在制作时将辅菜切碎后与盐与面混合，比例大约是1：1，用手把辅菜与面粉反复揉搓成小疙瘩状，待锅中水烧开之后，放入蒸笼中蒸10分钟。之后再将油、花椒、葱花、干辣椒放入炒锅中，之后再放入蒸好的窟垒进行翻炒，待葱油入味即可。炒出的疙瘩呈金黄色，外脆里嫩，口感独特，是山西人餐桌上经常出现的一种面食。

栲栳村位于山西省永济市，面对中条山，旁依黄河水。永济人将山西面馆开到全国各地，并且推广了一种美食——栲栳。莜面栲栳的菜名相传来源于一个收纳贮存神器——栲栳，栲栳是由柳条编织成的一种容器，形状类似于斗。也有另一种说法，隋末唐初，李渊父子在太原起兵，用的就是这种面食犒劳三军，建立大唐王朝，因此栲栳由“犒劳”一词演变而来。莜面栲栳栳在山西民间有犒劳亲朋贵宾之意。在雁北和吕梁山区，人们赋予莜面栲栳栳以“牢靠”“和睦”等美好象征。每逢老人寿诞、小孩满月或逢节待客，多以此为餐。山区有些人家婚配嫁娶时，新郎新娘也要吃，意谓夫妻白头到老。年终岁末时更要吃，以祈全家和睦、人运亨通。栲栳是用营养价值极高的莜面做成的，莜面的原粮是莜麦，有保肝、保肾、造血、健脑、美容之功效，因此栲栳的营养价值也是非常之高，这也是栲栳能够流传开来的原因之一。

“借问酒家何处有，牧童遥指杏花村。”这首家喻户晓耳熟能详的诗句，使山西著名的杏花村汾酒驰名中外，经久不衰。汾酒文化源远流长，与黄河文化一脉相承。早在1500年前的南北朝时期，汾酒就作为宫廷御酒，受到北齐武成帝极力推崇，并被载入二十四史，使得汾酒一举成名天下闻。汾酒是中国最早的国酒，是凝聚着古代劳动人民智慧的国之瑰宝。汾酒起源于殷商时期，历史悠久，文化意蕴深厚。汾酒享誉千载而盛名不衰，与造酒的原料和工艺是分不开的。清香型白酒使用地缸发酵，需要购买大量的地缸并全部埋入地下，成本显然比较高。酿造汾酒要选用晋中平原的“一把抓高粱”为原料，用大麦、豌豆制成的糖化发酵剂，秉承清蒸清烧工艺，发酵两次，蒸馏两次，采用“清蒸二次清”的独特酿造工艺。所酿成的杏花村酒，酒液莹澈透明，清香馥郁，入口香绵、甜润纯正、醇厚长洌，诸味协调、余味爽净，饮后使人心悦神怡。

酸甜苦辣咸，尝尽人间味，柴米油盐酱醋茶，构成了人们多姿多味的生活。人们常说“南甜北酸”，在山西人的厨房里、饭桌上，必不可少的一样调味品就是醋。据统计，山西全省年人均食醋在10斤以上，为全国之最。这说明，山西不仅是全国的产醋大省，更是食醋大省。山西醋的品种多，质量好，还有很多功效。山西人喜欢吃各种杂粮面食，醋有帮助消化的作用，并且还可以软化山西较硬的水土。久而久之，醋成了山西人餐桌上的必备品。山西老陈醋是山西省的地方传统名产，至今已有3000余年的历史，素有“天下第一醋”的盛誉。制作老陈醋一定要选用优质的高粱、大麦、豌豆等五谷，经过蒸、酵、熏、淋、晒等多道工序才能够做成。醋古称醯，又称酢。《周礼》有“醯人掌共醯物”的记载，由此可见，西周时期已经开始酿醋食醋。北魏时贾思勰所著的《齐民要术》中，记述了二十二种制醋方法。唐宋以后，由于发酵技术的进步和发展，已有大曲、小曲和红曲之分。《本草纲目》等古籍中也有许多关于醋的记载，民间中亦流传着许多关于醋的典故。山西人爱醋，醋老醯也成为了山西的代名词。“便秘用陈醋，胜过药无数”是句俗语，醋能预防和治疗肠胃方面的疾病，比如肠炎痢疾等。有人发高烧时，将经过稀释的醋浸泡的毛巾敷在脑门的皮肤上，可以起到降低体温的作用；用醋水漱口可治疗轻度的喉炎；发生烫伤时，用醋淋洗，能止痛消肿，防止起泡，伤好后无斑痕。醋还有防治某些其他常见疾病的作用，尤其是对“百药不惧”的流感病毒，有良好的杀灭作用。山西民间习惯在室内炉火上熬老陈醋进行熏蒸，对空气进行消毒，来预防流行性感冒。不得不说，山西人与醋真的是密不可分。

二、 能人巧匠夺天工

别有梓人传，精艺夺天工。
便使玉人雕琢，妙手略相同。
——元·张雨《水调歌头·赠都科邵子和还嘉禾》

陶器几千年前就成为了人们生活所用的一种器皿，它的出现使得人类制作和食用食物的方式发生了极大的飞跃，从而使得人类走出了茹毛饮血的时代。而最早关于制陶术的记载就是“神农耕而作陶”，神农氏本教人种植农作物，之后在农业基础上发现了制作陶器的技术，因而陶器得以广泛应用。早在原始社会的生活中，祖先们发现了粘土，他们发现被水浸湿后的粘土有粘性和可塑性，晒干后变得非常坚硬。先民们在漫长的原始生活中，发现晒干的泥巴被火烧之后，变得更加结实、坚硬，而且可以防水，于是陶器就产生了。当时陶器的制作主要是人类手工制作，完全用手和泥、塑形、烧制，没有任何技术，因此烧制出来造型不规整，硬度不够。在距今7000年左右的山西翼城枣园遗址中就已经发现了陶器，其中以红陶为主，也有黑陶、灰陶等。在仰韶时期，制陶业有了快速的发展。山西南部为仰韶文化的中心区域，这一地区制陶技术的发展具有典型性。特别在翼城、芮城西王村等遗址中，可以看出陶器制作技术的提高：彩陶逐渐增多，快轮制胚代替了手工制作，陶窑结构发生变化，斜穴窑改为横穴窑，陶器种类增多。这时候陶器的制造技术已经有了明显的提高。龙山文化时期，彩陶完全消失，但在山西襄汾的陶寺遗址中仍旧出现了彩绘陶器。商周时期，出现了印纹硬陶与原始瓷器。商时，山西出土的陶器多是细泥灰陶，还有少量被称为中国瓷器前身的白陶与磨光黑陶。西周时期，制陶工艺进一步提高，出现了烧制釉陶。原始瓷器石灰釉的烧制，使得陶瓷技术得以明显提高。在侯马发现的东周烧陶窑址中出现了密集的烧窑群。除了生活用具之外，还生产建筑用陶，扩大了陶的使用范围。至秦汉，建筑用陶已经占据了重要地位。琉璃瓦在建筑上已经开始使用，山西已经成为了琉璃艺术之乡。到唐宋元时期，山西的陶瓷琉璃手工业已经非常发达了，烧制技术出现了“覆烧法”和“火照”。覆烧法就是在烧制瓷器时，将碗盘一类的胚件反扣在窑具上进行烧制，用于节省空间，提高产量。火照就是为了控制窑中的温度，在窑的各个地方放置一些碎片，随时取出，用于判断窑内瓷器的烧制程度。现存于山西芮城的永乐宫就是当时的代表建筑。

在农耕时代，使用能够帮助提高生产力的器具是有划时代意义的。犁镜就是这样的一个存在。犁镜在犁铧的上方，与犁铧形成一个不连续的曲面。犁铧只能破土，不能翻转土壤。汉代犁镜的发明使得破土和翻转土壤的问题同时得到了解决。耕地时，犁镜将犁起的土块向一侧翻转，使得杂草翻压在土里当做肥料，也省去了除草的麻烦。同时使用犁镜还可以减小犁体所受的阻力，提高耕作效率。在山西，古时候，驯牛挽犁是生产活动中最为常见的耕作方式。据考证在汉代犁就已经开始被广泛使用于农业生产了。而在山西就有犁的名牌产品——阳城犁镜。阳城犁镜因利土而不沾泥、犁地省力而闻名，被称为“翻地虎”“金不换”。曾经远销朝鲜、日本、尼泊尔等地。阳城犁镜的生产没有具体的年限可查，但在明清时期就很兴盛了。据考证在明朝末年由晋城犁川传至河南省新安县白沙镇，再迁至济源北部太行山区。其后因冶铁所用的木炭供应不足所以又迁移到阳城。阳城犁镜的品种繁多，有五百多种。根据地势、作物、耕作技术的不同用不同的犁镜，从而节省人力，提高生产率。阳城犁镜的制作分为备料、制炉、冶铸、修整四个阶段。生产犁镜的主要燃料是木炭，由当地产的江木、千荆木烧制而成。犁炉是犁镜生产最为重要的设备。在冶炼过程中，先将铁矿石放入犁炉中冶炼，冶炼程度全凭经验掌握，这一过程主要是“看火色”和“看水色”，看火色就是看出铁口火的颜色，火色发白则表示正常，看水色是指看铁水在水中冷却的颜色，以判断铁的质量的好坏。之后将冶炼好的铁水倒入模具中成形，由师傅再进行整修就制作好了。阳城犁镜的生产工艺是一项具有地区特色的传统工艺，也是中国古代生铁冶炼技术的一个缩影，体现出了古代山西人民高超的民间智慧。

平阳麻笺是一项国家级非物质文化遗产，其造纸术可追溯到汉代，据南朝人范晔所著《后汉书·蔡伦传》载，蔡伦在和帝继位后，升为中常侍，“每至休沐，辄闭口绝宾，暴体田野。后加位尚方令……伦乃造意，用树肤、麻头及敝布、鱼网以为纸。”意思是蔡伦在休息的时候会在田地里寻找造纸的材料，而当时蔡伦在都城洛阳工作，所以可以肯定的是蔡伦造纸的所在地就在洛阳。而当时的晋南与洛阳隔河相望，具有距离相近的优势，再加上平阳地区大量产麻，麻纸就应运而生了。麻纸传进晋南首先在今天的运城市永济市落根，然后逐渐向晋中、晋东、晋北地区传播开来。据可靠的史料记载，襄汾县至迟在魏晋南北朝时期已经开始造纸。到明代时，襄汾县的麻纸生产已颇具规模。清代以后，关于山西晋南地区造纸的记载更多，也更加详细。近代以来，随着机器制造的规模发展，传统的手工制作日渐萧条。改革开放以后，襄汾的麻纸发展几近沉浮，直至 2013 年，平阳麻纸传统制作技艺被先后列为省级及国家级非物质文化遗产，其技艺又得以存续。现在的平阳麻笺采用传统手工技艺制作而成，造纸工序大致可分为铡货、折货、泡货、整货、剁麻、燥麻、蒸麻、碾麻、搅海、抄纸、晒纸、整纸 12 道工序，能保存数百年，有“纸寿千年”的说法。相传在明清时代，平阳麻笺就被指定为皇宫用纸，蜚声京华。平阳麻纸植根于传统文化，坚持从古而来的传统技艺，各层工序循序渐进，具有返璞归真的意蕴，堪称中国造纸界的活化石。它为中国古法制造工艺的发展做了一个好的典范。

在山西，民间剪纸是一种极为普遍的群众艺术形式，其载体多样、广泛，布、纸张、树叶、皮革乃至金银箔等皆可作为材料，在视觉上给人以清透空灵的艺术享受。就其整体风格而言，剪纸又分质朴的单色剪纸和婉约柔美的彩色点染刻纸两类，栩栩生动，感染力强，极受百姓喜爱。上至年过花甲的大娘，下至纯朴俊秀的姑娘，都常常手执一把剪刀或刻刀，弯曲自然、运转灵活地在纸上镂空剪刻，装点着自己的生活。新春之际，走进晋西北的村落院户，远处黄色的土丘，眼前灰色的窑洞，不免令人心生清冷淡薄之感。然而，当我们将视野移至各家窗户，那异彩纷呈的窗花，那迎风飘动的门笺，那碗橱、粮囤、畜栏等处吉祥如意的各色纸花，都充斥着浓郁的生活气息。剪纸就以这样一种独特的形式，扎根于民众之间，与人民生活紧密关联，为千家万户添着喜、增着色。

三、 寻根问祖归故里

问我祖先在何处，
山西洪洞大槐树。
祖先故居叫什么？
大槐树下老鹳窝。

——山西移民民谣

中华民族的许多姓氏都是从从山西开宗立姓的，目前可查的有40多个，其中王、张、赵、魏、杨、郭、贾、郝、裴、傅、尹、霍、路、冀、万、解、蒲、温、芮、耿、荀、晋、籍、南、祁等姓氏均源自山西，其中不少姓氏成为中华民族发展中自强不息，人才辈出的望族。

山西洪洞有一处蜚声海内外的祭祖圣地——大槐树，不论是严寒的冬天，还是酷热的炎夏，游客络绎不绝，有的赋诗题词，抒发“饮水思源”之幽情，有的仰望古槐，盘桓眷恋，久久不肯离去。世界各地的人们不远万里回到山西洪洞来寻根祭祖。

元朝末年，政府连年对外用兵，对内实行民族压迫，加之黄淮流域水灾不断，饥荒频仍，终于激起连绵十余年的红巾军起义。元政府予以残暴的镇压，争域夺地的殊死之战时有发生，两淮、山东、河北、河南百姓十亡七八。元末兵燹的创伤未及医治，明初“靖难之役”又接踵而至。冀、鲁、豫、皖诸地深受其害，几成无人之地。在中原战乱时，蒙古地主武装察罕贴木儿父子统治的“表里山河”——山西，却是另外一种景象，相对显得安定，风调雨顺，连年丰收，较之于相邻诸省，山西经济繁荣，人丁兴旺。再者，外省也有大量难民流入山西，致使山西成了人口稠密的地区。明朝灭亡元朝后，为了巩固新政权和发展经济，从洪武初年至永乐十五年，五十余年期间组织了八次大规模的移民活动。

晋南是山西人口稠密之处，而洪洞又是当时晋南最大、人口最多的县。据记载，明朝时在洪洞城北二华里的贾村西侧有一座广济寺，寺院宏大，殿宇巍峨，僧众很多，香客不绝。寺旁有一棵“树身数围，前遮数亩”的汉槐，车马大道从树荫下通过。汾河滩上的老鸹在树上构窝筑巢，星罗棋布，甚为壮观。明朝政权在广济寺设局驻员集中办理移民，大槐树下就成了移民荟萃之地。

晚秋时节，槐叶凋落，老鸹窝显得十分醒目。移民们临行、凝眸高耸的古槐，栖息在树杈间的老鸹不断地发出声声哀鸣，令别离故土的移民潸然泪下，频频回首，不忍离去，最后只能看见大槐树上的老鸹窝。为此，大槐树和老鸹窝就成为移民惜别家乡的标志。

明初从山西洪洞等地迁出的移民主要分布在河南、河北、山东、北京、安徽、江苏、湖北等地，少部分迁往陕西、甘肃、宁夏地区。从山西迁往上述各地的移民，后又转迁到云南、四川、贵州、新疆及东北诸省。如此长时间大范围有组织的大规模迁徙，在我国历史上是罕见的，而将一方之民散移各地，仅此一例而已。这就是为什么洪洞大槐树是全国人民的寻根问祖之地。

民国初，村民景大启集资修建了碑亭、茶室等。碑亭建在原来的古大槐树处，亭虽不大，但雕梁画栋，飞檐斗拱，精巧玲珑。亭中竖立青石碑一座，刻有“古大槐树处”五个隶体大字。碑亭背面，刻有碑文，简述移民事略。亭前靠西一侧，建有茶室三间，以备寻根游人歇憩品茗，茶室楣匾题字为“饮水思源”。碑南20余米处建有牌坊一座，横额雕刻着“誉延嘉树”，另一面刻有“荫庇群生”。

在这里还流传着一些有关迁徙的故事。

据说当年移民时，官兵用刀在每人小趾甲上切一刀为记。至今凡大槐树移民后裔的小趾甲都是复形（两瓣）。“谁是古槐迁来人，脱履小趾验甲形。”

当时，为防止移民逃跑，官兵把他们反绑起来，然后用一根长绳联结起来，押解着移民上路。人们一步一回头，大人们看着大槐树告诉小孩：“这里就是我们的老家，这就是我们的故乡。”至今移民后裔不论家住在何方何地，都说古大槐树处是自己的故乡。由于移民的手臂长时间捆着，胳膊逐渐麻木，不久也就习惯了，以后迁民们大多喜欢背着手走路，其后裔也沿袭了这种习惯。

在押解过程中，由于长途跋涉，常有人要小便只好向官兵报告：“老爷，请解手，我要小便。”次数多了，这种口头的请求也趋于简单化，只要说声“老爷，我解手”，就都明白是要小便。此后“解手”便成了小便的代名词。

迁民到了新的居住地点，一片荒野，只好用自己辛勤的双手建屋造房，开荒种地，不论干什么，都会联想起故乡的山山水水。为了寄托对故乡的苦恋，大多在自己新居的院子里，大门口栽种槐树，以表对故乡的留恋和怀念之情。有些移民到迁徙地后，以原籍命名村名。如北京郊区有赵城营、红铜（洪洞）营、蒲州营、长子营等，表明这些居民是当年从赵城、洪洞等地迁去的。

洪洞大槐树的祭祖小屋里贴着一张“古槐后裔姓氏表”，该表上共有 450 姓，大大超过了百家姓。他们都是 600 年前移民到全国各地的，经过搜集整理，公诸于墙，以便寻根查询。近年来，大陆民众竞修家谱，海外同胞寻根祭祖，纷纷查询自己同大槐树的血缘关系。

悠悠 600 多年过去了，汉代古槐已不复存在，消失在历史的风尘之中，而同根孳生其旁的第三代槐树，则枝叶繁茂，充满活力。槐乡的后裔已遍布全国 20 多个省，400 多个县，有的还远在南亚一些国家和地区。

遥想当年祖辈们扶老携幼，被逼离乡背井，在频频回首遥望大槐树和老鸹窝时，洒下了多少伤心泪。愿大槐树与海内外同胞永远根连根，心连心。

四、 岁时节日有讲究

爆竹声中一岁除，春风送暖入屠苏。

千门万户曈曈日，总把新桃换旧符。

——宋 · 王安石《元日》

山西民间文化活动多姿多彩，既有北方汉民族共同的风俗特点，又有鲜明的地域特色，历久不衰，沿袭千年。山西是夏文化的发祥地，沿用至今的农历就是在夏历的基础上发展起来的。一年中有 24 个节气，每逢春夏秋冬四季交替的关键时期“交节”，古人都要举行特别的活动，祭祀天地、山川、神灵、祖先等。这些时节逐渐演变成独具特色的传统节日，如春节、元宵节、寒食节、清明节、端午节、七夕、中秋节、冬至等。

春节期间，夜幕降临的时候，正是观看千年绝技“打铁花”的最佳时刻。表演时鼓乐齐鸣，十几盘化铁炉火光冲天，专业艺人赤膊上阵，舞动着千余度高温的铁汁自如穿梭，一手拿着盛有铁汁的“花棒”，一手拿着未盛铁汁的“花棒”迅速跑至“花棚”下，用下棒猛击盛有铁汁的上棒，使棒中铁汁冲向花棚，击向天空。打花者一棒接一棒，一人跟一人，铁汁遇到棚顶的柳枝而迸散开来，被击打后的铁花纷飞，可迸出几丈高冲向空中朵朵绽放，五彩缤纷、震天动地，场面蔚为壮观。朵朵铁花如天女散花，绚丽夺目。夜空之下，火星璀璨，带来的是红火和惊诧，也带来了希望与憧憬，吸引大量游客前来观看。

在晋阳地区流行的节目是“风火流星”，手艺人拿着两端绑着铁笼子的软绳上下翻飞，铁笼子里的炭火烧得正旺，火星四处飞溅，一刹那宛如流星划过，照亮天地。创始人韩荣华先生受到杂技的启发，把武术和杂技糅合，形成了独特的表演艺术，在2008年列入国家非物质文化遗产名录。

社火是流行于山西各地的一种民间活动，多活动于春节、元宵节前后。社火主要源于古代先民祭祀土地神的红火仪式，渐渐发展为规模盛大、内容丰富的民间娱乐活动。山西社火多为群众喜闻乐见的传统戏曲，也有反映现实的新编节目。此外，还有各具地方特色的锣鼓、秧歌、旱船、背棍、抬阁、高跷、舞狮、耍龙灯等等，为群众的节日生活增添了欢乐祥和的气氛。春节来临，高高悬挂的灯笼营造出浓厚的节日气氛，形式各样的民俗社火巡游演出，舞狮、舞龙、踩高跷、跑旱船等民俗表演赢得阵阵掌声。吹糖人、画糖画、剪纸、画脸谱、烙画、毛猴、泥塑、捏面人、大米刻字……这些昔日的民间技艺，在节日期间轮番登场、各显其能，引得游人驻足观看，啧啧称奇。

九曲黄河阵是流行在山西省汾阳市、柳林县等晋西地区的一项传统的民俗文化活动。相传，九曲黄河阵是由姜子牙布下的一种易守难攻的阵式，因为这个阵形特别像九曲十八弯的黄河而得名。现在，作为民俗活动的九曲黄河阵已经成为人民祈求来年通顺、四季平安的一种形式。在汾阳、柳林地区，每年的正月十五都要摆九个“万”字组成的循环灯阵，阵势可大可小，其中以汾阳市的最为盛大。首先，用五根高杆、九根次高杆、三百一十五根桩横竖各十八根插于地上，然后把横木连起来的九个类似于蜗牛壳状的连环串起来，从正上方看是一个面积约 324 平方米的正方形，其中有九曲十八弯，因而九曲黄河阵在当地又叫“九曲十八弯”。根据这些横竖木头的走向，放置着各色的灯，氛围异常浓烈。灯阵中有十八种灯，有平安灯、送子灯、发财灯、求婚灯、前程灯等等。现在那五根高杆已经为五个红色的金字塔所取代，大灯小灯相互映衬，远远望去像是一片火的海洋。人们欢歌笑语、祈求安康，九曲黄河阵已经成为人民幸福、欢乐的场所了。现在汾阳后沟村的九曲黄河阵已经被列为省非物质文化遗产加以保护，九曲黄河阵在政府的大力支持下散发着越来越耀眼的光芒。

柳林盘子会是每年正月十五在县城周围进行的一项民俗活动。“盘子”是由当地人所搭建的祭祀神龛，形似庙宇。其来源于唐玄宗时期开始的搭神棚活动。相传天官、地官、水官三官是掌管人间风雨的神，因此在神棚内设香案，放贡品来供奉三官。每年正月十五是三官来到人间享受欢乐的日子，因此正月十五就要搭神棚祭祀三官神。明代以后社会经济快速发展，神棚已经不能满足人们的心理需求，因此就开始搭建类似于庙宇的“盘子”来祭祀，“盘子”其实是庙宇的浓缩版，由精巧的柱廊，彩色木板搭建而成，规模可大可小。此外，盘子会还继承了民间的社区组织，每年由一个“主家”和另外七家组织搭建盘子，主家每年轮换，自主选举。后来随着祭祀活动的扩大，形成了庙会。各街道轮值、张灯结彩、社火汇集、十里乡亲、载歌载舞，逐渐形成了盘子会。盘子会是一个历史悠久的年俗文化活动，至清代已经发展成熟，但在 20 世纪 50—70 年代作为“四旧”被废除，直到 80 年代才开始恢复。盘子会具有质朴的黄河特色、黄土气质和地域特色，是山西民间一项极具特色的民俗活动。但盘子会是民间乡村的民俗活动，不登大雅之堂，故史书、方志都不记载，只是在近些年的杂志上有所记载。随着国家对民间民俗活动的重视，柳林盘子会逐渐发展起来，为全国所熟知。

“接姑姑迎娘娘”的走亲习俗在洪洞县、临汾市二十余个村庄以及汾河东西两岸影响广泛，主要在每年的三四月份进行活动。当地传说，在上古尧帝时期，尧的女儿出生在羊獬村，因此当地人认为这里是娥皇、女英的娘家。而后她们嫁给历山村的舜，历山便成了两人的婆家。羊獬人称呼她们为“姑姑”，历山以及其他地方人都称她们为“娘娘”。每年农历三月三，羊獬人都会从历山赶来，接她们回娘家省亲，附近村民都赶到娘娘庙里上香，庙后面路两侧的摊位摆满了各种小吃、日用品，形成了非常热闹的庙会集市。接近中午时分，随着铳声响起，历山主事、社首等人在娘娘殿跪拜焚香后，请出两位娘娘的小型神像供于羊獬驾楼中，正式起驾。直到农历四月二十八（传说中的尧王生日），历山人来给尧王拜寿，并将两位娘娘迎回去。“接姑姑迎娘娘”走亲习俗从远古一直延续至今，通过将历史传说信仰化，化地缘关系为血缘关系，也由此形成了羊獬与历山互不通婚的习俗，大家互称“亲戚”，构建了该文化圈内村与村之间、人与人之间的和谐关系。

第二节　黄河文化与文学艺术

黄河，在几千年的历史长河中，奠定了它“母亲河”的地位。中华民族的文化和文明，是在先人筚路蓝缕之中，在大河边创造出来的。黄河流域孕育着我们伟大祖国的原始文化，进而迸发出灿烂多彩的人类文明。

一、诗词韵脚里的大河风情

十亩之间兮，桑者闲闲兮，行与子还兮。
十亩之外兮，桑者泄泄兮，行与子逝兮。

——《诗经·魏风·十亩之间》

《诗经》是中国最早的诗歌集，其中有多处记载舟、涉、摆渡等事来表现先民的真实生活。综观《诗经》风、雅、颂，三部分大到统军治国、小到夫妻夜话，无不出于对现实的感受和思考；以及其中发自内心的真人挚语，均反映的是黄河岸边的社会风情。

《诗经》开篇第一首《关雎》，历来为人多方传唱。“关关雎鸠，在河之洲。窈窕淑女，君子好逑。参差荇菜，左右流之。窈窕淑女，寤寐求之。”这大河边的淑女、水鸟和荇菜，无不给人以平静美好之感。《魏风·伐檀》以“河水清且涟猗……河水清且直猗……河水清且沦猗”比兴出黄河的水光潋滟，细波微浪，这些都是来自黄河岸边的歌唱。

鲁迅先生曾说到：“《诗经》三百篇，皆出北方，而以黄河为中心。其十五国中……疆域概不越今河南、山西、陕西、山东四省之外。”《诗经·国风》中的《唐风》12 篇、《魏风》7 篇是山西古唐国和魏国的土风作品，反映了唐、魏二国的经济、文化、政治生活，以及民生、民情、民风，保留了唐、魏二国独特的历史文化风貌。

古唐国和魏国地处山西西南部，即今临汾、运城两市。这里历史悠久，文化底蕴深厚，是“中国”之名发源地和华夏文明主要发祥地之一。女娲补天、黄帝战蚩尤、后稷教民稼穑等许多传说故事都与这里有关系；尧、舜、禹建都在这里。《唐风》《魏风》就是以诗歌的形式记载了古山西华夏文明发展进程中的一个阶段，反映了人们在晋西南这块黄土地上为生存而斗争，为生活而劳作，为文明而建设的历史脉络和文化场景。

西周初年，辅佐周成王的周公旦在封叔虞于唐时，为他制定了“启以夏政，疆以戎索”的八字治国方针，使晋文化具有异常鲜明的独特个性。一是异端色彩。对于传统的宗法制度，晋文化既不像鲁文化那样全面维护，也不像齐文化那样折中兼顾，而是从根本上全面批判否定。如《唐风》中的“扬之水”，居然歌颂敢向公家夺权的曲沃桓叔；“鸨羽”，借役人之口提出“悠悠苍天，曷其有极”的质问，直接向“以德配天”的天命观挑战。二是，进取精神。晋文化对传统宗法制度的批判，绝不是没落阶级的消极沉沦，而是表现了新兴封建势力生机勃勃的开拓进取精神。

魏国文化更具叛逆色彩，产生了像“伐檀”“硕鼠”这样的反剥削反压迫的千古名篇。在“陟岵”篇中，虽然极尽能事地抒发兵役之苦，但衷而不怨，怨而不怒。又如“园有桃”，虽然表现了在变革面前所谓“士”的彷徨郁闷，不知所从，但诗中也充分流露出了他们忧国忧民的情怀，构成了魏文化的又一大特色。

作为中华民族的文化源头，《诗经》在很大程度上影响了民族精神的形成及其特征，是远古到春秋时期历史的回音；作为中国文学的重要起点，《诗经》特色对于后代文学的影响，也是非常之深远。它奠定了后世诗词的基本框架，即使用凝练的语言、绵密的章法、充沛的情感以及丰富的意象来高度集中地表现社会生活和人类精神世界。当然还有祖国壮美的河山，比如黄河，我国历朝历代皆有歌咏黄河的不朽诗篇。

南朝梁·范云的《渡黄河诗》云："河流迅且浊。汤汤不可陵。桧檝难为榜。松舟才自胜。空庭偃旧木。荒畴余故塍。不覩人行迹。但见狐兔兴。寄言河上老。此水何当澄。"这种题材在南朝诗歌中实属罕见。作者身临北境，写出了旅途的感触，从而流露了澄清天下之志。

唐诗是中华民族宝贵的文学遗产，其中不乏以"黄河"为对象的佳作。如：李白《将敬酒》："君不见，黄河之水天上来，奔流到海不复回。"黄河之水的气势就好像从天上流下，飞奔到大海里去，再也不回头；李白的《赠裴十四》："黄河落尽走东海，万里写入襟怀间"，黄河像是从天而落，咆哮而下，流奔东海；它万里倾泻，直入心怀，胸襟开阔，气概昂扬。言黄河之胸怀，似对友人之溢美，亦恐为喻己坦荡之胸臆。

王之涣的《登鹳雀楼》："白日依山尽，黄河入海流。""白日依山尽"写远景，写山，写的是登楼望见的景色，由近及远写水的景象壮观，气势磅礴。诗人运用极其朴素、浅显的语言，高度形象地概括进入广大视野的万里河山，使读者也如临其地，如见其景，感到胸襟为之一开。

王维的《使至塞上》"大漠孤烟直，长河落日圆。"置身大漠，展现在诗人眼前的是这样一副景象：黄沙莽莽，无边无际。昂首看天，天空没有一丝云影。不见草木，断绝行旅。极目远眺，但见天尽头有一缕孤烟在升腾，诗人的精神为之一振，似乎觉得这荒漠有了一点生气。

金·元好问的《水调歌头》云："黄河九天上，人鬼瞰重关。长风怒卷高浪，飞洒日光寒。峻似吕梁千仞，壮似钱塘八月，直下洗尘寰。万象入横溃，依旧一峰闲。"这是一首赋写三门峡雄险气势的词篇。词中通过描写三门津的雄奇壮丽，让词人对大自然的美好和黄河的气势磅礴有感而生，寓托着词人在国家危难之秋，以力挽狂澜为己任的自豪和自信的情感。

明·谢榛《渡黄河》云："路出大梁城，关河开晓晴。日翻龙窟动，风扫雁沙平。倚剑嗟身事，张帆快旅情。茫茫不知处，空外棹歌声。"此诗即景抒情，气象非凡而律法精严。首联点题，古朴雄阔。颔联描绘日映波涛与风扫岸沙之景，凸显黄河的气势。颈联由景而情，虽慨叹一己之身世，却不为愁情所困。扬帆起程之际，心中颇觉舒畅。尾联则顺此而下，将其微妙的心境，化作一片浑茫而悠远的境界，给人以回味无穷之感。

二、俗成于语的黄河智慧

少年初登第，皇都得意回。

禹门三尺浪，平地一声雷。

——《神童诗》

黄河既有造福一方的功绩，也有浊浪滔天、决口泛滥的灾难，这种极具反差的表现，给黄河两岸的劳动人民带来了无尽的思索与感慨，也造就了诸多关于黄河的俗语。这些俗语在群众口耳中流传、充盈，将黄河岸边人们的智慧代代相传。

是非吹入凡人耳，万丈黄河洗不清：这种说法是比较工整的，但我们更为熟悉的应该是"跳进黄河也洗不清了"的说法。古人常以"黄水一石，含泥六斗""黄河斗水，泥居其七"等来描述黄河泥沙含量。黄河的平均含沙量为35 公斤每立方米。其沙量之多在世界江河中是绝无仅有的。同时，黄河的泥沙颗粒很细，有时河水甚至成泥浆状态，一旦沾在身体上就不容易洗净了，后来人们在遭受无奈或被冤枉的时候，便常常用"跳进黄河也洗不清了”的说法表达自己的处境。时至今日，该俗语的使用区域已不止局限于黄河两岸，包含的意义也不同于前它经过岁月的洗涤已逐步转变为“难以避免嫌疑”的意思。

不到黄河心不死，不撞南墙不回头：第一句是用来表达不达目的永不放弃的精神，而第二种是自己做错事后，事情发展到很糟糕时，才意识到自己做错；其实某些时候，坚定与执拗往往是相互联系的，但是我们应该尽力做到，在追求美好之时“不到黄河心不死”，在得到教训之时“撞到南墙适时回头”。

天下黄河富宁夏：黄河在这里平静地流淌，灌溉着两岸的农田，造福当地的人民，从古至今，无论是中国还是其他地区，文明总是在河流两畔诞生，而天下黄河又何止是富宁夏一方，黄河的宽广与包容注定它将哺育四方。

黄河尚有澄清日，岂可人无得运时：黄河都有变清的日子，那么人还能没有走运的时候吗？这一句俗语是再次与黄河的含沙量相结合的，以黄河澄清这一颇具难度的事情来比喻，反而会产生相反的效果，使对比的事件更加强烈，因此，该俗语多在安慰他人的情况下使用。

三年两决口，百年一改道：说的是中国以前黄河水患严重，泥沙淤积，经常决口，百十年就需要改道疏通黄河，这必然是一项庞大而耗费民力的一项工程，言黄河之害。

九曲黄河十八湾，一碗河水半碗沙：是说黄河的流向曲折，十八恰如常用数“三”，是一种夸张的说法，因为黄河的流向总体上呈一个巨大的“几”字形。另外，黄河流经黄土高原，携带了大量的泥沙，含沙量很大，所以说一碗河水半碗沙。

鲤鱼跳龙门：古代中国传说黄河鲤鱼跳过龙门，就会变化成龙。唐朝大诗人李白，专门就此写了一首诗：“黄河三尺鲤，本在孟津居，点额不成龙，归来伴凡鱼。”现在多用“鲤鱼跳龙门”比喻取得优秀成绩等。同时它也可以用来比喻在逆流中前进，相信自己，奋发向上的精神。

黄河面恶心善，长江面善心恶：黄河水看起来浑浊，可他却是中华民族的母亲河，不仅以甘甜的河水孕育出华夏文明，更冲积出了黄河中下游平原，泛滥过后也会留下肥沃的土地。长江水清，看来面善，但时有泛滥，而且大部分是地上河，一旦泛滥，其泄洪渠道就是中下游平原的人民聚集地区，给人民的生命财产带来不可估量的威胁。尽管俗语的内容说的是“黄河”“长江”，但面善心恶、面恶心善这一对相反相生的词语却是可以用来比喻日常生活中诸多人、物、事的。

黄河归来不看川，黛眉归来不看山：字面意思就是看过了黄河的壮阔就再也看不上其他的河流了，看过了黛眉山的壮丽就再也看不上到其他的山峰了。用以描述黄河的波澜壮阔、独一无二，与黛眉山的奇景桃源、浑然天成。也能够用来形容见过某一心旷神怡之物以后的难以忘怀。

说尽黄河只为水：提到黄河必然关联的就是“水”与“沙”，说一千道一万，总归会从水中来到水中去。多用来比喻说过来说过去，都是为了达到某一个目的。

九曲黄河万里沙，浪淘风波至天涯：“九”和“万”是极大极广极多的意思，在古文中有诸多的数词可以用来指代多，比如《论语》之中便有诸多的“三”出现——三人行，三省吾身等等。“九曲”和“万里”便是用来突出黄河的曲折蜿蜒和气势磅礴而用到的虚指，“万里沙”容易令人浮想到无边沙漠之景，更为黄河增添了一种苍砺荒茫之感，该俗语出自《浪淘沙》，将河水卷起万里沙与大自然的力量感相结合，更添几分壮阔。

泰山崩于前而面不改色，黄河决于口而心不惊慌：形容人遇事镇静从容，在危机面前冷静对待，不盲目，不逃避。也能形容人后知后觉，对危机认识不足。

成语也是一种现成的话，跟习用语、谚语相近，但是也略有区别。众人皆说，成之于语，便是成语。

带砺河山：出自《史记·高祖功臣侯者年表》，带即衣带，砺是磨刀石，河即黄河，山即泰山。黄河细如衣带，泰山小如磨刀石。这必然是永远都不可能发生的事。用来比喻时间久远，即使有任何动荡也决不

变心。

砥柱中流：也做“中流砥柱”，就像是屹立在黄河急流中的砥柱山一样。常用来形容人的坚强与不屈不挠。也比喻在动荡艰难环境中能起支柱作用的力量。比如：中国共产党是抗日战争的中流砥柱。

河汾门下：隋朝末年，大儒王通不想踏入官场，他决定把自己的学问传授他人，就在河汾设帐授学，他的教育方法十分独特，很多人都慕名而来求学。他的学生有如房玄龄、魏征、李靖、程元、贾琼等人，时人都以能成为河汾门下的学生为荣。后来用以比喻名师门下，人才济济或人才辈出。

河汉江淮：黄河、汉水、长江与淮河的合称。如此之多宽广的河流，想必已是无边无际了。后用来比喻胸怀宽广。

河清海晏：指黄河的水清了，大海也平静了。比喻天下太平。

河清云庆：黄河水清，云呈五彩。古人以为太平祥瑞的象征。

俟河之清：待黄河变清，是一件困难的甚至是不可能发生的事情。用来比喻期望的事情不能实现。

以上列举的语说黄河，只是零星点点而已。黄河作为哺育中华民族的“母亲河”，在几千年的奔流汹涌中，留下了万千言语来为其解说、赞叹抑或是流传，这些内容有涉及黄河的水、黄河的沙以及其包容的、中正的厚德。足以见得，黄河滋养着人民的智慧，人民反哺着黄河的情怀。

三、 曲艺唱腔中的黄河传统

能文能武能神鬼，数十人千变万化；

可家可国可天下，二三步四海五洲。

——平遥白虎神庙戏台楹联

戏曲是中华民族传统文化中一颗璀璨的明珠，其文化传统之深厚、曲种之丰富、曲艺风格之独特为世界称赞。中华曲艺是群众生活与情感的真实写照与表露，没有一种文化形式可以达到如曲艺般大众化。从古至今，它在人们生活中都扮演着重要的角色。

山西作为中国戏曲的发源地之一，素有“戏曲艺术的摇篮”的美称。仅现存剧种就占全国的六分之一左右，保存完整的剧目达四千余目，而山西的戏剧文物更占据全国总数的八成以上，金、元、明、清以来的规模较大的戏台现存三千多座，乃至“村村皆有庙，庙庙有戏台”的说法一直流传至今。而戏台的出现，则标志着中国戏曲艺术逐步走向成熟。

戏曲舞台很小，却是典型的小舞台展现出大世界，能给人们一种奇妙感受，它的表现风格也是异彩纷呈，时而风平浪静、时而奔流急湍，有时浓墨重彩、有时却典雅朴素。戏曲艺术也是一种雅俗共赏的艺术，亭台楼阁处可闻余音袅袅，山乡村野处也能熙攘交织……山西各地不同时代的三千多座戏台见证了戏曲的繁荣与昌盛、传承与发展，而全国仅存的6座元代戏台全部分布在山西南部，可见晋南地区戏曲曲艺的发展尤为突出；现存最早的戏曲文物是北宋时期兴建戏台时留下的三通碑刻，这是戏曲活动在山西发展年代久远的见证。其中晋南地区万荣县的

《河中府万泉县创建后土圣母庙记》碑，记载了在北宋真宗天禧四年（1020年）万荣县修建戏台的过程。正是由于戏曲曲艺真正反映了群众的生活，才使之具有强大的生命力，开拓了广阔的发展空间。

山西的地方文化特色十分显著。由于山西地处黄河流域的中心区域，是古代人们生产生活集中的地区，因而其历史文化传统十分悠久。许多古老的戏曲剧种在山西得以留存下来，如晋北的“赛戏”、晋南的“锣鼓杂戏”、晋东南的“对子戏”等。上述三类戏曲属于“吟诵体”戏曲，并没有固定的唱腔和曲调。其中大部分剧目是反映当时百姓生产生活的真实情感诉求，如：赛戏《斩旱魃》，表达了百姓渴望风调雨顺的美好愿望。装扮旱魃的演员能够在集市上任取所需，经营者们则认为这样可以“利市”，最后斩旱魃以后表示可以五谷丰登了。这种类型的剧种，在其他地区很难见到，因而是非常宝贵的非物质文化财富。早在北宋年间，百戏技艺、歌舞戏、滑稽戏、皮影戏等种类繁多的曲艺形式已在民间广泛传播。及至元代，山西由原来的地方行政区划升格为中央直辖的中书省，即“腹里”地区。山西的民间曲艺逐渐与元代的宫廷戏相融合，注入了新的文化元素，曾经“下里巴人”的民间戏曲艺术和“阳春白雪”类文人创作、宫廷戏剧并向发展，交相辉映、相得益彰。在交流与融合过程中形成了新的曲艺形式——元杂剧，同时也开创了一个十分繁荣的文化融合与发展的局面，并且涌现出了一批优秀的民间曲艺文化创作者，如我们今天熟悉的元曲四大家等等，其中一大部分作家都出自于山西这块历史悠久的文化福地，如在中国文坛产生重大影响的关汉卿、郑光祖、白朴、吴昌龄、乔吉、石君宝等都是山西籍作家。其中关汉卿祖籍山西解州（今山西运城解州），名列四大家之首，是元杂剧的奠基人。

受到元杂剧的影响，山西戏曲在发展过程中逐渐演变出了久负盛名的“四大梆子”——中路梆子（晋剧）、南路梆子（蒲剧）、北路梆子、上党梆子。除了这四个大的分支之外，以四大梆子为中心还演变出了不同特色的地方剧种以及小戏、秧歌等民间小调。以上党梆子为例，仅围绕这一个大戏种就形成了上党落子、潞安大鼓、长子道情、武乡三弦、壶关秧歌等多个不同的地方剧种，划分更加细致。

地方小戏也是山西民间曲艺的一大特色：如深受晋南群众喜爱的地方剧种——上党落子和晋南眉户。它们本非山西土生土长的剧种，发端于河北武安，后传播至陕西眉、户二县，历经百年传承，最后在三晋大地生根发芽。可见三晋大地的文化包容度是曲艺能够经久不衰、长足发展的重要因素。同样受宗教文化映射的道情戏，有晋北道情、洪洞道情、临县道情，永济道情等。传统的道情戏主要功能是传播道教文化，在流传过程中与民众生活相交融，发展为独具特色的曲艺形式，主要道具有筒板和渔鼓。基本上到了清朝，道情戏的宗教色彩已经十分淡化，更多的作为反映民间生活的一种艺术形式而存在，逐渐脱离了原来的文化系统，成为地方戏的一种。秧歌戏也是反映三晋大地文化繁荣的重要窗口，分布在山西各地的秧歌戏就有近二十个不同的种类，秧歌戏大多数是由群众相互传唱的口头小曲儿、民间歌舞等街头秧歌不断组合形成的。至于地方性的其它小戏：二人台、小花戏、繁峙蹦蹦、耍孩儿、风台小戏、蛤蟆翁、拉活戏、跳戏、河东线腔、上党皮簧等等，更是种类繁多、不胜枚举，反映了山西曲艺文化的繁荣程度。

围绕着黄河流域，人们创造出了许多颂赞黄河的曲艺。“黄河滚滚奏强音”也成为黄河流域文化发展拥有不竭动力的最好表达。回归戏曲本身，其主要表达的内容分为写意和写实两大类，无论表现哪种形式，曲艺表演者的弹指挥手间都注入了贴近现实、贴近生活的元素。正所谓艺术来源于生活，又能够反映生活，发端于群众，又回到群众生活。中国戏曲的主要艺术特征包括综合性、虚拟性、程式性。这些特征是中国传统文化精华的集中体现，凝聚了人们的审美精髓，为戏剧注入了灵魂，使中国戏曲的生命力如黄河之水般滔滔不绝，在世界曲艺之林绽放更为耀眼的光芒。

四、 洋洋盈耳的黄河气势

风在吼，马在叫，
黄河在咆哮，黄河在咆哮，
河西山岗万丈高，河东河北高粱熟了。
万山丛中，抗日英雄真不少！
青纱帐里，游击健儿呈英豪！

——《黄河大合唱》

歌曲是一种人们喜闻乐见的艺术表演形式，伴随着人类文明的起源而产生。以歌和曲，以曲歌情，遂为歌曲。

黄河之水浩浩汤汤，呈“几”字形，自西向东分别流经青海、四川、甘肃、宁夏、内蒙古、陕西、山西、河南及山东9个省（自治区），一路奔腾，一路吟唱，在历史氛围包裹之下，黄河赋予了两岸歌曲斑斓的色彩，两岸歌曲又为黄河增添了绚丽的光芒。

闭上眼睛，想象一下黄河奔流不息的气势，最先冒出你脑海的是否会有以下的旋律呢？

“风在吼，马在叫，黄河在咆哮……”这首《黄河大合唱》由光未然作词，冼星海作曲，1939年4月13日在延安首演。全曲分为《黄河船夫曲》《黄河颂》《黄河之水天上来》《黄水谣》《河边对口曲》《黄河怨》《保卫黄河》《怒吼吧，黄河》等八个乐章。如《黄河怨》：“风啊，你不要叫喊，云啊，你不要躲闪，黄河啊，你不要呜咽。今晚，我在你面前，哭诉我的仇和冤，命啊，这样苦！生活啊，这样难！鬼子啊，你这样没心肝，宝贝啊，你死得这样惨，我和你无仇又无冤，偏让我无颜偷生在人间。狂风啊，你不要叫喊，乌云啊，你不要躲闪，黄河的水啊，你不要呜咽。今晚，我要投在你的怀中，洗清我的千重愁来万重冤。丈夫啊，在天边！地下啊，再团圆！你要想想妻子儿女死得这样惨，你要替我把这笔血债清算，你要替我把这笔血债清还。”词曲以中华民族的发源地黄河为背景，慷慨激昂，正如黄河奔腾不息、气势磅礴，讴歌了中华儿女不屈不挠，保卫祖国的必胜信念。

再比如《我们是黄河泰山》：“我漫步黄河岸边，浊浪滔天向我呼唤，祖先的历史像黄河万古奔流，载着多少辛酸多少愤多少苦难。黄河向我呼唤，怎能愧对祖先”；《九曲黄河一壶酒》：“九曲黄河一壶好酒，日日夜夜你总在我心上流”；《不朽的黄河》：“一条黄河水滔滔向东流，一曲黄河谣年年唱不休”；《我为黄河来》：“在世界的东方，太平洋的西岸，流淌着一条古老而雄浑跌宕的河。她伟大坚强，势如巨湖，倒悬倾注，一泻千里。在历史的漫漫长卷中，有一条孕育了中华五千年古国文化的河。她胸怀博大，气势非凡，哺育了中华民族的成长”；《龙的传人》：“遥远的东方有一条江，它的名字就叫长江，遥远的东方有一条河，它的名字就叫黄河。古老的东方有一条龙，它的名字就叫中国，古老的东方有一群人，他们全都是龙的传人”；还有《黄河妈妈》《大黄河》《黄河万里行》《远看黄河一条线》等歌曲也是脍炙人口。

一方水土养育一方人，一首歌曲倾注一方荡气回肠。

青海“花儿”委婉动听而又高亢悠长，在各民族之间流传并形成了不同的流派与风格：

青石头尕磨儿呜噜噜转，你转过了看，下岸里水洪者哩。心肝花拔哈了碟儿里献，你凉干了看，阿哥的心真者哩；西海里起了个千层的浪，水深者探不着底子。一晚上想你者大梁上望，蹬烂了被儿的里子……

蒙古长调是草原上的歌，是马背上的歌，是游牧文化一朵永不凋谢的花朵，曲调优美流畅，旋律起伏较大，和着黄水，一路奔腾至黄土高原：

《富饶辽阔的阿拉善》辽阔富饶的阿拉善故乡，哪里有这样美好的地方。宝藏丰富是故乡的骄傲，竞赛比武是祖先的规章。新年快乐纵情歌唱，勇敢的年轻人奔赴战场，蓬松大树靠的是树根，我们靠的是英勇顽强。

《辽阔的草原》虽然有辽阔的草原，不知道何处有泥滩，虽然有辽阔的草原，不知道何处有泥滩，虽然有美丽的姑娘，不知道她的心愿，虽然有辽阔的草原，不知道何处有泥滩。

西北广大地区的“信天游”闯入心扉，它属于所有生活在黄土高原上的人们，是黄坡黄水之间的一朵奇葩。在陕北它有“信天游”“顺天游”“小曲子”等名称，在山西被称为“山曲”，在内蒙古则叫“爬山调”。无论是何种名称，其歌词都是以七字格二二三式为基本句格式的上下句变文体，而表现则以浪漫主义的比兴手法见长：

《黄河船夫曲》你晓得天下黄河几十几道湾哎？几十几道湾上，几十几只船哎？几十几只船上，几十几根竿哎？几十几个那艄公嘀呦来把船来搬？我晓得天下黄河九十九道湾哎，九十九道湾上，九十九只船哎，九十九只船上，九十九根竿哎，九十九个那艄公嘀呦来把船来搬。在一问一答中体现的是对山川江河、对历史的追问。

山曲来自黄河边的河曲一带，歌唱富于口语化，多充满生活情趣。如“小小毛驴踢踏踢踏踢，赶上了毛驴走绛州，驴儿驴儿踏踏踏踏跑，棒槌儿鼓儿咚咚咚咚敲，走绛州。”歌中大量地运用了形声字和叠字，使乐曲增添不少情趣。

除山曲外，黄河岸边的民歌大多清新活泼，歌词十分的风趣。与直抒胸怀，以抒情为主的信天游和山曲不同的是，一般的民歌大都重在写景，每只歌儿都好像是一幅清丽的风俗画儿。如“羊倌歌”：

一朵朵白云天上飘，一群群肥绵羊青草湾湾跑。青草湾湾杨柳叶叶摆，红丹丹阳婆桃杏花花开。画眉眉羊羔虎头摇，柔软软绒毛绵溜溜。一颗颗羊铃叮叮响，青山山绿水好地方。

在一首首洋洋盈耳的歌曲声中，仿佛看见了黄河在奔流不息中时而高声引吭，时而低吟浅唱，不同的歌曲表现出了不同的黄河气势，或豪迈、或清新、或婉转，在时光的流转中，歌曲为黄河书写了有容乃大的胸襟，黄河为歌曲填充了波澜壮阔的画面。

五、舞者流泻出的黄河精神

> 说之故言之，
> 言之不足故长言之，
> 长言之不足故嗟叹之，
> 嗟叹之不足，
> 不知手之舞之，足之蹈之也。
>
> ——《礼记·乐记》

舞蹈是文化的绚丽篇章，有着悠久的历史和辉煌的成果。相传“尧帝之时，天下大和，百姓无事，有八十老人击壤于道。”（《帝王世纪》）

击壤是一种歌舞游戏，类似于我们现在所说的“打板”之类。今天临汾尧都区康庄村还存有“击壤台”遗址。在距今五千年的襄汾县陶寺文化遗址内，出土了鼍鼓（8件）、石磬（4件）、土鼓（6件）、铜铃（1件）等共6种26件乐器，将中国的礼乐文化推进到了更早的年代。我们可以想象，在山西这片古老的土地上，先民们一边敲击着原始古乐，一边载歌载舞的盛况。这些重要的发现揭示了礼乐文化以及舞蹈的发展水平。

黄河与舞蹈的相遇，是一场情怀与历史的碰撞。舞蹈是使用身体来完成各种优雅或高难度的动作，它一般借助音乐，也借助其他的道具，以有节奏的动作为主要表现手段的艺术形式。舞蹈产生于奴隶社会，本身就具有多元的社会意义及作用。包括运动、社交、求偶、祭祀、礼仪等。在人类文明起源前，舞蹈在仪式、礼仪、庆典和娱乐方面都十分重要。黄河孕育了中华文明，早在新石器时代，就形成了中国最早的新石器文明。世界各地的炎黄子孙，都把黄河流域认作中华民族的摇篮，称黄河为“母亲河”，视黄土地为自己的“根”。在历史的演进之中，黄河与舞蹈产生了不可分割的联系。“黄河，春天的黄河；想着那迎春花盛开。黄河，夏天的黄河；宛如那苍天的绿树。黄河，秋天的黄河；描绘了多彩的世界。黄河，冬天的黄河；孕育了那新的生命。黄河，美丽的黄河；你的明天更加夺目。”一年四季，黄河总有如诗般的美好，舞蹈通过肢体语言将这种美好糅合，从而传达为一种视觉与情感的享受。

黄河傩舞，是黄河傩的一种，舞姿古朴，表演精彩，是每年元宵节社火期间的重要表演节目，也是民间祭祀求雨活动的重要仪式，既体现了人们对丰收的渴望也饱含着驱邪祈福的淳朴愿望，是一种源于黄河中游的文化形态。

傩，行有节也，后被赋予神秘而古老的原始祭礼之意，是古老的黄河文化的重要表现形式之一，也是第一批国家级非物质文化遗产。傩舞表演一般都佩戴某个角色的面具，其中有神话形象，也有世俗人物和历史名人，由此构成庞大的傩神谱系，以至于流传有“摘下面具是人，戴上面具是神”一说。

黄河两岸的秧歌也是中国广泛流传且具有鲜明民族特色的舞蹈形式。这种舞蹈与农业劳动密切相关。由劳动的步法，作为舞蹈步法的基础，在艺术上加工，并且使群众的队舞整齐化，形成了完整的秧歌舞，其后逐渐成为祝贺性、娱乐性的新年社火队舞。在民间，秧歌的表演形式主要有：踩跷表演的“高跷秧歌”，不踩跷表演的“地秧歌”。表演内容多为汉族民间故事，神话传说。黄河大秧歌有绸子秧歌、子秧歌、花轿秧歌、高跷秧歌等30多种表演形式。黄河岸边的山西民歌体有“晋中秧歌”“太原秧歌”“沁源秧歌”“原平凤秧歌”，板腔体有“壶关秧歌”“襄垣秧歌”“武乡秧歌”，丝弦伴奏的有“繁峙秧歌”，清唱的有“介休干板秧歌”等。

黄河鼓舞，气势多磅礴豪迈，在锣鼓声声中，人们往往借以表达出对于美好生活的向往与憧憬。“群鼓”是时下流行的舞蹈形式，常由一人担任指挥，多人共同完成一项表演。鼓的选择也多种多样，有腰鼓、花盆鼓、战鼓、琴鼓等。正如黄河的拼搏、豪迈、团结、务实、开拓精神，鼓舞所体现的也是具有团队合作的精神力量，人们往往通过鼓点来传达出美好的希冀。

《黄河三部曲》是山西省歌舞剧院于上世纪80年代创作的由《黄河一方土》《黄河儿女情》和《黄河水长流》组成的大型民族歌舞，将原生态艺术和现代舞台进行融合，展现出波澜壮阔的黄河风情，给观众强烈的艺术冲击。1987年，《黄河儿女情》以特有的民间风格、独具地方风采和浓郁的乡土气息被誉为“开创了全国民族风情舞蹈的先河”，使中国歌舞界人士看到了中国民族、民间歌舞的迷人魅力，感受到了中国民族民间歌舞无比顽强的生命力。

《黄河颂》《保卫黄河》《黄河九十九道弯》《黄河儿女》《黄河源

头》《黄河大合唱》等等著名的歌曲都以舞蹈的形式呈现过。用舞蹈来演绎黄河的歌声，是一种表演艺术的融合，更是一种文化的外化表现。黄河文化在舞者与音符的跳动中喷薄而出。

黄河这条川流不息的大河，孕育着我们伟大祖国的原始文化，进而迸发出灿烂多彩的人类文明。在不断的发展中，其以一根炎黄子孙坚韧的生命脐带，氤氲着五千年丰厚的文明滋养；以一行雄奇飘逸的豪迈诗句，飞扬着诗经、汉乐府、唐诗、宋词的儒雅情深；以一曲恢宏壮美的乐符婉转，悠扬着一种文化高情烈志的心韵。其本身所表现出来的温暖，中正，包容，和融……是黄河文化取之不尽、用之不竭的灵魂源泉。

第三节　黄河文化与三晋风骨

山西号称表里河山，最为华美，自古名人辈出。始有尧都平阳，舜耕历山，选贤举能，天下辑睦；继而三晋图霸称强，襄扶周室，汾渭之畔，沃野千里。汉唐而下，名人胜流，难以枚举。卫霍子弟尚武，河东旧族右文，成就汉武一世英名，万里拓土。大唐诗坛，晋人风流，同辉日月。明清之际，山西廉吏众多，陈廷敬语："天下之所谓廉吏也，皆晋人。"从天下禅让、保家卫国、秉笔书史，到廉政为民，无不体现着三晋文化悠久、丰厚的积淀和内容，彰显着无私、爱国、忠义、诚信、廉洁的三晋风骨，承载着山西人民千百年来对中华文明和民族文化的突出贡献。

一、天下为公承禅让

大哉，尧之为君也！

巍巍乎！

唯天为大，唯尧则之。

荡荡乎，民无能名焉。

巍巍乎，其有成功也！

焕乎，其有文章！

——《论语·泰伯》

在晋南，自北向南。我们以现代人的身份，漫步在"尧庙、尧陵—舜帝陵庙—禹王城、大禹渡"这一条留存着古代圣王遗迹的道路上。行进间，感受着庙的庄严、陵的肃穆、城的恢宏，至大禹渡，远眺黄河，视野进而开阔，这一瞬间，似乎打破了时空的局限，曾经圣王在黄河口

振臂长歌，一呼百应的场景在脑海中闪现。此时，我们自然而然会生发一些想要探究这段历史的心绪，三晋的历史也从这里，开始了和华夏文明史一样长的行途。

《论语》中曾经这样形容尧：“大哉，尧之为君也！巍巍乎！唯天为大，唯尧则之。荡荡乎，民无能名焉。巍巍乎，其有成功也！焕乎，其有文章！”《史记》则这样形容：“其仁如天，其知如神。就之如日，望之如云。富而不骄，贵而不舒”。汉语言中极尽赞诵之辞，都给了这位在儒家礼序中最先出现的圣王。

相传尧命羲和制定日月历法，测定四时成岁，确立了春分、夏至、秋分、冬至，为百姓颁授农耕时令。在当时，人们最迫切的需求是生存，而农耕，就是那个时代生存的基石。因此，尧也理所应当地将最大的精力花在了这里。“天下为公、选贤与能”，在那时，并非空谈。尧设置谏言之鼓，让百姓尽其言；立诽谤之木，让百姓指其过。那些处于氏族部落向国家转变过程中的人们，远没有学会后世那么完善的政治术。这些带有原始民主色彩的行为，也非后世那些浸淫权术多年的人所臆想的那样虚伪。

传说尧在位七十年时，召集四方诸侯之长举荐自己的继承人，有人推荐他的儿子丹朱，他认为丹朱顽凶，不能重用。于是大家推荐了出生低微，但品行高尚的舜。经过多年考察，尧把帝位禅让给了舜。人们常赞：“举贤不避亲”。这似乎很容易，如果自己的亲人有贤能，于情为亲，于理称贤，为何要避？但当自己的亲人不贤无能，是否能忍住巨大的权力从手间消散的痛苦，坚持将权力让于贤能之人。天下贤者能者千万，然权力，实独此一份。这份禅让的决断，当令世人称赞。

舜，姓姚，因眼睛重瞳而名重华，又为有虞氏部族首领，故称虞舜。现在永济市的舜帝村，传说是舜的出生地，村中有清康熙年间所立的“大孝有虞舜帝故里”石碑。永济古称蒲，故史称“舜都蒲坂”。

就像后世的“文景之治”与“汉武雄图”的关系，如果说尧为当时华夏部族的发展奠定了物质基础，那舜，则是在这个基础上，扩大了华夏中原在周边的影响力。舜接受了禅让之后，亲自伐三苗，逐四凶，保障中原地区的安宁。在舜的治理下，幅员空前辽阔，生产发展，百姓安居乐业。《史记·五帝本纪》载，其时“四海之内咸戴帝舜之功”，“天下明德皆自虞帝始”。后世将舜的功绩德行与尧并称，于是就有“尧天舜日”之说。

尧时期，为当时的部族立了农时、定了农令、修建了相关的取水设施。对于一个开始以农耕为生产主体的社会来说，再简陋的水利设施，也都关乎苍生福祉。但随着部族的逐渐扩大，在舜时期，原有的水利设施已经老旧了，再加上那场令世人恐慌的大洪水，此时，谁能治了这水患，还苍生一份安平，谁，就是万民所归。

禹，为夏后氏首领、夏朝开国君王。禹最卓著的功绩，就是历来被广为传颂的治理洪水。《史记·夏本纪》言之：“尧遭鸿水，黎人阻饥。禹勤沟洫，手足胼胝。言乘四载，动履四时。娶妻有日，过门不私”。当尧还在世的时候，中原地带洪水泛滥，淹没了庄稼，淹没了山陵，人民流离失所，很多人只得背井离乡。在这种情况之下，尧决心要消灭水患，于是就开始访求能治理洪水的人。群臣和各部落的首领都推举鲧。但鲧治水治了九年，大水还是没有消退，鲧不但毫无办法，而且消极怠工，拿这一艰巨的任务当儿戏。

后来舜开始操理朝政，他碰到的首要问题也是治水，他首先革去了鲧的职务，将他流放到羽山。之后也来征求大臣们的意见，看谁能治退洪水，大臣们都推荐禹，他们说：“禹虽然是鲧的儿子，但是比他的父亲德行能力都强多了。”舜并不因他是鲧的儿子就轻视他，而是很快把治水的大任交给了他。大禹也是一个贤良的人，他并不因舜处罚了他的父亲就嫉恨在心，而是欣然接受了这一任务。

当时，禹刚刚结婚，他的妻子涂山氏是一位贤惠识体的人，同意丈夫前去。禹与自己的妻子告别后，就踏上了征程。他带领着伯益、后稷和一批助手，跋山涉水，风餐露宿，走遍了当时中原大地的山山水水，即使是穷乡僻壤、人迹罕至的地方都留下了他们的足迹。

禹左手拿着准绳，右手拿着规矩，走到哪里就量到哪里。他吸取了父亲用堵截方法治水的教训，发明了一种疏导治水的新方法。其要点就是疏通水道，使得水能够顺利地东流入海。禹每发现一个地方需要治理，就到各个部落去发动民众来施工，每当工程开始的时候，他都和人民在一起劳动，挖山掘石，披星戴月地干。根据山川地理情况，禹将中国分为九个州：冀州、青州、徐州、兖州、扬州、梁州、豫州、雍州、荆州。他的治水方法是把当时整个中国的山水当作一个整体来治理，他先治理九州的河道土地，该疏通的疏通，该平整的平整，使得大量的地方变成肥沃的土地。

禹治水一共花了13年的时间，正是在他的手上，咆哮的洪水失去了往日的凶恶，驯服平缓地向东流去，昔日被水淹没的山陵露出了峥嵘，农田变成了米粮仓，人们筑室而居，过上幸福富足的生活。后代人们感念他的功绩，为他修庙筑殿，尊他为“大禹”，我们的整个中国也被称为“禹域”，意为：这里是禹曾经治理过的地方。

正是因为这份不世之功，禹众望所归，接受天下共主的地位。而舜，一如当初从尧手上接过这份沉甸甸的重担一般，将这份守护黎民的责任交给了禹。尧舜禹三代禅让，立古代明君之典范。千百年间，王朝更替不知凡几，除个例外，大不脱此序列；纵有窃国而谋天下者，亦多求入序，期藉此脱篡逆恶名；倘有不尊禅让礼法者，轻则为众矢之的，名不正言不顺，重则几代基业毁于一旦，加以千古骂名。

当尧在丹朱和舜之间做抉择时，他选择了贤者，而非亲者；当舜见生灵涂炭，苦于水患灾祸时，他选择了能治水者。天下为公，选贤与能，贤者能者当其位、亲者顽者失其位。尧舜禹成为历代儒家眼中的圣王，不在其身份，而在其真心能为国为民，不为一己私欲。

天下，是天下人的天下，不是一人的天下，这，就是三晋大地的底色。在此之上，有着为守家国而挥师万里的雄健，有着为存正义而秉笔书史的刚正；有为护生民而清正一生的坚守……

二、 民族融合为一家

黄河落天走东海，

万里写入胸怀间。

——李白《赠裴十四》

中国疆域辽阔，土地广袤，各个地区民情不同、风俗各异，如何合理划分每个区域实在是一门学问。不过，困扰人类的麻烦对大自然来说却并不是问题，自然有自己的划分方式。从东北的大兴安岭到冀中平原的张家口，从大西北的兰州到青藏高原的拉萨，一条横贯中国北部边疆的分割线缓缓降下，这正是四百毫米等降水量线，这条线同时也正是以汉族为代表的农耕文明和以北方少数民族为代表的游牧文明的分界线。这两种不同的文明和他们背后的民族在历史的长河里各自发展，既有交流，也有冲突。彼此融合，共同构成了今天的华夏文明和中华民族。而山西，恰好处于这两大文明交汇的前线。因此，山西，成为了五千年来中华各民族融合的缩影。

山西境内自古以来就是多民族并存，从春秋时代开始就是这样，山西的南部是由周武王的弟弟唐叔虞所建立的晋国，而中部和北部，则是戎狄部族。二者彼此之间有过冲突，比如晋献公就曾多次打击晋国周围的戎狄部族，献公五年攻伐骊戎，之后又先后攻击狄戎和北戎，但他们之间也有交流和往来。上文提到的晋献公，他的一位夫人，也就是晋文公重耳的母亲就是来自戎狄，而晋文公本人也曾经在狄部居住了十二年，并迎娶了一位狄部的夫人。或许正是从这个时候起，农耕民族和游牧民族千百年纠葛的模式就此注定，既有交流又有冲突，你中有我我中有你，最终相互交融共同发展。

时光流转，诸夏的版图渐渐扩张，原先的戎狄各部渐渐消融于华夏，而此时的北方，新的游牧民族匈奴出现了。为了防备匈奴的侵袭，北方的诸侯国开始纷纷修筑长城。等到秦统一六国，匈奴的威胁也越发明显。于是始皇重修长城，东起辽东西至临洮，建立了一道人为屏障。又发兵北击匈奴，夺回了河套地，“却匈奴七百余里，胡人不敢南下而牧马。”取得了煌煌胜利。但是，匈奴的威胁并未解除。到了汉朝，国内残破，百废待兴，匈奴的威胁再次笼罩在中原的头上。作为应对，汉高祖发动北征，却被匈奴围困于白登，不得已只有重贿单于才得以脱身。之后，汉朝实行了数十年的和亲政策。

到了汉武帝时代，曾经残破的中原已经是国富民强了。今非昔比的汉王朝自然不甘再忍辱负重，委屈求全，于是汉匈关系的主旋律由“和亲”转为战争。武帝连年发动对匈奴的战争，重创了匈奴，先后从匈奴手中夺回了河套地、河西走廊，逼迫匈奴远遁漠北，从此“漠南无王庭”。匈奴人悲哀地唱到：“亡我祁连山，使我六畜不蕃息；失我焉支山，使我嫁妇无颜色。”汉朝取得的胜利可谓辉煌。

但是连年的征战也给汉朝带来了沉重的损失，武帝开边的背后，是“边庭流血成海水”，无数人死在了对匈奴的作战中。到了武帝统治后期，“天下萧然，户口减半”，沉重的现实压力逼迫武帝不得不下罪己诏，调整自己的对外政策。

汉匈之间长达数十年的战争对双方都是一种沉重的负担，可以说，这是一场没有胜利者的战争，双方都期盼着和平。在这一背景下，我们熟知的那一幕“昭君出塞”就这样发生了。匈奴呼韩邪单于入朝，向汉元帝表示臣服，而汉元帝则派宫人王昭君和亲匈奴，封号“宁胡阏氏”。自此之后，汉匈边境取得了数十年的和平。史载“然后单于稽首臣服，遣子入侍，三世称藩，宾于汉庭。是时边城晏闭，牛马布野，三世无犬吠之警，黎庶亡干戈之役”。汉匈两地的人民都获得了久违的和平。

到了东汉，匈奴分裂成南匈奴与北匈奴，东汉和帝时，大将窦宪远征北匈奴，勒功燕然而还。自此之后北匈奴西迁，逐渐消失在历史的长河里，而南匈奴则内附汉朝，逐渐移居内地，而山西就成了大量匈奴人首选的落脚点。

汉末三国，瘟疫流行，征战频繁，中原损失了大量的人口，“白骨露于野，千里无鸡鸣”的惨状比比皆是。而当时的北方气候寒冷，少数民族大量南迁，当时的北方统治者为了维持兵员和财源，对此都持一种默认的态度。

在这一过程中，山西由于独特的地理位置，成为了少数民族南迁的通道。首先，山西居于游牧民族和农耕民族的交界线，是游牧民族南迁的必经之路；其次，山西的地理环境宜耕宜牧，中部是一连串的山间盆地，土地肥沃宜于农耕；而大部分地区则地势较高，年均气温接近传统游牧地区，适合畜牧业的发展。因此，南下的少数民族也乐于留在山西高原。于是，匈奴、鲜卑、氐、羯、乌桓等民族先后进入山西。据安介生《山西移民史》的研究，至匈奴刘汉建立之前，山西境内少数民族人数已超过一百万人。在这些人中，有战败被俘的，有主动内迁的，有被朝廷安置于内地的，有被当奴隶掠卖的，有通婚融合的，有成为贵族高官的。阶层不同，身份各异，但基本的民族认同和民族特征依然存在。因此，当西晋王朝陷入“八王之乱”的战争旋涡中，残酷地压迫各族人民时，大量流民纷纷出现，各地人民的反抗也此起彼伏。汉人有“乞活军”，而各个少数民族也开始结成武装，甚至独立建国。我国历史上的“五胡十六国”时代，就这样开始了。

关于这段历史，著名学者宗白华曾这样评价：“汉末晋魏六朝是中国政治上最混乱、社会上最痛苦的时代，然而却是精神上极自由、极解放、最富于智慧、最浓于热情的一个时代，因此，也就是最富有艺术精神的时代。”不可否认，少数民族在南下、建国这一过程中毁灭了西晋王朝，给无数人带来了灾难，之后他们之间互相的攻伐也给中原大地带来了无尽的破坏和损失。但我们也应该注意到，草原民族的进入也为中原注入了新的血液，冲突频繁的背面是彼此交流的增多，而各民族间文化的交流又带给了古老的华夏文明新的生机。

战争的频繁打乱了各个部族之间的界线，原有的部族关系被冲散，而地域关系则成为人与人之间新的认同关系，不同民族的人们彼此之间的交流越发增多，不同文化之间的交流也随之增长，各个民族之间，各个民族文化之间的融合也开始发生。

此外，建立在山西的各个国家为了自身的发展，相继推行汉化政策，匈奴汉国的建立者刘渊本人就以汉王朝的继任者自居，之后建立的诸如前秦、北魏等国家，无不大力推行汉化政策，尤其是北魏孝文帝的汉化改革，诸如改汉姓，鼓励通婚等等，更是大大推动了各个民族间的融合。

尤为重要的是，各个民族都对华夏文明表示认同。一般来说，各个民族间的隔阂主要体现在文化上的不同，而南迁的少数民族在他们发展的过程中，都逐渐接受了中国传统的政治理念和文化传统，甚至从民族血统上认同汉民族，藉以巩固他们自身的政权。除了匈奴的刘渊自称汉朝的外甥，以“刘”为姓氏建立汉国之外，北魏的建立者拓跋氏也自认为是黄帝的后裔，所谓“北人谓土为拓，后为跋。魏之先出于黄帝，以土德王，故为拓跋氏。”汉族正统观念被各族所认同，标志着民族融合的不断深入。

而不同民族文化的交融，也使得华夏文明焕发了新的华彩。在西晋时盛行的玄学标志着传统文化在当时已进入了过分精致化和虚无化的歧途，而域外文明的注入以及同本土文明的交流使得华夏文明在继承前代文明的基础上，又吸收了各民族文化之长，一扫之前萎靡之风，为之后隋唐三百年的文化繁荣奠定了基础。

一个民族想要发展决不能固步自封，与其他民族的交往和融合是必不可少的。这一过程可能充满着痛苦，但是经历这一番痛苦之后的民族，就像浴火重生的凤凰，会焕发出更加强大的生命力。发生在山西的民族融合只是当时全国民族融合的一个缩影，经历了几百年的民族大融合，最终，李渊和李世民父子，这一明显带有胡化色彩的汉人家族，从太原起兵，开创了中国历史上最辉煌、最开放、最强盛的一个朝代——唐朝。

黄河滚滚奔流，各个民族过往的恩怨也一并随之东去，就从中国历史而言，五千年史，实际就是一部“文化包容史”、是一部“民族融合史”，是在不断地与周边民族以及远方各国进行物质文化的交流中发展的历史，是与异质文化不断接触、冲突、融合的历史。从先秦时代的戎狄蛮夷，到南北朝时期的五胡政权，到元、清两朝的蒙古、满族政权，一个个都被中原民众所接受，消融在了中国大家庭之中。“包容”“融合”不是一方消灭另一方，而是在相互承认“不同”的基础上，达到“和”的状态。古代民族之间的冲突，最终都在“和而不同”的原则下消解而走向了统一，形成了我们今天的中华民族。今天的我们，享受着民族融合的福利，也应该铭记这段民族融合的历史。

三、 秉笔书史鉴古今

熙宁谏诤，忠谠切深。
元佑相业，旋乾转坤。
行成无伪，学几不杂。
一德醇儒，百年清节。

——孙承恩《文简集》

三晋古有史风，春秋晋国太史董狐一句“赵盾弑其君”开了秉笔直书的典范，留下了“董狐直笔”的美谈。司马迁“不虚美、不隐恶”的撰史原则，就可以追溯至此。而在中国历史上最动乱的时期之一——南北朝。有这样的祖孙三代，继承三晋史家遗志，整续故史、立本开新。他们就是河东“史学三裴”——裴松之、裴骃、裴子野。他们是那个时代史学一途的脊梁，继承着三晋千年来的直笔风骨。

世人都知道司马迁的《史记》为中国史学高峰。但无论峰有多高，在时间的侵蚀下，也终会有沧海桑田、高峰平垣的一天。《史记》在经历了东汉末年群雄割据、三国征伐、南北朝并立、五胡内迁等四五百年不休的动乱后，几乎面临着失传的危机。如果没有裴骃，或许这部“史家绝唱”就真成了绝唱。裴骃在多次反复阅读《史记》的过程中，深感无注给后人阅读和研究带来极大的困难和不便，于是他经过多年艰辛努力，撰成《史记集解》130卷。后来，唐司马贞又撰成《史记索隐》13卷，张守节撰成《史记正义》30卷。后世将这三种注本合称为“史记三家注”。

与《史记》同命运的还有西晋陈寿编的《三国志》。就像我们对汉朝盛世的记忆停留在卫青、霍去病、李广那里一样，我们对三国乱世的记忆，多是来自《三国演义》一书。如果没有裴松之，大概就不会有《三国志》了，那就更不会有在《三国志》的基础上创作的小说《三国演义》中那些脍炙人口的故事。裴松之为《三国志》作注65卷，我们如今能看到的《三国志》，也多是裴注的《三国志》。

相较于祖父裴松之和父亲裴骃对前人著述的注解之功，裴子野的史学才华得到了更完美的展现。如果一个人在他人著作的删改基础上，新编出一部著作，而且这部著作受到了原作者的赞叹钦佩，那这个人的能力是毋庸置疑了吧。而裴子野，就是这样的人。他根据自己的观点和所掌握的史料，把沈约的《宋史》删编成一部《宋略》，凡20卷。《宋略》无论在叙事还是评论方面都超过了《宋书》，令作者本人沈约也自叹弗如。

在三晋的史学传统中，先有春秋董狐开启直笔书史之风，后有“史学三裴”继往开来，守前人遗著、辟史学新路。这一路的传承，似乎都在预示着，三晋大地上，最终还要有一位集大成者，结三晋史学这两千年的大轮回。而他，又让我们等了六七百年。

论武功，我们往往并称“汉唐”；谈文治，则“唐宋”齐名。或许是盛唐太过浪漫了，此时诗人的名气也远远大过了史家的名气。在这片土地上，孕育了无数大名鼎鼎的诗人——王维、王昌龄、王之涣……每个人都留有我们耳熟能详的诗篇。这个激情磅礴的朝代过去后，我们迎来了以理趣著称的宋朝，此时，三晋诞生了中国最伟大的史学著作编写者之一，他就是“史学两司马”之一的司马光。而他，作为三晋史家的代表，也为历史留下了一部影响深远的通史巨著。

宋神宗时，因反对王安石的激进变法，司马光离开朝廷十五年。这十五年间，他主持编纂了中国历史上第一部编年体通史——《资治通鉴》。在这部书里，司马光总结出许多经验教训，供统治者借鉴，宋神宗认为此书“鉴于往事，有资于治道”，即以历史的得失作为鉴诫来加强统治，所以这部书被定名为《资治通鉴》。自此，中国史学群峰中，不再只是高高耸立着一座《史记》，览众山而觉小，另一座高峰，也拔地而起，不遑多让。

南宋史学家王应麟评价这部书时说：“自有书契以来，未有如《通鉴》者。”明末清初大思想家顾炎武在他的代表著作《日知录·著书之难》中，称赞《资治通鉴》和马端临的《文献通考》：“皆以一生精力成之，遂为后世不可无之书。”清末名臣曾国藩评价：“窃以为先哲惊世之书，莫善于司马文正公之《资治通鉴》，其论古皆折衷至当，开拓心胸。”历代名家都给予如此高的评价，也难怪能和司马迁的《史记》并列为中国史学的不朽巨著。

于国，司马光传有《资治通鉴》巨著，于家，亦不乏名篇。如果说《资治通鉴》是国史巨著，那《训俭示康》就是家史名篇。《训俭示康》，字字真切，为历代家书典范。文中道理，于寻常人而言，比起治国大书《资治通鉴》，更具教化意义。名篇自有名句：“俭，德之共也；侈，恶之大也。”单看此句，似乎不觉有多震憾，但顺着将下文读完，自不禁感叹涑水先生阅历之深、见地之广、言辞之切。

司马光逝世后，赠太师、温国公，谥文正。他为人温良谦恭、刚正不阿，以“日力不足，继之以夜”自诩，他的人格堪称儒学教化下的典范，历来受人景仰。当朝宋神宗赵顼对这位老臣有这样的评价：“司马光方直……未论别者，即辞枢密一节，自朕即位以来，唯见此人。”几百年之后的康熙帝评价如是：“司马光立朝行已，正大和平，无几微之可议。不祗冠有宋诸臣，求之历代亦不可多得。”

当我们在谈及史学三裴、司马温公的时侯，心中时常在想，一方水土一方人，一方名人的秉性也大概能代表这一方人的气质性格。秉笔书史，书历代可通鉴之事，此中可见：对古人之谦敬，对往事之常思。这种气质，或许有人会说，是因循守旧，更有甚者言抱残守缺，但其为仁者、为智者、为大者，则温文持重，经得起黄河的激荡，亦经得起历史的乱波。这，便是三晋史家的风骨！

四、 忠义清廉为苍生

> 吏不畏吾严，而畏吾廉；民不服吾能，而服吾公。
>
> 公则民不敢慢，廉则吏不敢欺。公生明，廉生威。
>
> ——明·曹端《官箴》

尧、舜、禹等先贤的禅让是一国领袖给后人留下的德行记忆，历代仕宦的高洁品行同样塑造着这片土地上人民的文化基因。“立德”典故，在这片古老的土地上，历史长达整个中华文明史。上古帝王的德行已然有述。此后千年，一个被称为山西“武圣人”的文化符号，同山东“文圣人”一起，被深刻地印在华夏文明的历史图腾上。

“文圣人”讲仁，“武圣人”谈义。每当我们想起：在两千年前的某一个夜晚，一位红面长髯的儒将在灯下夜读《春秋》，文武圣人在此刻神交于经典，两大文化符号此后千年被刻在了包括海外华人在内的每一个中国人的潜意识中。

在小说中，他的典故无数。温酒斩华雄，三英战吕布；徐州兵败，约三事降汉不降曹，知刘备讯，斩六将千里走单骑；襄阳水淹七军败于禁，樊城刮骨疗毒气等闲。在戏剧中，以关羽为主角的有《斩熊虎》《桃园三结义》《温酒斩华雄》《虎牢关》《屯土山》《月下斩貂蝉》《过五关》等脍炙人口的名篇。各朝皇帝都将他视为忠义的化身，身前为侯，身后宋朝封武安王，明朝尊为帝君，清朝尊为关圣。其地位“侯而王，王而帝，帝而圣”。

关公不仅为王朝所推崇，成为国家保护神。同时深入民间，由于关羽有善于理财的传说，因此被各行业视为武财神、行业神和聚落保护神。在小说《三国演义》中，关羽代表了忠义和英勇。其实关公信仰，作为一种民间信仰，世俗信仰，为秘密宗教、结社所尊崇，甚至在九十年代的香港片里，警察局里都供奉有关公。道教为了吸引民众，说服民众信奉本教，也将关羽列入本教，将其奉为“关圣帝君”，为道教的护法四帅之一。

不仅在国内如此，在海外的华人华侨心目中，关羽也有着特殊的地位。十九世纪中后期，很多国人远赴重洋，立身于异国他乡，最后终于凭借个人奋斗在一个个异域城市建起了属于自己的“China Town”。在这个奋斗的过程中，有过艰苦、有过屈辱，但心中始终有一份寄托。当海外华人在他乡拼搏奋斗时，或遇辛酸事、或涌思乡情，此时，看着关羽的雕像，想着他的故事，内心总归会有所安抚。或言忠义如何为苍生？看关公故事慰世人。

三晋有忠义，又何缺清名？

从尧、舜、禹开始，就形成了民本思想，这些思想历经数千年而一脉相承，规范着人们的思想和行为，构成山西廉政文化的基因。清代阮葵生《茶余客话》云：“康熙间，山东多诗人，山西多名宦。”陈廷敬在为于成龙所作传记中有如此概括：“天下之所谓廉吏也，皆晋人，在阳城二三百里间。夫天下清白吏不易得，而为世所指名者，乃独多在于晋，可为盛矣。”可见山西自古就有清官廉吏的传统，他们身上体现出的忠、直、廉、勇这些优秀品质，对今人仍然有着深刻的借鉴和教育意义。

山西廉吏中最为出名的是于成龙（1617－1684）。于成龙于明崇祯十二年（1639）乡试中副榜，顺治八年（1651）参加乡试未中，十三

年（1656）赴吏部谒选，十八年（1661）任广西罗城县令，开启了他的官宦生涯。之后，历任合州知州、武昌知府、福建按察使、布政使、直隶巡抚和两江总督、兵部尚书等职。于成龙在清廷鞠躬尽瘁，清廉刚直，被誉为“天下第一廉吏”。

在他二十余年的宦海生涯中，三次被举“卓异”，以卓著的政绩和廉洁的操守享誉政坛，深得百姓爱戴。他的官阶越升越高，而生活却越来越清贫。为扼止官场中随处可见的奢侈腐化，他带头实践“为民上者，务须躬先俭仆”的理念。去直隶，他“屑糠杂米为粥，与同仆共吃”；在江南则“日食粗粝一盂，粥糜一匙，侑以青菜，终年不知肉味。”由是江南人亲切称他作“于青菜”。总督衙门的官吏在严格的约束下，“无从得蔬茗，则日采衙后槐叶啖之，树为之秃。”

康熙二十年，于成龙升任长江下江防道道员。翌年升福建按察使，以平反冤狱、整顿狱政、禁止送礼而深得人心。康熙帝在览阅福建巡抚的举荐奏文后，御笔朱批：“于成龙清介自持，才能素著，允称‘卓异”’。随即再获擢升。在布政使任内，他掌管着全省巨额钱粮正赋和军饷，为整治贪污浪费、效率低下等积弊，他创新制度、加强管理、注重教育并身体力行，过着缺钱少米“终日一食”的生活，而把薪资用于收养一群孤儿。这幅《紫薇堂楹联》即是他当时的作品，悬挂于署衙正堂以自励励人。

盈千累万，尽是朝廷正赋；倘有侵欺，谁替你披枷戴锁？

一丝半毫，无非百姓脂膏；不加轸惜，怎饶得男盗女娼！

此联目的是告诫下属官吏不要贪赃枉法，侵吞公款，不要任意挥霍民脂民膏，如有人胆敢以身试法，必受刑律惩罚和道德谴责。联语义正词严，表现出作者严于吏治的正直的品德。

于成龙去世后，熊赐履在《于清端公墓志铭》中记云：“总制两江大司马北溟于公，卒于官。卒之日，金陵人为之巷哭，相率炳香灯祭于寝，日几千百人，衕舍至不能容。远近闻之，皆辍市，如丧其亲，讣闻于朝，天子大震悼，给与恩恤有加。”当时的学界领袖戴震在追述于成龙生平时说道：“成龙清严忠直，勤劳治事，官吏无不敬畏，归于廉慎。”

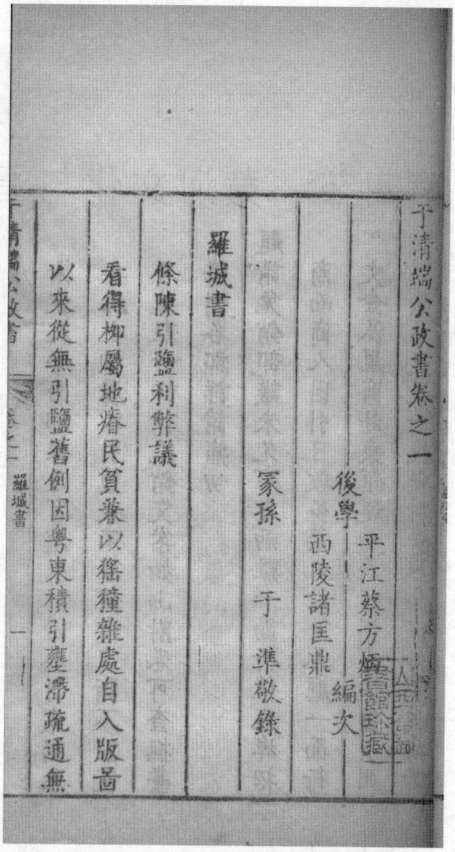
于清端公政書卷之一
後學 平江蔡方炳 編次
西陵諸匡鼎
家孫 于準敬錄
羅城書
條陳引鹽利弊議
看得柳屬地瘠民貧兼以猺獞雜處自入版啚
以來從無引鹽舊例因粵東積引壅滯疏通無

于成龙长孙于准，总结汲取于成龙等于氏先祖的家风家训，编订《于氏族规》22 条，《于氏家训》41 条，为于氏族人立下了世代践行的行为规范。于氏族规家训以“勤耕读、尚节俭，循法礼、孝乡里，廉仕吏、存仁德”等为核心要义，涵盖“勤、俭、学、善、廉”等朴素道理，既是对于氏先祖良好品行的总结与传承，更是对后人行为规范的谆谆教诲和殷殷期盼。

在三晋大地上，黄河哺育了立不世之功的“汉家长城”，立传世之言的“通鉴圣手”“史学三裴”，立范世之德的“禅让先贤”“武圣清吏”。这些三晋的先贤们，不断坚固着三晋的脊梁、丰富着三晋气韵，塑造着三晋的文化基因，使之壮阔，使之前行。

第四节　黄河文化与晋商文化

山西作为黄河中游的一大省份，西面与南面都毗邻黄河，境内又有多条支流汇入黄河，黄河岸边的人民辛勤劳作，接受着质朴、淳厚的黄河文化的洗礼。山西大部分面积土壤贫瘠，粮食产量低下，为了能裹腹，人民往往精耕细作，不敢懈怠，从而逐渐形成淳朴、善良的民风。随着社会经济大幅度增长，人口逐渐增多，使得人地矛盾异常突出，即使是辛苦劳作，也仍旧不能摆脱穷苦的命运。穷则思，思则变，在各种现实环境的影响下，山西人民走上了经商的道路，开始谱写艰苦创业的壮丽凯歌。

一、表里山河孕育商业文明

叔虞百里，居之河汾。
帝刻桐叶，天书掌文。
礼以成德，乐以歌薰。
天子无戏，唐有其君。

——南朝·庾信《成王刻桐叶赞》

山西，因位于太行山以西而得名，又称“山右”。东部是太行山脉，西部是吕梁山，南部是中条山，而中间则是由大大小小的几个盆地构成，以西以南由黄河环护，因而自古以来就有“表里山河”之称。山西南部有汾河水注入黄河，地形沟渠纵横，因汾河的存在，当地农业灌溉条件比较好，有利于农业经济的发展，因而为华夏文明的发源提供了良好的天然条件。而商业文明从来都是在人类文明的发展中孕育而来的，自尧舜禹时期到夏朝出现物物交换，在华夏文明的滋养与孕育下，山西这一地区就出现了商业文明的雏形。然而山西整体位于黄土高原之上，北部地区的土壤贫瘠，农作物种类单一，人民生活困苦，南部地区虽然有汾河水加以灌溉，但正是稍显肥沃的土壤使得人口繁衍过多，

导致人口稠密，人民生活水平仍旧比较低。“山西平、汾、蒲、解等处，人稠地狭，本地所处之粟，不足供居民之用，必仰给于河南、陕西二省。”长期的贫苦迫使人民另谋生路——利用山西独特的资源及地理优势进行商品交换。

山西“表里山河”的地理环境还孕育了大量的自然资源。如运城、阳城、交城等地盛产盐铁，而盐铁又是铁器时代人们生活的必需品，所以盐铁是早期山西人民用以交换的重要商品。人民在极其有限的土地上进行耕作，加工，进行交易，以

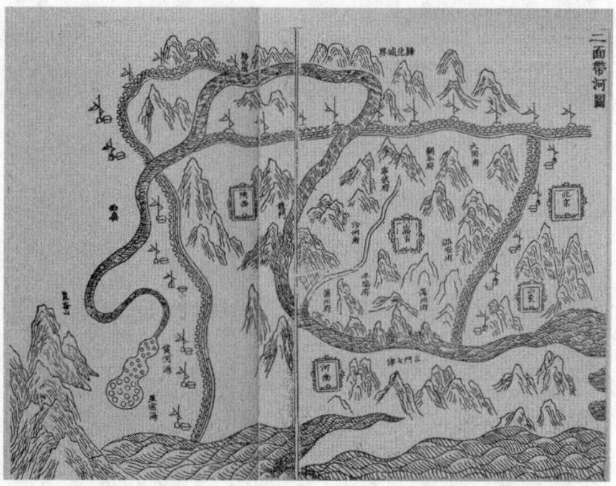

换回自己所需要的商品。如“绸：出潞安府，泽州间有之。”古时候山西潞州的丝绸是支撑晋商发展的主要商品，与瓯绸、宁绸、茧绸、嘉定大绸齐名，名列中国名绸之一。盐铁不仅是生活、生产的必需品，一定意义上也是构造文明的基础。

三千多年以前，在这一带建国的君主都以盐铁发展生产，从而征战疆场，建立功名。在山西南部建立政权的君主就有很多，西周时期，周王室给唐叔虞分封了一个小国家，就在今山西南部，叫做唐国，唐国不仅地方狭小，而且土壤贫瘠，又与少数民族杂居，经济发展十分困难。

唐叔虞到唐国后，“启以夏政，疆以戎索”，引晋水灌溉，发展生产，使得当地经济得以发展，这就是初期的晋国。之后，唐叔虞的儿子继位后，改唐为晋，工商业仍旧由官府所操控，但采取较为宽松的商业政策，使得私营工商业有了一定的发展。至晋文公重耳继位，放宽私营工商业，鼓励人们积极投入到商业中去，甚至出现与少数民族做交易，将中原的食盐、麻布、谷物换取少数民族的马匹、皮毛的现象，晋国的原始商业活动得以发展，实力大为增强，为以后称霸中原奠定了基础。还有古称平阳的临汾市，在公元前453—416年，为韩国都城38年；秦汉之际，西魏王魏豹以临汾市为都城；公元309—318年，匈奴左部帅刘渊所建政权以临汾为都10年，正是这样人杰地灵、物产丰富的地方，为文明的产生与发展提供了基础。这也是山西商业文明发展的重要源头。

交通的便利程度也是商业文明发展的重要条件，它能够最直接地反映文明地区的区域与疆土以及它的伸缩情况，同时也影响到商业文明的传播与发展，是商业文明发展的一项标尺。山西由于其独特的地理位置而成为了交通枢纽，为商业的形成发展提供了极其重要的条件。

山西自古就居国家之中，是通往东西南北的必经之路。夏商时期，民族间的交流与冲突就为山西交通的发展起到了很大作用。当时主要的交通工具有马、车和船。在石楼——绥德青铜文化就发现了专门为骑马制作的提梁卣等青铜器。而要跨越黄河进入山西，交通工具就是船了。至春秋时期，山西已经形成了较为便利的交通网，当时与外界联系的通道主要是渡河通道和陆路通道。渡河通道中最为知名的有虞坂茅津道、阳壶道等。而陆路通道则主要是山西境内由南向北的道路，主要是山西中部一连串比较平坦的盆地形成的道路，另外就是沿着黄河东岸北上。战国时期，战乱频仍，为了顺利进行军队调度，不致使车马堵塞，重要的道路都比较宽阔，这也为商业的发展提供了重要条件。

这一时期的货币铸造就多分布在交通便利的地方，当时空首币的铸造就在今介休、文水、霍州等地；尖足币多在今太原、介休、榆次等地；方足币则临汾、夏县、平遥、汾阳等地。黄鉴晖在《晋商经营之道》中也有记载“在汉武帝开通丝绸之路的同时，以山西为枢纽，北越长城，贯穿蒙古，经西伯利亚通往欧洲腹地的国际商路也已打开”，山西的地理位置不言而喻。其次，山西的西部是十三朝古都——长安，不仅能够及时接收到新的商业政策，而且可以与长安直接进行商业活动。最重要的是，山西西北部是长城一带，是农业文明与游牧文明相结合的地带，山西北部的人民有得天独厚的条件与塞外的少数民族交往、进行贸易。北部人民正是利用其独特的地理位置，了解少数民族的语言、生活方式、饮食习惯，将农耕区域的粮食、绸缎与游牧民族的牛马等进行交换。汉朝武帝时期，卫青、霍去病征战匈奴，双方投入约四十万兵力，大量的屯兵为山西北部的商业发展提供了广阔的市场，同时也刺激了山西人民与游牧民族的商品交换。这样独特的地理位置是山西商业文明发展的另一源头。

所以，山西虽自古以来都不是富庶之地，但恰恰由于其特殊的自然资源、地理环境、地理位置，商业活动总是在不断进行、不断发展，形成了独特的商业文明，特别是在明清，山西商人凭借着自己的才智与胆识创建票号，积累大量财富，不仅给后世留下许多传奇与佳话，更多是留下了现今能够继承与发展的开拓进取、诚实守信的晋商精神。

二、 盐铁丰饶兴商业之滥觞

增棱雄跨海光楼，霁色横空宿雨收。
条岳翠屏拔地起，鹾池琼液接天流。
琴弹虞迹薰风起，畚集姚渠爽气浮。
此境已超人世外，不须截海觅瀛洲。

——明·朱知螯《盐池》

自古以来，山西由于其“三山夹一川”的地理特征，疆域没有发生过大的变化，境内虽山丘遍布，地面不平，不利于精耕细作的小农经济发展，然而恰恰就是这块土地孕育了最早的中华文明。早先陶寺遗址的发掘证明山西南部就是最初的古中国，所以人类文明的起源很可能就与山西南部丰饶的盐铁资源有很大关系。盐在农业社会的作用远非我们所能想象的，它能够决定一个国家的生死存亡。

盐不仅能够增强人的体质，而且可以防止食物的腐烂，春秋战国时期的齐国就是因渔盐丰富而成为当时第一个经济转型的国家。而山西自古以来就有解州盐池的存在，作为必需品的食盐就能够成为大宗商品，为晋商的发展提供了绝佳的资本。

今山西运城仍有盐池，现称盐湖，每年的五六月份盐湖的水就会变成红色，因盐湖大道横穿而过，时常会形成一半青一半红的景象，所以人们经常戏称盐湖为“鸳鸯锅”。关于盐湖水变红的现象还有一个传说：南方的部族首领蚩尤到中原与黄帝争夺天下，黄帝在天女的帮助下大战蚩尤，最后斩杀蚩尤，血流入了湖水中，由于血是咸的，就化成卤水，最后形成盐池。因在这个地方尸解蚩尤，因此这个盐池又叫做“解池”。

盐是生活必须品，每家每户都需要。《管子·海王》中记载：“十口之家，十人食盐。百口之家，百人食盐。”说明食盐在日常生活中是不可或缺的，有盐的地方就能发展工商业。《汉书·地理志》中说：“河东土地平易，有盐铁之饶。”《续汉书·郡国志》记载，安邑县“有铁、有盐池”。古时候，运城一带的人民大都以盐业为生，他们依靠着盐湖，大部分都从事着与晒盐、贩盐有关的生产活动。在远古时期，盐的生产仅仅靠人力在盐湖周围捞采天然形成的结晶盐，因此需要耗费大量的人力、物力，而且产量极少。自唐朝开始，出现了日晒法，就是将湖水抽取到盐田中蒸发，等卤水到达一定浓度后，利用冬季低温把芒硝析出，沉于池底。然后再将卤水抽入下一个盐田蒸发，利用夏季高温，形成阳水。再将阳水放入有硝板的盐田，形成阴水，再将阴水放入另一个盐田进行蒸发，最后析出食盐。由于制盐过程繁琐复杂，使得古时候食盐的生产量较少，而食盐又是人们生活的必需品，物稀而贵，所以山西人民就利用独特的商品——盐而富甲一方。据考证，“贾”出自于“鹽”，指解州池盐。这就说明最早的商业活动就是在山西境内的人民把盐当做商品进行交易。在虞舜时期歌唱现在运城盐池的《南风歌》中有“南风之时兮，可以阜吾民之财兮”，可以说是最早的商业理念了。

进入铁器时代以后，由于铁农具的广泛使用，导致了生产力的迅速提高，农业经济的发展离不开铁农具，也就离不开冶铁业。而制造铁器的原料铁矿很大一部分就来自山西南部地区。据《山海经》记载：全国位置可考的铁矿山有 17 处，而山西就有两处：“白马之山，其阴有铁，多赤铜，维龙之山，其阴多铁”，这里的白马之山就指现阳泉盂县。在山西著名的铁矿产地就集中在今阳泉、晋城地区，且尤以泽、潞地区的铁矿闻名。阳城“县地皆山，自前世已有矿穴，采铅、锡、铁”，而且当地还出现了许多因炼铁而致富的村镇。到唐代，潞安府成为了各种铁器的集散地，不仅说明了山西南部矿产资源十分丰富，冶铁业发达，而且显示了山西工商业的发展壮大。这些地方因而也出现了许多有名的铁农具，阳城的犁镜就是其中的代表。铁器是农业时代最为重要也最为广泛的工具，尤其是铁农具已经成为人们进行生产必不可少的工具，其生产量与需求量都非常巨大，这就为商业发展提供了重要而又必要的条件。在进入铁器时代以后，由于铁器的使用，生产力迅速提高，铁器又因质地坚硬，逐渐走进了人们的生活，铁逐渐成为了人们生活中不可或缺的物资。一旦生活必需品作为一种商品，就具有了广阔市场，这也为山西商业的产生与发展提供了重要基础。

春秋战国时期，位于山西境内的晋国利用境内丰饶的盐铁等自然资源，商品交换甚多，出现了“日中为市，致天下之民，赞天下之货，交易而退，各得其所”的现象，甚至还出现了许多富甲一方的大商人。如河东商人盐商猗顿，猗顿出生于鲁国的贫苦人家，耕则饥饿，桑则常寒，因常常听人说陶朱公范蠡生财有道，于是就去向陶朱公取经，陶朱公告诉他，要想快速致富，最好的办法是去饲养牲畜，于是猗顿就开始去饲养牛马，没几年就成为小有名气的商人了。之后为了实现事业上的宏伟蓝图，就转战盐业，在河东盐池取得盐之后，利用自己饲养的骡马运输盐，开辟道路，最终成为了大富豪，富甲一方。《史记·货殖列传》中记载：猗顿盬盐起。说明猗顿的致富是因为贩盐。之后他还从事玉器珠宝的投资、鉴别活动，成为至今仍被人们称赞的大商人。同一时期的商人还有计然、白圭等人，说明当时山西商业的发展已经比较繁荣了。

到两汉时期，为了增加国家的财政收入，汉武帝在桑弘羊的建议下实行盐铁专营，这使得商人不得不改变多年来营运盐铁的经商习惯，转向别的领域。但这一政策的实施并没有打击到当地商业的发展，当地的商业仍旧是一片繁荣的景象。明清时期，因为边防需要，政府采取开中、盐引制，使得近水楼台的山西商人再一次嗅到了商机，晋商至此开始走向了辉煌时期。

山西商业的发展始于盐铁，正是因为境内丰富的盐铁资源成为大宗货物，才使得商品交换得以继续，山西的商人才有了进行交换的资本，山西商人才能以此基础发展生产，进行商业活动，最终纵横天下，走出国门。

三、 汇通天下执商界之牛耳

南通北达，二盛二协。

东锦全，西万聚，当中圪夹的元生利。

先有复盛公，后有包头城。

先有曹家号，后有朝阳县。

先有晋益老，后有西宁城。

——晋商民谣

现在的山西平遥古城内还保留着许多明清时期票号与商铺的遗址，其中有一家叫做日升昌的票号，票号后面有个院子，在院子里至今还悬挂着一块匾额，上面写着四个大字——汇通天下，这四个字不仅解释了日升昌的主要业务，而且还显示出了日升昌票号取得的重大成就。在平遥，这样的票号还有很多，院子也不少，这样恢弘大气的建筑无不在诉说着当年山西商人所取得的辉煌成就。

中国最早的票号就是日升昌票号，创建于道光初年，创始者是雷履泰，创建的原因还得从山西商业的发展说起：山西的商业尤其是长途贸易在进入清代以后发展迅速，纵横大江南北，贸易额非常巨大，所需钱两非常巨大。所以商人在交易时不得不携带大量的银两，而钱币多是由银、铜制成，长途携带大量钱币，不仅极不方便，而且安全存在极大隐患。当时采取的主要措施是由镖局保护运送，但镖局运送并不能保证绝对的安全，而且每年还需要付给镖局高额费用。这时，许多商人就开始思考如何既方便又安全地拿到交易需要的银两，于是票号就应运而生了。日升昌票号是雷履泰在一家颜料铺的基础上改造而来，并且在各地开设分号。日升昌初期的主要业务是汇兑，就是在日升昌存入一定的银两，然后由日升昌出具一份凭证，凭借这份凭证就可以在各地的分号兑取银两，类似于现今的银行异地取款。票号是商业资本转向金融资本的创新产物，在中国近现代经济发展史上占有重要的地位。

明清时期，由于明清两代都在山西北部、长城一线屯有军队。明朝建立初期，为了防止北方蒙古的侵袭，政府在北部边疆设立了“九边”重镇（辽东、蓟州、宣府、大同、山西、延绥、宁夏、固原、甘肃），大量官兵驻扎于此，官运粮草完全不能满足需要。于是政府把盐引制变为开中制（商人把粮草运往边关的指定地方，由当地官员裁定后发给相应的盐引，之后用盐引换购盐去各地贩卖），盐商们因运输粮食路途遥远，损耗严重，便雇佣劳动力在边关开垦土地，发展生产，产生了商屯，在当地直接换取盐引，获利颇多。许多著名的晋商就是在开中制度下获到了人生的第一桶金。但政府为了增加盐课，大量增发盐引，导致盐商持有大量盐引，却支取不到盐，再者统治阶级内部为了牟取私利，打破“明初开中只限商民，四品及以上官僚不得染指”的规定，不仅贩卖盐引，包办开中，而且利用手中的权势，大肆打压商人，开中制受到到破坏。明政府为了挽救边商，解决商人积压在手中的盐引，“把持有盐引的商人分为10纲，每纲盐引皆为20万引，以圣、德、超、千、古、皇、风、扇、九、围10个名字命名。每年对其中1纲的旧引支盐，对其他9纲的新引支盐，以10年为期，把旧引完全疏通”，之后还按照纲造册，登记商人基本信息，不在名册上的商人没有资格贩盐，这就在一定程度为商人垄断盐引做了基础。

清初，战事繁多，平定三藩，平定噶尔丹，长城一线战事频发，驻扎了大批军队。这一情况给时值没落的山西商人提供了一线商机。明末清初，战乱频发，即使是家底再厚实的商家也避免不了战争的破坏，高墙深院尽是一片破败凋零的景象。但坚韧的山西人没有一蹶不振，在清初战事还没有完全平息的时候，勤奋的山西庄稼汉已经推着独轮车上路了。这时出现了现今仍旧口耳相传的活动——走西口，当时山西糟糕的生活环境使得劳苦人民不得不随军出征，专做一些军队的小生意，如大盛魁的王相卿、史大学、张杰就是随军到山西北部、内蒙等地做生意，之后生意逐渐做大，创建了大盛魁。

当时的山西商人出长城一线后，深入到大漠内地，用内地的粮食、茶叶、布匹换取牛、马、皮毛，甚至还将生意做到俄国，例如归化、恰克图等地就是因为晋商在当地发展商业才逐渐发展为城市。晋商与当地人做生意，当面钱货两清，实在没有钱的可以牛羊抵债，但不马上带走牛羊，而是继续将牛羊放在牧民家中，直到牛羊长肥后再牵走，获利颇丰。明清的山西商人在做盐商及旅蒙商期间用自己的聪明才智聚集了大量财富，为以后晋商涉足票号打下了基础。走西口作为一项商贸活动，对蒙古地区的开发建设做出了重要贡献，同时也促进了民族的团结与融合。

此外，在设立分支机构方面也大有讲究，分号的设立一定要设在交易频繁的地方，这样既可以方便广大主顾，也可以最大限度的招揽生意。晋商票号的分支机构分布于全国各地，19世纪前期，票号就分布到京城、张家口、汉口等地，到19世纪后半期，票号开始向全国蔓延，北至新疆、南到广东、西到四川、东到沿海，形成了一张网络，横纵全国，甚至还出现在国门之外，远至日本、俄国等地，所以有“汇通天下”之称。

在诚信方面，山西商人可谓是极重声誉，一诺千金。道光年间的许梅说“千金纸票，予金而兑金，交银与此，取银与彼，从不坑骗。”说明了山西票号经营的方式及票号以诚信为本。山西商人认为票号与主顾的关系是相辅相成的，票号为主顾服务而获利，没有主顾就没有票号。在清后期，李宏龄主持蔚丰厚票号具有非常好的名望。当时庚子之变后，北京的许多官员出走上海，要求在上海兑换银两，由于主顾太多，许多票号都不予兑换，而李宏龄力排众议，认为只要持有蔚丰厚的汇票就可以兑换，解除了主顾的后顾之忧。是时，蔚丰厚票号名气大增，也大大增加了晋商的声誉。

兑取银两的汇票，仅仅是一张由票号专人所写的纸张，如何使得汇票区别于其他纸张而得以防伪，这是票号立足的根本。然而从现今的史料中可以证实的是，当时几乎没有伪造成功的汇票。当时票号为了防伪主要有两种办法，一是密押，在现如今平遥古城的票号中，墙上还有汇兑的暗记，暗记分为月兑暗记、日兑暗记、银总暗记、对自暗记。暗记不定期更换，以起到防伪的作用。另一种是现如今可以在人民币上见到的水印，具体制作工艺由于严格的保密制度不得而知。至今也没有发现当时的汇票，所以现在用于防伪的水印只能在钱票上看到。这说明当时山西票号在防伪方面的领先水平，也说明了山西票号所取得的巨大成功。这也是晋商能够“汇通天下”的重要基础。

同一时期可以与晋商相提并论的有徽商、苏商等，徽商、苏商之所以没有能够取得像晋商这样地位，首先是由其优越的地理环境造成的，徽州经济的发展几乎都是靠当地良好的地理环境，当地土肥水美，作物多样，坐商居多，钱两当面交易，没有长途运输的必要。再者，徽商崇尚理学尊朱熹，业儒高于服贾，学而优则仕，人才流失比较严重。最后，对待财富方面，徽商挥金如土，在赚取大笔资金后不同于晋商买地置院，而是奢靡成风、挥霍一空。对比徽商，我们可以看出，晋商票号能够先一步成功也是其独特的地理条件、诚信重义的文化所熏陶而来的。所以票号最先出现在了地理环境差，经济发展并不好的山西而不在经济较为发达的南方地区。在 19 世纪 80 年代以后，电报业的开通为汇兑业务的发展锦上添花，使得票号的发展更加迅速，之后票号业务扩展到 120 多个省市国家，真正实现了“汇通天下”。

四、 行大道重仁义的三晋商人

三晋不重农，种粟生钱庄。

乡野隐巨贾，仕途可典当。

白银铸帝国，百世风雨长。

汇通天下兴，至今思义商。

——孙宜学

在山西，有很多商人被称为儒商，意思是说这些商人既有才智，又有德行。在中国古代，能成为大贾的必定是有“文化”之人，这里的“有文化”不是指有知识，而是指有修养有内涵，能谋大事。山西人经过几千年华夏文化的熏陶，接受了华夏商道的道统，即所谓“商之道，富而不欺，商道从于人道，人道顺于天道，天道无亲，常与善人，所谓大象无形、大爱无言、大商无算。”山西商人尽管有着天下商人都有的重利特点，但他们都坚守着自己内心的准则和道德规范，不欺人，不损人。至今，山西商人都会有拜关公的习俗，关公以“仁义忠勇”而著称，山西商人在关公文化的感染之下，形成诚信、乐善好施、团结进取的优良品质。虽然身在商场，但却没有一般商人的小肚鸡肠，讲究利人利己，正所谓“大商谋道，小商谋利。谋道者道利兼得，谋利者道利俱损”，山西商人紧跟历史的发展趋势，创立票号，造福人民。在国家危难之际能够挺身而出，造福国家，所以能够道利兼得，走出国门，谋道者终道利兼得。而形成这样“行大道”而“仁义”的品格也与当地特殊的地理环境有关系。山西虽孕育了华夏文明，但其“三山夹一川”的特殊环境，环境较为闭塞，整体经济发展比较落后，在以种地为生的年代，只有老实地精耕细作才能从土地上获取一点收成糊口，不敢也不能奸诈、耍滑骗人财粮，所以山西地方的典型特征就是质朴、淳厚。而晋商也吸收了这种特点，形成诚信、重义的特点。

在清代后期，山西中部的商人逐渐超过南部的商人成为晋商的代表，其中被称为中国华尔街的太谷，还有平遥、介休一带出现了许多著名的商人。创建日升昌票号的雷履泰、乔家的乔致庸等都是这一时期的典型代表。在经商过程中，商人们相互帮助、相互竞争，促进当地商业的繁荣发展。日升昌票号的大掌柜雷履泰与二掌柜毛鸿翙相互竞争的故事流传至今。当时大掌柜雷履泰偶感风寒，二掌柜毛鸿翙因此向东家报告说雷履泰年事已高，让其回家休养。此事传入了雷履泰的耳中，于是雷履泰就写信要各地分号的掌柜迅速回到总号，称分号都是自己创建的，召回分号是让东家自己处理票号事宜，这一举动使得东家赶紧请回了雷履泰。而二掌柜毛鸿翙因此出走，建立了与日升昌并驾齐驱的蔚泰厚票号，其在京津、汉口的业务量超过了日升昌，而在苏杭地区日升昌又碾压了蔚泰厚的生意，两家在生意方面相互竞争，颇有一较短长的意味。这样的例子在晋商中不在少数，他们磊落坦荡，即使处在紧张的竞争关系中也丝毫不偷奸耍滑，使得山西商业的发展良性循环，最终在全国的商帮中脱颖而出，称雄于天下。

从经营方面来看，山西商人重“义”表现得淋漓尽致，在经商过程中，遇到突发事件，宁可自损三千，也不会让合作伙伴有所损失。从前祁县有位商人做蓖麻油生意，一次送油给主顾的途中发现油有问题，就立即返回换上好油才上路，不让主顾有一点损失，自己的声誉也逐渐建立起来了。晋商与人做生意，都会先谨慎地考察生意伙伴的德行、资质，一旦通过考察，以后就只与这家商铺合作，中途不轻易更换生意合作伙伴。这样不仅可以使生意平稳发展，不至有大的波动，也可以使合作伙伴的生意得以发展，形成双赢的局面。待人真诚、名誉至上是山西商人经商不变的准则与信条，而诚信则是商业发展的基石、立足的根本。创立大盛魁的王相卿、史大学、张杰三人在创业时期还只是一个随军做小生意的小商贩，几乎不能维持生计，过年的时候也仅仅只能喝一碗小米粥。当时有一个人来住店，放下行李后说出去找朋友，结果再也没有回来，三人打开行李发现有几千两银子，后来小店实在难以维持，就将这几千两银子作为本金用于小店经营。小店逐渐发展为大盛魁，但三人并没有忘记自己起始资金的来源，把原始的几千两银子另设账本，独算利息。这就是山西商人诚信仁义，不忘初心的表现，这也是三晋商人在今天仍旧被赞颂的主要原因。

三晋商人不仅在经商方面能够做到诚信、重情重义、以义制利，而且在大是大非面前具有强烈的爱国主义情怀，重义行大道。清末以来，西方殖民者踏上了中国的领土，看到这样物产丰饶的资源艳羡不已，横生觊觎，依靠自己的坚船利炮，逼迫清政府签订了不平等的条款，其中山西巡抚胡聘之、继任者赵尔巽等就逐步把山西矿产签予了英国福公司，侵略者凭空掠取了平阳、潞、泽的采矿、冶炼的权利。这时，一大批的有识之士、乡绅民众奋起反抗，强烈谴责当政者与外国侵略者，要求收回山西矿权，掀起了轰轰烈烈的保晋运动。于是由晋商刘懋赏、冯济川禀告山西巡抚要求创设保晋公司，晋商渠本翘在太原争矿运动上发表演说，慷慨陈词，要求收回利权。最终，福公司同意归还矿权，但要求 275 万两白银的赎回费用。为了取得最终的胜利，由晋商牵头成立了“山西保晋矿物公司”筹措费用，渠本翘、刘敬笃等人不仅号召社会人士积极入股，争取矿权，甚至自己也积极认股，据记载，渠本翘在当时认股一万股，金额五万两，乔映霞与渠本翘一样也积极认领股份。同时渠本翘还以地方亩捐为担保向地方当局借款 100 万两，最后山西商人与士绅乡民丝毫没有拖延交款的日期，如期赎回了山西的矿权。山西近代商人的这一举动在显示山西商人财富甚多的同时也表明了山西商人在经济方面打击帝国主义侵略者的爱国主义精神。

山西商人不仅在经营方面讲究诚信、重义气，除此之外山西商人还积极投身教育与慈善事业，回馈社会。祁县渠本翘将祁县城内的“昭余书院”改为祁县中学，并附设蒙养学院，出资 29. 7 万元。此外，还设立奖学金制度，奖励优秀学生。山西祁县渠源潮在光绪三年山西闹灾荒期间，捐助巨款，用于赈灾。祁县的渠晋山在民国 15 年在县城内建设图书馆，以供群众借阅。祁县乔景俨资助太原私立光华女子学校等等。

这样做好事行大道的例子数不胜举。山西商人是正经的商人，他们把生意做到天南海北，纵横天下；同时他们不仅是商人，他们在经商过程中重仁义，“义”字当头，他们是热情的爱国主义者，有正确的家国观念，重仁义行大道。

晋商的发展历程，是一部山西人民勇于探索勇于创新的恢弘巨制，不论是先秦时期以物易物，还是在清后期创建票号，汇通天下，无不显示出山西人民在艰难环境中的豪迈情怀，电视剧《走西口》就将山西商人在走西口过程中经历的种种磨难与艰辛表达得淋漓尽致，山西商人在把一辆辆独轮车推成一队队的骆驼帮，再把一队队的骆驼帮变换成一锭锭真金白银的过程中，不仅创造了个人的人生巅峰，更是创造了晋商的辉煌。在历史长河中，山西商人艰苦创业、努力生活，走南闯北、纵横天下，谱写了一曲曲艰苦创业的壮丽凯歌。随着晋商的发展，山西地方社会也留下了深深的烙印，不论是现在仍具有借鉴传承意义的晋商精神，还是具有浓郁北方特色的晋商建筑乔家大院、山西曲艺、民间风俗，都是晋商留给我们的宝贵财富，也是中国文明发展史上的绚丽瑰宝，值得我们学习和传承。

第五节　黄河文化与红色文化

江山如此多娇，引无数英雄竞折腰。

惜秦皇汉武，略输文采；唐宗宋祖，稍逊风骚。

一代天骄，成吉思汗，只识弯弓射大雕。

俱往矣，数风流人物，还看今朝。

——毛泽东《沁园春·雪》

中国人的红色情结与生俱来，它流淌在民族的血脉里，遗传在民族的基因中。华夏民族都是炎黄子孙。炎帝又称赤帝，是中国的太阳神。黄帝的“黄”字，是太阳初出之色，黄帝氏族也是崇拜太阳神、火神和鸾凤的民族。炎黄二帝的传说，表明中华民族在形成之初就有着强烈的“红色崇拜”。红色文化在当代专指中国共产党领导人民进行的革命和建设进程中形成发展的，以社会主义和共产主义为指向的，把马克思列宁主义与中国实际相结合，兼收并蓄古今中外的优秀文化成果而形成的文明总和。在战争与革命年代，黄河沿岸的人民为中国抗日战争的胜利前仆后继，浴血奋战，把古老的黄河文明融入到抵御外侮的红色革命当中，使之焕发出新的蓬勃生机。

一、　红旗卷地过黄河

让我们把目光转向过去，1935 年，在这个不平静的岁月里，中国正进入到一个翻天覆地的动荡时局之中。日本帝国主义企图侵占中国，国民党政府置日本帝国主义侵占东三省于不顾，继续推行了所谓“攘外必先安内”的内战政策，先后同日本方面签订了新的丧权辱国的《秦土协定》《何梅协定》，把河北、察哈尔两省的大部分主权拱手让给了日本。日本帝国主义得寸进尺加紧了对中国侵略的步伐，进一步把侵略的魔爪伸向华北，又发动了所谓的“华北自治运动”，妄想把河北、山东、山西、察哈尔、绥远五省和北平、天津、青岛三个特别市脱离中国政府的管辖，由日本直接控制，图谋将华北变为第二个伪“满洲国”。日本帝国的加紧入侵严重地威胁了着中华民族的生存，中国与日本的民族矛盾已经彻底上升为了主要矛盾。

1935 年 10 月 19 日，中共中央和毛泽东率领的陕甘支队胜利到达陕甘苏区的吴起镇，与陕甘红军会师。纵横 11 个省、历时 1 年、长驱二万五千里的中央红军长征结束，艰苦卓绝的战略转移任务已经完成。在打破了三次国民党军队针对陕甘苏区的“围剿”后，中共中央把全国革命的大本营安置在西北的历史任务基本完成。在这个不平静的岁月中，北平爆发了一二·九爱国运动，抗日救亡运动更加如火如荼地开展起来；陕北苏区的贫困窘迫和日益加深的民族危机，都是摆在党和红军面前的重要问题。

这天深夜，毛泽东窑洞中的灯光仍在熠熠闪烁。他伏案深思，危机、愤慨、悲怆、不安……无数种思绪在他的脑海中穿梭。一瞬间，所有的思绪汇聚在一起如闪电一般劈开了层层乌云，“东渡黄河。”毛泽东呢喃着，眼神却变得坚毅起来放射出炯炯的光芒。他从桌前起身，转而走向窗边打开窗户，他点起一支烟缓缓吸了一口，脸上紧绷的表情慢慢放松下来，一阵清风扑面，太阳徐徐升起。毛泽东的神色也与天色一般豁然开朗。“好！东渡黄河！”

1935 年 12 月 25 日瓦窑堡会议通过了由张闻天起草的《中共中央关于目前政治形势与党的任务的决议》和毛泽东起草的《中央关于军事战略问题的决议》。这次会议，标志着中国革命进入了全面抗日战争的历

史阶段。

1936年1月19日，由毛泽东、周恩来、彭德怀签署了“红军东进抗日”的命令：

英勇的抗日红军同志们！英勇的抗日游击队、赤卫队、少先队同志们！英勇的抗日民众们！你们知道现在是什么日子呢？现在是我们中华亡国灭种的日子了，万恶的日本帝国主义已经把东北及华北占去，他还要占全中国，要把四万万人都当亡国奴，亡国奴的大祸压在我们头上，危急情形到了极点了！

英勇的打到山西去！驱逐日本帝国主义出中国！

工农商学兵团结起来！中国的自由独立与统一万岁！

在振聋发聩的口号下，红军开始准备东征。1月26日，正月初三，瓦窑堡的群众仍然享受着过年的欢乐氛围。这一天，一支支红军队伍向南开去；这一天，时任中华苏维埃人民共和国中央政府主席、中国工农红军革命军事委员会主席的毛泽东率领红军从瓦窑堡出发，奔走在冰天雪地中。战士们的歌声回荡于瓦窑堡的上空：

风萧萧兮黄河寒，红军出征上前线。

抗日救国多壮志，红旗插上吕梁山。

1936年1月31日，毛泽东在延长县城，主持召开了军事会议，研究和部署了东征的行动路线，全面检查了东征的各项准备工作，正式组建了“中国人民红军抗日先锋军”。由毛泽东、彭德怀、叶剑英分别兼任总政委、总指挥、总参谋长。将红28军、红1军团、红15军团分为左、中、右3路大军，各自选定渡河突破口，待命东征。

1936年2月21日，毛泽东带领着红军总部机关在陕西清涧县的河口开始渡河，于石楼县的东辛关渡口上岸；2月23日，红一方面军大约1.3万人乘着木船和羊皮筏子渡过了黄河。红军突破黄河天险后，即分兵数路，长驱东进：一路进占义牒，围攻石楼；一路攻克留誉，进逼中阳；一路沿河北上，进袭柳林。

23日，红军到达距离石楼还有40里的张家塔。在这个小山村里毛泽东和彭德怀指挥了关上、蓬门两大战役。在关上、蓬门大捷之后红军士气高涨，毛泽东和彭德怀进驻大麦郊，准备东进兑九峪，南下河东，东进上党赴往河北抗日前线。

根据华北形势的变化，4 月下旬，毛泽东和彭德怀带领总部机关到达永和县赵家沟村和桑壁镇一带红一军军团的团部所在地，并且召开了军事会议，分析当时形势。为了促进抗日民族统一战线党中央决定把“渡河东征，抗日反蒋”的方针修改为“回师西渡，逼蒋抗日”，并且强调“停止内战，一致抗日”等六项共同行动纲领。于是，各路东征红军在春风中陆续收缩西移。毛泽东领导的东征红军转战山西 50 余县，历时 75 天，扩大红军队伍，击溃反动军队的围追堵截，发展壮大了红军和根据地的力量，在山西播下了抗日的革命火种，推动了山西和全国抗日民族统一战线的建立。

二、 视死如归保家国

我们生长在这里，
每一寸土地都是我们自己的，
无论谁要强占去，
我们就和他拼到底！

——贺绿汀《游击队之歌》

1937 年 7 月 7 日，震惊中外的卢沟桥事变爆发。日军发动全面侵华战争的第二天，中共中央通电全国，号召结成民族统一战线的坚固长城，抵抗日本侵略者。在此中华民族危亡的时刻，中国共产党领导人团结中华民族并肩作战，谱写出中华民族浴血奋战、顽强不息的英雄凯歌。1937年8月22日，国民政府军事委员会正式宣布由原西北主力红军，即中国工农红军一、二、四方面军改编而成“国民革命军第八路军”，朱德、彭德怀任正、副总指挥。从红五星到青天白日徽的嬗变，是在烽火硝烟中仓促完成的。在华北战局危急的情况下，八路军火速开赴抗日前线。

以地处黄河沿岸的晋西北抗日根据地为例，虽然这里土地贫瘠、百姓生活艰难困苦，但人们同仇敌忾，为抗日战争的胜利做出了巨大的牺牲。1937年9月28日，贺龙在神池县义井镇召开了军政委员会会议，讨论挽救战局、协同友军打击日军事宜。11月8日，太原失守。毛泽东电示朱德等，在太原失守后八路军应由正规战转入游击战。11月14日，贺龙到达岚县，着手开展了地方工作。仅20多天，就发展了5700余人的抗日自卫队。到1937年年底，晋西北14个县新组成的游击队和自卫队达11000多人，晋西北根据地基本形成。

战局瞬息万变，1938年3月，敌军开始向北进犯。毛泽东电示我军与傅作义协力各个击破。贺龙根据敌情和毛泽东的指示，决心集中四个团的主力，采用围城打援、各个击破的战术。由于战术运用得当，加上八路军作战英勇，很快就粉碎了敌人对晋西北的全面进攻。贺龙等根据毛泽东的指示，经过中央军委的批准，组建了大青山支队。至此，晋绥边区抗日根据地完全建立。1939年，贺龙、关向应率120师主力挺进冀中，山西抗日战争决死队等在120师留守部队的配合下，多次粉碎了日本侵略者的进攻，打退了敌人的围攻，与阎锡山达成汾阳至离石公路以北由八路军等抗日武装管辖的协议。1940年1月，成立了晋西北行政公署，由国民党元老、著名爱国将领续范亭任主任。8月，晋绥根据地军民参加了著名的百团大战，粉碎了日军的反复扫荡，根据地面积扩大到50余县，人口约150万。1942年10月，成立了中共中央晋绥分局，关向应任书记；同时成立了晋绥军区，贺龙任司令员，续范亭任副司令员。1944年，晋绥根据地军民向日军发动攻势作战，迫使日军向公路沿线县城据点收缩。1945年，晋绥军民发动春季、夏季攻势，将日本侵略军继续压缩到同蒲路沿线和太原至汾阳公路沿线各据点，打退了国民党军队对大青山根据地的进攻，为战略反攻创造了条件。8 月，根据地军民展开大反攻。晋绥根据地军民在八年抗日战争中，同日伪军作战三万余次，歼敌 13.8 万人，八路军发展到 6 万余人，根据地面积达到 33.1 万平方千米，人口达到 332 万，为抗日战争的最后胜利做出了重要贡献。

在艰苦卓绝的抗日战争中，山西军民付出了巨大的牺牲，强有力地推动了中华民族的独立和解放事业的胜利发展，成为中国共产党和中华民族抗日战争精神的伟大象征。我们耳熟能详的许多抗日英烈就是牺牲在山西战场，八路军副参谋长左权、八路军七七二团团长叶成焕、中共中央北方局秘书长张友清、归国华侨女英雄李林、朝鲜义勇队华北支队政委陈光华等一大批抗日英雄，血染黄土高原，魂归三晋大地。八年间，以山西为中心的晋察冀、晋绥、晋冀鲁豫抗日根据地军民歼灭日伪军 66 万人，其中仅在山西境内由八路军主力和各地地方武装及民兵进行的 70 次著名战役战斗统计，歼灭日军近 7 万人，占侵入华北日军总数 22 万人的 31.8%。八路军 3 个主力师由战争开始时的 3 万余人发展到百万大军；上述 3 个根据地民兵发展到 110 万人。同时，山西人民也做出了重大牺牲。抗日战争时期，在山西各种惨案中伤亡群众与国共两军抗日将士伤亡之和达 300 万人。

江山如此多娇，引无数英雄竞折腰。开国将帅中 10 大元帅、9 位大将、42 位上将、103 位中将、784 位少将，曾经在这里战斗和生活过。抗日战争中的山西就是那个让中国人民梦魂安详的地方。纵观山西在全国抗日战争中的地位和作用，我们可以看出，山西是八路军敌后抗日的战略支点和主要战场，是打败日本侵略者的战略基地，山西为民族独立和人民解放做出了卓越的贡献。

三、 三晋儿女多奇志

在抗日战争中，作为抗日战争前线的山西，涌现出了无数英雄儿女，他们为了民族的独立、国家的富强，贡献了自己的青春年华乃至宝贵的生命。在这些坚持抵抗的仁人志士中，持续时间最长、发展最快、对抗日战争胜利做出重要贡献的莫过于山西牺牲救国同盟会，简称牺盟会。

牺牲救国同盟会是在国共合作抗日的背景下，中国共产党和国民政府山西领导人阎锡山合作发起的山西省抗日救亡组织。它以铲除汉奸、武装抗敌、牺牲救国为宗旨。牺盟会组建之初，还没有发生卢沟桥事变，阎锡山也不愿意得罪日本人，因此不说抗日，而是用更加中性的抗敌作为牺盟会的宗旨。阎锡山亲任会长，由中共党员薄一波主持牺盟会的工作。

薄一波之前由于参加革命工作于 1931 年在北京被捕，1936 年经过党的营救方才出狱。出狱后的薄一波被立刻派往太原，任中共山西省工委书记。与阎锡山达成了从事抗日救亡工作的协议，参与领导山西牺牲救国同盟会，主办抗日军政训练班、民政干部训练班和山西国民兵军官教导团，推动山西走向抗日战争。

抗日战争爆发后，薄一波卓有成效地开展了一系列工作。他改组了山西牺牲救国同盟会，大力发展山西民众，并积极培养中国共产党的干部，使得牺盟会成为中国共产党直接领导的群众抗日团体。1937 年 3 月，牺盟会的会员已经发展至二十万人；1939 年夏，牺盟会员发展到 300 万人左右，发展之快，规模之大在当时的山西首屈一指，成为山西民间抗日的重要组织力量。

此外，中国共产党在“国共合作”的背景下，加之阎锡山的支持，成功组建了山西新军，也就是“抗敌决死队”。1937 年 8 月，新军部队“山西青年抗敌决死队”成立，薄一波兼任总队、第一总队政委。只一年多时间，决死队发展到 4 个纵队，1 个工卫旅，3 个政卫旅，及战动总会组建的暂编第一师。这些部队中，由南京国民政府军事委员会颁发正式番号的，共 9 个师旅、50 个团，总兵力达 7 万余人。

1937 年 7 月 7 日卢沟桥事变后，日寇发动了全面侵华战争，侵略的矛头直指山西。面对日寇的疯狂进攻，中国军队奋起反击。1937 年 10 月 1 日至 11 月 3 日，中国军队在山西太原以北的忻口一带与日军进行会战，先后歼敌两万余人，开创了自战争爆发以来华北战场歼敌之纪录。忻口会战是抗日战争初期国共两党合作抗日战争的成功典范，在这场战役中，共产党领导的八路军一一五师主力和一二九师先后取得了平型关大捷和夜袭阳明堡战斗的胜利，有力地配合了正面战场。

然而，双方实力过于悬殊，尽管将士们坚持不懈、浴血奋战但忻口会战最终仍以失败告终。继雁北、大同失陷后，忻州、榆次以及山西省会太原也相继沦陷。山西旧军节节失利，使阎锡山把更多的希望寄托在了新军上。此外，八路军 3 个师的主力相继东渡黄河，挺进敌后，在晋西北、晋东北开展了大规模敌后抗日游击战争，这一行动更加深了阎锡山扩大新军的决心。薄一波抓住这个机会，向阎锡山建议，以国民兵军官教导团、军政训练班等为基础，组建五至十个旅的新军。阎锡山同意先组建 5 个旅，并以第二战区司令长官名义发布命令，由薄一波全权负责，从速组建。

从 1937 年底至 1938 年初，山西青年抗敌决死队扩充为 4 个纵队，各纵队政治委员由薄一波提名，纵队长由阎锡山从晋绥军中选任。为加强决死队的干部力量，八路军总部在干部奇缺的情况下，为决死队先后输送了 400 余名干部。1937 年 11 月初，薄一波率决死队第一纵队前往晋东南抗日前线，任山西省第三行政区政治主任，领导创建了太岳抗日根据地，配合八路军开展抗日游击战争。

1937 年 12 月下旬，决死一纵队开始在平遥、祁县进行游击战争，战斗 11 次，一度收复了平遥县城。1938 年 2 月，日军突破东阳关，攻陷长治，直奔临汾。一纵队参战阻击敌军，连续作战 6 天。这些战斗规模虽不很大，但初战的胜利鼓舞了士气，锻炼了部队，也扩大了决死队的政治影响。

从 1938 年底开始，决死队进行了“西林整军”，在八路军总部的帮助下，在沁县的西林办了 3 期军政训练班，训练排、连以上干部和优秀的政工人员。八路军总部负责人朱德、彭德怀、左权亲自给训练班讲课。训练结束后，部队的整体素质得到显著提高。1939 年，决死队已经发展到 50 个团，约四五万人，成为一支不容忽视的抗日劲旅。1939 年 12 月下旬到 1940 年 2 月，在晋西南的决死二纵队及二〇九旅各一部、二一二旅、二一三旅及一部分自卫队、地方干部，根据中国共产党北方局及晋西南区党委的指示，先后转移到太岳区与决死队一纵队会师。之后经过整编，决死一纵队归八路军总部直接领导，至此，山西青年抗敌决死队的 4 个纵队全部编入八路军序列。揭开了决死队和太岳根据地历史的新篇章。

在全民族的抗日战争中，山西作为敌后抗日根据地，大量青年踊跃投身于抗日斗争中，成为中共抗日武装力量的重要输送地。抗日战场遍布着三晋儿女的身影和足迹。据不完全统计，抗日战争八年间，山西全省参加八路军和新四军部队的青壮年达 70 多万人，参战支前的打游击的民兵自卫队有数百万人之多。1939 年 1 月至 1945 年 10 月，抗大总校、抗大第六分校、抗大第七分校、抗大太岳分校、抗大太行分校、抗大太岳陆军中学、抗大第七分校陆军中学先后在山西抗日根据地开办，为八路军、新四军以及山西各级地方抗日民主政权，培养了大批德才兼备的干部，成为人民军队的骨干力量。

而那些没有机会投身战场的山西人民，也通过自己的方式为抗日战争胜利作出自己的贡献。抗日战争中，山西人民通过辛勤劳动保证了敌后根据地军需物资的供应。各根据地青壮年组成民兵保障后方安宁，老人、妇女赶制军鞋，儿童组成儿童团站岗放哨兼作农业生产。同时在敌后斗争中积极配合各支游击队、武工队的行动，有力的支援了敌后的武装斗争。著名作家马烽、西戎所创作的名篇《吕梁英雄传》，就是描写了这样一群值得歌颂的无名英雄。

滔滔黄河水，皎皎赤子心。奔涌的黄河带走的是留不住的时光，带不走的是山西儿女那份矢志抗敌的豪情和不惧牺牲的壮志。在长达八年的抗日战争中，英勇的三晋儿女不畏强暴、坚持斗争，彰显了高昂向上的爱国主义精神和不屈不挠的革命英雄主义精神。这种精神孕育于山西这片古老的黄土地上，根植于中华文明的深厚积淀之中，是中华民族精神的体现，更是我们宝贵的精神财富。

四、 悲歌慷慨砥中流

享誉中外的《黄河大合唱》，从创作、首演到现在已有79年了。近80年来，这首歌从革命圣地延安唱到整个红色解放区，再从解放区唱到全中国，这首歌极大鼓舞了中华民族最艰难的抗日救亡运动，直至取得抗日战争的最后胜利。《黄河大合唱》的歌声跨越了国界与时空，飘扬在世界反法西斯的战场上，甚至在法西斯的国土上演唱、传播；时至今日，在世界许多地方，仍能听到她气势磅礴的旋律。《黄河大合唱》这首歌的创作充满了传奇色彩。诗人张光年（《黄河大合唱》的词作者光未然）和作曲家冼星海合作《黄河大合唱》的过程本身，就是一部偶然与必然的二重奏，友谊与命运的交响乐。

冼星海与张光年，彼此钦佩已久。因此，当1936年他们在上海相见时，两人一见如故很快就成了志同道合的好友。冼星海提出希望合作的愿望。于是，他们第一次合作创作了《高尔基纪念歌》，这是张光年和冼星海的诗歌与音乐的首次融合。1937年下半年，他们到了武汉。在寒冬腊月他们再度合作创作了《赞美新中国》，表达了对抗日民族统一战线建立和全民抗日战争局面形成的喜悦之情。这首歌同张光年作词的《五月的鲜花》和《高尔基纪念歌》一样，歌声飘荡在抗日前线和敌后根据地，鼓舞了千百万英雄儿女保家卫国、浴血奋战！1938年年末，张光年率抗敌演剧队去了晋西，而冼星海则随救亡演剧队来到延安。

1939年3月，张光年在晋西不幸从马上摔下来，这次不幸让他左臂严重粉碎性骨折，他的左臂成了终身残疾。祸兮福所倚，福兮祸所伏，张光年又是幸运的，他因“落马”而为子孙后代留下了民族音乐史诗《黄河大合唱》。由于他伤势严重，而晋西前线只有简陋的医疗条件。所以他只能到延安治疗。在前往延安的担架上，张光年心中就有一种莫名的躁动——负伤臂膀的疼痛给他带来阵阵烦躁，这还能忍受；但是使他无法忍受同时又无法排遣的，是涌动在他胸中的创作灵感。每当他闭上眼睛，黄河便时而模糊、时而真切地浮现在他眼前。“写一首诗，一首关于黄河的长诗，就叫《黄河吟》吧!”张光年念道。随即他又感到，《黄河吟》很难表达他潮水般的思绪以及大海般深沉的感受。

恰在此时，冼星海等抵达到延安的朋友，闻讯到医院探视。在一番问候之后，冼星海试探性地提出再度合作的想法，他的提议竟与张光年不谋而合。事实上，冼星海的提议为张光年汹涌着的创作欲望找到了发泄之处，使他长期以来酝酿着的歌颂黄河、保卫黄河，鼓舞中华民族抗日救亡的主题，变得逐渐清晰起来。

“对！名字不是《黄河吟》而应叫《黄河大合唱》。内容还要有朗诵、男声独唱、女声独唱、齐唱、对唱、轮唱、大合唱。”张光年把设想告诉了冼星海。冼星海深表赞同，并从音乐的角度提出许多建议与设想。诗歌与音乐的撞击产生了火花，点燃了诗人创作的灵感。张光年不能握笔，他就低吟浅唱，觉得成熟了就请人笔录。

在创作的首日，张光年就以呼唤民族精神回归的朗诵及气势非凡的《黄河船夫曲》揭开了《黄河大合唱》的第一乐章。就这样，张光年一天一个乐章甚至两个乐章。仅仅用了五天时间，这部八章四百行气势磅礴的《黄河大合唱》就全部完成了。

当冼星海看到这部气势恢宏、变化万千的长诗时，心潮澎湃、激动不已。如果说写在纸上的音符是在张光年的长诗完成之后才开始的，那么激荡于冼星海胸中的音乐旋律，可以说几乎是同张光年的创作同步进行的。就象田径场上的接力赛一样，张光年的长诗刚刚完成，冼星海便立即进入音乐创作。他时而低吟、时而高唱、时而伏案疾书。他把对黄河、对民族的爱和对敌人、对侵略者的恨，凝聚笔端，变成或低沉、或高亢、或凄婉、或悲壮、或抒情、或豪放的音乐旋律。只用了六天，冼星海以惊人的速度、超人的智慧，高质量地完成了这部中国音乐史上空前的民族大合唱。

今天，历史如同黄河怒涛滚滚东逝，然而先辈们的那汹涌激荡的青春随着音乐依然飘荡在我们所传唱的歌声之中，回响悠长，久久不绝。

第四章 黄河文化旅游资源类型与分布

黄河文化旅游，是指与黄河流域文化遗存有直接关联的区域文化旅游活动。山西境内黄河沿岸有丰富的自然、人文旅游资源，这是黄河对三晋人民丰厚的馈赠。把传统黄河文化与新时代核心价值结合起来，使黄河文化的精华成为当代文化发展的无限源泉，成为激励人们团结向上、积极进取的正能量，也使优秀的黄河文化在新时代进一步发扬光大，成为取之不尽、用之不竭的精神财富。

黄河是一条多民族融合的大河，在晋陕大峡谷里奔腾出中华最强音，在晋南将中华文明的源头拥在怀中。黄河将她的魂魄留在了山西，遍布黄河两岸的水利设施，历史悠久的历史古迹，自然纯朴的古村古镇，奇特的地质地貌景观，风光旖旎的水域风光，光荣的红色历史文化等等，丰富的文化旅游资源与独特的风土人情，使得黄河板块具有打造世界级旅游目的地的实力。

第一节　黄河沿岸文化资源

山西地处黄河沿岸，黄土高原，山河壮丽，历史悠久，黄河流域出现的众多文明，形成了山西丰富的古文化遗址。远古先民“择水而居”的生活习性，成就了黄河文化，组成了山西丰富的文化旅游资源。山西省黄河沿岸代表性的资源如下：

表 4－1　黄河板块旅游资源分类

分类	描述
古村古镇	碛口古镇、李家山、西湾村
遗址古迹	芮城西侯度遗址、寺沟与护宁寺西口古渡、清代长城、秋风楼与后土祠、蒲州古城蒲津渡黄河大铁牛、普救寺、万固寺、鹳雀楼、风陵渡、永乐宫、广仁王庙、偏关吴城遗址、翠微山遗址、芝麻滩遗址、丁村遗址
红色文化	晋绥边区革命纪念馆、晋绥解放区烈士陵园、“四八”烈士殉难处、红军东征纪念馆、华灵庙抗日纪念馆、克难城、刘志丹将军殉难纪念亭
非物质文化遗产	兴县道情、大唢呐、信天游、永和晋南土布织造工艺、张生和莺莺的故事、扎麦草、心意拳、垣曲菖蒲酒、炒棋技艺、董永传说、翅果油熬制技艺、九曲黄河阵、临县大唢呐、芮城线腔、锣鼓杂戏、河曲二人台
戏曲文化	道情戏、蒲州梆子、垣曲镲、芮城线腔、芮城杨高戏、锣鼓杂戏、河津西王小花戏、河曲二人台、威风锣鼓

上表中所整理记录的仅仅是山西省黄河沿岸各地文化旅游资源中较为著名的部分，事实上，各地还有许多尚未被人所熟知的旅游文化资源在等待着我们的开发。关于古村古镇和遗址古迹，自商周至唐宋，身处黄河流域的山西在中华文明的历史长河中一直是政治、经济和文化的中心地带，因此得以拥有众多的高质量的地上文物，而山西表里山河的地形加之较为干燥的气候，更是为文物的保存提供了极大的便利，正所谓

“地上文物看山西”。据统计，全国重点文物保护单位数量前十的省份分别是：山西452处、河南357处，河北273处、陕西243处、四川230处、浙江229处、江苏224处、山东191处、湖南183处、内蒙古141处。在这十个省份里，山西以绝对的优势排名第一，这还仅仅是国家重点文物保护单位，若是算上其他级别的文保单位，数量更是不知凡几。这些历史遗迹虽然不被人所熟知，但凭借其自身厚重的历史意义和文化意义，在旅游开发中依然拥有极高的价值。

在非物质文化遗产方面同样如此。根据联合国教科文组织《保护非物质文化遗产公约》的定义，非物质文化遗产是指“被各群体、团体、有时为个人视为其文化遗产的各种实践、表演、表现形式、知识和技能及其有关的工具、实物、工艺品和文化场所”。根据公约，非物质文化遗产包括5个方面，分别是口头传说和表述，包括作为非物质文化遗产媒介的语言；表演艺术；社会风俗、礼仪、节庆；有关自然界和宇宙的知识和实践；传统的手工艺技能。拜黄河沿岸悠久的历史和独特的地理位置所赐，山西黄河沿线地区保留有众多非物质文化遗产，这些“非遗”有的是传统习俗的留存，有的是民族融合的产物，不仅在学术上具有重要意义，同时在千百年来的流传中越发符合大众的需求和审美从而不断的被发扬光大，兼具实用价值和审美价值，富有观赏性，成为了极具地方特色和满足普世审美的不可多得的文化旅游资源。

而在众多文化旅游资源中，戏曲尤其是当中首屈一指的部分。山西是中国戏曲的发源地之一，素有“戏曲艺术的摇篮”的美称。山西的地方文化特色十分显著。由于山西地处黄河流域的中心区域，在古代是中国北方经济、文化的主要发达地区。元代，全国共11个行省，山西与山东、河北，并称为元朝“腹地”，大同、平阳（今临汾）、太原三城则成为黄河流域的著名都会。当时山西商业的发达、经济的繁荣、文化的昌明，曾受到当时来中国旅行的意大利伟大旅行家马可·波罗的盛赞。繁荣的经济文化催生出了类型众多的戏曲剧种。虽然历经岁月侵蚀，许多古老的戏曲剧种仍然在山西保留下来，据统计，山西现存剧种占全国的六分之一左右，保存完整的剧目达四千余目。道情戏、蒲州梆子、垣曲镲、芮城线腔、芮城杨高戏、锣鼓杂戏、河津西王小花戏、河曲二人台、威风锣鼓等正是黄河沿岸地区富有地方色彩和历史传承的地方传统戏剧形式，是重要的旅游文化资源。

进入半殖民地半封建社会以后，山西的经济、文化发展遭到严重破坏。但是，山西人民英勇地抗击了外敌的侵略。特别是抗日战争和解放战争期间，山西人民进行了更加顽强的斗争，在三晋大地上谱写了无数可歌可泣的英雄故事，百团大战、平型关大捷、上党战役永垂青史。山西作为革命老区，早在1921年，中国早期的马克思主义者高君宇便在太原组建社会主义青年团，开展革命活动。红军长征到达陕北后，毛泽东率领红军主力渡过黄河挥师东征，在晋西、晋中、晋南各地遍撒革命火种。抗日战争爆发后，八路军三大主力挺进山西，创立了敌后抗日根据地。八年抗日战争中，山西是全国抗日战争的重要战略支点；山西地方党组织培养了15万名共产党员，根据地向八路军输送了60万热血青年。解放战争期间，山西成为支援全国解放的战略基地，广大民众积极支援前线，大批地方干部南下或东进、西进，奔赴新区。因此，山西境内沿黄区域内，具有丰富的红色文化资源，正亟待我们重新认识和开发。

第二节 黄河沿岸旅游资源

山西历史悠久，被誉为“华夏文明的摇篮”。黄河在老牛湾处与长城相交，绵延数千里，流过 4 市 19 县，黄河沿岸旅游资源丰富，类型多样，特色突出，品味高，组合性好。既有峡谷，又有湿地、平原，充分展现了黄土高原边缘地带丰富的地质地貌。山西省内黄河沿岸从北到南各县市主要旅游资源如下：

1. 偏关县

偏关县位于山西省西北边陲，处于黄河南流入晋的交汇处。偏关与宁武关、雁门关合称中华三关，是明代长城外三关之首，是“三晋之屏藩”、“晋北之锁钥”。偏关古为边防重镇，名胜古迹颇多，有明长城、桦林堡、文笔凌霄塔、隆岗寺以及古烽火台岩洞、白衣庙、白龙地、吴城遗址等多处旅游景点。

（1）老牛湾

老牛湾是长城与黄河握手的地方，是中国最美的十大峡谷之一。整个老牛湾旅游区由三湾一谷组成，分别是包子塔湾，老牛湾、四座塔湾和杨家川小峡谷。老牛湾被誉为“黄河大峡谷的天然盆景”，处于晋北和内蒙古经济金三角地带的包围中，是多条旅游线路的必经之处，资源丰富、环境优美。

（2）黄河万家寨水利枢纽工程

黄河万家寨水利枢纽工程是山西省引黄入晋工程的起点，是山西最大的水利工程，左岸位于山西省偏关县境内，右岸则隶属于内蒙古自治区准格尔旗，是一座以供水、发电为主，兼有防洪、防凌等效益的大型水利枢纽。在晋蒙峡谷之间绵延数十里的万家寨库区，呈现出高峡出平湖、黄河水变清的景观，这里还有亚洲最大最高的人行吊桥。

2. 河曲县

河曲古称隩州，因地处黄河弯曲处而得名，位于忻州市西北部，黄河西岸，草原文化与中原文化在此交汇。河曲是中国民间艺术之乡，河曲的民歌艺术在山西独领风骚，民歌艺术最常见的表现形式“二人台”艺术，被列入首批“国家非物质文化遗产”名录。县城标志性的建筑，是位于城东大墩梁的文笔塔。著名景点有娘娘滩、文笔塔、海潮禅寺、河神庙等。

（1）娘娘滩

位于县城东北 7.5 千米的黄河中流，面积近 13 公顷，是个“凸”形小岛，为塞上有名的小绿洲。人在岛上可以听到晋、陕、内蒙古三省、区的鸡鸣。传说西汉初年吕后专权，将薄太后及其子刘恒贬谪于此，其后刘恒称帝（汉文帝），于滩上建娘娘庙，故名娘娘滩。滩上风光秀美、景色诱人，夏秋之时，四周水波浩荡，滩上农舍在葱绿中忽隐忽现，别有韵味。

（2）文笔塔

又称状元塔，始建于清乾隆末年。塔高 31 米，塔尖形似文笔的笔头，高耸入云。河曲状元塔和太原的双塔功能类似，都是点缀风景、平衡地运、昌盛文物的建筑物。文笔塔的建造并不简单，在修建过程中古人充分利用了天文、地理及几何学的知识。风水先生认为，文笔塔的塔尖，也就是文笔的笔头，每年须有一日在太阳初升的时候，将塔尖或笔头正好投影到数里之外的大口村。巧的是，大口村有一巨石，形状很像一块砚台，而塔尖的影子要恰好落在这块巨石之上。塔建好后，每年冬至那一天，初升的太阳果然将笔影投射到黄河彼岸的大口村，而笔尖又刚好落在那块“砚石”之上。

（3）海潮禅寺

位于旧县城东南一里处，有“晋西北小五台山”的美称，每逢农历正月初八举行庙会。该寺始建于明万历年间（公元 1573—1620），明建清修，深隐山腹，其北枕高岗，南临大河，清泉下流，绿荫复庭，诚为佛家胜地。寺内殿宇楼阁、雕梁画栋，楹联匾刻构思奇妙，具有较高的建筑艺术和文化艺术鉴赏价值。

3. 保德县

保德隶属于山西忻州，地处吕梁山北麓的黄河之滨，县内著名景点有：钓鱼台、金峰寺、飞龙山公园、兴保塔、卧龙湾、保德县农业示范区等。

(1) 钓鱼台

钓鱼台位于保德县西部杨家湾镇，距保德县城 8 千米，这里面临黄河，背靠大山，近临沿黄（河）旅游公路，是我国古代著名爱国将领、明代五省总督陈奇瑜于明崇祯十七年（1644 年）耗巨资开凿的一处大型园林式石窟，是全国十大钓鱼台之一。

(2) 飞龙山森林公园

位于保德县城东，面积 1200 公顷，公园紧临黄河，是 2002 年以来通过大搞造林绿化、建设景区景点而形成的新造林地公园。站在飞龙山上远眺，向东可见雄伟的天桥水电站屹立在滔滔黄河之上，向西可欣赏长河落日的旖旎风光。由于地处黄河岸边，独特的区域气候造就了飞龙祥云、山岚雾霭等特色鲜明的天象景观。

4. 兴县

兴县隶属于吕梁市，西与陕西省神木县隔黄河相望。兴县是革命老区，主要旅游景点有：晋绥革命纪念馆、“四八”烈士纪念馆、晋绥解放区烈士陵园、石楼山、石猴山和仙人洞。

(1) 晋绥革命纪念馆

晋绥革命纪念馆位于兴县城西 8.5 千米的蔡家崖村，北依元宝山，南临蔚汾河，是国家级重点文物保护单位，贺龙元帅及八路军 120 师曾在此生活和战斗过 11 年之久，是被省、地、县命名的爱国主义教育、革命传统教育和国防教育基地，是山西省“十佳文明景区”之一。

(2)“四八”烈士纪念馆

“四八”烈士纪念馆建于 1960 年，位于兴县城南 60 千米的东会乡，距县城45千米，建筑面积378.7平方米，占地面积1730平方米。纪念馆座北向南，五个大厅里陈列着王若飞、叶挺、邓发等烈士的灵位、遗像、悼词、简历、记事碑以及生前革命活动的史料和图片。“四八”烈士纪念馆是山西省第一批省级文物保护单位，是山西省爱国主义教育示范基地之一。2005年1月，被列为国家红色旅游经典景区建设项目。

（3）晋绥解放区烈士陵园

晋绥解放区烈士陵园属省级文物保护单位，位于兴县县城北部。晋绥解放区烈士陵园陈列着“四八”烈士的遗体和生平事迹，排列着晋绥烈士和兴县籍烈士的英名和简历，安放着革命先驱刘少白先生的纪念碑和骨灰，是进行革命传统教育的基地。

5. 临县

临县旅游资源丰富，包括文化旅游资源、宗教旅游资源、红色旅游资源、绿色旅游资源等4类。文化旅游资源以反映晋商文化的省级风景名胜区碛口为龙头，辅以黄河文化系列新产品；宗教旅游资源以建于唐代的正觉寺、元代的善庆寺、西云寺、明代的皇宿寺、宋代的义居寺为代表；红色旅游资源代表性的是毛泽东东渡黄河纪念碑和路居处、西北军工烈士塔；绿色旅游资源以紫金山风景区为代表。

（1）碛口古镇

位于临县城南50千米处，依吕梁山襟黄河水，是中国历史文化名镇和全国重点文物保护单位，碛口古镇为集晋商文化、黄河风光、黄土高原地貌、革命纪念地、民俗风情为一体的大型综合性景区。碛口旅游区主要包括黄河大同碛、碛口古镇、西湾村、李家山和寨子山民居、黑龙庙、毛主席东渡黄河纪念碑、黄河峡谷天然石雕，其中西湾村被列为全国首批历史文化名村。

（2）义居寺

义居寺古名佛堂寺，寺院位于县城南二十六千米，义居寺为天宫寺下院，创建于宋代，历经重修，现存多为明、清建筑。半依峭壁，半筑短垣，寺院座西朝东，主要建筑物有山门、接引佛殿（前殿）、大佛殿（正殿）、喊经楼等，都建筑在一条中轴线上。义居寺历史悠久，规模宏大，气势雄伟壮观，系临县现存庙宇建筑之首，是一处很有价值的历史文化遗产，2005 年被确认为国家级重点文物保护单位。

(3) 秦晋黄河大峡谷

秦晋黄河大峡谷碛口段从碛口张家山古商道起北上至克虎镇止，全长 70 多千米，是规模最大、距离最长的一处黄河风情游基地，具有极高的观赏与科研价值。峡谷里充满奇观异景主要以天然岩画、岩雕、沙滩、石滩、古渡、码头等为主。

6. 柳林县

柳林地处吕梁山西麓，黄河东岸，素有“山西门户”、“秦晋通衢”之称。柳林秀美壮观的黄河峡谷风光、千沟万壑的黄土高原景观、云蒸霞蔚的抖气清河、丰富多彩的民俗文化风情、积淀丰厚的历史文物古迹、珍贵壮丽的红色革命遗址和独具特色的地方风味小吃，形成了黄河旅游线上的明珠城市和“经济繁荣、社会文明、环境优美、文化浓郁”的文化旅游城市。

(1) 香严寺

香严寺俗称“鸽子寺”，位于柳林县城。香严寺与孟门南山寺是柳林最有名、规模最大的两座古寺，都在“吕梁四大名刹”之列。香严寺坐北朝南，周有堡式墙垣，内分七院十二殿，共有大小殿宇一百二十余间，占地六千一百六十平方米。香严寺始建于唐代，现存建筑为元代手法，是全国重点文物保护单位。

(2) 黄河三峡母亲峰

黄河三峡位于三交镇，这里是“中国红枣第一镇”，黄河三峡由黄河大峡、龙泉石峡、屈产峡组成。屈产河与龙泉水分别从黄河两侧在同一地段注入，三河交汇，形成世界地理中十分罕见的水面十字路口。“黄河母亲峰”名称来源于一段美丽的典故，传说大禹治水时遇到险情，大禹的妻子为了救自己的丈夫，飞身挡住了落下的巨石，大禹因此得救，而他的妻子却坐化成山。后世的人们为了纪念她，便把禹王娘娘坐化的这座山尊称为“黄河母亲峰”。

此外，柳林的旅游景点还有玉虚宫、双塔寺、观音庙、南山寺、舍利塔和联盛农业园等。

7. 石楼县

石楼，因县东有通天山石叠如楼而得名。石楼县著名景点有红军东征纪念馆、天下黄河第一湾、后土圣母庙、兴东垣东岳庙、仁泉寺、石楼永由古槐和郝氏大院等，此外石楼县还有“红枣之乡”、“文物大县”等美名。

（1）红军东征纪念馆

红军东征纪念馆位于石楼县城东郊的岔沟村，为省级规模的纪念馆，建筑面积1.1万平方米，是为了纪念1936年毛泽东率红一方面军东渡黄河，建立抗日山西根据地的历史业绩而设立的。2009年，石楼县红军东征纪念馆被中宣部公布为“第四批全国爱国主义教育示范基地”之一。2011年，石楼县红军东征纪念馆又被国家旅游局授予“全国红色旅游经典景区”称号。

（2）天下黄河第一湾

天下黄河第一湾位于山西省石楼县辛关镇马家畔和陕西清涧县玉家河镇舍峪里村之间的黄河段，其最佳观景点为石楼县。距石楼、清涧县城约40千米，总体流向为由北向南，站在马家畔一侧观看，远低近高，远窄近宽、水流酷似360度的圆圈。

8. 永和县

永和县位于临汾市西北边缘，地处黄河中游的晋陕大峡谷东岸，永和县是中华民族文明的发祥地之一，县境内出土了大量珍贵文物，包括旧石器遗址、新石器遗址、商周墓葬和汉代城堡遗址。永和县还是人类文明鼻祖伏羲的故里，这里的历史文化、民俗文化、红色文化独具魅力。目前，永和县已经初步形成了以黄河乾坤湾为重点的黄河文化旅游、以红军东征永和纪念馆为重点的红色旅游、以绿色产品采摘为主的生态旅游的格局。

（1）乾坤湾

黄河乾坤湾位于晋陕大峡谷之间，晋陕大峡谷是中国最美的十大峡

谷之一，乾坤湾是一处地道的自然文化遗产景观，是华夏文明的一个缩影，是九曲黄河的核心景区。黄河流经永和县在打石腰乡河会里村与陕西延川县伏义河村两座山峰中打了一个“S”型的弯，形同太极双鱼，所以就取名乾坤湾。

(2) 红军东征永和纪念馆

红军东征永和纪念馆位于永和县阁底乡东征村，距县城约40千米。2005年重新修建，纪念馆占地约2500平方米，共分为三个展厅，主题分别为“英明决策筑辉煌”、“红军东征在永和”和“老区人民爱红军”。大量的实物图片、塑刻作品等真实地展现了当年红军东征的艰辛历程。这里一幅幅可歌可泣的红军东征历史画卷，也全面地展示了当年东征红军的丰功伟绩。

9. 大宁县

大宁县隶属临汾市，西临黄河，与陕西延长县隔黄河相望。大宁的黄土高原地貌独特，造就了它秀丽的自然景观，如白马啸、双锁山、高山、二郎山等。大宁历史悠久，有众多的人文景观，例如芝麻滩旧石器遗址、翠云山新石器遗址、周朝小神龙庙、春秋时代的将军墓、明朝的十八罗汉洞和笊篱寨、黄河仙子祠等。

(1) 芝麻滩旧石器遗址

芝麻滩旧石器遗址为山西省第三批省级保护单位，文化层面积约1500平方米，距地表深度0.3－10米，位于昕水河二级阶地的底部，该遗址暴露的主要遗物，以粗壮石器和细小石器为代表，前者采自砾石层，后者采自阶地顶面。共采集标本有石核、石片、刮削器、砍斫器等47件。根据采集标本，可确定为旧石器时代晚期遗存。

(2) 黄河仙子祠

黄河仙子祠坐落在马头关半山的黄砂石崖上，结构精巧轻盈，气势巍峨壮观。黄河仙子（俗称曹娘娘）是黄河流域唯一的女神。相传她本是天庭神女，为救人类而两度下凡，先帮女娲造人，发展人类文明，后又体验民间生活，历尽世上磨难。回归神坛后，立志守望黄河、济世佑民，广得秦晋百姓虔敬，终年香火鼎盛，信客如织，被尊为黄河之主。

10. 吉县

吉县隶属于临汾市，位于晋陕交界处，吉县有着悠久的历史、灿烂的文化，这里的黄河壶口瀑布闻名中外，还有管头山自然保护区、人祖山、克难坡旧址以及柿子滩遗址等风景名胜。

（1）壶口瀑布

壶口瀑布位于山西省临汾市吉县和陕西省延安市宜川县之间，为两省共有旅游景区，是国家级风景名胜区，国家AAAA级旅游景区，是世界上最大的黄色瀑布，号称“黄河奇观”。在古籍《书·禹贡》中记载：“盖河漩涡，如一壶然”。黄河500余米宽的水面至此被两岸所束缚，形成上宽下窄的瀑布群，其宽度随季节变化而变化，落差在20－50米之间，黄河翻腾倾涌，声势如在巨壶中倾出，故名“壶口瀑布”。因季节和水流变幻而形成“水底冒烟、旱地行船、霓虹戏水、山飞海立、晴空洒雨、旱天惊雷、冰峰倒挂、十里龙槽”八大奇观。

（2）人祖山

人祖山位于吉县城北30千米处，人祖山植被丰茂，四季风光优美，珍禽异兽众多，而且人文底蕴深厚，历代遗存各种庙宇、神龛多达200余座，其中最负盛名的是人祖庙（娲皇宫、伏羲殿），此外山中还留有十分完整的第二战区抗击日寇的工事、碉堡、烈士纪念碑。人祖山是以女娲、伏羲为代表的先民的早期生活地域，是中华婚育文明、农耕文明、和历法八卦文明的起源地，是中华文明的发祥地之一。

11. 乡宁县

乡宁旅游资源比较丰富，古遗址有 7 处，主要有东岸梁旧石器遗址、昭远寺遗址、五龙宫、八宝宫、大禹庙、清长城等。古建筑有 7 处，主要有结义庙、柏山寺、文笔峰双塔等。石窟有 7 处，主要有千佛洞、白云洞、观音洞、玉莲洞等，千佛洞载入《中国名胜大词典》。自然旅游资源主要有位于关王庙乡境内的云丘山，悬崖峭壁，松柏苍翠，奇峰俊景，风光奇绝，是旅游避暑之圣地，还有万堡山、一线天、黄河峡谷等自然胜景。还有以戎子酒庄为代表的现代工业旅游。

（1）云丘山

云丘山地处吕梁山与汾渭地堑交汇处，总面积 210 平方千米，主开发景区面积为 35 平方千米。云丘山风景区属国家 AAAA 级旅游景区，是晋南根祖旅游核心景区，中华农耕文明发源地之一，华夏乡土文化的地理标志，中和文化——非物质文化遗产的传承地。云丘山特殊的喀斯特地貌和石山森林环境形成了各种奇峰异景，可谓是“千峰竞秀，万壑峥嵘”。云丘山不仅自然景观奇特，而且文化底蕴深厚，是几千年来道家仙士的常游之所。

（2）戎子酒庄

戎子酒庄是一个集优质酿酒葡萄种植、中高档葡萄酒生产、农业生态观光、葡萄酒文化旅游为一体的生态文化旅游景区。酒庄内有展现汉民族与狄戎部落交往史、晋西南民俗风情、珍贵文物陈列以及中国葡萄酒文化为主题内容的戎子博物馆，还有地下酒窖、品鉴馆、戎子书院、戎子文化广场、晋文公庙等景点，在此还可以参观戎子酒庄这一黄土高原上红酒帝国的葡萄酒生产过程。

12. 河津市

河津古称绛州龙门，隶属于山西省运城市，因地处滨河要口，当黄河要津，故名，河津市素有“秦晋咽喉，西北门户”之称。存有古遗址、古墓葬、古建筑 20 多处，鳞岛上的真武庙金碧辉煌；回音似鸟鸣的镇风塔；雄距虎岗的薛仁贵寒窑；司马迁坟、王通弹琴山、王绩隐居洞等古朴神秘各有千秋；禹门口钢桁铁路桥、悬索公路吊桥、斜拉钢丝桥、圆拱石桥、小半径高层引桥等以“五桥并架一处”遐尔闻名。河津的汾河湖潮村段，每年夏天吸引成千上万的天鹅野鸭，风景秀丽，野趣盎然。

（1）薛仁贵故里

薛仁贵故里位于河津市城区，东紧临候西铁路和108国道6千米处的修仁村，村东的土岗名曰白虎岗，岗上有薛仁贵及其妻柳氏居住过的土窑一孔，亦称寒窑，高宽均为1.7米，清末民初灶、炕犹存，窑侧有白袍洞一所，内塑薛仁贵及其妻坐像。

（2）黄河龙门

黄河龙门是黄河的咽喉，位于河津市西北黄河峡谷出口处，两山雄峙，黄河夹中，黄河水破“门”而出，一泻千里。据《三才图会》载：夏禹定名龙门，故亦曰禹门渡。唐代大诗人李白以“黄河西来决昆仑，咆哮万里触龙门”来赞颂黄河龙门，相传每年三月冰化雪消之时，黄鲤游集龙门之下，争相跳跃，一年之中，能跃过龙门者只有七十二尾，鲤鱼越过龙门，云雨随之，天火烧其尾，登不上者，点额曝腮。黄河龙门是从壶口瀑布到芝川渡口的黄河流程中最雄奇跌宕、多彩多姿的一段，两岸壁立如削，水流湍急，山色波光，让人陶醉。

13. 万荣县

万荣县荣获“中国建筑防水之乡”、“中国楹联文化县”、“中国优质果品基地县”等称号，在文化旅游景点中以后土祠最为出名。据后土祠中《历朝立庙致祠实迹》碑记和《蒲州府志》记载，自轩辕黄帝“扫地为坛祭后土”，至宋朝宋真宗皇帝，共有8位皇帝24次在后土祠祭祀土地之神、地皇、华夏始祖女娲氏，汉武帝先后7次祭祀并留下了千古绝唱《秋风辞》。万荣县还有西滩、孤峰山、李家大院、秋风楼、飞云楼、万荣笑话博览园等旅游名胜。

（1）西滩

西滩景区位于万荣县黄河湿地，是集阳光、沙滩、湖岸、芦荡、湿地、温泉于一身；融露宿、野趣、烧烤、观鸟、漂流、采莲为一体的旅游景点，有人工湖面3000余亩、沙滩1000亩、荷塘1000亩、芦苇荡2000亩、生态林4000亩和优质温泉2处。游客可进行湖中泛舟、湖岸烧烤、芦荡探幽、黄河漂流、湿地观鸟、沙滩日浴等参与性活动。西滩景区现已开发圣母湖、少女泉、沙滩浴场、黄河漂流、莲荷胜景等景点，其中圣母湖为华北地区最大的人造水面，人称“河东小江南”。

（2）孤峰山

孤峰山景区位于万荣县城南8千米，山体占地面积24平方千米，主峰海拔1411.2米，处于万荣县与临猗县交界处，山上保有隋唐以来儒道释三教众多文化遗迹，至今仍有不少寺庙、道观留存，僧道众多，香火鼎盛。历史上的“孤峰拥翠”、“双泉流碧”、“唐寨秋风”、“柏林晚照”、“桃洞春晴”、“雕岩霁雪”、“法云远眺”、“范台月夜”万荣八景尽藏其中，主要景点有牌坊、山门、滑雪场、窑洞院、卧龙湾、龙腾瀑布、松林生态休闲区等景点，是一处集观光旅游、休闲娱乐、避暑度假、宗教文化为一体的旅游圣地。

（3）李家大院

李家大院位于山西省万荣县闫景村，始建于清道光年间，是清末民初晋南首富李子用的私人宅院。景区距运城市区38千米，是国家4A级旅游景区、全国重点文物保护单位。李家大院现存院落11组，房屋146间，整体建筑以竖井式聚财型山西四合院为主，吸纳了徽式建筑风格，部分院落为“哥特式”建筑，是融合南北、中西合璧的晋商大院，浓缩着汉族传统文化的深厚底蕴，有着极高的文化价值、艺术价值。

（4）笑话博览园

笑话博览园是以万荣笑话为基础，笑文化为载体的娱乐园，由“欢乐广场”、“笑话王国”、“苹果娃乐园”等主题片区组成。笑博园主要包括笑话喷泉、笑话舞台、笑话广场等景点，此外还有笑话迷宫，万荣笑话展览馆、“万荣笑话村”，笑话哈哈镜和笑话茶座讲堂等。

14. 临猗县

临猗县文物古迹众多，有猗顿古墓、战国车马坑、隋唐双塔、唐柏、宋代银棺、元代大堂等，特别是位于县城东隅的双塔，建于隋唐，以“日月交影”而远近闻名，堪称我国科技史、建筑史上的奇迹。著名景点有：孤峰山、双塔、双嶷山等。

（1）双塔

临猗双塔又称“雁塔”，坐落在山西省运城市临猗县城北隅，东西对峙。双塔创自隋唐，此处原为寺院，今寺已毁，仅存双塔。“双塔交影”又称“双塔斜影”，是指农历正月、九月十五黄昏，三月、七月十六早晨，太阳和月亮同时位于东西方天边（或相反），日月分别从东西方照射双塔，使双塔之影从不同方向向中间缓缓移动，交融在一起。

（2）双嶷山

古称云梦山，由大嶷、小嶷、三嶷三座山峰组成，是为云梦三山，也叫三嶷山，后经历史变迁，山峰只存大嶷、小嶷两座，故名双嶷山，沿用至今。2008 年，小嶷山从全国各地引进各种生态苗木和观赏花卉已达 110 种，其中国槐、垂柳、冷杉，苹果、梨枣、核桃已进行了大面积的栽培种植并获得成功。如今的小嶷山，已成为一个集林、果、花卉、苗木、旅游、观光为一体的林业和生态示范园，近两年来小嶷山参观、取经、购苗、旅游的客人达 1.3 万人次。

15. 永济市

永济市旅游资源十分丰富，总体格局是以鹳雀楼为龙头的西线人文景观旅游区和以五老峰为龙头的东线自然景观旅游区。主要有以西厢记故事而闻名的普救寺、国家级风景名胜区五老峰、唐开元大铁牛、中条第一禅林万固寺、避暑胜地王官峪、雪花山风景区、栖岩寺等旅游景点。

（1）普救寺

普救寺寺院建筑布局为上中下三层台，东中西三轴线，规模恢宏，是一座佛教十方禅院。天下佛寺不言情，普救寺却因中国历史名剧《西厢记》的传播，成为爱情圣地。普救寺内有座方形舍利塔，形制古朴，结构奇特，游人在塔西侧以石扣击，回音效应明显，据方志记载“普救蟾声”，为古时永济八景之一。由于《西厢记》的问世，使得普救寺名声大噪，寺内的舍利塔也被更名为“莺莺塔”而闻名遐迩。

（2）五老峰

五老峰风景名胜区，位于山西省永济市区东南13千米的中条山脉，国家4A级景区。五老峰景区是河洛文化早期传播的圣地，也是我国北方道教全真派的发祥地之一。五老峰风景秀美宜人，生态环境优美，动植物种类繁多。五老峰景区岩石主要以喀斯特地质为主，经过长期的自然雕琢，造就了许多雄、险、奇、秀的独特景观，景区内配套设施完善，主要游览设施有盘山滑道、高空滑索和铁索天桥等。

（3）鹳雀楼

鹳雀楼，位于山西省永济市蒲州古城西面的黄河东岸，始建于北周，因常有鹳雀栖其上而得名，又名鹳鹊楼。唐宋之际文人学士登楼赏景留下许多不朽诗篇，其中以王之涣《登鹳雀楼》最富盛名。后因战争、水患，遗迹无存，现存鹳雀楼为1997年12月复建，新建鹳雀楼为仿唐形制，外观四檐三层，楼体壮观，结构精巧，在建筑形制上充分体现了唐代的建筑风格。鹳雀楼的油漆彩画是国内唯一采用唐代彩画艺术恢复的彩画。

（4）唐开元大铁牛

唐开元大铁牛是全国重点文物保护单位，位于山西省永济市蒲州古城西门外，黄河东岸的蒲津渡，其东临普救寺，西近鹳雀楼。1998年8月，在蒲津渡遗址上发掘出铁牛四尊、铁人四个、两座铁山、一组七星铁柱和三个土石夯堆。黄河铁牛的出土，是建国以来我国首次发现黄河古渡口遗址，四尊铁牛也是我国目前发现的重量最重、历史最久、工艺水平最高的珍贵文物，在国内外极为罕见。

16. 芮城县

芮城历史悠久、文化灿烂，是中华民族的重要发祥地之一。180万年前，西侯度人即在这里用火熟食，开启了人类文明的新篇章。殷商时为芮国，西周时为魏国，史称“古魏”。北周明帝二年（558年）设芮城县，距今1458年。全县拥有各类重点文保单位245处，其中国保单位12处，馆藏文物3091组件，其中国家一级文物23组件。县内唐、宋、元、明、清五朝古建不断代，这在全国县级行政区域基本上是独一无二的。特别是为纪念新道教祖师吕洞宾修建的永乐宫以其元代壁画艺术驰名中外，被誉为“东方艺术画廊”。此外，还有大禹渡、圣天湖、风陵渡、芮城城隍庙、九峰山等景点。

（1）永乐宫

永乐宫是中国现存最大一座元代道教宫观，全真教三大祖庭之一，是为纪念唐代道教著名人物吕洞宾而建。因故址在永乐镇而命名，又名大纯阳万寿宫，属全国重点文物保护单位，原址位于山西省芮城县永乐镇招贤村，现址位于芮城县城北3千米的龙泉村东侧。永乐宫始建于元代，施工期前后共110多年。现存的永乐宫主要建筑为一门三殿，一门为龙虎殿，也就是无极门，三殿为三清殿、纯阳殿、重阳殿。

（2）大禹渡黄河风景区

大禹渡黄河风景区位于芮城县县城东南黄河之滨，占地面积450余公顷，1979年对外开放，1986年开辟国内首条黄河游黄金线路。大禹渡也是黄河两岸唯一以大禹冠名的千年古渡，这里流传有许多大禹治水的美丽传说。大禹渡黄河风景区拥有千年神柏、引黄高灌工程、合林寺、禹王庙、观音寺等景点，有黄河流域最大的石雕大禹像、定河神母雕塑和巨石天书以及各式阁亭等景观，可以乘坐豪华气垫船，一览黄河风光，住窑洞宾馆，品黄河鲤鱼，体验丰富的黄河民俗文化。大禹渡黄河风景区融合了黄河文化、根祖文化、佛教文化和现代水利文化等为一体的黄河风景游览区。

（3）西侯渡遗址

西侯渡遗址位于山西省芮城县风陵渡镇北10余千米处，全国重点文物保护单位。西侯度遗址属于“早更新世”文化，是迄今为止中国发现最早人类用火的地方，也是世界上人类用火最早的遗址之一。

17. 平陆县

平陆县是“假虞灭虢”、“唇亡齿寒”等历史典故的发生地，也是殷商名相傅说的故里，历史文化遗迹众多。平陆县以傅圣文化景区、伯乐文化景区、虞坂古盐道为依托，打造文化怀古游；以张店地窨院、部官桃林为依托，打造农业观光与民俗体验游；以朱总司令故居、毛家山知青点为依托，打造红色文化游；以黄河湿地白天鹅保护区、龙陡峡生态景区为依托，打造自然风光体验游。著名景点有：黄河湿地白天鹅保护区、茅津渡、地窨院、傅相祠、黄河古栈道、益明园休闲景区、三湾湿地、风口生态旅游观光景区等。

（1）黄河湿地白天鹅保护区

在平陆县城西南6千米处的三湾村，有一处白天鹅栖息地，区域面积3.9平方千米，濒临黄河，植被丰富，生物多样，野生动植物繁多。每年11月中旬到次年的2月中旬，有数千到上万只白天鹅和红嘴鸥到这里越冬。近年来平陆县不断加大对湿地的保护力度，恢复和改善湿地的生态环境，在黄河湿地内修建两个白天鹅巡护站，建立县、乡、村三级巡查网络，实行严格的报告制度，每个乡镇设一名专职巡护员，对白天鹅进行全天候巡护，并定点、定量、定时为白天鹅投食。

（2）茅津渡

茅津渡位于山西省运城市平陆县城南约4千米处。历史上曾名陕津渡、茅城渡、会兴渡，因古代茅族居此而得名。茅津渡地形险要，历史悠久，是沟通晋豫两省的交通要津，也是万里黄河上的一个极为重要的渡口，与风陵渡、大禹渡并称为黄河三大古渡，有“铁码头”之称。

（3）傅相祠

傅相祠位于山西省运城市平陆县县城东北傅岩山上，是为纪念商代名相傅说而建。平陆县圣人涧镇圣人涧村之傅岩，在唐大历年间已建有傅相祠（当地人俗称圣人庙），据清康照《平陆县志》记，祠内有主殿、配殿、碑台、戏楼、砖塔等建筑，亭台楼阁、斗拱飞檐、傅岩屏影、涧水环绕，平陆古八景之一的“傅岩霁雪”就在这里。

（4）黄河古栈道

黄河古栈道位于平陆县东部三门乡至曹川镇，共11处32段，全长4032米，分布在黄河岸边的石崖上。黄河漕运始于秦汉，隋唐时有了较大发展。平陆县境内多处栈道均为唐代遗留，摩崖石刻随处可见。2006年6月被公布为第六批全国重点文物保护单位，国家文物局颁布为中国文化遗产。

18. 夏县

夏县，位于运城地区中南部，地形概貌为七山二川一丘陵。夏县历史悠久，是中华民族的发祥地之一。相传为嫘祖养蚕、大禹建都的地方，素有禹都之称。著名景点有：司马光墓、禹王城遗址、架桑漂流、唐回漂流等。

（1）司马光墓

司马光墓属全国重点文物保护单位，位于山西省夏县城北 15 千米的鸣条冈。司马光墓地分为茔地、碑楼、碑亭、余庆禅寺等几个部分。茔地位于右翼，禅院列于左翼，碑楼在最前方。碑楼高大，壮观，内有“司马温国公神道碑”一通。碑身厚硕高大，碑文介绍了司马光一生的成就。碑额“忠靖粹德”由宋哲宗亲笔；碑文为苏东坡书，是司马光墓的重要标志。

（2）禹王城遗址

禹王城遗址位于山西夏县禹王乡的禹王村、庙后辛庄、郭里村一带，距全国重点文物保护单位司马光墓约 3 千米。相传夏禹曾在此居住，故俗称禹王城。据考证，禹王城为春秋战国时的魏国国都安邑城，也是秦、汉及晋时的河东郡治所。禹王城遗址为全国重点文物保护单位。

19. 垣曲县

垣曲是舜帝故里，也是人类文明的诞生地，其四周高山如垣，黄河到此一曲，境内山、林、水、洞俱全，生态旅游资源得天独厚。垣曲县有华北地区仅存的一片面积 1.2 万亩的原始森林，被誉为“华北动植物基因库”；黄河小浪底水库垣曲境内水域面积达 130 平方千米，是北方最大的水上观光游乐区。除此之外，还有望仙三潭瀑布、王茅溶洞、天盘山原始古林、乌鸣涧、二郎庙、历山皇姑幔景区、下马遗址、宋村永兴寺、埝堆玉皇庙、南海峪遗址、丰村遗址、大腰遗址、北峪铜矿遗址等景点。

（1）历山自然保护区

历山自然保护区位于山西省翼城、垣曲、沁水三县交界处，历山的奇峰、怪石、清涧、溶洞、水帘被称为“历山五绝”，林涛、山风、冰雪、雾雨、古迹、光影、动物、植物、药材和村庄称为“历山十胜”。历山自然保护区森林覆盖率达到90%以上，各种植物多达1400多种。舜王坪是历山自然保护区的主峰，海拔2358米，传说是上古时代舜帝耕作的地方。历山还有华北最高的亚高山草甸。草坪周围崇山峻岭，树木茂盛，是华北和黄河中下游惟一保存完好的原始森林。

（2）望仙三潭瀑布群景区

望仙三潭瀑布群景区位于历山自然生态旅游区西南部，距垣曲县城仅25千米。望仙拥有丰富的尧、舜传说，山水奇特秀美。在淘金河沿岸五千米长的天然石峡中，分布十余个大小不一，形态各异的瀑布渊潭。由于周边原始森林植被丰富，叠加山区小气候等因素，使景区的温度、湿度和空气中的含氧量都在一个人体较为适宜的范围，是人们避暑度假、休闲探险的绝好去处。

（3）王茅溶洞

王茅溶洞位于垣曲县王茅镇，距垣曲县城15千米，距小浪底水库8千米。王茅溶洞处于喀斯特地质区域的边缘，已开发4千米，潜在洞穴资源丰富。溶洞内蝙蝠成群、泉水潺潺、钟乳倒挂、石笋林立，溶洞内主要景观有“雨打鸳鸯”、“千尺瀑”、“雪压青松”、“乞丐与公主”等，惟妙惟肖，是垣曲县自然旅游资源的一颗明珠。

（4）黄河小浪底水库

黄河小浪底水利风景区位于黄河中游最后一段峡谷的出口处，小浪底库区总面积278平方千米，涉及山西的垣曲县、夏县、平陆县，其中垣曲县位于水库回水区中段。小浪底水库为北方较大的人工高原平湖，湖心有岛，盛产鱼虾，以“黄河鲤鱼”最为出名，库区景观以每年9月到次年4月为最佳。景区是以小浪底工程为依托，以山、水、林、草为特色的大型生态园林，北岸有太行山和王屋山，南岸的黄鹿山为该景区最高点，从这里既可以俯视大坝全景，又可以感受到大自然的美丽景色。

第三节　黄河流域的自然保护区

山西省具有丰富的动植物资源，目前已知的维管植物有 2700 多种，其中，木本植物有 463 种。山西植被从南到北可分为：南部和东南部是以落叶阔叶林和次生落叶灌丛为主的夏绿阔叶林或针叶阔叶混交林分布区，也是植被类型最多、种类最丰富的地区；中部是以针叶林及中生的落叶灌丛为主、夏绿阔叶林为次分布区，是森林分布面积较大的地区；北部和西北部是温带灌草丛和半干旱草原分布区，森林植被较少，优势植物是长芒草、旱生蒿类和柠条、沙棘等。山西野生植物资源丰富，国家一级保护植物有南方红豆杉，国家二级保护植物有连香树、翅果油树、水曲柳、核桃楸、紫椴等。野生药用植物有 1000 多种，广泛分布在丘陵山地，比较著名的有党参、黄芪、甘草、连翘等。截至到 2017 年，山西省森林覆盖率达到 20. 5%。

山西野生动物以陆栖类为主，已知的有 439 种（含历史记录种）。属于国家重点保护的珍稀动物有 71 种，其中，一级保护动物有 17 种：褐马鸡、金雕、朱鹮、白鹳、黑鹳、玉带海雕、白尾海雕、虎头海雕、丹顶鹤、大鸨、胡兀鹫、遗鸥、虎、金钱豹、梅花鹿、原麝、林麝。二级保护动物有 54 种，包括鸟类 42 种，两栖类 1 种，兽类 11 种。属于省级重点保护的有苍鹭、星头啄木鸟等 27 种。属于有益的、有重要经济、科学研究价值的野生动物 315 种。

这些丰富的动植物资源不仅在环境保护、涵养水土、保护物种多样性方面具有重要意义，同时还具有旅游价值。为了保护这些动植物资源，我国在山西设立了为数众多的自然保护区。

自然保护区是以保护特殊生态系统进行科学研究为主要目的而划定

的自然保护区，自然保护区是研究生态系统自然过程基本规律、研究物种生态特性的重要基地，是观察生态系统动态平衡、取得监测基准的地方。我国自二十世纪七十年代以后，特别是1979年公布了《环境保护法》、颁布了一系列保护自然环境与自然资源的法律和条例，如森林法、水法、矿产资源法、森林和野生动物类自然保护区管理办法等。之后，自然保护区数量不断增多。据统计，山西省一共有45个自然保护区，国家级的6个，省级的39个，沿黄县市共有自然保护区9个。分布在黄河沿岸从北至南数百千米的区域内。

表4-2　黄河板块自然保护区

保护区名称	所在县市	动植物数量和种类
尉汾河省级自然保护区	兴县、临县	山西省2002年划定的省级自然保护区之一，主要保护对象为褐马鸡及森林生态系统，保护区位于临县东北角，地处芦芽山西麓，属黑茶山余脉。总面积17661.0公顷。维管植物725种，大型真菌101种，主要有针叶林，落叶阔叶林，落叶阔叶灌丛、灌草丛等。保护区分布有陆生动物219种，褐马鸡、黑鹳、金雕、金钱豹、黄嘴白鹭、苍鹰、雀鹰、松雀鹰等，是褐马鸡种群数量最多的栖息地之一。
黑茶山国家级自然保护区	兴县	位于吕梁山中段，是晋西北低山浅山区生物多样性最为丰富的地区之一，面积为24415.4公顷。黑茶山国家级自然保护区主要保护暖温带落叶阔叶林与温带草原交错区的生态系统；褐马鸡、原麝、金钱豹、紫点杓兰等兰科植物、青毛杨等珍稀濒危野生动植物及其栖息地；黄河一级支流湫水河源头和蔚汾河的重要水源地。
团圆山省级自然保护区	石楼县	其核心区由团圆山，四十里山两大山系组成，距石楼县城17千米，石前干线公路盘山穿跃而过。团圆山主峰海拔1421.5米，核心总面积7143公顷。现内有人工侧柏、油松林3733公顷，天然灌木林2910公顷，人工林总面积达4100公顷，总蓄积量4.6万立方米。由于团圆山系纵贯石楼南北，是黄河一级支流义牒河、小蒜河、和合河等县境六大汛河的源头。因而，团圆山系森林已成为一条生态功能完备的集水源涵养、防风固土、调节气候的多用途防护林带。
五鹿山国家级自然保护区	蒲县、隰县	五鹿山主峰海拔1946米，总面积20617.3公顷，主要保护世界稀有动物、国家一类保护动物褐马鸡，是山西省褐马鸡分布区的南界。同时保护以油松为主的次生林，区内有天然林40000多亩，人工林14000亩，主要树种为油松、桦木、栎类。种子植物933种，脊椎动物共有252种。

保护区名称	所在县市	动植物数量和种类
人祖山省级自然保护区	吉县	人祖山自然保护区，是2002年经山西省人民政府批准成立的新单位。景区森林资源丰富，称为天然植物园，有维管束植物630余种，草本2000多种，鸟类130余种，兽类23种，两栖爬行动物10余种，其中褐马鸡、金钱豹、金雕为国家一、二、三类保护动物，麝等20余种动物。
管头山省级自然保护区	吉县	保护区东西长25千米，南北宽16千米，北与吕梁林区相连，东与吉县吉昌镇相接，南靠黄河，西临壶口瀑布，总面积10140.1公顷。该区因其特殊的地理位置，优越的气候条件，古老的地质构造，独特的地形地貌，动植物资源十分丰富。该区野生动物有17目30科100余种。其中金钱豹、褐马鸡、金雕、雕、隼类等属于国家重点保护动物。
太宽河省级自然保护区	夏县	太宽河自然保护区位于中条山的中西端。该保护区珍稀濒危树种共23科，26属和31种，种数占山西省珍稀濒危保护树种的70%以上。在当地自然分布的树种中，有国家2级保护种1种，国家3级保护种6种，其余20种为省级重点保护树种；自然分布树种中，24种为极稀少或稀少分布，只有3种为常见或普遍分布。所有树种中，乔木树种23种，灌木种5种，另外3种为木质藤本。
历山国家级自然保护区	翼城、垣曲、沁水	历山自然保护区为南北野生动植物的过渡地带，是山西省面积最大、物种资源最为丰富的自然保护区，可作为生态系统定位研究和环境监测基地，引种亚热带经济的基地，其中，猕猴是中国北方唯一的猴类动物。区内还有属于热带、亚热带的带花蛇、长尾山椒鸟、大鲵等，是在中国分布范围的最北线。
贺家山省级自然保护区	保德县	贺家山自然保护区是以褐马鸡及其森林生态系统为主要保护对象的森林和野生动物类型的自然保护区，保护区分布着野生植物400多种，野生动物100余种，30多种国家级和省级珍稀濒危植物，保护区内的金钱豹、褐马鸡是国家一级保护动物。

第四节 黄河沿岸的历史人物

华夏名人出三晋，山西是一个历史名人辈出的地方。悠久辉煌的历史，美丽富饶的山河，特殊的地理环境造就了特殊的人才。在中国历史上，山西大地上涌现的各种优秀人物，若群星璀璨。黄河沿岸集纳了丰富的历史文化和五千年文明史，见证帝尧的丰功伟绩。代表人物如下：

蔺相如 古蔺国（今柳林县孟门镇）人，蔺首侯蔺康（韩康）六世玄孙。战乱时南迁，先为赵国宦官缪贤的家臣，后来官至上卿（相当于后来的宰相）。《史记》中记载其“完璧归赵”、“渑池之会”、“负荆请罪”三个事件，倍受后人推崇。病逝后葬于山西古县蔺子坪。

王勃 字子安，汉族，唐代文学家。古绛州龙门（今山西河津）人，出身儒学世家，与杨炯、卢照邻、骆宾王并称为“王杨卢骆”、“初唐四杰”。王勃诗今存80多首，赋和序、表、碑、颂等文，今存90多篇，在诗歌体裁上擅长五律和五绝，代表作品有《送杜少府之任蜀州》等；主要文学成就是骈文，无论是数量还是质量，堪称一时之最，代表作品有《滕王阁序》等。

白朴 原名恒，字仁甫，后改名朴，字太素，号兰谷，祖籍陕州（今山西河曲附近），后徙居真定（今河北正定县），晚岁寓居金陵（今南京市），终身未仕，白朴自幼聪慧过人，博闻强记，精于度曲，为元曲四大家之一。其代表作主要有《梧桐雨》《墙头马上》《董月英花月东墙记》等。白朴的词流传至今一百余首，多以咏物与应酬为主。

姜子牙 亦作姜尚，中国著名历史人物，商末周初人。相传姜子牙72岁时在渭水之滨的磻溪垂钓，遇到了求贤若渴的周文王，被封为“太师”（武官名），称“太公望”，俗称太公，被周武王尊为“师尚父”。姜子牙辅佐武王伐纣，建立了周朝，兴周八百年，是一位杰出的军事家与政治家。他著有《六韬》、《太公兵法》和《素书》等，这些著作集先秦军事思想之大成，对后代军事思想产生了很大的影响。先秦诸子百家皆追他为本家人物，被尊为“百家宗师”。

杨玉环 号太真。姿质丰艳，善歌舞，通音律，为唐代宫廷音乐家、舞蹈家。其音乐才华在历代后妃中鲜见，被后世誉为中国古代四大美女之一。她先为唐玄宗儿子寿王李瑁王妃，受令出家后，又被唐玄宗册封为贵妃。天宝十五载（756 年），安禄山发动叛乱，杨玉环随李隆基流亡蜀中，途经马嵬驿，于六月十四日，在马嵬驿死于乱军之中，香消玉殒。

柳宗元 字子厚，汉族，唐代河东郡（今山西运城永济）人，祖上世代为官，七世祖柳庆为北魏侍中，封济阴公。世人称之为“柳河东”、“河东先生”，与唐代的韩愈、宋代的欧阳修、苏洵、苏轼、苏辙、王安石和曾巩，并称“唐宋八大家”。一生留诗文作品达 600 余篇，其文的成就大于诗。骈文有近百篇，散文论说性强，笔锋犀利，讽刺辛辣。游记写景状物，多所寄托。其诗多抒写抑郁悲愤、思乡怀友之情，幽峭峻郁，自成一路。柳宗元遗族所建柳氏民居，现位于山西晋城市沁水县文兴村，为国家 4A 级景区。

王维 生于蒲州（今运城永济市），别名王右丞，字摩诘，号摩诘居士，唐朝著名诗人、画家，有“诗佛”之称。王维创造了水墨山水画派，近体诗严守声律，意态豪放，代表作有《王摩诘文集》等，存诗 400 余首，代表诗作有《相思》《山居秋暝》等。王维不但有卓越的文学才能，而且是出色的画家，还擅长音乐。其诗如画卷，美不胜收；情景交融，浑然天成；诗渗禅意，流动空灵；无论从题材内容，还是艺术风采上，都对后世的诗歌产生了深远的影响。

裴冕 字章甫，河中河东（今山西永济）人，唐朝宰相。裴冕出身于河东裴氏东眷房 ，历任渭南尉、监察御史、河西行军司马等职。安史之乱时，因参与拥立唐肃宗，授为中书侍郎、同平章事，后罢为右仆射，两京收复后封冀国公。唐代宗年间，裴冕历任施州刺史、澧州刺史、左仆射，并加集贤院待诏。大历四年（769 年），裴冕被元载举荐为宰相，加同平章事，并兼东都留守。同年十二月病逝，时年 67 岁，追赠太尉。元和四年（809 年），配享肃宗庙庭。

吕洞宾 吕洞宾即吕岩（“喦”或作“岩”、“巖”），字洞宾，道号纯阳子，是著名的道教仙人，八仙之一，道教全真派北五祖之一。唐宋以来，他与铁拐李、汉钟离、蓝采和、张果老、何仙姑、韩湘子、曹国舅并称“八洞神仙”。在民间信仰中，他是八仙中最著名、民间传说最多的一位。

薛仁贵 绛州龙门（今山西河津）人，唐太宗、唐高宗时期名将。北魏将领薛安都的六世孙，出身于河东薛氏世族。随唐太宗李世民创造了“良策息干戈”“三箭定天山”“神勇收辽东”“仁政高丽国”“爱民象州城”“脱帽退万敌”等诸多故事，其在军事、政治上有赫赫功勋，为国鞠躬尽瘁，死而后已。

傅青山 本姓曹，石楼县人，自幼家贫。目睹清室残暴，毅然逃出靖安营，投奔交城县葫芦川农民起义军，更名为傅青山，他武艺高超，被拥戴为钟家沟、大皮沟据点首领，同农民军其它各部密切合作，遥相呼应，后不幸被押解太原戕杀。

董其武 山西省河津县人，国民革命军中将，中国人民解放军上将。董其武 1919 年考入阎锡山创办的学兵团，1924 年开始从军，先为刘镇华部属，后加入国民革命军，参加北伐。之后投靠傅作义，自九一八事变以来积极抗日，在长城战役、百灵庙战斗中均有出色表现。1949 年 9 月 19 日，董其武宣布绥远省和平解放，1951 年率部参与朝鲜战争，任中国人民志愿军第 23 兵团司令员。1953 年任中国人民解放军第 69 军军长。1955 年被授予中国人民解放军上将军衔。1980 年 1 月 24 日正式加入中国共产党。1989 年 3 月 3 日逝世于北京。

傅说 傅氏始祖，古虞国（今山西平陆）人，殷商时期著名贤臣，先秦史传为商王武丁（约公元前 1250 年—前 1192 年在位）丞相，为“三公”之一。是中国古代的一位政治家、军事家和建筑学家。他作为商代宰相，辅佐殷商高宗武丁安邦治国，形成了历史上有名的“武丁中兴”，留有“非知之艰，行之惟艰”的名句，被尊称为“圣人”。

百里奚 姜姓，百里氏，名奚，字子明，春秋虞国（今山西省平陆县北）人。春秋时虞国大夫，后入秦做大夫，为秦穆公时贤臣，著名的政治家、思想家，又称“五羖大夫”，是秦穆公用五张黑羊皮从市井之中换回的一代名相。在主持秦国国政期间，百里奚“谋无不当，举必有功”，辅佐秦穆公倡导文明教化，实行“重施于民”的政策，让人民得到更多的好处，并内修国政，外图霸业，开地千里，称霸西戎，统一了今甘肃、宁夏等地区，开始了秦国的崛起。

裴寂 字玄真，蒲州桑泉（今山西临猗）人，唐朝宰相。裴寂出身河东裴氏西眷房，隋末曾任晋阳宫副监，与唐高祖交好，后参与策划太原起兵，将晋阳宫物资充作军用。唐朝建立后，裴寂担任尚书右仆射，封魏国公，此后升任左仆射、司空等要职。629 年（贞观三年），裴寂受僧人法雅牵连，被免官削邑，放归原籍，后流放静州，并率家僮讨平山羌叛乱。不久，裴寂病逝，追赠相州刺史、工部尚书、河东郡公。

谷景生 中国人民解放军开国少将。“一二·九”运动主要领导人之一、我军优秀的政治工作领导者。山西省猗氏（今临猗）县罗村人。谷景生是党的十二大代表，第六、第七届全国人大代表，第六届全国人大常委，第七届全国人大内务司法委员会委员。曾被授予二级独立自由勋章、一级解放勋章、一级红星功勋荣誉章。

毕万 周文王第十五子毕公高之后裔。毕公高本姬姓子弟，武王伐纣后，被封于毕地（在今陕西省西安市西北，称毕原），遂以地为姓，称毕氏。周安王二十五年（公前 376）又与韩、赵两家三分晋地，灭掉晋国而建魏国，是为战国七雄之一。故称毕万为魏国之祖。

韩涌泉 字石清，石楼县韩家山村人。红军东征时，他主动当向导，红军顺利占领了转角渡口。不久他参加了红军，组织群众打土豪，斗地主，建立红色政权，民国 25 年 5 月，他随红军回师陕北，入中央党校学习，加入中国共产党。结业后，分配到沿河工委工作。同年 11 月中旬，返回石楼开展地下工作，在韩家山一带宣传党的政策、发展党的组织。民国 26 年 1 月，由于坏人告密，被阎军巡缉队包围在郭家洼村郭安心家窑洞里，韩涌泉同一名工作人员持枪突围时，不幸中弹牺牲。

刘少白 名象庚，字少白，1883 年 6 月 30 日出生于山西省兴县黑峪口村。山西省政协已故副主席刘少白同志是著名的开明绅士，民主战士，被誉为中国红色银行事业的创始人之一，也是一位老共产党员。

第五节　黄河岸边的非物质文化遗产

非物质文化遗产是中华民族在长期的生产生活中创造的，是中华优秀传统文化的重要组成部分。千百年来，勤劳勇敢的山西黄河流域人民在适应周围环境、与自然和历史的互动中，秉持天人合一、崇德向善、人与自然和谐共处等思想理念，创造了体系庞大、数量众多的非物质文化遗产。山西数千年黄河文化的积淀，使得这片土地的先民在长期的劳动和生活中形成了异常浓厚、形式多样、特色鲜明的民俗文化。山西沿黄河流域各市县非物质文化遗产丰富而灿烂，主要有民间信仰，表演艺术，传统手工艺、饮食文化，社会实践、仪式和节庆活动，以及与自然界和宇宙相关的认知和实践等。

一、民俗类

黄河沿岸的信仰是一种活态传承的民俗文化与世代延续的宗教文化的表现形式，是非物质文化遗产的重要组成部分，反映了不同地方群体的认同感和历史感，具有群众性、长期性、复杂性。民间信仰所蕴含的精神价值、思维方式、想象力和文化意识，是维护中国文化身份的基本依据。尊重普通百姓的文化记忆、民间信俗和日常生活方式，是打开认知、理解中华文化多样性的一个窗口，是更好地构筑中国精神、中国价值、中国力量的基础。加强包括民间信仰在内的非遗保护和传承的力度，这不仅是中华民族伟大复兴的迫切需要，也是世界文明对话和人类社会创新发展的必然要求。黄河沿岸的民俗类非物质文化遗产主要有：

（1）九曲黄河阵

九曲黄河阵是一种古老的传统民俗文化活动，吕梁市沿黄地区的柳林、孟门，晋中盆地地区的祁县、太谷等地也有摆此灯的风俗，每年正月十五摆出由九个万字组成的循环灯阵。九曲黄河阵相传为姜子牙所创，有平安灯、发财灯、送子灯、前程灯、求婚灯、长寿灯、步步高升灯等十八灯，为民间祈福求财、祛邪去病的游乐灯阵。九曲黄河阵是古代兵家布下的一种易守难攻的阵式，因其阵像九曲十八弯的黄河而得名九曲黄河阵，这一社火项目三百多年来在中阳县庞家会从未间断，一直延续至今，而且愈来愈旺。九曲黄河阵今非昔比，五根高杆变成五个倒立的红色金字塔，上飘五色方旗，三百余盏五颜六色的小灯簇拥着九盏分外亮丽、格外显眼的大灯，九曲场外旱船秧歌被围的水泄不通，锣鼓声、唢呐声、丝竹声、欢歌声，声声清脆，字正腔圆，飘荡在色彩斑斓的近空。

(2) 中和文化节

据专家和学者的考证和挖掘，“以中为心、以和致用”的“中和”之道便是源自云丘山遗存下来的古老的中和文化，其内涵是以中正为精髓，以阴阳动态平衡为原则，包括三个元素和四个祈求。三个元素分别是指：生殖崇拜，这是中和文化之根；天人合一，这是中和文化之魂；和谐发展，这是中和文化之光。四个祈求是指：祈求风调雨顺，五谷丰登；祈求神灵庇佑，国泰民安；祈求美好姻缘，如意婚配；祈求子孙绵绵，后继有人。中和节起源于唐朝，数千年绵延而不断。

(3) 河曲河灯会

河曲河灯会，也称河曲河灯节。每年农历七月十五举办，历时三天。在黄河边漂放河灯，通过各种祭祀形式，祈祷神灵消灾免难、风调雨顺。古时漂放河灯，由黄河船工组织河路社举办，僧人诵经、八音吹奏鼓乐，以超度死于河中的亡灵，当时被称为迎神送鬼节。到了21世纪，河灯节已成为具有丰富民俗内容的民间活动。近几年来，河曲县借着传统文化的独特魅力及影响，与经贸节、文化艺术节、河曲民歌二人台等紧密结合与整合，使得整个“河曲河灯会”的举办规模及群众参与性空前高涨，辐射影响范围已跨越晋陕蒙三省交界区域，逐步影响全国，各地前来观看“河曲河灯会”的人越来越多。

二、 民间文学类

（1）万荣笑话

是山西省运城市万荣县荣河镇土生土长的地方民间口头文学，它生动有趣，机智幽默，来源于人们生活中的谐趣言行，是万荣及河东地区群众的口头创作，广泛地流传于山西及全国的许多省市。万荣笑话是从过去的荣河七十二争故事演化而来。这些故事都是以讲“争气”为主的。故事大体的模式是：第一个特点，你不叫我这样，我偏要这样；第二个特点，是它具有很强的喻理性；第三个特点，是它具有非常好的幽默感和可笑性；第四个特点，是它具备广泛性和群众性；第五个特点，是它具有很好的开放性和巨大的可塑性。

（2）董永传说

中国汉族古代四大爱情传奇之一，四大民间传说之一，2006 年董永传说被国务院列入第一批国家级非物质文化遗产名录。西汉刘向的《孝子传》中最早记载了董永传说，主要讲述董永卖身葬父的细节。此后三国时期曹植的《灵芝篇》和东晋干宝的《搜神记》中对董永传说都有记载，主要是讲述他卖身葬父、天女适嫁和助君还债等故事，在我国农村地区一直以来都广为流传，成为后世故事嬗变和文学移植的母本。在两千多年的传承中，董永传说也在发生着变异，但一直和当地的民间信仰、风貌景物密切相关，万荣县董永传说为世人展现了一个极具地方特色的传说故事，特别对文学艺术方面的研究有一定的价值。董永传说所具有的教化功能对当今我们建设社会主义精神文明和构建社会主义和谐社会具有一定的现实意义。

三、 传统手工技艺类

传统手工技艺具有地域性、异质性和多样性的特点，它是一个地区或民族的文化表征，是人类文化多样性的重要表现。传统手工艺产业是地方性特色产业，它主要利用传统的手工加工方式，属于劳动密集型产业，可以为当地老百姓提供就业机会，安民于当地，对于维护社会的稳定可以起到一定的作用。同时，传统手工技艺利用当地可再生的自然资源，对于保护地方性的生态环境有一定的意义。由此可见，保护与传承传统手工技艺有利于社会的可持续发展。黄河沿岸的手工技艺主要有：

（1）晋南土布织造工艺

土布又称“粗布”、“家织布”，多采用全棉织造而成。土布常常带有有规律的条纹，稍显粗糙，却是完全环保的产品。现存的“土布织造”的基本工艺有弹花、搓花卷和纺棉等，主要工艺有纬线制作、经线制作和上机织布等，涉及工具大小58件。几十年前的晋南大地，每到冬闲之时，家家户户都忙着纺花织布，为全家人一年的穿着而忙碌，如今这一延续千年的纺织技术即将失传。目前，晋南土布织造技艺在临汾市的襄汾县、以及侯马市等地还有延续，但存在比较完整、且接近原始状态的土布织造技艺还是在临汾市的永和县。

（2）永乐桃木雕刻

2011年，源于道教文化和吕祖文化，以“吕祖桃木灵剑”为代表的永乐桃木吉祥物传统手工雕刻，被列入山西省非物质文化遗产名录。2014年，永乐桃木雕刻又被列入国家级非物质文化遗产名录。永乐桃木雕刻，这一根植于民间的传统手工雕刻技艺，以其独特形式和无穷魅力弘扬吕祖道教及桃木文化，逐渐形成了别具一格、影响深远、价值丰富的非物质文化遗产。

（3）万荣面塑

万荣面塑有3大系列，100多个品种，形成了完整的创作体系。3大系列包括：花馍、花糕、吉祥物。花糕是圆形、夹层、上盖合成的圆扁形花馍，出笼后在顶部插上所需面花；花馍是用圆形、桃形、鱼形等面团作为花馍主体，出笼后插上所需面花；吉祥物多以动物为主，制作方法有分件组合、一次成形两种。万荣面塑极具寓意和针对性，适用于不同的民俗活动，承载着万荣百姓的情感、希望和对未来美好的祝愿。万荣百姓过春节、二月二、清明节、端午节、走麦罢、七月十五、八月十五、重阳节、腊月二十三等节日以及结婚、上梁、满月、祝寿等均有不同的面塑。

四、 民间音乐类

山西，有着丰富的民间音乐遗产和得天独厚的民间音乐发展土壤。比如中华民族音乐唯一有史料记载的一位最早、最有名的音乐家师旷、就是山西洪洞人。山西珍贵的“古典乐曲”很多，至今仍有不少在民间流传，其中忻州地区的《八大套》，被誉为“中国民间音乐宝库中的瑰宝”。

山西的古代民间乐器种类很多，根据考古发现，新石器时代山西就有了陶埙，夏朝有了石磬，春秋有了甬钟、编钟等。现在我们看到的山西民间乐器，也都是自古传下来的。这些乐器，以丝竹为主，如笙、管、笛、胡琴、板胡、三弦、唢呐、琵琶、筝、巴乌等。在现在我们常见的民间乐器中，还有各种鼓器以及铙、钹、锣、镲等，也都有很长的历史了。山西的鼓吹乐遍及全省，而以忻州和晋中地区的规模最大、最有名。

除了乐器之外，沿黄各地还保留有众多富有地方特色的民歌民谣，传统戏曲，如保德民歌蒲州梆子、威风锣鼓等。

(1) 保德民歌

保德民歌最具特色、最能打动人心的，是那一份真挚的情感。语言粗看很俗，仔细体会发现，俗到极致反为雅。保德民歌中以苦难曲子以及爱情类的题材为主，语言丰富多彩，鲜活生动，如同黄土地上的树木庄稼，摇曳多姿，极富感染力，许多民歌堪称艺术殿堂的瑰宝。

(2) 蒲州梆子

蒲州梆子是中国最古老的地方民间戏剧，形成于明代嘉靖年间，兴盛于山西晋南古蒲州（今山西省永济市），流行于山西南部以及河南古陕州、陕西省、甘肃省、青海省、宁夏回族自治区、内蒙古自治区的部分地区。蒲州梆子与秦腔有着密切的关联，被称为“姊妹戏”，其发展过程也是研究中国地方戏曲传承演变轨迹的重要资料。蒲州梆子剧目众多，现在已知剧目有一千四百多个，其中《窦娥冤》《薛刚反朝》《麟骨床》《杀驿》《挂画》等影响较大。蒲剧唱腔高昂，朴实奔放，既善于表演慷慨激情、悲壮凄楚的英雄史剧，又善于刻画抒情剧的人物性格和情绪。

（3）威风锣鼓

晋南威风锣鼓是诞生和流行于山西临汾一带的民间传统打击乐，第一批入选国家级非物质文化遗产名录。每逢过年过节、喜庆丰收、集会游行，便会出现在民间。曾在全国首届农民运动会以及天安门广场为庆祝国庆四十周年专题文艺晚会录相表演，被誉为"中华民族传统的优秀文化遗产"，"古今中外首屈一指的民族鼓乐"，"黄河之魂"、"惊世之宝"、"中华第一鼓"。

（4）河津三迁锣鼓

千百年来，生活在这块黄土地的人们，以锣鼓庆祝丰收，以锣鼓表达喜悦，以锣鼓歌颂对美好生活的憧憬和向往。三迁锣鼓就是代表，它传承了河津市民间流传很久的"乱刮风""风搅雪""十不闲""端阳锣鼓""狮子滚绣球"等曲牌的精华。三迁锣鼓著名曲牌有"喜迎新春""欢庆丰收""大地回春""黄河魂""黄土雄风""莺歌燕舞""百花争艳""晋阳鼓风""点兵出征""灵前威震"等。

（5）河津西王小花戏

西王小花戏也叫故事戏，乐器以花鼓、苏钹、苏锣、二胡和笛子为主，敲打起来特别热闹。代表性的剧本有《卖绒线》《卖黄瓜》《吃酸枣》《王二小赶脚》《李三娘研磨》，反映了西王村历代人文生活的民俗风情和村民对美好生活的期盼。2012 年，该村又创作了《墙头记》《王婆夸富》等一批富有现代气息的小花戏剧本。

（6）河曲民歌

河曲县地处黄河弯道，历史上交通不便，土地贫瘠，旱涝无定，百姓生活困苦。河曲县特殊的自然地理环境，使得当地居民到内蒙古一带打短工、拉长工。每年春去冬回的"走西口"，产生了咏叹人间离苦、思念、期盼的"走西口"民歌，河曲民歌所反映的社会民俗主要以婚姻、爱情等方面为主，被当地人称之为"山曲"，形成于何时尚无确定，但河曲民歌已入选国家级非物质文化遗产。

（7）河曲二人台

二人台是河套地区的民间戏曲，俗称“打玩意儿”。“二人台”，顾名思义，即二人一台戏。两个演员扮演一丑一旦，或两个小旦。“二人台”又名“二人班”，是中国的地方戏曲剧种之一。二人台的传统剧目约有120个，内容多取材劳动人民的现实生活，富有浓郁的生活情趣。河曲二人台分为“硬码戏”与“带鞭戏”两类，其中“硬码戏”侧重唱、念、做，突出表演艺术，如《走西口》《探病》等；“带鞭戏”是载歌载舞、歌舞并生，如《挂红灯》《打金钱》等，内容多以农家生活和爱情生活为主。

（8）唢呐艺术

吉县“黄河壶口风情”原生态唢呐艺术流传于山西吉县一带的黄河沿线，活跃于民间婚丧嫁娶各类庆典场合，具有悠久的历史渊源和深厚的群众基础。其表演风格，表现手法，极具黄土高原民族风情和黄河中游人文色彩。

（9）临县道情

临县道情是国家级非物质文化遗产保护项目之一。临县道情是由说唱道情演变而成的地方戏曲剧种。传统剧目内容有以反映道家内容为主的“韩门道情”戏、道家戏和明、清时广泛流行的“民间小戏”。其中韩门道情戏的代表剧目是：《经堂会》《高老庄》；常演的道家戏有：《杭州买药》《张良撇家》《盘道》。

（10）临县大唢呐

临县大唢呐是当地吹打行的主要乐器，不仅有粗犷、豪放、激亢的一面，也有清秀、明快、委婉细腻的特征，先后被入选山西省第一批非物质文化遗产与第四批国家级非物质文化遗产代表性项目名录。临县封闭的自然环境，使得独具特色的演奏技巧得以保留，其中“腮振音”、“气哄音”与“死曲活吹”等吹奏技艺独具特色，留存的传统曲目有100多首，多系古曲牌传承下来，是研究民族音乐文化的珍贵资料，具有较高的学术价值。临县大唢呐与其他传统配器合奏形式也非常罕见，有助于中国音乐史的研究以及民族音乐结构的研究。

（11）伞头秧歌

伞头秧歌是国家级非物质遗产，是一种有歌有舞、以唱见长的传统艺术形式。伞头秧歌起源于古代的祭祀活动，是当地为了祭祀娱神而举行的民间歌舞活动。后来逐渐变成了一种民间的娱乐形式。伞头秧歌的表演分为演秧歌和唱秧歌两方面。唱秧歌主要是由伞头编唱，秧歌队其他成员帮唱。

（12）花鼓

“鼓是精神的象征，舞是力量的表现”，万荣花鼓对这句话做了诠释。花鼓的表演形式按照挎鼓的方式分为三种：低鼓，即跨在腰间来击打；高鼓，即跨在胸部击打；多鼓，则是跨在头部或左右肩上来击打的形式。万荣花鼓的人物角色有打花鼓者、打手锣者、打大锣者、拍钹者等。

（13）垣曲镲

垣曲镲是垣曲县独有的一种曲艺形式，类似快板，采用地方方言，多为即兴表演，语言流畅押韵，朗朗上口，段落中加以锣鼓、镲助兴，俗称“打镲”。其内容多为民间笑话、生活趣事、传说故事等。

（14）芮城木偶戏

木偶戏是由演员在幕后操纵木制玩偶进行表演的戏剧形式，是一种独特的民间艺术，根植于芮城独特的民间文化，纯正易懂的晋韵艺术唱腔如沐春风，故事情节通俗易懂，具有浓厚的乡土气息和地域特色。

五、 地方特产

地方特产是具有一定地域特色，在特定区域经过相当长时间的培育而产生的特有的产品或品种，包括食品、工艺品等。每个民族、每个地区都有其独特的地方特产，不同的民族因其长期赖以生存的自然环境、气候条件、经济生活、生产经营的内容、生产力水平与技术的不同，从而形成了各自不同的地方特产。黄河沿岸的地方特产代表如下：

1. 面食类

优秀的黄河儿女造就了灿烂的黄河文化，山西面食是黄河文化中的重要组成部分，黄河沿岸的特色面食有兴县冒汤、兴县羊杂割、临县三交干馍馍、临县三交火烧、临县锄片饼、乡宁油糕、泡泡油糕、河津石子馍、垣曲锅盔等。

2. 小吃

（1）碗托

山西著名的一种物美价廉的风味小吃。因其用小碗蒸，熟后晾凉，可以从碗中脱下，故而得名碗团。制作前先要净化麦粒，将干荞麦碾脱落杂质，将两次脱皮后的麦粒共入磨机，筛面即可。面粉内和入适量的食盐、姜粉，用凉水和为硬面团，然后，稍加冷水，揉为均匀的面条硬度，不断用力揉搓，使其盘“性”。待面团光亮利手，“性”盘好后，以些许冷水不断搓揉，使其稀释，变成稠糊浆，再用手朝同一方面不时加水连续搅动，稀释到面糊能挂住杓碗为宜。在河曲、偏关、保德、临县、柳林一带都会制作碗托。

（2）黄河鲤鱼

在山西主要分布于河津、永济、芮城、垣曲等县的黄河之中，黄河鲤鱼历史悠久，早在春秋时期，黄河鲤鱼就得到追捧，史书上曾有“黄河之尺鲤，本在虞津居”，并有“一登龙门而身价百倍”之美谈，人们赋予黄河鲤鱼更多的文化寓意。黄河鲤鱼以肉质鲜嫩、营养丰富而闻名全国，黄河鲤鱼体内含钙、磷等营养素较多，刺少肉多，具有和脾养肺、平肝补血之作用，对肝、眼、肾、脾等病有一定疗效，也是孕妇的高级保健食品，具有很高的经济价值。

（3）开河鱼

在晋西北黄河岸畔的河曲县，“开河鱼”是一种久负盛名的地方特产。开河鱼中最有名的是山西河曲的黄河开河鲤鱼，曾经贵为御用贡品。据《河曲县志》记载，清代康熙、雍正、乾隆年间，当地官吏每年春天都要将开河后打捞的“开河鱼”上贡给皇帝。“开河鱼”以黄河鲤鱼更佳，味道鲜美，据说有大补医病的功效，被民间誉为“活人参”，“冬初河水，鱼在冰中不食不动，至来春冰开取之，极肥美，其封河时所取则味稍逊。”可以证明，古人早已懂得享受开河鱼。

（4）芮城麻片

芮城麻片是山西省的汉族传统名食之一。创自明末清初，已有300多年的历史，素以酥脆甜香而著称于省内外。1981年，在全省商办工业副食品质量鉴定评比会上，芮城麻片曾获名特产品的第一名，畅销许多省市。该小吃片薄如纸，其味蜜甜，晶莹透光，入口酥脆。经盛夏而不粘连，存放久而不变味。长久食用，有舒肝健脾、振奋精神、消除疲劳、补充营养、促进新陈代谢之功效，老幼咸宜。

（5）吴王渡黄河鳖

运城市临猗县特产，吴王渡黄河鳖属中华鳖的黄河群体，是中国土生土长的甲鱼品种。黄河鳖有三个明显的特征，背甲是黄绿色的，腹甲是黄色的，鳖油也是黄色的，因此黄河鳖也叫三黄甲鱼。

3. 农副产品

（1）枣

黄河沿岸各县市的红枣各有特点，有保德油枣、河津龙门梨枣、柳林黄河滩枣、石楼红枣、兴县乌枣、永和条枣、临县开阳大枣等品种，其中山西柳林黄河滩枣已有2500年历史，驰名中外，是山西四大名枣之一，山西柳林地处黄土高原，紧临黄河沿泮，阳光充足，气温适宜、枣体皮薄、肉厚、核小、天然营养。既可鲜食，又可熟食，其特点是颗粒硕大，色泽红润椭圆形，皮薄肉厚滋味甜，果肉甜软润香，纯天然，无公害。

（2）苹果

黄河沿岸的苹果产地尤以吉县、临猗和万荣三县最为有名。

吉县苹果因果型端正高桩、果面光洁细腻、着色鲜艳浓红、口感香脆甜爽，品质上乘，屡获大奖，曾获首届中国农博会苹果类唯一金奖，第三届中国农博会名牌产品称号，山西省首届农博会金奖，山西省第一、二、三届名优水果展评会金奖以及绿色食品认证、无公害农产品认证，并被国家农业部确定为全国无公害苹果生产基地县。

临猗苹果是山西省临猗县特产，中国地理标志产品。临猗苹果以其个体形好、色艳、味美、甜脆、爽口享誉全球，畅销全国25个省市，并出口东南亚、俄罗斯等国家，2012年底，在北京举行的优质苹果推介会上，临猗县被认定为苹果种植面积和产量“居全国之首”县。

万荣苹果皮薄肉厚、甜酸适口、脆爽多汁，享有“一口万荣果，三日未绝香”之美誉，独一无二的口感源自于万荣县这一独特的地理环境。万荣苹果已经畅销全球多个国家，连续多年出口澳大利亚，占全国出口到澳大利亚的苹果40%的份额以上。

（3）中药材

大宁灵芝 大宁县特产，灵芝又称灵芝草、神芝、芝草、仙草、瑞草，是多孔菌科植物赤芝或紫芝的全株。

竹节参 大宁县特产，竹节人参、北三七、竹节三七，竹节参多年生草本，高50－80cm，或更高，系五加科人参属植物竹节参的干燥根茎，具有滋补强壮、活血散瘀、消肿止痛等多种功效。

龙门麻黄 产于山西河津，生长于沟坡地、丘陵地，主产于河津市柴家乡。龙门麻黄为当地久负盛名的中药，相传唐朝名将尉迟敬德龙门山上金钩倒挂摘麻黄，给唐王服用去疾，遂得名“金钩倒挂麻黄”。龙门麻黄株高杆空，外绿内红，皮薄内红，皮薄肉厚，含碱量大。杆入药，性温和，味道甜中带苦，功能发汗解表，宣肺平喘，可以治疗外感风寒，怕冷发热，咳嗽气喘，水肿等症；根入药，性平味甘，可以治疗自汗、盗汗。

石楼甘草 石楼县的甘草久负盛名，经考察，在石楼县境内的甘草总蕴藏量达580余万斤，被医药界称为汾草，其有补脾益气、清热解毒、祛痰止咳、止痛等功效。

此外，河津连伯韭菜；万荣白瓜、柿饼、孤山梨、大葱；乡宁翅果油、花椒、核桃；永济大樱桃、芦笋、酥梨；永和山楂、酥梨；平陆大樱桃、板栗；大宁西瓜、红皮小米；河曲海红果、果丹皮、果瓣子；临猗江石榴；兴县黄豆、软米、大明绿豆；垣曲猴头菇、菖蒲酒等农副产品在当地都享有盛名。

第五章 黄河文化旅游融合与开发

开发黄河文化旅游，要对三晋大地上的黄河文化进行整合，加强各地之间的沟通与合作，把具有不同特色的文化旅游景点串连起来，开辟多条旅游线路，把旅游景点编织成线成网。同时，做好文化旅游的配套建设，让旅游者慕名而来，满意而归。此外，可通过多种形式扩大对黄河文化旅游产业的宣传，吸引更多的游客，从而使黄河文化旅游资源得到更加充分的利用。

第一节　黄河板块旅游发展的背景

一、十九大提出新发展理念

十九大报告提出："中国特色社会主义进入新时代，我国社会主要矛盾已经转化为人民日益增长的美好生活需要和不平衡不充分发展之间的矛盾"；"加快生态文明体制改革，建设美丽中国"；"实施乡村振兴战略，必须始终把解决'三农'问题作为全党工作的重中之重，要坚持农业农村优先发展，按照产业兴旺，生态宜居，乡风文明，治理有效，生活富裕的总要求，建立健全城乡融合发展体制机制和政策体系，加快推进农业农村现代化"；"我们既要绿水青山，也要金山银山。宁要绿水青山，不要金山银山，而且绿水青山就是金山银山"；"坚定文化自信，推动社会主义文化繁荣兴盛"等等。旅游是人民对于美好生活的需要，从"深化供给侧改革"的角度来看，必须提供更多的旅游产品，才能满足人民日益增长的美好生活需要。通过将建设"美丽中国"上升为国家战略，大力推动旅游业的发展。十九大强调道路自信、理论自信、制度自信、文化自信，并将文化自信作为四个自信的基础，强调要繁荣社会主义文艺，推动文化事业和文化产业的发展，文化是旅游的灵魂，旅游是文化的载体，文化自信能够更好地引领旅游产业与文化产业的融合发展。

二、山西省经济产业结构调整

山西省是我国重要的能源基地和老工业基地，是国家资源型经济转型综合配套改革试验区，在推进资源型经济转型改革和发展中具有重要地位。为突破山西省资源型经济转型的障碍，山西省委、省政府高度重视旅游业发展，省委十届六次全会上提出，要做好非煤产业这篇大文章，把文化旅游产业列为山西七大非煤产业之首。山西省委、省政府根据《国务院关于支持山西省进一步深化改革促进资源型经济转型发展的意见》（国发〔2017〕42号），重点支持旅游及相关产业的发展与提升，充分发挥旅游业的产业融合与带动作用。《山西省旅游发展“十三五”规划纲要》提出资源大整合、产业大融合、全域大联动、区域大合作、扶贫大攻坚，将旅游业打造成为国民经济的新亮点、产业发展的新引擎、区域社会发展的新杠杆、扶贫开发的新战场。楼阳生省长在2017山西省旅游发展大会指出，大力推动文化旅游融合发展，把文化旅游业培育成山西省战略性支柱产业，是省委省政府深入贯彻落实习近平总书记视察山西重要讲话精神，横下一条心、培育新动能的重大举措，是推动转型发展、构建多元产业体系的必由之路。

三、 中国旅游产业发展态势

2016年中国旅游业继续快速发展，国内旅游消费持续高速增长，旅游市场新的需求、旅游新业态、政府新举措不断涌现。2016年国内旅游人数44.4亿人次，国内旅游收入3.94万亿元，呈现快速增长趋势。伴随着旅游结构不断调整，城市周边及短途旅游增长趋势明显。随着国内居民教育水平与自由支配收入的逐年提高，旅游市场需求不断变化，旅游区域均衡化格局逐渐形成，国内旅游动机主要以休闲度假和探亲访友为主。2016年，主要节假日共接待游客14亿人次，约占国内旅游市场32%，旅游收入达15757亿元人民币，约占全年旅游收入的40%左右。从2016年假日旅游市场来看，主要节假日是游客出游的高峰期，拼假错峰出行逐渐成为新趋势；旅游消费换代升级，体验类、休闲类旅游产品受到旅游消费者追捧，乡村休闲度假受到青睐；旅游方式多种多样，举家出行成为新的假日旅游重要方式；随着家用汽车的普及，短途自驾是假日旅游的首要交通方式；旅游活动主题化，主题化节日活动受到旅游消费者的喜爱；由于假期原因，学生逐渐成为节日游客生力军。在经济下行压力增大的新常态性下，我国旅游市场规模正稳步扩大，旅游业在经济创新发展中继续领跑。2017 年是“十三五”规划实施的关键一年，全域旅游深入推进，旅游供给侧改革逐步深化，旅游已经发展到大众化旅游中的高级阶段，向日常休闲回归，旅游休闲成为越来越多百姓的日常生活需求。

四、 全域旅游成为国家战略

2016 年 7 月，习近平总书记到宁夏视察时明确指出：“发展全域旅游，路子是对的，要坚持走下去”。2017 年 3 月李克强总理在政府工作报告中指出：“完善旅游设施和服务，大力发展乡村、休闲、全域旅游”。国务院发布的《“十三五”旅游业发展规划》明确了“以转型升级、提质增效为主题，以推动全域旅游发展为主线”。全域旅游成为我国旅游业发展的一项中长期战略，并上升为国家战略，成为一项国策，形成了社会参与、全民关注的良好格局，推进体制机制改革、综合体制改革效果显著，“多规合一”在体制机制和技术层面实现突破，全域旅游统筹规划发展机制正在形成，旅游业的全域综合带动效应日益强化。国家旅游局加强顶层设计，多部门强化合作，共同制定旅游及相关产业发展政策，形成全域旅游政策体系。产业融合发展，“旅游 +”深入推进，全域旅游产品和业态不断升级。政府通过制定投融资优惠政策，为投融资市场注入活力，使得全域旅游投资逆势增长，成为社会投资热点领域。在这一背景下全域旅游开始改变传统观光型旅游模式，成为脱贫致富的主力军，推动旅游与社会资源、民生资源深度融合，成为城乡发展一体化的新引擎。各地区基础配套逐步完善，厕所革命从景区向乡村延伸，基础设施不断升级，提升旅游信息化水平。全域多级旅游服务体系的建立，最终会全面改善和促进区域整体公共服务标准的提高和水平的提升。随着全域旅游营销的全面推进、逐步深化，面向全域接待国内外游客，开展全方位、多层次的地区合作与交流的模式已经形成。

第二节　黄河板块旅游发展的意义

一、山西旅游发展新道路

山西旅游产业经过几十年的发展，在原有的发展战略的指导下，本着突出地方特色，主抓核心景点与核心吸引物的原则取得了不俗的成绩。随着旅游市场的调整，游客消费需求的变化，原有的战略不能适应新的情况，山西省委、省政府适时提出山西旅游的“三大板块”战略。黄河、长城、太行三大板块发展的模式，有助于从宏观的角度考虑区域旅游发展的重点与问题，避免单一主题下制约旅游资源开发的情形。黄河板块作为三大板块之一，主要以边塞文化、根祖文化、红色文化、黄河文化为主，文化旅游的融合是区域旅游发展的主题。按照板块发展的思路，围绕黄河设计旅游线路、整合资源、划分功能片区，借此打造区域旅游产品。通过实施“旅游+”“文化+”“生态+”等策略，探索山西旅游融合发展的新道路。

二、生态环保新格局

黄河旅游板块位于黄土高原生态脆弱区，水土流失严重，除晋南部分区域，其他区域农业生产效率都非常低。在粗放的煤炭、钢铁以及其他自然矿产的开发过程中，区域经济得到了一定的发展，但也造成了严重的生态破坏。习近平总书记多次强调，“绿水青山就是金山银山”，“要坚持节约资源和保护环境的基本国策”，“像保护眼睛一样保护生态环境，像对待生命一样对待生态环境”。李克强总理也曾多次指出，要加大环境综合治理力度，提高生态文明水平，促进绿色发展，下决心走出一条经济发展与环境改善双赢之路。大力发展文化旅游产业，处理好发展和保护的关系，协同推进新型城镇化、旅游信息化、农业现代化与绿色化。坚持立足当前与着眼长远相结合，推进供给侧结构性改革，优化空间布局，推动形成绿色生产和绿色生活方式，促进人与自然和谐发展。通过文化旅游产业的发展，以旅游业为主导，发展对环境友好的产业，减少环境污染，增加森林绿地面积，统筹保护山水林田湖，保护完整的生态系统，形成新的生态格局。

三、 脱贫致富新出路

山西省忻州市、吕梁市、临汾市、运城市沿黄各县是国家集中连片贫困区，山西近一半的贫困县集中于此。由于交通不便、煤业挤压、投资不足、开发理念和开发方式陈旧等诸多因素，该地区长期处于落后状态，脱贫攻坚任务重。长期以来，该区域优质的旅游资源一直处于低水平的开发状态，旅游产品单一、旅游品牌薄弱。黄河板块的提出，通过资源优化与整合，有助于区域旅游大品牌整体开发，体现出黄河文明旅游的厚重内涵、深层价值、高端品味和战略意义。在全域旅游的趋势下，大力发展“旅游+”战略，促进区域内苹果、核桃、梨、红枣、小杂粮等地方土特产的借势发展，通过“公司+农户”或“合作社+农户”等方式，促进农民增收；鼓励条件适宜的区域，发展农家乐、渔家乐等等，使更多的贫困户能够参与到旅游要素服务体系，走出一条旅游扶贫开发带动经济社会总体发展、全面建成小康社会之路。

四、 文化强省的重要支撑

黄河板块所在区域非物质文化遗产众多、历史名人辈出、自然山川壮丽，是中国最重要、最丰富、最珍贵的民俗、历史文化遗产聚集地，从文化角度来说，它是黄河文化的核心区域，也是中华文明的源和根。积极做好区域内古村落、古镇等传统聚落的保护与申报，重点突出以黄河文化为特色的古村镇体系；推进秋风楼、后土祠、蒲州古城、蒲津渡、黄河大铁牛、普救寺、永乐宫、广仁王庙的保护与利用，通过联合申报世界文化遗产，凸显山西古代建筑艺术与独特的地方文化；依托红色历史文化，重点培育晋绥边区革命纪念馆、晋绥解放区烈士陵园、红军东征纪念馆、华灵庙抗日纪念馆等，加强爱国主义教育，强化红色旅游的引导意识；深入挖掘山西民歌、锣鼓杂戏、二人台、民间故事等元素，结合文化市场发展趋势，着力打造文博、动漫、传统技艺等特色文化产业集群和文化创新业态，将黄河板块的文化产业做大做强。

第三节 黄河板块旅游发展的指导思想与战略

黄河板块旅游发展的总体指导思想，主要是指全面贯彻党的十九大和十九届二中全会精神，深入贯彻习近平总书记新时代中国特色社会主义思想，深入贯彻落实习近平总书记视察山西时的重要讲话精神，牢固树立并切实贯彻创新、协调、绿色、开放、共享的发展理念，对接“美丽中国、健康中国、生态文明建设、乡村振兴”等国家重大战略，坚持全域化、人本化、生态化的旅游发展方式。认真落实山西省省委、省政府关于“黄河、长城、太行”三大旅游板块崛起的战略部署，探索以特色文化、生态休闲、新生活方式、旅游扶贫、文化传承为主题的旅游发展新道路。积极探索县域经济与市域经济、生产空间与生活空间、省内区域与省外区域统筹联合发展的新方案。通过黄河板块旅游区域的协调发展，构建科学、适度、有序的国土空间布局体系，形成绿色低碳发展的产业体系，保护和恢复区域生态；促进区域贫困人口的精准脱贫，扩大人民群众的旅游休闲空间，为旅游市场提供多元化的旅游产品，提升人民群众的出游意愿，增加国民旅游福利，提高人民群众的生活幸福指数。

一、 政府主导战略

黄河板块旅游发展的基础条件，决定了黄河板块旅游发展应采取政府引导、社会参与、市场运作、行业自律的原则，进一步发挥政府主导职能，推动区域旅游行政管理体制、企业运营机制的改革与创新。政府做好管理和引导工作，规划先行，体制完善，政策配套，基础完备；而在旅游项目的投资开发、运营管理方面则充分引入市场化运作机制，从而更好地实现生态效益、经济效益和社会效益相统一。

二、精品带动战略

根据各个地区旅游发展状况，突出品牌意识、精品意识，避免低层次重复建设，充实现有旅游品牌的内涵，加强区域旅游品牌宣传，提升黄河板块旅游形象感知，通过区域联合，共推黄河板块整体旅游形象；同时实施精品带动战略，以壶口瀑布旅游景区、永和乾坤湾景区、老牛湾旅游景区、小浪底湿地公园等精品旅游景区为依托，通过精品的带动，提升整体旅游形象，形成产业发展引擎。

三、文旅融合战略

文化是旅游发展的灵魂所在，亦是黄河板块旅游发展的根基所在。以文化为载体构建黄河板块文化旅游产品，实现文化产业与旅游产业的融合发展。把旅游业打造成带动相关行业发展的新引擎，加强旅游与相关产业的资源性融合、生产性融合和服务性融合，建立以旅游业为引擎的产业联动机制，使旅游新业态成为带动相关行业发展的最直接体现。

四、区域联动战略

黄河板块旅游发展要在大的区域范围内进行统筹考虑，充分实现与周边区域的联动发展，在旅游宣传营销、线路整合、利益共享等方面实现整体协作，从而以更加开放的姿态推动黄河板块旅游更快更好地发展。立足旅游业的综合优势，发挥其在区域合作中的先行作用，带动跨区域全方位交流与合作。加强与黄河金三角、京津冀乃至全国各省份的全方位合作，在扩大开放中加快开发，使黄河板块旅游业在更广阔的舞台中实现跨越式发展。

五、 旅游精准扶贫战略

发挥旅游业“产业链条式”扶贫的优势，以旅游景区为支撑，引导动员广大群众参与到旅游产业链条各个要素的开发经营上来，鼓励贫困人口利用自身住房、宅基地、劳动技能等生产、生活要素参与旅游开发的股权设计，参与旅游分红。充分发挥旅游业的带动提升效应，实现原产地有机农产品的就地商品化，使越来越多的人通过旅游脱贫致富，加快黄河板块内贫困地区人民群众的脱贫进程。

六、 全域休闲战略

转变旅游发展方式，紧紧跟随市场趋势，抓住旅游消费需求，从传统单一观光型旅游向观光、休闲、度假等综合型旅游转变，从单一资源粗放式开发向满足游客需求的精准开发转型。从旅游供给侧改革出发，减少低层次观光旅游景区的建设，淘汰落后的配套服务设施，建设符合新趋势、新要求，能够满足“互联网＋”时代休闲度假旅游需求的配套设备，以立体式网络化的交通为串联，实现全域休闲旅游。

第四节　黄河板块文旅融合发展面临的问题

黄河板块的个别景区起步较早，但受制于地理位置、经济条件等因素，整体发展较为滞后。起步较早的景区在经历初期的快速发展之后，体制机制问题、旅游人才问题、利益分配问题、开发与保护的问题部分限制、甚至是阻碍了旅游相关经济的发展。黄河板块各市县的旅游业发展还未能完全适应人民群众日益增长的旅游需求，旅游业在全市经济社会发展中的带动作用还未能完全发挥出来，旅游业发展水平与丰厚的自然、文化旅游资源还未能完全匹配。目前，发展文化、旅游产业存在的主要问题有：

一、政府重视程度不足

近年来，随着《旅游法》的出台，国务院各部委单独或联合发布的涉旅文件日益增多，山西省将旅游业作为非煤产业之首，大力发展。黄河板块内各个地市党委、政府对发展旅游业的重视程度在不断提高，但部分市县党委、政府并没有真正把旅游业当作新兴战略支柱产业来抓，没有真正围绕旅游业发展配置公共资源。黄河板块内各个地市长期以来依靠传统产业，主要是农林业、矿产类，特别是煤炭、钢铁等，对于传统产业发展较为熟悉，也显得轻车熟路，但在抓文化、旅游发展方面存在着思想障碍、体制羁绊、管理束缚、人才匮乏等问题，市场秩序、服务质量与游客不断提高的需求还有较大差距。在领导干部的考核方面，尚未将文化、旅游发展纳入考核机制，制约着地方官员发展文化、旅游产业的积极性。在规划编制方面，旅游规划的法律地位不能得到切实的维护，旅游规划与城市规划、土地规划的融合问题还需进一步推进。

二、 文化概念的泛化

文化概念的外延比较宽泛，缺乏统一的概念体系，所以缺少标准与尺度，导致文化这一词汇被滥用。各地政府、旅游开发商、地方知识分子等文化、旅游产业的参与者，站在不同的利益角度，提出形态各异的文化类型，开发不同文化内涵的旅游项目。由于缺乏必要的历史、经济、文化等方面的论证，出现了许多不伦不类的文化旅游产品。当前，黄河旅游板块旅游开发必须重视黄河文化的界定，发掘黄河文化的内涵，明确黄河文化的要素提取。文化是形而上的，有其不能描述的部分，不是所有的文化都是具体的、可见的；从另一方面讲，文化都是依附于一定的载体，所以部分的文化又是具体的，可以触摸的，可以感觉到的，但不是随便都可以套用，诸如：农业文化、工业文化、锣鼓文化、根文化、枣文化、晋文化、剪纸文化、皮影文化等等，如何界定这些文化的内涵和外延，众说不一。文化概念的模糊导致文化资源在旅游开发中的庸俗化、简单化，更甚者导致文化资源被重新解构、更替原有内涵意义，增加毫不相干的其他要素。所以，未来在文化旅游融合发展的过程中，必须明确文化的概念、文化遗产的概念，搞清楚各个文化的内涵与外延，界定好方位，这些都将有助于旅游的开发与提升。

三、 文旅产业地位不高

各地市都提出要大力发展文化产业、大力发展旅游业，要将文化产业、旅游产业培育为地方经济发展的战略性支柱产业，但是具体的文化产业、旅游产业发展战略没有明确，相关的文化产业、旅游产业发展规划没有融入城市、乡村发展的相关规划中，文化产业、旅游产业整体推动的格局没有形成。各地市在区域发展的战略资源配置和发展资金的分配中对于文化、旅游产业重视不够，文化、旅游产业依然处于边缘的地位。旅游产业的核心支撑——旅游景区、旅游企业、旅游交通仍较为孱弱，旅游发展综合竞争力尚未形成，在实际发展中时走时停。文化旅游的产业化、市场化发展不足，仍以观光旅游为主，特色旅游和深度旅游产品研发不足，高附加值的旅游产业链条缺乏，是本区域文化旅游产业现阶段的主要特征。在全域旅游发展的背景下，旅游业已经进入“互联网+”与“旅游+”融合发展的后期，旅游与农业、文化、体育、商贸、信息、金融、工业等产业的深度融合，修学、度假、休闲、民俗、现代时尚等特色旅游发展已经成为一种潮流，集旅游要素和休闲度假于一体的旅游综合体建设成为文化旅游产业发展的方向，文化旅游业的发展不能局限于门票以及简单的景区二次消费。当前，各地文化旅游企业的互联网思维较为落后，文化旅游业在区域转型发展中的带动作用还不突出。政府需要转变思路，引导社会经济转型，狠抓文化旅游产业，企业家要主动出击回应市场需要，改变旅游产业单一的结构形式与传统的经营模式。

四、 体制机制改革不到位

黄河板块内大量优质旅游资源在管理上部门分割严重，政企、事企不分，发展的内生动力不足，资源综合开发水平不高，资源优势没有充分转化为产业优势。旅游业涉及面广、关联度高，却长期以来存在着“小管理”和“大市场”的矛盾。旅游市场主体发育不充分，大量旅游景区还没有真正实现市场化运作和专业化运营，缺少龙头旅游企业集团，旅游综合竞争力不足。缺乏深入细致的资源普查、缺少严谨高效的区域规划，部分景区前期开发投入大，后期投入乏力，资金投入效率低。景区投融资制度不完善，社会资本，特别是民营资本投入旅游项目的制约因素和障碍过多，导致景区融资渠道单一。旅游开发深度还不够、高品质旅游产品相对偏少，主题鲜明、特色突出的旅游产品特别是旅游综合体项目还相对缺乏，各地旅游业发展各自为阵、单打独斗，联合发展、协作发展的机制没有形成，旅游综合竞争力低，综合吸引力差。旅游人才培养体系不健全，灵活的专业人才流动机制缺乏，既引不进来高端人才，又留不住本地培养的人才。另外，游客投诉机制、突发事件应急预案等还需进一步加强和完善。

五、 区域竞合措施缺乏

黄河板块与内蒙古自治区、陕西省、河南省相邻，外省区域大多位于所在省份主要城市的周边，旅游带动作用大，而山西本省内的区域则距离中心城市较远，相应的旅游带动作用较低，黄河板块各县与黄河对面的县市在资源方面具有非常高的同质性，竞争是必然的，但是黄河板块作为一个整体，需要借助省级层面协调建立区域旅游合作，面向更广阔的旅游市场，提供更丰富的旅游产品。黄河板块内部各县之间也同样存在竞合问题，长期以来的竞争关系，导致部分地区恶性竞争，偶尔的联合发展只能呈现在表面层次。黄河板块文化旅游产业的发展，要立足于区域文化特色，依托旅游交通的改善，在突出黄河文化旅游的基础上，积极发展旅游新业态，融入区域黄金旅游线路，制定联合周边区域、协调内部开发的竞合措施，通过区域联合、线路整合、特色打造，开拓一条旅游竞合发展的新道路，建立区域旅游合作的新机制。

六、 文化安全意识不强

文化安全的首要问题是文化遗产的保护与传承，在全球化、城市化以及自然环境等因素的影响下，文化遗产变得越来越脆弱。文化遗产能够使人们了解自己的身份和社会共同体的生活方式，是证明自己身份的手段，是个人、社会和国家的价值载体，借助于这一载体，把人们的过去、现在和未来相连接。随着城市化的快速发展、旅游产业的转型升级、消费者需求的不断变化，资本力量的介入，黄河板块内文化遗产正在面临诸多的文化侵蚀、掠夺与消融：在黄河板块内部存在绵山、介子推文化遗产的开发问题、最早的中国的界定问题、晋商文化、晋国文化等，在黄河板块周边省份存在仓颉造字文化、伏羲文化、女娲文化、黄河文化等方面的文化遗产争夺与竞争；更大的层面来看，许多文化遗产自然消亡了，但更大的危险来源于人为地干扰，特别是城市化建设，在县级城镇改造和新城镇建设过程中，破旧的古建筑、古街道、古村落被拆除；在非物质文化遗产的保护方面，部分保护经费的分配问题，导致传承人之间、非遗与受众之间的矛盾等等。我们已经能看到美国人解读出来《花木兰》《功夫熊猫》《功夫梦》等，当然还有韩国人、法国人、日本人解读中国文化的影视文学作品，作为中华文化的重要组成部分的黄河文化，我们必须提高文化安全意识，捍卫在全球范围解读自身文化的权利。

七、 文旅发展理念滞后

传统的观点认为，当文化、旅游产业发展处于初级阶段时，注重文化旅游融合的地方感是必要的，同时相应的悖论是当地人对当地文化的适应与随之而来的审美疲劳。在黄河板块中，个别景区可以利用自身的资源价值（如：壶口瀑布）获得发展的机会，而在地方社会经济发展整体较为落后的条件下，区域内旅游业的发展无异于靠天吃饭，一到冬天就关门。区域内非物质文化遗产众多，如：永和土布、永乐桃木雕刻等，创新不足，市场受众窄，总体市场规模小。各地各级对文化与旅游融合发展的重要意义和作用都有较高的认识，但在观念上跳不出文化产业与旅游产业的本位主义和思维，对文化与旅游产业反向调节作用缺乏分析研判。壶口瀑布只是个瀑布、大禹渡只是个渡口、小浪底只是个水库、乾坤湾只是一截河道、秋风楼只是一座古建筑等等，由于发展理念不明确，活跃的文化因子没有被激发，只有微弱的气息，偶尔在节庆活动被装饰一番。在文化遗产保护方面，重视申报，但是如何开发利用是短板；文化、旅游企业在项目开发方面，为了追求高大与新奇，要么不了解本地文化，要么对不同的文化不加区别的进行嫁接，要么拍拍脑门，搞个文化大杂烩，缺乏对文化、旅游的深入研究。在发展理念方面，不得不提的一点是，在涉及文化旅游产业规划开发时，过于倚重外地专家，本地专家、学者的作用不能发挥出来，外地的专家短时间的考察，流水线作业的规划完成后，后续区域文化资源旅游开发与应用能否成功就成为不确定事件。

第五节 旅游市场发展趋势

一、中国旅游市场

2017 年全国旅游总收入 5．4 万亿元，国内旅游市场为 50 亿人次，国内旅游收入为 4．57 万亿元。2017 年入境旅游人数为 1．39 亿人次，其中外国人 2017 年为 2910 万人次。2017 年出境旅游市场为 1．29 亿人次。

中国旅游产业对国民经济综合贡献率和社会就业综合贡献率均超过 10%，高于世界平均水平。根据国家旅游局数据中心测算，过去三年，我国旅游综合最终消费占同期国民经济最终消费总额的比重超过 14%，旅游综合资本形成占同期国民经济资本形成总额的比重约 6%，旅游综合出口占国民经济出口总额的比重约 6%。其中，2017 年旅游业综合贡献 8．77 万亿元，对国民经济的综合贡献达 11．04%，对住宿、餐饮、民航、铁路客运业的贡献超过 80%，旅游直接就业 2825 万人，旅游直接和间接就业 8000 万人，对社会就业综合贡献达 10．28%。我国旅游业正在经历历史性转变：旅游发展方式从粗放型旅游发展向比较集约型旅游发展转变；旅游规模从小众旅游向大众旅游转变；旅游发展形式从景点旅游向全域旅游转变；旅游内容从观光旅游向观光休闲旅游并重转变；旅游深度从浅层次旅游向深层次旅游转变；旅游管理方式从事业单位管理向产业方向转变；旅游发展理念从被动跟从国际规则向积极主动的旅游国际合作和旅游外交转变；旅游规模逐渐从旅游大国向旅游强国转变。

二、山西旅游市场

2016年，山西省接待国内旅游者44329.67万人次，同比增长23.11%；实现国内收入4227.97亿元，同比增长23.30%。国内旅游者人次占全省旅游人次数的比例高达90%以上，国内游比例持续保持高占比。旅游总收入为4247.12亿元，同比增长23.19%。全省旅游市场总体运行情况良好，市场规模继续增大。在区域经济整体下行的环境中，旅游业市场表现活跃。

2016年，山西省入境游总体市场和分项市场规模整体增速维持在6%，实现海外旅游创汇31738.45万美元，同比增长6.83%。港台同胞依旧是主要接待对象，占总人数的29.9%，变化比较突出的是我省接待澳门同胞的天数出现12.55%的增速。2016年山西省出境旅游者为59.17万人次，将亚洲作为旅游目的地的游客量最多，为49.79万人次。2016年出境游快速发展，得益于居民旅游消费行为的规律性变化，而且出境旅游市场逐步规范化，出境游的价格也越来越平民化，出境游持续升温。

三、旅游市场热点

1. 休闲度假游

休闲旅游已经成为我国旅游业最重要的组成部分，根据中国旅游研究院发布的报告，2016年有52.7%的游客将休闲度假作为出游目的，2017年休闲度假旅游在整体旅游市场占比仍然超过50%，休闲度假的目的地选择也越来越多样化。相对于传统的观光旅游、跟团旅游，国内休闲旅游更倾向于自由行、乡村度假旅游等。

根据携程休闲度假打包产品预订数据统计，2017年携程旅游预订最多的度假打包产品是自由行，占比62%。其次是半自助游、定制旅游、私家团等。其中，定制旅游成为居民休闲度假的新兴方式，增长迅速，2017年增长同比达到400%，休闲旅游人均消费达到3819元，其中出境游人均消费超过6000元，国内游人均消费超2000元。人均消费比2016年同比增长近10%左右。主要体现在消费者更倾向于选择费用更高的目的地、选择更高等级的产品或酒店、在目的地玩乐上增加费用等。

2. 乡村旅游

2016年，乡村旅游游客接待已达24亿人次，占国内游客接待人次的54.4%；营业总收入达4800亿元，占国内旅游总收入的12.2%，随着乡村振兴战略的实施，乡村扶贫的深入开展，乡村旅游必将成为中国旅游发展的重点区域。预计到2020年，全国乡村旅游年接待游客将超40亿人次，实现总收入2.3万亿元。

随着乡村旅游的升级换代，乡村旅游逐渐成为旅游投资的热点领域，特色民宿、特色小镇、乡村休闲地产投资增长迅速，根据国家旅游局最新发布的《2016中国旅游投资报告》显示，乡村旅游投资还将持续升温。2016年，全国乡村旅游类产品实际完成投资3856亿元，同比增长47.6%；2010年农业部开始进行全国休闲农业和乡村旅游示范县（市、区）创建工作。截至目前，共认定388个示范县（市、区），为城乡居民提供了望山看水忆乡愁的休闲旅游好去处。2017年中国美丽休闲乡村”推介名单共有41个特色民居村、35个特色民俗村、48个现代新村和26个历史古村，共150个村庄入选。

3. 红色旅游

随着我国旅游业的持续快速发展，游客对旅游产品和服务的需求越来越广泛，红色旅游一经推出并受到普遍欢迎，市场发展势头强劲。2017年1—8月，中国旅游研究院、国家旅游局数据中心重点监测的109家红色旅游经典景区和18个红色旅游重点城市共接待游客5.26亿人次。通过“红色旅游+影视+乡村旅游”、“研学旅游”等模式带动红色文化传播，越来越多的年轻人将红色旅游景点作为他们出行的选择，红色旅游的教育功能不断提升。

红色旅游品牌的树立，为革命老区和少数民族地区经济发展带来新的机遇。发展红色旅游，一方面发挥红色旅游景点的红色教育功能，继承红色历史文化，缅怀革命先烈，另一方面当地居民从事旅游开发服务也可以提高收入，通过政府的主导作用和市场的调节作用，助力贫困地区的旅游业取得较好的经济效益，促进地方经济发展，带动当地人民脱贫致富。

4. 亲子游

亲子游是从2010年开始兴起的一种以教育、家庭为主的旅游形式。在全面二孩政策实施后，可以预见越来越多的家庭会带上两个孩子一起出游，并将成为一种常态。

2017年，上海、北京、广州、重庆、深圳、苏州等TOP10城市的亲子游人群占全国市场的19.9%；虽然在亲子游人群城市分布中，上海、北京、广州和深圳这四个一线城市占据了前三位和第五位，但亲子游人群的主体仍然是地级城市人群，有67.8%的亲子游人群居住在地级城市。因此，TOP10城市和经济相对发达的地级城市是亲子游产业的重要潜力市场。

随着我国经济和社会的不断发展，中国父母教育观念改变，素质教育受到中国家庭的重视，欧美发达国家的教育方式、教育观念对中国的影响逐渐加深，从儿童时期开始的修学游、环球游等亲子旅游方式受到中国父母青睐，面对青少年成长过程的各种问题，越来越多的父母开始追寻学校课堂以外的教育方式，以培养儿童兴趣爱好、促进身体锻炼等为目的的旅游成为首选。

5. 生态旅游

生态旅游是一种绿色消费方式，生态旅游以可持续发展为理念，以人与自然和谐为准则，以保护生态环境为前提，依托良好的自然生态环境和与之共生的人文生态，开展生态体验、生态认知、生态教育并获得身心愉悦的旅游方式。生态旅游方式倡导社区参与、共建共享，提高了当地居民的经济收益，得到社区居民的支持。“绿水青山就是金山银山”的发展理念已逐步成为共识，具备生态体验功能的自然旅游活动受到越来越多的旅游者的追捧，生态旅游市场前景广阔。国家发改委和国家旅游局联合发布的《全国生态旅游发展规划（2016—2025年）》指出，建设200个重点生态旅游目的地，京津冀地区将重点培育20个生态旅游协作区，共建11处重点生态旅游目的地。其中，陕蒙晋豫黄河大峡谷生态旅游协作区，重点发展黄河水域观光、黄河峡谷地带探险、沿河民族风情体验、沙漠观光探险等产品，深入挖掘黄河文化内涵，塑造黄河旅游品牌和总体形象。强化沿黄河高速公路、旅游信息服务中心等旅游交通基础设施和公共服务体系建设，沿黄各地市加强旅游合作，建立客源共享机制，建立良好的旅游市场秩序，共同打造体现黄河文明、黄河生态的旅游精品线路。

6. 文化旅游

文化旅游方兴未艾，文化助力旅游业升级发展，文化旅游产业受到资本市场的重视，基金设立、新三板挂牌、兼并收购等屡有突破，政府重视文化旅游产业的发展，相关政策不断推出。截至2016年12月31日，中国各类文旅基金数量达到100余家，规模上百亿的已经超过10家。文化IP的打造成为越来越多企业发展的重点，特别是上海迪士尼成功运营，更是激发国内主题公园的转型升级。国内文化IP打造取得重大进展，方特的“熊出没”、宋城的“千古情”以及华夏文旅的传奇系列演艺获得市场高度认同。此外，以虚拟现实技术为代表的科技创新，推动文化旅游产业不断升级，2016年华强方特、宋城演艺、华侨城等大型文旅集团纷纷布局VR体验项目，高科技文化旅游正在快速发展，代际更替速度加快。

旅游演艺作为文旅产业的重要领域，经过十多年的发展，已经成熟并进入调整期。未来，国家鼓励文化旅游产品创新的政策措施不断出台，促进专业艺术团体与重点旅游目的地合作，打造地方特色鲜明、文化艺术水准高的专场剧目。文化旅游市场监管常态化，规范整合文化旅游会展活动，强化地方和民族特色文化节庆品牌效应，组织群众参与性强的文化旅游活动。加强非物质文化遗产的活态化保护与传承，支持传统戏剧排练演出场所建设、传统手工艺的传习场所和传统民俗活动场所建设。

7. 研学旅行

数据显示，我国游学人次自2014年后迅速增长，境内游学人数由最初的140万增长至2017年的340万，境外游学人数则由2014年的35万增长至85万。游学市场一年比一年火热，境内游学和境外游学收入近年来增势迅猛，境内游学由40亿增长到101亿，而境外则从120亿增长至273亿。

境内外游学市场除了目的地的差别外，在客群年龄、游学时间、游学消费、游学内容上有很多差别。境内游学群体为6－18岁中小学生，而境外游学群体以中学生和大学生为主。境内游学多安排在暑假或学期内进行，而境外游学多安排在寒暑假。可见境外游学对学生的自我管理能力和经济条件有一定的要求。另外，境外游学内容多了对语言能力的培养，而境内游学则包含体育等素质教育内容。

游学人群选择游学渠道基本分为5类，其中通过学校游学的人群占比45%，其次为通过游学机构的约为27%，约14%的人群选择留学中介，仅有10%的学生通过旅行社。

第六节　旅游产品开发与培育

围绕“做优精品、做亮名品、做大新品”的要求，夯实观光旅游市场，丰富观光产品类型，建立以休闲度假、生态旅游、研学旅游等专项旅游为特色的多元化旅游产品体系，培育具有世界级影响力的旅游产品，不断丰富旅游产品类型，满足群众日益增长的旅游需求，是推动沿黄地区旅游产业发展的重要环节。

一、康体养生游

黄河板块内的吕梁山、中条山等山地丘陵地带，中药材资源丰富，有茵陈、青翘、黄芩、柴胡、槐米、五味子、远志、桑螵蛸、土蝎、蝉皮、五加皮、地骨皮、苦参、地丁、蒲公英等，采食利用历史悠久。结合山地旅游与中药材采摘，开展康体养生旅游；结合时令节气的特色餐饮文化，按照时令节气，分时开展特色养生餐饮产品；做好菖蒲酒、翅果油等养生保健产品的旅游开发，满足游客购买需求；梳理区域内特色门诊、特色疗法，通过“旅游＋医疗”的方式，分批次推出特色医疗旅游产品；做好温泉养生度假产品的开发，做好“温泉＋”的工作，突出养生保健功能，完善温泉养生产业链条；利用中条山和吕梁山夏季高山避暑资源的优势，重点推广夏季高山养生产品，满足周边区域夏季避暑养生市场的需求。依托黄河板块独特的地形、气候、饮食、医药和康养文化，重视旅游康养产品全产业链建设，依托地方康养旅游资源，打造一批康养小镇、康养产业园、康养度假区，积极引进国内外康养旅游企业，助力黄河板块康养旅游发展；积极培育地方康养旅游龙头企业，提升康养专项旅游品质，助力乡村旅游发展。重视黄河板块内特色医疗项目、特色养生项目的收集与保护，助力融合旅游、养生、医疗于一体的康养产业集群。

二、山水休闲游

发挥黄河板块内自然山地景观优美的环境优势，结合山地地形，开展山地观光、森林度假、山地运动、户外露营等特色旅游活动。垣曲县做好历山和小浪底两张名片，打造山地避暑、水库休闲旅游产品，通过山水联动，打造晋南山水旅游第一品牌；联合黄河上各个渡口，结合历史商贸活动，开展黄河渡口文化体验产品；疏通孟门至龙门的黄河水道，开展多种形式的水上观光活动，增加黄河亲水旅游项目以及滨水旅游项目；壶口瀑布景区利用自身品牌价值，联合周边的克难坡、人祖山及管头山的森林、农家乐，开展山地徒步、野外宿营、研学体验等产品；万荣县、乡宁县、永和县沿黄旅游公路，增加旅游绿道、旅游步行道的建设，结合周边景区点，形成区域山地旅游休闲道路系统；永和乾坤湾、石楼第一奇湾等黄河及沿岸风景区，要结合周边的乡村旅游、山地森林景观，开展农产品采摘、特色乡居体验产品；万家寨水库、老牛湾等景区，强化景区之间的联合，做好水库餐饮、娱乐产品的开发以及滨水地带旅游项目的开发，打造晋北水上运动第一品牌。

三、美丽乡村游

充分利用原生态乡村农业资源优势，以生态观光、农事体验、农业休闲、乡村休闲度假为特色，打造黄土高原特色乡村观光产品，黄河人家绿色生态体验的乡村旅游产品体系。重点打造碛口黄河文化重镇及周边乡村的观光体验产品，加强李家山、西湾村等历史传统村落风貌的保护；充分利用万荣县、永和县、吉县等特色林果县，依托苹果、红枣等特色农产品，开展观光摄影、水果采摘、农家餐饮、果园休闲等体验项目，打造集林果采摘、观光、商务、娱乐于一体的乡村旅游综合体；加强乡宁县塔尔坡村、偏关县老牛湾村等景区内部特色乡村的主题化产品打造，突出历史文化、民俗体验等主题，借助所在景区凸显地域文化的特色；打造以洪洞县秦壁村为依托的城郊旅游，观光、采摘、商务、娱乐于一体的园区。对于区域内的特色民居类型，如平陆县的地窨院、乡宁县的窑洞等具有“活化石”性质的特色民居类型，加强村落风貌保护，保留其原有的聚落功能，强化旅游体验设施的建设；对于区域内的特色乡村旅游的旅游开发，要积极争取相关政策的支持，加大旅游扶贫的力度，完善基础服务配套设施，加强农业观光园、现代农业示范园、特色水果种植园的旅游休闲设施的建设，打造升级版的乡村旅游。

四、 红色廉政游

吕梁山区、中条山区是革命老区，红色历史遗迹众多，历史名人辈出，发展红色廉政旅游条件得天独厚。以晋绥边区革命纪念馆、晋绥解放区烈士陵园、“四八”烈士殉难处、红军东征纪念馆、华灵庙抗日纪念馆、刘志丹将军殉难纪念亭、晋西革命纪念馆、午城战役旧址、垣曲十八兵站等红色旅游资源为依托，结合黄河风情、自然生态，统筹融合到各重点旅游区的发展规划，整体配套开发、强化展示功能，打造一批晋西抗日战争文化体验区、廉政教育基地、爱国主义教育基地，夯实黄河板块红色旅游发展的基础。深入挖掘于成龙、裴侠、薛瑄等黄河板块内历代廉吏文化，结合社会主义核心价值观，将历代廉吏的故事、形象，通过文学作品、文创演艺等形式，运用在区域旅游产品开发中。

五、 自驾越野游

随着我国经济水平的不断上升，人民生活水平的提高，国家假日制度的调整与强调第三产业的发展等因素的影响，人们闲暇时间增多，对个性化的旅游方式更加注重，传统的旅游产品已经不能满足，自驾车旅游越来越成为一种时尚的生活方式，越野一族也越来越壮大。

把握自驾越野旅游趋势，开展沿黄特色自驾越野旅游体验。依托交通主干道，打造沿黄旅游景观大道及配套交通体系，做好国道、省道、乡道的美化、绿化工作，实现“三季有花、四季常绿”，绿化的树木花草以当地植物为主，优先选用果树（苹果、柿子、石榴、桃树、沙棘等）。增加高速公路两边的景观化效果，增加高速景观休憩区，配套相关的服务设施，方便自驾游游客。依托旅游风景大道、滨水景观道等，丰富区域内旅游资源的配置方式，连接区域外自驾旅游客源，加强黄河沿线旅游资源之间、旅游景区点与依托城镇之间的自驾游线路的开发。在知名旅游景区周边，选择交通便利、生态环境优良、水源充足的区域，建设自驾车（房车）营地；在垣曲县、乡宁县、永和县、石楼县、保德县、偏关县等县域，开展场地越野项目、短途越野赛事的规划、招商工作，积极推进沿黄越野赛事的开展，未来推动山西三大板块越野赛事的开展。通过自驾游推出一批特色主题自驾旅游线路，积极引导开展生态观光、乡村休闲、文化体验、野趣探奇等自驾体验活动。

自驾越野游的开展，还需加快旅游交通标识与解说系统、自驾游信息管理系统、汽车租赁服务与营地服务标准体系建设，积极引导开展生态观光、乡村休闲、文化体验、野趣探奇等自驾体验活动，实行集团化、品牌化、连锁化经营管理，按照国际标准，建设极具黄土高原特色的自驾越野旅游目的地。

六、 研学实践游

研学旅行是近年来出现的一种新型出行方式，被认为是践行素质教育的重要体现。黄河板块位于中华文明的重要发祥地，是历史文化资源最为富集的省份区域，在传统文化、红色文化、山水文化、民俗文化等方面有着很深的积淀，具备打造体验中华优秀传统文化研学旅行基地的独特优势。依托道情戏、蒲州梆子、垣曲镲、芮城线腔、芮城杨高戏、锣鼓杂戏、河津西王小花戏、河曲二人台、威风锣鼓等曲艺形式，开展戏曲文化的学习与传承体验活动；依托河曲民歌、小调、黄河号子等民间音乐形式，开展民歌、民俗活动的研学旅游活动；通过晋南土布织造、扎麦草、剪纸等民间手工艺的研学，体验黄河板块民间文化、民间信仰、民间艺术的精华；通过张生和莺莺的故事、董永传说、吕洞宾的故事、舜的传说、女娲的故事、风陵渡的传说，体验黄河板块民间关于爱情、责任、勇气等传说故事的魅力；黄河两岸独特的地质条件，形成壮观的自然景色，通过黄土地质公园、黄河壶口瀑布国家地质公园、永和黄河蛇曲地质公园，体验世界上最大的黄色瀑布与孕育乾坤的黄河湾流。通过东征纪念馆、克难坡、中条山战役遗址等抗日战争纪念馆、战场遗址，体验抗日战争时期黄河板块内各个县域悲壮的抗日斗争以及涌现出的英雄人物。

研学旅游的开展，需要加强研学基地的建设，配备专业的研学指导教师，开发完善的研学旅游线路，以此吸引更多的港澳台和全国其他省份的青年学生走进山西，品鉴中华优秀传统文化，增强文化认同感、民族自豪感和爱国主义意识。

七、 低空飞行游

2016 年，国务院办公厅发布的《关于促进通用航空业发展的指导意见》提出：到 2020 年，建成 500 个以上通用机场，覆盖 50% 以上的 5A 级旅游景区。同年，国家旅游局会同国家发展改革委、民航局、体育总局印发《关于做好通用航空示范推广有关工作的通知》，推进通用航空旅游，发展类型多样、功能丰富的低空旅游产品和线路，各地要因地制宜，形成低空旅游网络。

紧抓国家低空空域资源开放的政策优势，把握游客对新型旅游体验项目的需求，结合黄河板块壮丽的自然环境与独特的山水资源，开展低空旅游，是沿黄地区发展旅游产业的一个难得机遇。在垣曲县的小浪底水库、偏关县的万家寨水库等具备较大水面资源的区域，开展水上航空项目；在万荣县、临猗县等具有较大平原区域的县开展热气球项目；在壶口瀑布、老牛湾景区、娘娘滩、垣曲县小浪底湿地公园等重要旅游节点，建设通用航空机场及配套设备，能够满足开展黄河沿线直升机旅游，通过固定航线与定制旅游航线，满足消费者的多元需求，创新低空旅游运营模式，培养航空旅游需求，未来可在垣曲县古城镇、芮城县风陵渡镇、吉县壶口镇、偏关县等地选址，开展航空特色小镇的建设，采用“旅游+航空+教育”的形式，邀请专业飞行教官专门开设飞行理论课堂，开展飞行执照的培训工作，通过模拟飞行体验教学、手工航模制作课程、飞机地面检查，既拓展了游客的航空兴趣，又能让游客实地体验飞行的乐趣。在航空特色小镇建设航空主题博物馆、虚拟 VR 体验馆、飞行主题图书室以及室外高空拓展项目等，为游客提供更加丰富、有趣的体验项目。通过低空旅游项目的开展，提升黄河板块旅游项目的体验层级，丰富节事宣传营销的手段。

第七节 黄河板块旅游发展重点工程

一、 智慧旅游建设工程

随着旅游大数据的运用越来越广泛、智慧旅游、智慧城市的推进，智慧旅游建设对于地方旅游业发展的作用也越来越大。黄河板块需要建立自身的智慧旅游体系，完善智慧旅游基础设施，构建结构合理基础网络；以信息资源共享为突破口，统一数据标准，整合信息资源，建立有效的共享机制，实现旅游相关信息高效、便捷的管理和应用。黄河板块智慧旅游将设置工程重点包括旅游数据中心、旅游应急指挥中心等。

1. 旅游数据中心

开展黄河板块旅游信息标准化建设工作，在此基础上建立区域旅游信息数据中心和数据交换系统。黄河板块旅游信息中心要与沿黄各县市智慧城市、智慧旅游系统相衔接，协调信息采集标准、存储体系、智慧应用、发布平台等方面的工作。黄河板块旅游数据中心将为区域旅游信息的存储、旅游研究、市场营销、行政指导、应急管理提供可靠的信息支撑。黄河板块旅游数据中心为山西省旅游发展委员会、各县（市、区）旅游管理部门预留开放端口，实现旅游信息的互联互通，区域智慧旅游子项目整合和跨平台合作。

2. 旅游应急指挥中心

黄河板块旅游发展主要受自然环境的制约，特别是洪水、滑坡、水土流失所造成的突发性地质灾害，沿黄主要景点的景区容量普遍较小，应对游客超容量进入的措施少，对于涉及游客的突发性事件的处置措施还需加强。为满足黄河板块旅游日常监管、运营调度、安全应急、管理联动的需求，有必要利用现代互联网技术、建立黄河板块旅游应急指挥中心。通过旅游应急指挥中心的建设，整合板块内各县市旅游信息，及时、有效地为旅游景区、行政管理部门的日常管理运营提供辅助决策服务；积极协调相关职能部门，纵向协调接入旅游管理部门（全国旅行社团队系统、景区票务系统、旅游政务管理系统），横向接入行政管理部门（气象局、国土局等部门），有效监控景区游客流量，进行科学分析、预判，提高游客的旅游体验水平，降低旅游突发事件发生概率，提高旅游突发事件应急处置能力。

3. 旅游资讯网

黄河板块旅游发展需要一个专门的宣传资讯平台，通过统一的平台向游客提供全面的旅游信息服务，满足游客旅游前、旅游中、旅游后的旅游信息服务。黄河板块内的旅游景区、农家乐、旅游酒店、旅游购物场所等旅游区企业可以通过平台对外宣传，叠加相应的旅游商务功能，实现景区门票、旅游车船票、旅游酒店、旅游线路、旅游特产等旅游产品在线预订，为游客提供全方位、高质量的个性化旅游预订服务，实现同业旅游产品在线分销和结算。

旅游资讯网的建设，应适度超前，项目架构简洁、大气，易于浏览。黄河资讯网的建设需要强化与各县市已有相关网站的联合，形成黄河板块旅游资讯集群，更好地服务于黄河板块旅游宣传与旅游产品销售。

二、 全域旅游推进工程

黄河板块全域旅游推进工作，按照“旅游强县—旅游名镇—旅游名村”的体系，以全域旅游发展的理念推进重点旅游区域提档升级，做强做大黄河板块旅游发展的动力引擎。

1. 全域旅游强县

全域旅游强县建设，坚持旅游项目开发与城镇建设的融合，城镇发展规划要重视旅游要素建设，加强地方主题旅游街区和旅游休闲设施的建设，强化旅游城镇的游憩功能，推动城镇与旅游融合共生、共同发展。从培育特色产业、发展县域经济着眼，引导和推动一批重点县区发挥旅游资源优势，选择垣曲县、芮城县、吉县、永和县、河津县、永济市等旅游资源禀赋突出、交通便利、基础条件较好的县（市、区）开展全域旅游建设。到2020年力争使6个重点旅游县（市、区）成为旅游配套服务完善、旅游综合效益明显的旅游目的地。旅游重点县应坚持全域旅游理念，实施“旅游+”战略，充分发挥旅游产业对传统产业转型升级的带动作用，做好以旅游产业为龙头的县域发展规划。全域旅游重点县要在财政、土地、金融等方面对旅游产业的发展予以倾斜，推动传统产业积极实施“+旅游”战略，积极促进全产业融合，实现区域经济和社会事业的协调发展，为全域旅游的发展提供坚实的基础。

2. 全域旅游村镇

立足黄河板块生态和文化优势，以产业发展和民众就业为重点，充分发挥旅游城镇的核心吸引力，加强旅游基础服务设施建设，优化旅游集散功能，带动辐射周边旅游乡村发展，开展“旅游名镇”建设工作，做大做强旅游名镇，建设壶口镇、风陵渡镇、碛口镇、古城镇等一批旅游名镇。黄河板块内贫困乡村较多，扶贫压力大，但所处区域旅游资源优势独特，积极发展乡村旅游，结合新农村建设，完善乡村旅游的基础设施，加强乡村居民的旅游培训，提高板块内乡村旅游的发展水平，建立“旅游名村”体系。既能有效帮助贫困居民脱贫致富，也能进一步助力全域旅游项目的实施。

全域旅游村镇的建设，要根据所处区域的不同，分批分次进行，注重重点乡村的旅游引领作用，通过旅游村镇的辐射带动，促进更多的村镇参与板块内旅游产业的发展，丰富板块特色旅游产品的类型。特色村镇的建设不能一蹴而就，特别是农民的旅游意识、服务意识的培养需要更长的时间，在此期间要重视旅游企业的作用，在村民自愿的前提下，采取合作社、“公司+农户”、村民个体经营等形式，调动农民参与旅游业的积极性，通过旅游业的发展，促进乡村农民脱贫致富与思想观念的解放。

三、旅游精准扶贫工程

在乡村扶贫工作中，旅游有其独特的优势，旅游扶贫工作必须坚持以中央扶贫开发战略思想为指导，使贫困群众在旅游扶贫工作中能够享受旅游发展红利。充分发挥好旅游产业带动作用，引导扶贫工作在精准实施上取得更大的成绩，特别是有针对性地开展建档立卡的贫困村贫困户工作，采用“因村施策”、“因户帮扶”的策略，提高旅游精准扶贫的成效，实现黄河板块整体脱贫奔向小康。

1. 旅游扶贫相关规划

旅游扶贫，必须重视旅游扶贫专项规划的制定，通过规划指导旅游扶贫工作。一方面，积极引导专业规划机构编制旅游扶贫规划，注重旅游产业发展与扶贫工作深度融合；另一方面，景区与周边乡村存在着天然的共生关系，但是许多景区的在规划开发中，存在着对乡村的忽视，由此而产生许多矛盾与问题，因此鼓励旅游景区在规划中，重视景区周边乡村联动机制的建设，对于景区内部的村落，重视村落风貌的保护，尊重对乡村原有文化的传承。贫困乡村的发展不仅仅要解决贫困的问题，更要重视乡村环境保护、传统古建筑的保护、乡村产业的可持续发展等方面的问题，相关的保护规划工作需要提前开展，旅游扶贫规划要与相关规划衔接，共绘精准扶贫的蓝图。

2. 旅游扶贫机制建设

在旅游扶贫项目建设中，要积极探索乡村集体经济资源、村民宅基地、村民特殊户技能的资产化评估工作。在旅游景区资源的开发中，鼓励采取股份制，对于景区所依托的资源，属于村集体和村民所有的部分，在进行合理的资源评估后，以股权的形式予以确立，使贫困村与贫困户能够分享景区发展所带来的红利，增加资产型收入，而不是一次性买断资源的使用权。2018 年开始在黄河板块选取 1－3 个县，开展资产收益扶贫试点的前期工作，省、市扶贫部门要制定试点县工作指导方案。旅游部门与其他政府部门联合编制旅游扶贫规划，制定旅游扶贫工作方案，在涉及旅游扶贫试点村的基础设施建设、旅游项目开发、村民培训等方面，采取扎实有效的措施，取得精准扶贫的成效。

3. 旅游扶贫帮扶措施

旅游扶贫应采取“一村一品”“一户一业”的方式，充分发挥地方特色资源和人力资源的优势，实施精准扶贫策略。贫困乡村的贫困原因各不相同，结合旅游开展乡村游，需要分类施策，制定更加具体、针对性强的帮扶措施。在金融扶持方面，对相关旅游企业和旅游专业合作社，根据其规模以及吸纳贫困户参与和就业的程度，提供更加优惠的金融支持；扶持旅游致富创业带头人，对于旅游扶贫试点村，每年选拔具有一技之长的旅游扶贫带头人，进行一定数量的专题培训，通过组织外出学习考察，了解学习发展乡村旅游的先进理念和成功经验，强化其先富帮后富的责任意识；对于有创业参与意识的贫困户，通过提供项目咨询、小额信贷等方式，协助其选择合适的旅游项目，能够自主进行项目建设与运营；对于无劳动能力的贫困户，可以通过林权、宅基地使用权、土地承包使用权的市场化估价，使其参与旅游资源的开发，获取相应的经济收益。

4. 旅游扶贫典型引领

在旅游扶贫试点建设过程中，根据贫困户的特点，一定要注重旅游扶贫的典型引领作用。在旅游扶贫项目建设运营中，充分利用当地旅游资源，因地制宜发展旅游产业，杜绝不切实际的大拆大建，通过旅游发展，精确助力脱贫工作。着力推进以苹果、酥梨、桃、杏、枣、小杂粮和中药材为特色的农业庄园、家庭农场建设，积极推进精品农庄建设。发挥农家乐直接脱贫致富的作用，积极引导农民根据自身实力与专长，开办类型多样的农家乐。在旅游扶贫试点建设的过程中，实施总结各地的经验，适时召开现场会予以推广。

四、 旅游厕所革命工程

厕所事关广大游客的旅游体验，也和群众生活息息相关，黄河板块内旅游景区厕所建设相对滞后，在“十三五”期间，要着力提升旅游厕所的数量与质量，提高管理水平，以此为抓手推进旅游公共服务体系建设，促进旅游发展和品质提升。

1. 建设原则

旅游厕所的规划布局、设计建设和服务应贯穿以人为本的理念，突出共建共享的理念，既能满足普通游客的一般需求，还要充分考虑老年人、妇女、儿童和残障人士等特殊游客如厕要求。地方政府要将旅游厕所纳入当地基础设施建设规划中，业务主管部门和地方政府在旅游厕所建设、管理中要承担主体责任。旅游厕所数量要与旅游总量和接待游客规模成比例，坚持科学规划、合理布局，根据旅游厕所标准和实际，宜改则改、宜建则建。

2. “第五空间”

公厕将要改变以往的脏乱差的形象和只能“解决内急”的单一功能，要将公共厕所建成人们生活中除家庭空间、工作空间、休闲空间、网络空间之外的另重要一个空间，即“第五空间”。“第五空间”的建设要突出其服务游客与居民的综合性特征，公共厕所要 WIFI 全覆盖，设置便民缴费设备、ATM 机，手机充电等便民设施；旅游厕所还需叠加旅游信息咨询功能，方便游客的旅游信息查询，旅途休息等功能。通过先进环保处理技术的运用，优化粪便处理，强化公共厕所的多功能化，将“第五空间”模式推广到更多的区域，形成集合基本公共服务的城乡公共服务体系。

3. 养厕方式

公共厕所养护是公共厕所发展的关键，其中最常用的方式是以商养厕，其典型做法是，公厕管理机构以公开招标的形式，将公厕承包给具有管理经验和能力的公司或个人进行管理，承包者负责公厕的日常保洁和维护，职能管理部门则对管理提出要求，确保公厕的管理水平。在旅游厕所的运营和管理方面，鼓励采取承包经营、企业冠名赞助、商业广告等方式获取收益。按照“谁投资、谁受益”的原则，鼓励私营企业、民营资本参与公共基础设施的建设，采取特许经营、公私合营等方式进行旅游厕所的建设与管理，积极推广旅游厕所“PPP”模式，可采取的方式有：“厕所 + 店铺”、“厕所 + 老人活动室”、“厕所 + 旅游信息咨询”、“厕所 + 售票点”等，通过吸引社会各界力量参与，促进旅游厕所功能的多元化与管理方式的多样化。

五、 品牌营销工程

1. 打造旅游服务优质品牌

在旅游经营领域培育一批知名企业品牌和服务品牌，规范旅游服务行为，提升旅游服务品质。每年围绕旅游优质服务相关主题，推出系列旅游服务质量活动，开展旅游标准化宣传推广、旅游优质服务品牌创建、建立优质旅游联盟、旅游科技应用交流、绿色旅游产业创建等系列活动；定期发布旅游质量相关信息，如发布游客满意度、旅游投诉等信息；开展促进旅行社、旅游饭店、导游服务等旅游重点领域服务质量提升活动；组织开展旅游质量专项检查等措施，进一步优化旅游服务环境，强化旅游企业和从业人员质量意识，全面提升旅游行业服务质量，打造优质旅游品牌。

2. 全方位、立体式综合宣传

精心策划各种活动，加大旅游广告投放力度，形成全方位、立体式综合宣传黄河板块整体旅游品牌形象。旅游部门可在机场、汽车站、火车站等公共场所设立旅游形象公益广告，推动旅游形象标识广泛用于办公用品、宣传促销品、旅游纪念品、旅游标牌和旅游车等载体上以及各种宣传营销活动中，使黄河板块的旅游形象深入人心。在主要客源地，开展旅游品牌宣传活动并聘请知名人士担任旅游形象大使。采取“拼盘广告”、“联合推介”营销战略，整合县（市、区）旅游企业的资源和宣传促销资金，集中力量，加大旅游广告投放力度，各旅游景区要加强横向联合，积极实施捆绑式、一体化宣传促销。加强与国内外主流媒体的合作，坚持高水平策划创意，运用影视、动漫、专题片、代言人等多种手段，全方位推介黄河板块旅游形象。

3. 建立区域旅游营销联动机制

加强与黄河金三角区域、京津冀地区的合作宣传，建立跨省区旅游宣传营销联合体，积极开展多种方式的联合促销。深化晋、陕、豫、蒙旅游合作，与陕西、河南等旅游城市联合印发黄河金三角旅游宣传手册。深化与“京冀晋陕高铁旅游城市联盟”、“世界旅游城市联合会”、“中国黄河旅游市场推广联盟”、“美丽中国”、“陆上丝绸之路”等旅游联盟的合作，每年策划两次大型公众旅游推广活动，宣传旅游目的地形象，大力挖掘潜在旅游客源市场。

4. 利用中国驻外机构展开旅游营销合作

中国在境外的使领馆，面对的是即将到中国的各类人员，是散客终端营销的直接对象，这些驻外使领馆就是营销的最佳渠道。整合黄河板块旅游资源，积极协同中国驻外使领馆开展联合宣传营销工作。加强与国际、国内旅游市场和产品的对接，解决企业特色旅游产品与特定客源市场对接的问题，培育专门针对特定旅游市场的企业集团。加快全球分销系统GDS 的推广和使用，向世界各地的游客销售黄河板块的特色旅游产品。

5. 整合发展旅游网络营销

加快完善黄河板块各县（市、区）旅游网站、各旅游企业网站的旅游目的地营销功能，丰富网络目的地旅游信息，加强与各种旅游服务网站的对接。整合“网易旅游”、“搜狐旅游”、“新浪旅游”、“凤凰旅游”等公共网络平台，扩大黄河板块旅游网络宣传的广度与深度。积极与携程网、驴妈妈、途牛网、去哪儿网、同程网等大型 OTA 开展深入合作，将黄河板块内各区域的的酒店、票务、景点通过在线旅游服务商的整合提升，为游客提供更加丰富、更加便利的旅游服务。

六、 建立黄河旅游发展委员会

为推动黄河板块旅游业跨越式的发展提供制度保障和体制支撑，加强旅游部门与相关部门的协调，探索旅游管理新体制，组建省级旅游管理机构

——黄河旅游发展委员会，统一协调各方关系。黄河旅游发展委员会工作重点围绕产业促进、资源统筹、区域协调和服务监管四项重点工作。

黄河旅游发展委员会的主要职责：

1. 贯彻执行党和国家有关旅游工作的方针政策、法律法规、规章。

2. 组织编制黄河板块旅游资源综合发展利用规划并监督实施；指导重点旅游区域、旅游线路的规划和开发。

3. 组织开展黄河板块内旅游资源的普查工作；编制旅游的功能区规划和配置；提出旅游环境综合治理的意见，组织重要旅游项目建设的论证和审核工作。

4. 负责遗址遗迹旅游、研学旅游、生态旅游和红色旅游等各类特色旅游的相关指导工作。

5. 拟定黄河板块旅游市场开发战略并组织协调实施；组织引导区域旅游整体形象的宣传和重大推广活动，协调区域内重大旅游节庆活动。

七、 人才引进工程

黄河板块旅游发展的关键在于人才，尤其是高端人才，一定要重视旅游及相关专业人才的引进、培养，建设一支专业梯度合理、专业结构完善、专业能力优良的人才队伍。

1. 人才政策

在全国争抢人才的大背景下，一定要认真对待人才引进问题。在省级层面，为黄河板块制定特殊的人才引进与培养的政策，在人才资金补助和奖励方面给予黄河板块适当的倾斜；各地市成立专门的旅游人才引进部门，因时因地制定本地区的旅游人才引进政策；建立健全旅游人才评估以及激励保障制度，配合相应的薪酬制度，努力将高素质旅游人才，特别是熟悉山西省情的旅游人才引向黄河板块。

2. “大学+”战略

在省级层面，积极推动“大学+”战略，引导省内外高校关注黄河板块，支持校企合作，利用大学的专业人才优势、资金优势、开展项目合作，培育更接地气的优质旅游人才队伍；实施“海纳百川”的人才政策，引进海外高层次旅游管理人才，提升旅游项目建设水平，推进黄河板块旅游建设的实施。针对黄河板块的社会经济发展的现实情况，争取山西省人才项目、人才资金、人才政策向黄河板块倾斜，板块内政府、企业要积极与大学进行联合，通过课题申报、项目研发，项目咨询等形式为区域社会、经济、生态的协调发展提供智力支持。

3. 人才层次体系

针对黄河板块旅游及相关产业的人才发展需求，构筑人才“金字塔”，着重培养旅游行政管理人才，定期进行学习培训，竞争选拔，并开展政企交流；培养旅游企业经营人才，有计划地选拔人才进行企业经营的高级培训，利用信息技术，通过互联网扩大培训交流的成效；培养旅游专业技术人才，鼓励高校开设当前急需并且紧缺的专业和课程；培养服务技能人才，通过制定服务技能标准，举办服务技能大赛等激励服务人员提高服务意识和技能；培养优秀导游人才，举办金牌导游大赛，落实奖励政策，特别是定向培养掌握小语种等稀缺技能的导游人才；培养乡村旅游创业人才，重点打造乡村旅游人才队伍。培养创业带头人，以先富带后富，缩小贫富差距，实现共同富裕。

4. 人才保障机制

各地市县要出台大学毕业生保障性住房管理办法，提供给大学毕业生保障性住房，并在买房租房价格上给予低于市场价的优惠；进一步完善人才落户政策，切实解决人才落户、社会保障、子女入学等问题，并为新落户大学生、硕士及博士提供生活补贴；着力完善人才服务，帮助人才迅速融入工作和生活，组建黄河板块高层次人才服务中心，提供专业人才政策咨询与服务，对接高层次人才人力资源的发掘与维护，协助处理公共事务等方面的服务申请，承办和代办有关手续，为高层次人才提供专业的一站式贴心服务。

参考文献

[1] 安芷生：《黄土　黄河　黄河文化》，黄河水利出版社，1998 年。

[2] 编委会：《黄河文化百科全书》，四川辞书出版社，2000 年。

[3] 岑仲勉：《黄河变迁史》，人民出版社，1957 年。

[4] 陈鹤琴，陈选善：《黄河文化》，世界书局，1941 年。

[5] 戴松成：《天下黄河》，黄河水利出版社，2005 年。

[6] 高光晶：《中国国家起源》，湖南人民出版，1998。

[7] 高胜恩：《黄河栈道与漕运》，山西春秋电子音像出版社，2008 年。

[8] 郭长风：《文化基因论——地域文化对区域经济的影响》中国经济出版社，2012。

[9] 侯仁之：《黄河文化》，华艺出版社，1994 年。

[10] 候甬坚：《朝宗：黄河与中华文化》，陕西人民教育出版社，1991 年。

[11] 黄东升：《山西经济与文化概论》，中国经济出版社，2003 年。

[12] 黄鉴晖：《晋商经营之道》，山西经济出版社，2001。

[13] 贾兵强：《科技黄河研究》，中国社会科学出版社，2014 年。

[14] 蓝勇：《中国历史地理》，高等教育出版社，2010 年。

[15] 李学勤、徐吉军：《黄河文化史》，江西教育出版社，2003 年。

[16] 连煜，等：《黄河生态系统保护目标及生态需水研究》，黄河

水利出版社，2011 年。

［17］蔺涛，等：《中国名砚澄泥砚》，湖南美术出版社，2010 年。

［18］刘德增：《漫话山西民歌》，北岳文艺出版社，2005 年。

［19］刘建生，刘鹏生：《晋商研究》，经济管理出版社，2005。

［20］鲁枢元，陈先德：《黄河史》，河南人民出版社，2001 年。

［21］鲁顺民：《山西古渡口——黄河的另一种陈述》，辽宁人民出版社，2004 年。

［22］马建兴：《天书图谱》，人民美术出版社，2011 年。

［23］乔南：《清代山西经济集聚论：晋商研究的一个视角》，经济管理出版社，2008 年。

［24］沈健：《历史上的大移民——走西口》，北京工业大学出版社，2012 年。

［25］史鸿文：《文化黄河研究》，中国社会科学出版社，2014 年。

［26］谭其骧：《黄河史论丛》，复旦大学出版社，1986 年。

［27］唐韵：《秘境青海》，青海人民出版社，2014 年。

［28］王铭，等：《山西山河志》，山西科学技术出版社，1994 年。

［29］王芝意：《释尚——事业 · 人生 · 思想》，作家出版社，2008 年。

［30］习近平：《决胜全面建成小康社会夺取新时代中国特色社会主义伟大胜利——在中国共产党第十九次全国代表大会上的报告》，人民出版社，2017 年。

［31］肖东发：《三晋大地——三晋文化特色与形态》，现代出版社，2015 年。

［32］徐杰舜：《雪球——汉民族的人类学分析》，上海人民出版社，1999 年。

［33］阎爱英：《晋商史料全览》，山西人民出版社，2006 年。

［34］杨玉经：《黄河文化研究》，宁夏人民出版社，2012 年。

［35］杨志忠：《山西黄河古今谈》，山西春秋电子音像出版社，2005 年。

[36] 于秀芳：《山西民歌　黄河乡土文化》，山西人民出版社，1991 年。

[37] 张光斗：《张光斗院士文集》，中国水利水电出版社，2014 年。

[38] 张正明：《晋商兴衰史》，山西古籍出版社，2001 年。

[39] 赵炜：《长河惊鸿：黄河历史与文化》，河南科学技术出版社，2007 年。

[40] 邹逸麟：《中国历史地理概述》，福建人民出版社，1999 年。

[41] 鲍梅则：黄河金三角视域下临汾市旅游一体化发展研究，《湖州师范学院学院》2016 年第 3 期。

[42] 冯君实：晋南北朝时期北方的民族融合，《吉林师大学报》1978 年第 1 期。

[43] 何驽：陶寺考古初显尧舜时代的"天下观"，《中国社会科学报》2015 年 6 月 5 日。

[44] 胡惠林：文化遗产安全：一个人类文化安全议程，《探索与争鸣》2017 年第 6 期。

[45] 李景旺：历史上的黄河治理，《商丘师范学院学报》2002 年第 3 期。

[46] 李文学：论两汉魏晋南北朝的治乱更替与中华民族的凝聚——兼谈对中华民族"多元一体"的认识，《国际人类学与民族学联合会．文化多样性背景下的民族和谐——国际人类学民族学联合会第十六届大会文集》2009 年 10 月。

[47] 李小丽：运城市黄河文化旅游区的开发策略初探，《国土与自然资源研究》2010 年第 5 期。

[48] 闵睿：魏晋南北朝时期山西的民族融合，《沧桑》2010 年第 8 期。

[49] 徐凤先：考古与文献双重视角下的帝尧天文学，《中国社会科学报》2015 年 6 月 5 日。

[50] 徐爽：魏晋南北朝民族融合与乐府民歌雅化创作，《中央民

族大学学报（哲学社会科学版）》2016 年第 5 期。

［51］杨运来：明代黄河水患发生的非自然原因及其对区域地理环境变迁的影响，郑州大学 2006 年硕士学位论文。

［52］于红，刘沛林：晋陕黄河大峡谷山西沿岸俗文化的旅游价值，《经济地理》2016 年第 10 期。

［53］张凯，等：浅谈黄河污染的主要原因和对策措施，《治黄科技信息》2014 年第 4 期。

［54］朱坚，姜维公：黄河故道线性文化遗产旅游价值评价与开发研究，《资源开发与市场》2013 年第 5 期。

［55］朱如虎：晋南黄河根祖文化旅游开发初探，《山西师大学报（自然版）》2007 年第 5 期。

［56］国家发展和改革委员会，国家旅游局：《全国生态旅游发展规划（2016—2025 年）》，2016 年。

［57］国家旅游局规划财务司：《全域旅游发展报告（2017）》，2017 年。

［58］李金早：《2018 年全国旅游工作报告》，国家旅游局，2018 年。

［59］山西省旅游发展委员会：《2016—2017 年山西旅游发展分析与展望》，2017 年。

［60］中国旅游研究院：《中国国内旅游发展年度报告 2017》，2017 年。

后　记

本书定名为《上善若水——黄河岸边的文化与旅游》，是基于以下几点考虑：其一，黄河作为华夏文明的重要载体，孕育了五千年的辉煌文明，养育了黄河两岸亿万炎黄子孙，本身就具有“善”的意味；其二，当前国家高度重视文化旅游，2017 年我省提出打造黄河、长城、太行三大板块旅游，其中黄河板块列为第一，足见其重要性。开发、保护、利用好黄河文化，弘扬黄河精神，将之传承下去，功在当代，利在千秋。黄河文化的代代相传与生生不息，将人类文明延续下去，正是历史文化“善”的表现；其三，文化旅游的终极目标还是要改善民生，提高人民的幸福感，这也是黄河文化“善”的具体体现。

在吸收了相关研究成果的基础上，我们确定了“地理－人文－旅游”三位一体的结构，试图通过一本书将黄河的地理、人文与旅游融为一体，将黄河文化的面貌整体呈现出来。闻道有先后，术业有专攻，我们结合编写者的专长，对本书的编写作了具体分工：鲁靖康副教授编写第一章；夏文华副教授及研究生张超、王安云、梁钰颖、张政等共同编写完成第二章、第三章；卫红博士编写第四章、第五章。各章节既相对独立又互相观照，由于执笔者文风略有差异，几经梳理仍不能达到完全一致，有鉴于此，我们特此声明，各章节文责由相应编写者承担。此外，赵子葳、叶子新、李杰、郝锦涛等同学也参与了资料收集与整理校对等工作。

本书定位于旅游文化类普及读物，编写目的是为山西黄河文化旅游爱好者提供参考。在编写过程中，借鉴了众多已有相关成果，限于篇幅和体例，书中未能一一标明，特于参考文献中注明。谨此向各相关作者表达诚挚的歉意和谢意。本书的编写及出版，得益于“山西省互联网+与旅游产业升级协同创新中心”的大力支持，中心主任车效梅教授对本书的立意、结构、内容多有真知灼见的建议，特此专致谢忱。感谢责任编辑熊汉宗的耐心与辛劳，我们在此表示真诚的谢意。

囿于见闻及能力和水平所限，书中错谬失当之处在所难免，恳请读者批评指正。

图书在版编目（CIP）数据

上善若水：黄河岸边的文化与旅游／夏文华编著.
—太原：山西经济出版社,2018.5
（表里山河丛书／车晓梅主编）
ISBN 978－7－80767－894－6

Ⅰ.①上… Ⅱ.①夏… Ⅲ.①黄河—介绍—山西
Ⅳ.①K928.42

中国版本图书馆 CIP 数据核字(2018)第079859号

上善若水：黄河岸边的文化与旅游

编　　著：夏文华
责任编辑：熊汉宗
摄　　影：夏文华　药小云
装帧设计：赵　娜

出 版 者：山西出版传媒集团·山西经济出版社
地　　址：太原市建设南路21号
邮　　编：030012
电　　话：0351－4922133（市场部）
　　　　　0351－4922085（总编办）
E－mail：scb@sxjjcb.com（市场部）
　　　　　zbs@sxjjcb.com（总编室）
网　　址：www.sxjjcb.com

经 销 者：山西出版传媒集团·山西经济出版社
承 印 者：临汾工艺美术印刷有限公司

开　　本：787mm×1092mm　1/16
印　　张：18
字　　数：288千字
版　　次：2018年5月 第1版
印　　次：2018年5月 第1次印刷
书　　号：ISBN 978－7－80767－894－6
定　　价：120.00元（全二册）

山西省「1331工程」山西省互联网+与旅游产业升级协同创新中心系列成果

表里山河丛书 BIAOLI SHANHE

河魂汾韵

刘士义／编

山西出版传媒集团

山西经济出版社

《表里山河》丛书编委员会

人说山西好风光

近年来，历史、文化和旅游结合得越来越紧密，文化旅游受到越来越多的关注，人们徜徉于自然山水的同时，也感受着历史文化的熏陶与启迪，自然与人文通过文化旅游自然地结合起来。山西，这一华夏文明的起源地之一，最早的中国所在地，具有开展文化旅游得天独厚的条件。

五千年绵延不绝的华夏文明给三晋大地留下了大量瑰宝和丰厚的文化积淀。山西现存文物古迹53000余处，旧石器早期遗址400余处；山西是全国古村落保存最完整的省份之一，古村落和古民居近千处遍及全省；宋辽金及之前的木结构建筑占全国的72.6%，享有“中国古代建筑艺术博物馆”的美誉；现存唐代以来彩塑12712尊，金元以来古戏台2800余座，均居全国之冠。山西现存戏曲剧种38个，剧种数量为全国之最。山西又是“民歌的海洋”“民间舞蹈之乡”，现存的民间舞蹈有200多种，民歌更是高达20000余首。这些琳琅满目、数不胜数的历史文化资源，等待着我们去保护、开发、利用，并将其完好无缺地传承给我们的后代。

在2016年夏季达沃斯论坛上，李克强总理提出的旅游、文化、体育、健康、养老五大幸福产业的概念。随着经济社会发展水平和居民收入等条件不断提升，旅游与文化会逐步成为民众获取幸福感的刚需。

2017年楼阳生省长在山西省旅游发展大会上指出，“把文化旅游业培育成我省战略性支柱产业”，要求把旅游业发展成为“大众创业，万众创新的大舞台”，提出打造黄河、长城、太行三大旅游板块的思路举措，要加快构建“乐水、尚城、崇山”旅游品牌体系。此后，山西省政府连续召开了黄河、太行、长城三大板块及其相关会议。相关部门在顶层设计、项目引领、业态融合、基础建设、市场营销等方面进行了积极探讨，并对三大板块进行了总体和局部的部署。在省政府的统一部署下，各地政府也加快旅游产业布局与政策落地，全省上下掀起一股发展旅游业的热潮。一时间，黄河、长城、太行成为最热的词汇。

黄河、长城、太行是华夏文明的载体，是三晋大地悠久历史文化和壮美山川风光的标识与符号。黄河之魂在山西，长城博览在山西，大美太行在山西。立足黄河、长城、太行三大品牌集聚一省的独特禀赋，目前，我省正着力推动转型发展，加快把文化旅游业培育成我省战略性支柱产业。以此为契机，山西旅游发展也开启了新的时代。山西将充分挖掘黄河的博大内涵，凝练黄河风情、民族精神主题，构建母亲黄河、龙腾黄河、多彩黄河、生态黄河的旅游精品线路；挖掘长城的边塞、军事、农牧、贸易等历史文化元素，凝练爱国主义、民族融合主题，建设古建长城、军事长城、民族长城、丝路长城的历史文化旅游公园；挖掘太行的山水、生态、红色圣地等文化元素，凝练大美太行、天下脊梁主题，打造雄奇太行、秀丽太行、红色太行、古韵太行的精品风景旅游带。三大板块不同于传统意义的景区景点，也不是简单景区景点集合集群。它既是旅游地理概念范畴，更重要的是山西旅游产业发展新定位。

2017 年 9 月山西省教育厅批准成立“山西省互联网 + 与旅游产业升级协同创新中心”，中心的牵头单位为坐落于华夏文明重要发祥地古尧都临汾市的山西师范大学。中心的建设思路和发展目标定位为根据《山西省“十三五”发展规划》和国家《“十三五”旅游业发展规划》的要求，努力把文化旅游产业发展成为山西省的战略性支柱产业。探索旅游业与互联网融合发展路径，提升旅游业资源和要素整合集成能力和模式创新能力，促进旅游基础设施和旅游公共服务体系数字化建设，推动旅游管理体制和机制改革的信息化建设，建设互联网 + 旅游综合改革试点，培育山西旅游新业态，形成旅游新优势。在我省提出打造“三大板块”的旅游战略后，我们及时抓住这一契机，组织力量编写关于黄河、长城、太行的系列图书，尝试为三大板块旅游做一些文献、文化方面的准备，也为中心工作的开展做一些有益的尝试与探索。

长风破浪会有时，直挂云帆济沧海。在刚刚结束的第十三届全国人民代表大会第一次会议上，通过了国务院机构改革方案，其中与文化与旅游直接相关的就是新组建“文化和旅游部”，这一改革是为了增强和彰显文化自信，统筹文化事业、文化产业发展和旅游资源开发，提高国家文化软实力和中华文化影响力，推动文化事业、文化产业和旅游业融合发展，具有极其重要的历史意义，给文化旅游的发展带来新的契机，文化旅游即将迎来新时代。我们庆幸赶上了这样的新时代，我们渴望在新时代里有新作为，我们愿意为我省的文化旅游尽自己的绵薄之力。千里之行，始于足下，编写“三大板块”系列图书只是我们的一个开端，我们也希望能抛砖引玉，唤起文化界同仁们关注文化旅游的热忱，共同投身于文化旅游的事业中来。

车晓梅

2018 年 3 月

前　言

2017年，山西省委省政府掀起了产业升级的新浪潮，其中重要一项即是结合我省悠久的历史文化与旅游资源，大力发展文化绿色旅游产业。“长城、黄河、太行”三大旅游品牌的打造，即是这宏伟计划中的重要一环。这一宏伟构想体现了省政府深刻的历史思考与长远的战略眼光，山西省也必然会成为全国乃至世界的文化焦点。

黄河，她穿越古今，灌育华夏，被人尊称为母亲河，它的崇圣地位使它独屹于北方众多河流之中。她发源于青藏高原的巴颜喀拉山脉，流经青、川、甘、宁、内蒙、陕、晋、豫、鲁等地，最后汇归于渤海。从开天辟地的上古时期起，流淌着中华文明血液的母亲河便在这广袤的北方大地上激腾奔流。正因如此，黄河成为华夏民族之历史与文明的见证，从黄河两岸的农垦野望到烽火硝烟的古堡城池，从羊皮筏子的黄河古渡到奔腾咆哮的壶口飞瀑，从傲岸崎岖的峰簇中冲击翻腾到广阔平原上的和缓浸润……

黄河经流三晋大地，山西亦是黄河流域面积最大的省份之一。黄河与本土之汾水共同创造了辉煌的河汾文化。古人有之云，“河汾为血脉，太行为筋脊”，河汾之水养育了勤劳、善良而朴实的三晋百姓，而太行之气魄又赋予山西人民以雄毅、坚韧与卓拔的品质。表里山河，雄华我辈。逝者如斯，亘古如斯，让无数天资英豪对此感慨凭吊。这本小书正是这些俊彦英杰的心底呼声与文化共鸣。我们借之可以历越千古，与古人坦露心胸，共话河魂汾韵。

本书之撰著受山西师范大学历史与旅游文化学院所托，是其重大课题“山西省互联网+与旅游产业升级协同创新中心”的一部分。本书主要撷采古人描写山西黄河与汾河的诗、词、文、赋等文学作品，以黄河与汾河为主要关注对象，辅以河汾支流以及与之相关的自然景观、人文风物等知识。希望凭藉这一本小小的册子，可以为山西黄河旅游增添一点人文气息与文化底韵。

目 录

第一章 河魂纵览

第一节 诗歌卷……2

先唐……2

唐代……6

宋金……31

元代……77

明代……89

清代……132

第二节 词赋篇……145

东汉 魏应……145

西晋 成公绥……147

元 聂炳……147

元 李祁……148

明 朱元璋……149

明 刘咸……151

明 曾棨……153

明 黄谏……154

明 周光镐……155

明 薛瑄 …… 157

第二章 汾韵流长

宋前 …… 162
隋唐 …… 168
宋代 …… 194
元代 …… 219
明代 …… 234
清代 …… 258

第三章 水脉纵横

第一节 沁河 …… 278
第二节 桑乾河 …… 290
第三节 平水河 …… 307
第四节 偏关河 …… 314
第五节 众河涌流 …… 319
一 县川河 …… 319
二 涑水 …… 320
三 朱家川 …… 324
四 恢河 …… 327
五 浑河 …… 328
六 兔毛河 …… 330
七 滹沱河 …… 332
八 浊漳河 …… 333
九 涝河 …… 337
十 昌源河 …… 339
十一 昕水、芝河、巢溪、降河、寿水、象峪河、壶流、潞河、五渡河、秀水、巴州河 …… 340
后记 …… 347

第一章 河魂纵览

黄河倚势三晋大地，自北而南然后由西至东咆哮而过。大川名山，急湍峻岭，构成了一幅幅奇绝壮丽的河山图景。河山形胜，自然是文人画士的绝妙素材，于是山河的雄壮奔腾都映录在这画卷与诗文之中。可惜，时光流转，当年的绝笔妙图几乎都湮没在这漫长的历史长河之中，留存的只有这些寄情于世的优美笔触。感谢这些优美的文字，让我们再次穿越古今感受黄河与诗词的魅力。

第一节　诗歌卷

先唐

棹歌行

魏晋·陆机

迟迟暮春日，天气柔且嘉。元吉降初巳，濯秽游黄河。

龙舟浮鹢首[①]，羽旗垂藻葩。乘风宣飞景，逍遥戏中波。

名讴激清唱，榜人纵棹[②]歌。投纶[③]沈洪川，飞缴入紫霞。

注释：

①泛舟。古代画鹢首于船头，故称舟为鹢。

②纵棹：划桨行船。

③投纶：垂钓。《列子·汤问》："当臣之临河持竿，心无杂虑，唯鱼之念。投纶沉钩，手无轻重，物莫能乱。"

解说：

陆机（261—303），字士衡，吴郡吴县（今江苏苏州）人。西晋著名文学家、书法家。太康十年（289），陆机兄弟来到洛阳，文才倾动一时，时有"二陆入洛，三张减价"之说。

全诗描写了暮春三月在黄河进行的修禊情境。作者选取了黄河濯秽、龙舟竞速的活动场景，间以描写了水边的吟呕与舟子的棹歌，诗境明丽欢快，祥和瑞气。

渡河北

南北朝·王褒

秋风吹木叶，还似洞庭波。常山临代郡，亭障[1]绕黄河。

心悲异方[2]乐，肠断陇头歌[3]。薄暮临征马，失道北山阿。

注释：

①亭障：古代边塞要地设置的堡垒。《尉缭子·守权》："凡守者，进不郭围，退不亭障，以御战，非善者也。"

②异方：指他乡，外地。唐杜甫《陪郑公秋晚北池临眺》诗："异方初艳菊，故里亦高桐。"

③《陇头歌辞》为汉乐府歌辞，反映了征戍士卒的艰苦生活和思恋故乡的感情。

解说：

王褒（约513—576），字子渊，琅琊临沂（今山东临沂）人，南北朝文学家。

黄河自古为天险，城堡固垒多依河而建，因此黄河又多为征戍守边之所。征戍士卒多来自他乡，所以黄河城堡又成为凝结征夫戍卒之乡愁的地方。此诗以秋风落叶起兴，而思绪回归洞庭。次以北方代郡与黄河做喻而烘托出征戍之地的悲凉情境。后四句则以流行于北方的乐歌为烘托，进而表现了一位客居异乡的思归人的心境。

桂楫泛河中[1]

南北朝·沈君攸

黄河曲渚通千里，浊水分流引八川[2]。

仙查[3]逐源终未极，汉帝遗迹尚难迁。

眇眇[4]云根侵远树，苍苍水气合遥天。

波影杂霞无定色，湍文触岸不成圆。

赤马青龙[5]交出浦，飞云盖海远凌烟。
莲舟渡沙转不碍，桂楫距浪弱难前。
风急金乌[6]翅自转，汀长锦缆影微悬。
榜人欲歌先扣枻，津吏犹醉强持船。
河堤极望今如此，行杯落叶讵[7]虚传。

注释：

①古乐府旧题。此作乃拟乐府旧辞，作者并非亲临黄河。

②八川：指黄河的八条支流。汉司马相如《上林赋》："终始灞、浐，出入泾、渭、酆、镐、潦、潏，纡馀委蛇，经营乎其内，荡荡乎八川分流，相背而异态。"

③仙查：同仙槎，传说汉代张骞曾奉武帝之命寻找黄河源头。他乘槎溯流而上，竟到了天河。

④眇眇：辽远，高远。

⑤赤马：一种轻快的船。《释名·释船》："轻疾者曰赤马舟，其体正赤，疾如马也。"青龙：指舰船。北周庾信《哀江南赋》："排青龙之战舰，鬭飞燕之船楼。"

⑥金乌：指船上画着金乌的旗子。

⑦此句指船行水中，如小小的酒杯和片片的落叶。

解说：

沈君攸（？—573），吴兴（今浙江湖州）人，后梁时官至散骑常侍。博学有词采，工诗。

全诗描写了临眺黄河所见景象。大河曲折通万里，众多支流都汇聚于黄河。这雄浑壮阔的气度，自古就载持了汉民族的神话与历史。"云根接远树，水气连天际"，用一个长焦镜头展现了黄河的气魄。河中百舸争流，一派热闹繁荣的景象。

渡黄河

南北朝·范云

河流迅且浊，汤汤不可陵①。
桧楫②难为榜，松舟才自胜。
空庭偃旧木，荒畴余故塍③。
不睹人行迹，但见狐兔兴。
寄言河上老，此水何当澄。

注释：

①陵：通“凌”，欺侮。

②桧楫：桧木所做的船桨。

③塍：田间的土埂子，小堤。

解说：

范云（451—503），字彦龙，南乡舞阴（今河南泌阳）人，南朝文学家，为南齐“竟陵八友”之一。

此诗以渡河艰难起兴，而喻示人世坎坷，不可久恃，表达了作者心忧时事的情怀。

乌栖曲

南北朝·萧纲

芙蓉作船丝作绊①，北斗横天月将落。
采桑渡头碍黄河，郎今欲渡畏风波。

解释：

①绊：同绁、绳索；大绳索，粗绳子。这里指用丝作船上的绳子，极言其贵重。

解说：

萧纲（503 — 551），即梁简文帝，字世缵，南兰陵（今江苏武进）

人，梁武帝萧衍第三子，南朝宫体诗的创作者。

南朝乐府旧题，女子思念丈夫而不得的情境。诗以黄河为喻，而喻其相会受阻的意象。黄河自古难渡，因此黄河多与战争意象、征戍思乡、飘零不遇等主题密切相关。

高平牧马诗

南北朝·董绍

北史曰：绍为贺拔岳咨议参军。岳携绍于高平牧马。绍悲而赋《诗》曰：

走马山之阿[①]，马渴饮黄河。

宁谓胡关[②]下，复闻楚客歌。

注解：

①阿：河水弯曲之处。

②胡关：邻近胡人的关塞，比喻戍地边疆。

解说：

董绍，字兴远，新蔡鲖阳（今安徽临泉鲖城）人。少好学，颇有文义。

董绍随军来到边塞，目睹黄河，复闻楚歌，而忽忆故乡。楚客多喻南人，南人北上故多惆怅之语。

唐代

菩萨蛮

无名氏

枕前发尽千般愿：要休且待青山烂，水面上秤锤浮，

直待黄河彻底枯，白日参辰[①]现，北斗回南面[②]。休即未

能休，且待三更见日头。

注解：

①参辰：即参星和辰星。分别在西方和东方，出没各不相见，用以比喻彼此隔绝。

②北斗指北，回南是不可能的。借此说明感情的坚贞。

解说：

此为敦煌曲子词中的一首民间恋歌，抒发了对爱情的忠贞不渝。词中以七种不可能实现的现象为誓词，更烘托了爱情的不可转移、不可改变之事实。不过，令人感慨的是如今黄河屡次断流，恐为古人始料未及吧。

登蒲州①逍遥楼

李隆基

长榆息烽火，高柳静风尘。卜征巡九洛，②展豫出三秦。③

昔是潜龙地④，今为上理辰⑤。时平承道泰，聊赏遇年春⑥。

黄河分地络⑦，飞观接天津。一览遗芳翰，千载肃如神。

注解：

①蒲州：今山西永济，位于晋、陕交通要道，临黄河，是著名的军事要塞。

②卜征：定期出行。卜，占卜，即预测吉凶；征，天子巡狩。九洛：东都洛阳一带。

③展豫：出游。豫，巡幸。“三秦”：京城长安一带，指出行的起点。

④龙潜地：帝王居处之地。蒲州传为舜都，故云。

⑤上理辰：太平岁月。上，通尚；理，治理。此句谓出行当政治清明之世。避李治讳，以“理”字代“治”字。

⑥遇年春：正逢春季。谓本次出行来到蒲州，临古都，逢盛世，道路顺，季节美，确为赏心乐事。

⑦分地络：划分地界。络，一作脉。此句点明蒲州之地理位置，即由黄河隔开晋、陕。

解说：

李隆基（685—762），即唐玄宗，唐睿宗李旦第三子，故又称李三郎，清朝为避讳康熙，多称其为唐明皇。712年至756年在位，因“安史之乱”而退位。其精通音乐，诗文俱佳。

开元十年，李隆基巡视东都洛阳，途经蒲州，登上逍遥楼写下此诗。诗人以政治家身份写下了这首诗作，全诗洋溢着太平盛世的自豪之情。

奉和圣制登蒲州逍遥楼应制

苏颋

在昔尧舜禹，遗尘成典谟[①]。圣皇东巡狩，况乃经此都。
楼观纷迤逦，河山几萦纡。缅怀[②]祖宗业，相继文武图。
尚德既无险，观风谅有孚。岂如汾水上，箫鼓[③]事游娱。

注释：

①遗尘：遗留的踪迹。尧、舜、禹的都城均在山西南部一带，故曰遗尘。典谟：《尚书》的《尧典》《舜典》《大禹谟》《皋陶谟》。

②缅怀：远怀，追想以往的事业。唐高祖李渊是从太原起兵的，所以在晋地自然回想起祖宗奠定唐朝江山的业绩。

③箫鼓：指宫廷仪仗中以箫鼓为主的音乐。汉武帝刘彻来山西汾阴（今山西万荣）祭祀后土时所作《秋风辞》中有“泛楼船兮济汾河，横中流兮扬素波。箫鼓鸣兮发棹歌，欢乐极兮哀情多”。

解说：

苏颋（670—727），字廷硕，京兆武功（今陕西武功）人，则天朝举进士第，袭爵许国公，后与宋璟一同拜相，担任紫微侍郎、同平章事。文采卓著，与燕国公张说齐名，并称“燕许大手笔”。

这是一首奉和皇帝诗作的诗。诗以先圣尧舜禹开题，他们的遗迹已成为儒家经典。皇帝此巡正是在先贤立都的地方，在此地皇帝怀念高祖李渊的建国功业，并警示皇帝不要像汉武帝在汾河游乐一样，应该以德治国。

伤曹娘

宋之问

其二

河伯怜娇态，冯夷[1]要姝妓。

寄言游戏人，莫弄黄河水。

注释：

①冯夷：即指河伯，黄河之神。《庄子·大宗师》载："冯夷得之，以游大川。"成玄英疏："姓冯名夷，弘农华阴潼乡堤首里人也。服八石，得山仙。大川，黄河也。天帝锡冯夷为河伯，故游处盟津大川之中也。"

解说：

宋之问（约656—约712），字延清，名少连，汾州隰城（今山西汾阳）人，初唐著名诗人，与沈佺期并称"沈宋"。宋之问的诗作属对工整、韵律协调、用词绮丽多彩，对唐代律诗的定型有极大的推动。

曹娘本是宋之问爱妾，后死于黄河。此诗写曹娘死后物是人非的思念之情。此诗借用西门豹治邺而惩治河伯娶妻的故事，来喻指曹娘之死。

送外甥郑灌从军三首

李白

其三

月蚀西方破敌时，及瓜[1]归日未应迟。

斩胡血变黄河水，枭首当悬白鹊旗[2]。

注释：

①及瓜：指任职期满。《左传·庄公八年》："齐侯使连称、管至父戍葵丘，瓜时而往，曰：'及瓜而代'。"言任期一年，今年瓜熟时往，来年瓜熟时代之。

②白鹊旗：瞿蜕园、朱金城注："《唐六典》有白泽旗，鹊或即泽之误。"

解说：

李白（701—762），字太白，号青莲居士，又号"谪仙人"，唐代伟大的浪漫主义诗人，被后人誉为"诗仙"，与杜甫并称为"李杜"。

李白诗多飘逸不尘，雄肆浪漫之语，所谓血流如河、枭首悬旗之壮语，均见其兆。黄河意象群中，此句最见豪放奔腾之意。

公无渡河

黄河西来决昆仑[①]，咆哮万里触龙门[②]。波滔天，尧咨嗟，大禹理百川[③]，儿啼不窥家。杀湍烟洪水，九州始蚕麻。其害乃去，茫然风沙。被发之叟狂而痴，清晨临流欲奚为。旁人不惜妻止之，公无渡河苦渡之。虎可搏，河难凭，[④]公果溺死流海湄。有长鲸白齿若雪山，公乎公乎挂罥于其间，箜篌所悲竟不还。

注释：

①昆仑：昆仑山。又称昆仑虚、昆仑丘或玉山。由于其高耸挺拔，成为古代中国和西部之间的天然屏障，被古代中国人认为是世界的边缘。

②龙门：即龙门山，今在山西省河津市西北，与陕西韩城交界处。黄河流经其间。

③理：即治理，唐人避唐高宗讳，改"治"为"理"。

④虎可搏，河难凭：出自《诗经·小雅·小旻》的"不敢暴虎，不敢冯河"。凭，不借助工具，徒步渡过河流。

解说：

《公无渡河》本为乐府旧曲，后世往往据题生发新意。李白虽为拟作，然立意早已超越古题。诗以黄河昆仑切入，辅以尧禹典故而渲染黄河之险阻，而后再叙写公无渡河之事实。此诗与《蜀道难》主题相类，虽极摹事物之险阻，而立意却是迎难而上、逆流而进之意。

又送别

李峤

岐路方为客，芳尊①暂解颜。人随转蓬②去，春伴落梅还。

白云度汾水，黄河绕晋关。离心不可问，宿昔③鬓成斑。

注释：

①芳尊：指美酒，好酒。

②转蓬：随风飘荡的蓬草，比喻人漂泊不定。

③宿昔：旦夕。表示时间很短。斑：斑白。

解说：

李峤（645—714），字巨山，赵州赞皇（今河北赞皇）人，武后、中宗年间，三次被拜为宰相，官至中书令，阶至特进，爵至赵国公。以文辞著称，与苏味道并称“苏李”，又与苏味道、杜审言、崔融合并称“文章四友”，晚年更被尊为“文章宿老”。

送客多以酒，离别多伤情，李峤亦然。岐路分别，离途转蓬，自是情伤。故后两联借景消愁，虽然人如转蓬，但是春天亦来临，青春做伴好还乡。颈联“白云度汾水，黄河绕晋关”，大气磅礴，纵横恣肆，实为警句。

登鹳雀楼

王之涣

白日依山尽，黄河入海流。

欲穷①千里目，更上一层楼。

解释：

①尽，沉尽，消失。

解说：

王之涣（688—742），字季凌，晋阳人，一说蓟门人，盛唐著名诗人。性格豪放不羁，常击剑悲歌，名动一时。其常与高适、王昌龄等相唱和，以善于描写边塞风光著称。

王之涣存诗不多，然均为佳构，此诗即其代表作。有人认为王之涣不可能看到黄河东奔入海，此是想象之词。然而，诗本属浪漫之体，黄河与黄沙均不影响诗境的雄浑壮阔，诗格的意境宏大。如果说白日与雄山意味着中华民族的精神与脊梁的话，那么黄河则是华夏文明的血脉永不停息的象征。此亦是此诗长久不衰的真正原因吧。

送裴图南

王昌龄

黄河渡头归问津[①]，离家几日茱萸新。

漫道闺中飞破镜[②]，犹看陌上别行人。

注解：

①渡水的地方。

②《太平御览》卷七一七引汉东方朔《神异经》：“昔有夫妇将别，破镜，人执半以为信。”后遂以喻夫妇分离。

解说：

王昌龄（698—757），字少伯，汉族，河东晋阳（今山西太原）人，又一说京兆长安人（今陕西西安），有“诗家夫子王江宁”之誉，被后人誉为“七绝圣手”。

此诗犹是黄河离别主题，以黄河渡口分别入题，而归问家乡茱萸是否新鲜。休要羡慕那种破镜重圆的寒暄，你看看路上又有多少人久别团圆呢？

榆林郡歌[1]

王维

山头松柏林，山下泉声伤客心。[2]

千里万里春草色，黄河东流流不息。

黄龙戍[3]上游侠儿，愁逢汉使[4]不相识。

注释：

①榆林郡：隋唐时郡名，治所在今内蒙古自治区准格尔旗东北。

②乐府《陇头歌辞》："陇头流水，鸣声幽咽。"此借其意境写乡愁。

③黄龙：故址在今辽宁开原，此处泛指边塞。黄龙戍，指黄龙地方的边防军营垒。

④汉使：作者自谓。

解说：

王维（701—761，一说699—761），河东蒲州（今山西运城）人，字摩诘，号摩诘居士。开元十九年（731），王维状元及第。唐肃宗乾元年间任尚书右丞，故世称"王右丞"。

天宝四年（745），王维奉命出使榆林、新秦二郡，诗当作于此时。此诗仿乐府民歌体，首句仅五字，显出歌谣本色。起二句化用乐府旧题《陇头歌辞》，以兴发乡愁之感。末二句作者与戍边者照面，虽非故乡旧人，但愁心一脉相通。

浪淘沙

司空图

不必长漂玉洞花[1]，曲中偏爱浪淘沙[2]。

黄河却胜天河水，万里萦纡[3]入汉家。

注释：

①漂：摇动。玉洞：仙洞。

②浪淘沙：唐教坊曲，创自白居易、刘禹锡。

③萦纡：盘旋环绕。

解说：

司空图（837—908），字表圣，自号知非子，又号耐辱居士，河中虞乡（今山西永济）人。晚唐诗人、诗论家，《二十四诗品》为其不朽之作。

诗首二句以玉洞花实指而衬托浪淘沙之虚指，虚实结合，有高适“借问梅花何处落，风吹一夜满关山”之妙。末两句以黄河入汉家作喻，烘托了作者冀求国家统一的愿景。

河阴夜泊忆微之

白居易

忆君我正泊行舟，望我君应上郡楼。
万里月明同此夜，黄河东面海西头。

解说：

白居易（772—846），字乐天，号香山居士，又号醉吟先生，祖籍太原，到其曾祖父时迁居下邽，生于河南新郑。其与元稹共同倡导新乐府运动，世称“元白”，与刘禹锡并称“刘白”。诗歌题材广泛，体式多样，平易通俗，有“诗魔”和“诗王”之称。

此诗为白居易夜泊黄河时怀念元稹所作。诗以客居两地而相互怀念入题，进而生发河东海西虽隔万里，但仍寄明月与君共渡之意。此意与张九龄“海上生明月，天涯共此时”有异曲同工之妙。

秋日望西阳

刘沧

古木苍苔坠几层，行人一望旅情增。

太行山下黄河水，铜雀台[①]西武帝陵[②]。

风入蒹葭秋色动，雨馀杨柳暮烟凝。

野花似泣红妆泪，寒露满枝枝不胜。

注释：

①汉末建安十五年（220）曹操所建。周围殿屋一百二十间，连接榱栋，侵彻云汉。铸大孔雀置于楼顶，舒翼奋尾，势若飞动，故名铜雀台。故址在今河北省临漳县西南古邺城西北隅，与金虎、冰井合称“三台”。

②武帝陵，即曹操西陵。

解说：

刘沧，生卒不详，字蕴灵，汶阳（今山东宁阳）人。体貌魁梧，尚气节，善饮酒，好谈古今，令人终日倾听不倦。大中八年（854）登进士第，调华原尉，迁龙门令。

此诗描写黄河秋景，诗以旅人与古木苍苔契入，渲染了寒秋之气。颔联以太行黄河起势，而又辅以三国遗迹，一静一变，突显历史的永恒与巨变。颈尾二联则以秋景细处着笔，更烘托了秋日的萧瑟之感。

浪淘沙

刘禹锡

九曲黄河万里沙，浪淘风簸自天涯。

如今直上银河去，同到牵牛织女家。

解说：

刘禹锡（772—842），字梦得，河南洛阳人。刘禹锡诗文俱佳，涉猎题材广泛，与柳宗元并称“刘柳”，与韦应物、白居易合称“三杰”，有《刘宾客集》。

浪淘沙为刘禹锡借民歌之形式而创作的新体诗，诗境明丽欢快，抒发自由真挚之情感，为后世所重。此曲以黄河浪淘沙起兴，而畅想到直上银河，共会牵牛织女的浪漫情境，真让人感到无限生机。

北山[①]书事

张乔

黄河一曲山，天半锁重关[③]。圣日雄藩静，秋风老将闲。

车舆穿谷口，市井响云间。大野无飞鸟，元戎校猎还。

注释：

①北山：指关中平原北面诸山。

②曲山：华山。

③天半：高入半天之中。锁重关：成为出入西北的重要关口。

④圣日：朝廷英明，国泰民安的日子。雄藩静：指各藩镇都已平安，归顺朝廷。

⑤元戎：主将，大军。校猎：猎取禽兽。

解说：

张乔，生卒年不详，池州（今安徽池州）人，懿宗咸通进士，当时与许棠、郑谷、张宾等东南才子称“咸通十哲”。黄巢起义时，隐居九华山以终。

此诗描写了唐王朝国泰民安、欣欣向荣的场景，然而这只是表面现象，此时唐王朝统治已危机四伏。黄河与崇山构建了天堑雄关，然而“圣日雄藩静，秋风老将闲”却只是作者的一厢情愿罢了。

竞渡

元稹

吾观竞舟子，因测大竞源。天地昔将竞，蓬勃昼夜昏。
龙蛇相嗔薄[①]，海岱俱崩奔[②]。群动皆搅挠，化作流浑浑。
数极斗心息，太和蒸混元[③]。一气忽为二，矗然画乾坤[④]。
日月复照耀，春秋递寒温。八荒坦以旷[⑤]，万物罗以繁。
圣人中间立，理世了不烦。延绵复几岁，逮及羲与轩[⑥]。
炎皇炽如炭[⑦]，蚩尤扇其燔[⑧]。有熊竞心起[⑨]，驱兽出林樊。
一战波委焰，再战火燎原。战讫天下定，号之为轩辕。
自是岂无竞，琐细不复言。其次有龙竞，竞渡龙之门[⑩]。
龙门浚如泻，漴射不可援。赤鳞化时至[⑪]，唐突鳍鬣掀。
乘风瞥然去，万里黄河翻。接瞬电烻出[⑫]，微吟霹雳喧。
傍瞻旷宇宙，俯瞰卑昆仑[⑬]。庶类咸在下，九霄行易扪。
倏辞蛙黾穴[⑭]，遽排天帝阍[⑮]。回悲曝鳃者[⑯]，未免鲸鲵吞[⑰]。
帝命泽诸夏[⑱]，不弃虫与昆。随时布膏露，称物施厚恩[⑲]。
草木沾我润，豚鱼望我蕃。向来同竞辈，岂料由我存。
壮哉龙竞渡，一竞身独尊。舍此皆蚁斗，竞舟何足论。

注释：

①嗔薄：愤怒搏击。嗔，通瞋。薄，搏击。

②海岱：海，渤海。岱，泰山。崩奔，杜甫《阆州东楼筵奉送十一舅往青城》："高贤意不暇，王命久崩奔。"仇兆鳌注："山下堕曰崩，水急流曰奔。"

③太和：天地间阴阳会合冲和之气。混元：天地之元气，此指天地。

④"一气"二句：大和之气分为阴阳二气，阳清者升而为天，阴浊者沉而为地。

⑤八荒：八方僻远之地。《汉书·项籍传赞》："并吞八荒之心。"颜师古注："八荒，八方荒忽极远之地也。"

⑥羲与轩：伏羲氏与轩辕氏，均为华夏族之始祖。

⑦炎皇：指传说中之炎帝神农氏。《初学记》卷九引《帝王世纪》曰："炎帝神农氏……人身牛首，长于姜水，有圣德，以火承木位，在南方，主夏，故谓之炎帝。"

⑧蚩尤：古代神话传说中东方九黎族之首领。《史记·五帝本纪》："蚩尤作乱，黄帝征师诸侯，与蚩尤战于涿鹿之野，遂擒杀蚩尤。"

⑨有熊：黄帝之国号。《史记 五帝本纪》："自黄帝至舜禹，皆同姓而异其国号，以章明德，故黄帝为有熊。"此借指黄帝。

⑩龙之门：即龙门，在今陕西韩城与山西河津之间。黄河至此，两岸峭壁对峙，形如门阙，故云。

⑪赤鳞：鳞片呈赤色之鱼，即鲤鱼。

⑫接瞬：眨眼之间。电烻：闪电。《集韵·仙韵》："烻，光也。"

⑬昆仑：古代神话传说中之仙山，上有瑶池、阆苑等。

⑭蛙黾：即蛙。古人认为蛙与鱼同穴。

⑮天帝阍：天宫之门。阍：门。

⑯曝鳃者：指未登上龙门而化龙之鱼。《艺文类聚》卷九六引辛氏《三秦记》："河津，一名龙门，大鱼集龙门数千，不得上。上者为龙，不上者鱼，故云曝鳃龙门。"《后汉书·郡国志五》："（交趾郡）封溪，建武十九年置。"刘昭注引晋刘欣期《交州记》："有堤防龙门，水深百寻，大鱼登此门化为龙，不得过，曝鳃点额，血流此水，恒如丹池。"

⑰鲸鲵：凶猛吞食小鱼的鲸和鲵。

⑱诸夏：诸夏所住之地，指中原。《尚书·康诰》："用肇造我区夏。"孔传："始为政于我区域诸夏。"诸夏，周代分封之中原各诸侯国。

⑲称物：根据众物之个体特点，做到施与得当。

解说：

元稹（779—831），字微之，河南洛阳人，诗人、文学家。与白居易同科及第，终生为友，二人共同倡导新乐府运动，世称“元白”。

此诗写黄河竞渡，然并不直接以竞渡场面着手，而是追溯三皇五帝时代的战争情景，并以之为喻而烘托龙舟竞渡的激烈场面。起兴高调，气势轩昂，境界壮观，洋溢着一股歌颂生命、礼赞生活的蓬勃精神。由诗可知，唐代龙舟竞渡在北方亦相当流行，形式勃烈、群情激昂，与陕北腰鼓一样，是北方民族的独特象征。惜哉，如今因水势之故，黄河竞渡已不可见。

客中闻从兄岛游蒲绛因寄

无可

遥遥行李①心，苍野入寒深。吟待黄河雪，眠听绛郡砧。

差期②逢缺月，访信出空林。何处孤灯下，只闻嘹唳禽。

注释：

①行李：亦指行旅的人。汉蔡琰《胡笳十八拍》：“追思往日兮行李难，六拍悲来兮欲罢弹。”

②差期：被派遣去做事的时日。

解说：

俗姓贾，范阳（河北涿州）人，贾岛从弟。少年时出家为僧，尝与贾岛同居青龙寺，后云游越州、湖湘、庐山等地。无可攻诗，多五言，与贾岛、姚合齐名。

此诗当写于贾岛游蒲绛时，当时无可在客中听到贾岛游蒲绛的消息，所以作了此诗寄赠。蒲州、绛州均在今山西南部一带，毗邻黄河。此诗多幽深孤寄意，与僧人栖居山林的隐逸情怀相契和。黄河雪与绛郡砧，都着冷色调，与末句孤灯、唳禽意象相映衬，而烘托诗境。

登单于台

张蠙

边兵春尽回，独上单于台[①]。白日地中出，黄河天外来。

沙翻痕似浪，风急响疑雷。欲向阴关度，阴关[②]晓不开。

注释：

①单于台：《汉书·武帝纪》："元封元年冬十月，……行自云阳，北历上郡、西河、五原，出长城，北登单于台。"台故址当在今内蒙古托克托县西北。

②阴关：疑泛指阴山。关塞。单于台在阴山南。

解说：

张蠙，字象文，清河人，初与许棠、张乔齐名，登乾宁二年（895）进士第，为校书郎、栎阳尉、犀浦令。入蜀，拜膳部员外，终金堂令。有诗一卷。

此诗据传为张蠙八九岁所作。边兵，单于台，初构了诗歌的格调，而颔联"白日地中出，黄河天外来"最为警句，与王之涣"白日依山尽，黄河入海流"有相近处，只不过王氏立意于白日与黄河之去意，而张蠙则着重两者的新生之情。

蒲关西道中作

李山甫

国东王气凝蒲关[①]，楼台帖[②]出晴空间。

紫烟横捧大舜庙[③]，黄河直打中条山。

地锁咽喉[④]千古壮，风传歌吹[⑤]万家闲。

来来去去身依旧，未及潘年[⑥]鬓已斑。

注释：

①蒲关：即蒲津关，又名临晋关，历代为秦晋间重险之地。蒲关是

当时首都长安东面的屏障，所以说是王气凝聚之地。

②楼台：蒲州府城内的建筑物。帖：安定的样子。

③大舜庙：蒲州府原有大舜庙，是北周蒲州总管宇文护建造的。

④蒲州是唐首都长安的屏障和要冲，山河形势险要，故云。

⑤歌吹：歌唱吹弹，借指富庶。

⑥潘年：晋潘岳《秋兴赋序》："余春秋三十有二，始见二毛。"

解说：

李山甫，籍贯、生卒年代不详。唐懿宗咸通中累举进士不第，后依魏博幕府为从事。文笔雄健，名著一方。

此诗描写了蒲津关的地理位置与关塞的险要崇峻。颔联"紫烟横捧大舜庙，黄河直打中条山"最为奇警，雄浑大气。黄河依贴中条山而奔腾不息，自古蒲关即是地锁咽喉的战略要塞，而此时百姓和睦，天下太平。末两句笔锋陡转而自叹身世，功名未就。虽诗境长远，立意深厚，却已失初盛唐的雄肆张狂之气魄。

统汉峰

李益

统汉峰①西降户营②，黄河战骨拥长城。

只今已勒燕然石③，北地无人空月明。

注释：

①统汉峰，一作统汉烽，即通汉镇附近的烽火台，约在东受降城以南的地方。

②降户营，指突厥降户居住的地方。降户，是对归附唐朝的突厥人的称呼。

③东汉窦宪率军大破匈奴，封燕然山，勒石记功。后世喻指功臣名将向往的功业巅峰。

解说：

李益（约750—约830），字君虞，凉州姑臧（今甘肃武威）人，以边塞诗作名世，擅长绝句，尤工七绝。

李益乃边塞诗派代表人物，其诗亦多与战争军旅相关。统汉峰与燕然石均为历史遗物，然而时空移转，曾经赫赫武功于今只是无人空城。无论是战骨堆砌的长城，还是流血漂橹之黄河，都承载了无穷的战争创伤。

效古促促曲[①]为河上思妇作

促促何促促，黄河九回曲。

嫁与棹船郎[②]，空床将[③]影宿。

不道君心不如石，那教妾貌长如玉。

注释：

①促促曲：乐府新题，《乐府诗集》将此诗收入“乐府新辞”。促促，劳苦不安貌。

②棹船郎：划船之人，船夫。

③将：伴随。

解说：

中国北地处于黄河文明的统御下，北方民族的日常生活便与黄河建立了密切的文化联系。在北方民歌中，叙事主题多与黄河相关，此诗亦然。“促促何促促”与“行行重行行”“唧唧复唧唧”语相类，“黄河九回曲”则引出相思爱恋的事实。诗中有女子对郎的嘲弄与怨悱之情，有怨有恨，真是情真意切，读之不禁趣味盎然。

送张少府赴夏县[①]

李端

虽为州县职，还欲抱琴[②]过。树古闻风早，山枯见雪多。

鸡声连绛市[③]，马色傍黄河。太守新临郡，还逢五袴歌[④]。

注释：

①少府：县尉的别称。夏县：唐属绛州，今属山西。

②抱琴：《吕氏春秋·察贤》："宓子贱治单父，弹鸣琴，身不下堂，而单父治。"此喻指治理有道，百姓安居乐业。

③绛市：绛县街市。绛县在夏县东北，同属绛州。

④五袴歌：东汉廉范，字叔度，任蜀郡太守，解禁便民，百姓歌曰："廉叔度，来何暮！不禁火，民安作。平生无襦今五袴。"事见《后汉书·廉范传》。

解说：

李端（737—784），字正已，赵州（今河北赵县）人。少居庐山，师事诗僧皎然。大历五年（770）进士，曾任秘书省校书郎、杭州司马。晚年辞官隐居湖南衡山，自号衡岳幽人，为大历十才子之一。今存《李端诗集》三卷。

此为送友人赴夏县任职之作。作品寄托了诗人对好友的殷切期望，也展望了好友在职内的工作状态。境内鸡声长鸣，预示了百姓安居，黄昏饮马黄河，显示了百姓乐业。最后希望好友可以像东汉廉范一样得到百姓的爱戴。

泛黄河

孟郊

谁开昆仑源，流出混沌河。积雨飞作风，惊龙喷为波。

湘瑟[①]飕飗[②]弦，越客呜咽歌。有恨不可洗，虚此来经过。

注释：

①湘妃所弹之瑟。亦指代瑟。瑟，弦乐器。

②风凛冽貌。唐李颀《听安万善吹觱篥歌》："枯桑老柏寒飕飗，九雏鸣凤乱啾啾。"

解说：

孟郊（751—814），字东野，唐代著名诗人。湖州武康（今浙江德清）人，四十六岁时才中进士，曾任溧阳县尉。张籍私谥为"贞曜先生"。孟郊工诗，其诗多写世态炎凉，民间苦难，故有"诗囚之称"。

苏轼将其与贾岛并称为“郊寒岛瘦”。

渡河或泛河一类诗，历史上较多，内容不外数种，或泛舟于河，徜徉自和；或临舟自悼，忧愁郁结；或临流赋诗，怡情悦世。此诗前部分叙述了泛河时的风雨交加，然而末两句却反其意而用之，“有恨可洗，不虚此行”可能最能代表孟郊此时心境吧。

蒲中道中二首

畅当

其一

苍苍中条山，厥形极奇魂[①]。

我欲涉其崖，濯足黄河水。

注释：

①奇魂：奇伟高峻貌。

解说：

畅当，生卒年不详，河东（今山西永济）人，官宦世家，畅璀之子。初以子弟被召从军，后登大历七年（772）进士第。贞元初，为太常博士，终果州刺史。

唐代蒲州辖区南部及东南，横亘中条山，其主峰雪花山位于今山西永济东南，北面望之异常高峻。黄河西依中条山南下。作者寥寥数语，便勾勒了一幅雄伟的山川图景。

黄河晓渡

罗邺

大河平野正穷秋，羸马羸僮古渡头。

昨夜莲花峰下月，隔帘相伴到明愁。

解说：

罗邺，晚唐诗人，生卒年不详。诗与罗隐、罗虬齐名，时称“三罗”。

河阳桥送别

柳中庸

黄河流出有浮桥，晋国归人此路遥。

若傍阑干千里望，北风驱马雨萧萧。

注释：

①河阳桥：唐代由洛阳去黄河以北必须经过的一座浮桥。

解说：

柳中庸，唐代诗人。生卒年不详。名淡，以字行，河东（今山西永济）人，为柳宗元族人。曾授洪州户曹，不就。萧颖士以女妻之。与弟中行并有文名。其诗以写边塞征怨为主，然意气消沉，无复盛唐气象。

此诗写出了在河阳桥上这个特殊的环境中送别友人远去的情景。全诗言辞简淡，妍丽苍莽，婉转蕴藉，浑然天成。全诗四句，每句分别是一幅独立的画面，而又共同组成了一幅"浮桥送别图"。全篇没有一字言情，却在萧疏淡雅的意境中，自然而然地回荡着一抹浓浓的朋友真情，可谓言有尽而意无穷。

晚渡黄河

骆宾王

千里寻归路，一苇[①]乱平源。通波连马颊[②]，迸水急龙门。

照日荣光净，惊风瑞浪翻。棹唱临风断，樵讴入听喧。

岸迥秋霞落，潭深夕雾繁。谁堪逝川[③]上，日暮不归魂。

注释：

①一苇代指小船，《诗·卫风·河广》："谁谓河广，一苇杭之。"孔颖达疏："言一苇者，谓一束也，可以浮之水上而渡，若桴筏然，非一根苇也。"

②即马颊河，武则天时疏浚黄河古河道而形成的河流。

③指一去不返的江河之水。《论语·子罕》："子在川上曰：'逝者如斯夫！不舍昼夜。'"

解说：

骆宾王（约626—684），婺州义乌（今浙江义乌）人，曾任临海丞。后随徐敬业起兵反对武则天，兵败后下落不明。与王勃、卢照邻、杨炯合称"初唐四杰"。

此诗描写了作者夜渡黄河的情景与感受。今夜我以小舟渡过这奔腾千里的黄河，可以想象此时黄河毗连马颊河，急速奔下龙门的雄姿。日暮时分，秋风吹断了棹歌樵讴，霞光与繁露亦悄然降下。在此情景下，诗人不禁生发"逝者如斯"的归乡感慨。如此观之，对于南方楚客而言，黄河何尝不是一首思乡念归之歌呀。

奉和李观察登河中白楼

耿湋

城上高楼飞鸟齐，从公一遂[1]蹑丹梯。
黄河曲尽流天外，白日轮轻落海西。
玉树九重[2]长在梦，云衢一望杳如迷。
何心更和阳春奏[3]，况复秋风闻战鼙[4]。

注释：

①一遂：一上，一登。遂，有进的意思。《易经·大壮》："不能遂，不能退。"

②玉树九重：喻指昆仑仙境。《淮南子·地形篇》："掘昆仑虚以下地，中有增城九重，……珠树、玉树、斑树、不死树在其西……"

③和：唱和。阳春奏：阳春白雪是古代高级音乐，这里指李观察作的诗。

④战鼙：战鼓。这里指"安史之乱"后常出现的局部战乱。

解说：

耿湋（生卒年不详），字洪源，河东（今山西永济）人，大历十才子之一。宝应元年（762）登进士第，官右拾遗。潼诗不深琢削，而风格自胜，与钱起、卢纶、司空曙诸人齐名。

白楼是唐代蒲州府名胜之一，在蒲州城上。作者陪友人登楼远瞩，顾景生叹，故有此诗。登高赋诗，为古人抒情的主要方式之一，而所登之处则多为崇山极岭、危楼高栏。高者，极也，尊也，所以皇帝都喜欢在平原上建造高台宫阙，僧庙寺观都偏爱在山林中营造楼观庙宇，目的都是一样的，表现出鹤立鸡群、高高在上的尊崇感。附和这种爱好，古人亦多登楼临台，拍栏赋诗之行为。志得意满，荣光耀彩，才会有“黄河曲尽流天外，白日轮轻落海西”之壮语吧。

奉陪侍中登白楼

卢纶

高楼倚玉梯，朱槛与云齐。顾盼亲霄汉，谈谐息鼓鼙[①]。

洪河斜更直，野雨急仍低。今日陪尊俎，唯当醉似泥。

注释：

①谈谐：笑谈诙谐。息鼓鼙：不奏军中之乐。鼙是古代军中用的骑鼓。全句说浑侍中与部下在笑谈中鼓鼙声已停止，意谓大乱已平。

解说：

卢纶（748—约799），字允言，蒲州（今山西永济）人。曾任河中元帅府判官，官至检校户部郎中。为大历十才子之一，诗多唱和赠答之作。

陪友登高临远是一件苦事，要说些冠冕堂皇的话，还要应付酒宴饭局。卢纶就做了这些事情，先言浑侍中得皇帝恩宠，后谈其谈笑平战乱的功绩，最后交代了主旨“唯当醉似泥”，诗人的任务就是把自己灌如烂泥。

塞下曲

常建

龙斗雌雄势已分，山崩鬼哭恨将军。
黄河直北千余里，冤气苍茫成黑云。

解说：

常建，籍贯邢州，盛唐诗人，字号不详。开元年间与王昌龄同榜进士，曾任盱眙县尉，后隐居鄂渚（今湖北武昌西山），来往山水名胜间，长期过着漫游生活。

战争是人类最愚昧、最可耻、最残酷的人性污点，它像痼疾一样成为人类挥之不去的阴云。无论战争的正义与否，给人带来的都是无穷的灾难。所谓“山崩鬼哭”“冤气黑云”，都逃不脱“兴，百姓苦；亡，百姓苦”的历史怪圈。考虑到这些方面，常建比高适、岑参等战争狂人的境界都要高一层次。

与永乐诸公夜泛黄河作

阎防

烟深载酒入，但觉暮川虚。映水见山火①，鸣榔②闻夜渔。
爱兹山水趣，忽与人世疏。无暇然官烛③，中流有望舒。

注释：

①山中草木焚烧而燃起的火。南朝梁何逊《七召》：“山火已燎，野霜初白。”

②敲击船舷使作声。用以惊鱼，使入网中，或为歌声之节。

③公家供给、供官吏办公用的蜡烛。《后汉书》：“巴袛为扬州刺史，与客坐闇中，不然官烛。”

解说：

阎防，盛唐诗人，生卒年不详。与岑参、刘昚虚交好。颜真卿甚敬爱之，欲荐于朝，不屈。为人好古博雅，诗语真素，魂清魄爽，放旷山水。有诗数首传世。

也许是因为阎防没有盛唐士人那种强烈的功业心与进取欲，所以其泛河诗才会显得那么纯真朴野。暮色降临，携酒泛湖，山火映河水，夜渔鸣榔，都是那么充满生趣。末句官烛暗示了从政官场，而中流明月则代表了贴近自然的生活。正因如此，对诗人来讲，官场已无须留恋，因为自然才是真正的人生归宿。

黄河

薛能

何处发昆仑，连乾复浸坤[①]。波浑经雁塞[②]，声振自龙门。
岸裂新冲势，滩馀旧落痕。横沟通海上，远色尽山根。
勇逗三峰坼[③]，雄标四渎[④]尊。湾中秋景树，阔外夕阳村。
沫乱知鱼呴，槎来见鸟蹲。飞沙当白日，凝雾接黄昏。
润可资农亩，清能表帝恩。雨吟堪极目，风度想惊魂。
显瑞龟曾出[⑤]，阴灵伯[⑥]固存。盘涡寒渐急，浅濑暑微温。
九曲终柔胜，常流可暗吞。人间无博望[⑦]，谁复到穷源。

注解：

①乾坤，天地。此句互文，其义当为连乾浸坤，指黄河从天上来，复在地表浸连。

②雁塞：泛指北方边塞。

③三峰：指具有三峰的华山。坼：裂开。

④四渎：江、河、淮、济四条河流。

⑤显瑞，古纬书谓神龟负书出洛水，龙马衔图出黄河，所谓“河图洛书”。

⑥伯：河伯，传说中的河神。

⑦博望：张骞，西汉人，以功封博望侯，曾出使西域，到了黄河发源地。

解说：

薛能（约817—880），字大拙，汾州（今山西汾阳）人，会昌进士，后任忠武节度使，兵变时被杀。薛能性狂傲，于前辈诗人多加诋诃。耽癖于诗，日赋一章，多寄酬题咏之作，唐末颇著诗名。

诗以连天接地的黄河源头昆仑起兴，而直近雁塞龙门。黄河有起有落，有裂岸的冲击力，亦有河退的余痕。其勇可使华山为之裂，其雄可让四水见绌。即使如此，黄河亦保留它温顺美丽的一面，湾树秋景，夕阳村外，可资农田，鱼鸟浮翔。这些美丽图景都赖于政治清明。

条山苍

韩愈

条山苍，河水黄。

浪波沄沄[①]去，松柏在高冈。

注释：

①水流汹涌貌。汉董仲舒《春秋繁露·山川颂》：“水则源泉混混沄沄，昼夜不竭。”

解说：

韩愈（768—824），字退之，河南河阳（今河南孟州）人，祖籍昌黎（今属河北），世称韩昌黎。贞元年间进士，历任监察御史、刑部侍郎、吏部侍郎。两次遭贬，死后谥文，世称韩文公。其崇尚儒学，排斥佛教，反对六朝以来的骈偶文风，提倡散体，与柳宗元同为古文运动领袖。

中条山在山西省西南部，黄河和涑水河、沁河间。东北至西南走向。长约160千米。海拔1200—2300米，北坡陡峭，南坡缓倾。主峰雪花山（1993米）在永济市东南。此诗质实野，挟裹民歌风情。据说，韩愈写此诗时正值十八九岁，春华正茂，因欣羡当时栖居中条山的隐士阳城而作。“条山苍，河水黄”乃指阳城所栖居之所，“浪波沄沄去”指四方才士慕名拜访，而“松柏在高冈”则喻指阳城之品德。

宋金

开垣曲山路成

宋·李建中

为郡同卧理[①]，民情识我情。三秋[②]得公事，一月绕山行。
砥柱[③]全抛险，黄河日接平。周遭到垣曲，尊大[④]近神京。
借助林盐润，增饶国计成。虞州[⑤]访遗迹，吴坂[⑥]念长鸣。
董泽蒲侵绿，巫咸水傍清。人怀绛县老，地叹夏台[⑦]倾。
下马听泉发，登原待月生。盘桓读碑版，扶持立刀兵。
晚霭闻钟断，微阳喜雨晴。峭空崖背落，斗截岭西横。
仙恐临王屋，高疑见析城。去车知轨辙，连亩有农耕。
彩错翻朝旆[⑧]，铮鏦击夜钲[⑨]。凿开青石壁，填贮白云坑。
旧幕怜才俊，嘉言许道亨。何当议险阻，始信说分明。
不倦共廉使，常存济物诚。计时聊就笔，千古愧题名。

注释：

①犹卧治。《南史·刘善明传》：“淮南近畿，国之形胜，非亲贤不居，卿与我卧理之。”

②指秋季的第三月，即农历九月。北周庾信《至仁山铭》：“三秋云薄，九日寒新。”

③砥柱山，在今河南省三门峡市，因山在激流中矗立如柱，故名。今已炸毁。

④尊大，尊贵伟大。此指垣曲的城市地位。

⑤隋开皇十六年（596）于安邑县置虞州，大业初废，唐武德元年（618）复置，武德十七年（634）废。故治在今山西运城安邑镇。

⑥即虞坂，在春秋虞国（今山西平陆）境内，又称颠軨坂，道狭而险。传说商傅说隐于此。

⑦夏代狱名，又名均台。在今河南禹县南。《史记·夏本纪》："桀不务德而武伤百姓，百姓弗堪。乃召汤而囚之夏台。"

⑧泛指旌旗。

⑨象声词，常形容金属撞击声、乐器演奏声、流水声等。

解说：

李建中（945—1013），字得中，自号岩夫民伯，京兆（今陕西西安）人。北宋书法家。曾任太常博士、西京留司御史台等职，被人称"李西台"。

垣曲县又称舜乡，是帝舜故里，位于山西省南端，东跨王屋，西踞中条，南界黄河，北接太行，隶属于山西省运城市。垣曲县商周时为亘方，西汉称垣县，宋代始称垣曲并沿用至今。垣曲县以盐业致富，人口滋繁，在宋代已为巨邑，所以诗人称其"尊大近神京"。此外，垣曲亦大舜故里，历史上的傅说亦隐居于此，这使其有着浓厚的文化氛围。垣曲县内，大山黄河相表里，晚霭钟声，微霭晴空，风景盖不虚传。正因如此，这才有必要去修一条路，于今有标语"要致富，先修路"，此言不虚。

河决

石介

昆仑山最大，峨峨横绝域[①]。黄河地下来，汹汹不可测。
河伯一发怒，擘开昆仑石。水出东北陬，浩渺[②]无涯极。
平地水行疾，九州如咫尺。汤汤势滔天，黎元多沈溺。
上贻尧心忧，四岳举鲧塞。鲧用汩彝伦[③]，九载无成绩。
尧怒不能治，遂行羽山殛[④]。有子其曰禹，命使嗣父职。
洛中得龟书，九畴[⑤]文甲[⑥]坼。禹乃乘四载，周游视水迹。
百川各复道，九河皆开辟。禹功既已成，水患方兹息。
窃思大禹意，河九为远策。况云杀其溢[⑦]，闻之孔安国。
三代逾千年，所以无灾厄。战国争土疆，诸侯用诈力。

迁徙无常岁，湮沦[8]不可识。堤障遏水势，沟渠绝地脉。
禹道不复究，河流有壅隔。频为中国患，不国不安席。
从官徒负薪，河伯弗受璧。斫尽淇园竹，安救瓠子[9]役。
民力殚将竭，国材耗亦剧。四方竞上疏，群臣争筹画。
田蚡[10]方为相，书来多持扼。岂顾天下利，惟以私田惜。
贾让[11]不为用，延年[12]亦见斥。如何圣人功，千载复不得。
皇宋运熙泰，四圣崇道德。百蛮皆臣顺，万物遂生殖。
七八十年间，人不闻金革。惟兹澶滑郡[13]，河决亦云亟。
常记天禧中，山东与河北。藁秸[14]赋不充，遂及两京侧。
骚然[15]半海内，人心愁惨戚。河平未云几，堤防有穴隙。
流入魏博[16]间，高原为大泽。良田百万顷，尽充鱼鳖食。
救之成劳费，不救悲隐恻。吾君为深虑，不食到日昃[17]。
我忝窃寸禄，素餐[18]堪自责。不负一畚[19]土，私辄逃丁籍。
又无一言长，万分有裨益。与世同浮沈，随群甘默默。
亦或中夜思，斯民苦瘦瘠。四年困蝗旱，五谷饵蝥蟹[20]。
年来风雨时，才得一秋麦。手足犹疮痍，饥肤未丰硕。
若待四体肥，斯民无愁色。不然寻九河，故道皆历历。
一劳而永逸，此成功无斁[21]。或可勿复治，顺其性所适。
徙民就宽肥，注水灌戎狄。试听刍荛[22]言，三者君自择。

注释：

①极远之地。《管子·七法》：“不远道里，故能威绝域之民；不险山河，故能服恃固之国。”

②浩渺：水面旷远。唐许浑《郑秀才东归凭达家书》诗：“愁泛楚江吟浩渺，忆归吴岫梦嵯峨。”

③彝伦：常理，常道。蔡沉《集传》：“彝，常也；伦，理也。”

④殛：杀死，诛杀。《左传·昭公七年》：“昔尧殛鲧于羽山，其神化为黄熊。”

⑤畴：类。指传说中天帝赐给禹治理天下的九类大法，即《洛

书》。

⑥即龟的甲壳。古人用龟甲占卜。

⑦溢：逸，以逸待劳。

⑧湮沦：沦落，埋没。南朝梁何逊《赠族人秣陵兄弟》诗："顾余晚脱略，怀抱日湮沦。"

⑨瓠子：古堤名，旧址在河南濮阳境。《史记·孝武本纪》："还至瓠子，自临塞决河。"

⑩田蚡：汉武帝时，封武安侯。黄河改道，多郡遭灾，其因封地在旧河道以北，不受水灾，力阻治理。

⑪贾让：西汉哀帝时，黄河从魏郡以东多溢决，贾让奏治河三策。

⑫西汉武帝时，齐人延年曾建议武帝在黄河上游开河，流经匈奴，然后注入北海，以消除匈奴与水患。武帝否之。

⑬宋初，郭谘上书治河，"澶、滑堤狭，无以杀大河之怒，故汉以来河决多在澶、滑。"

⑭稾秸：稻、麦等的秆子。这里借代稻麦等粮食。

⑮骚然：扰乱貌；动荡不安貌。

⑯魏博：唐朝行政区划，属河北南部、山东北部。

⑰日昃：太阳偏西，约下午二时左右。

⑱素餐：无功受禄，不劳而食。《诗·魏风·伐檀》："彼君子兮，不素餐兮。"

⑲畚：用蒲草或竹篾编织的撮土器具。

⑳蝥蠈：危害农作物的害虫。

㉑无斁：厌倦，懈怠。

㉒刍荛：指草野之人。这里指诗人自己。

解说：

石介（1005—1045），字守道。北宋兖州奉符（今山东泰安）人。因曾隐居徂徕，世称徂徕先生。与孙复、胡瑗提倡"以仁义礼乐为学"，并称"宋初三先生"。著作有《徂徕集》。

自古以来，黄河既以母亲之乳汁涵育了华夏文明，又时现凶悍使民众陷于水火之中。这种爱恨交织的情感成为北方民族的时代记忆，亦成为考验政治清明的试金石。作为一个有责任心的士大夫，石介用散文式的笔法，将治理黄河的历史娓娓道来，是规谏，是美刺，正体现了士人的历史责任感。

王屋高送王屋知县孙秘丞[1]

梅尧臣

王屋山高无猿猱[2]，下有黄河水滔滔。
天坛半夜见海白[3]，光动古邑鸡先嗥[4]。
鸡先嗥，绝吠獒，岩居林栖吏莫搔。
山肤有时得虞[5]猎，不比彘肉烹连毛。
闻君今去将效陶[6]，县前种柳芟蓬蒿[7]。
不问公田[8]问民俗，民安事简教儿曹。
河南太守喜恺悌[9]，如此可以无厌劳。

注释：

①高送：送人高升。这里指送王屋知县荣升河南太守。

②猿猱：泛指猿猴。

③海白：即海日。这里指云海发白。

④嗥：吼叫。吠獒，狗叫。獒，一种凶猛的狗。

⑤山肤：即石耳，一种菌类，体呈扁平圆形，固着于石面，多产于悬崖石壁上，可供食用和药用。虞：掌管山泽的官。

⑥陶：指陶渊明。他任柳州太守时，广植柳树，人称“五柳太守”。

⑦芟：除草。蓬蒿：即茼蒿。

⑧公田：公家之田，也称官田。封建官府控制的土地。

⑨恺悌：乐和平易。

解说：

梅尧臣（1002—1060），字圣俞，世称宛陵先生，宣州宣城（今安徽宣城）人。皇祐三年（1051）得宋仁宗召试，赐同进士出身，为太常博士。以欧阳修荐，为国子监直讲，累迁尚书都官员外郎，故世称“梅直讲”“梅都官”。梅尧臣与苏舜钦齐名，时号“苏梅”，又与欧阳修并称“欧梅”。为诗主张写实，反对西昆体，所作力求平淡、含蓄，被誉为宋诗的“开山祖师”。有《宛陵先生集》传世。

王屋山，又称“天坛山”，中条山分支，位于山西垣曲、阳城与河南济源等县间。东依太行，西接中条，北连太岳，南临黄河，山势巍峨，林木繁茂。其是中国九大古代名山之一，主峰之巅有石坛，据说为轩辕黄帝祭天之所。也是道教十大洞天之首，道教主流全真派圣地。阳城县南的鳌背山、析城山、砥柱山均属王屋山系。

诗人送别，往往高谈阔论，追捧一番。然而此诗却以王屋县的平实生活入手，形容孙知县的治理有方。王屋山高，黄河滔滔，山高却没有猿猴，说明王屋县人育滋繁；天坛峰夜半见海日，古邑鸡鸣，却无狗吠声，说明人民富庶安定；山上有山肤、野猪等山货物产，说明官吏治理有方，不骚扰百姓。诗末诗人冀望朋友在新任上承导陶渊明，教民除杂草、植柳树，关心民情，访贫问苦，做好教化。用典自然，语言含蓄，格调高雅，令人读来兴趣盎然，余味无穷。

寄题知仪州太保蒲中书斋

中条[①]插远近，黄河泻直斜。
蒲坂之城在其涯，渠渠[②]碧瓦十万家。
官商工农共扰扰，侯独理斋窗照纱。
侯方守边听胡笳，满屋蓄书凡几车。
他年不按清商乐，亦莫学种东陵瓜[③]。
老系战马向庭下，厨架整妮[④]齐签牙。
朝闻鸣鸡夕闻鸦，眼昏秋匣生铜花。
儿孙诵习且盈耳，客来休论常山蛇[⑤]。

注释：

①中条山，位于山西省南部，黄河、涑水河间。横跨临汾、运城、

晋城三市，居太行山及华山之间，山势狭长，故名中条。

②渠渠：深广貌。《诗·秦风·权舆》：“於我乎，夏屋渠渠。”朱熹集传：“渠渠，深广貌。”

③东陵瓜：典出自《史记·萧相国世家》。召平本是秦时东陵侯，入汉为布衣，种瓜于长安城东，瓜味甚美。这里比喻弃官归隐的田园生活。

④整娖：整齐。

⑤古代传说中一种能首尾互相救应的蛇，后因以喻首尾相顾的阵势。《孙子·九地》：“故善用兵者，譬如率然。率然者，常山之蛇也。击其首则尾至，击其尾则首至，击其中则首尾俱至。”

解说：

中条山位于山西省南部，黄河、涑水河间。横跨临汾、运城、晋城三市，居太行山及华山之间，山势狭长，故名中条。主峰雪花山，海拔1994米，位于山西省垣曲县东南。东北端与王屋山相接的历山，海拔2322米，为涑水河发源地。因中条山屏蔽着洛阳、潼关和中原大地，拱卫着西安和大西北，瞰视着晋南和豫北，其战略地位十分重要。

诗人以大处着笔，叙写朋友治下的名胜大川，黄河沿着中条山奔流斜下，有着十万人家的蒲坂城正处在黄河岸边。此地民生富庶，工商扰扰，然而朋友却独守书斋，以书为伴。蒲中书是真的隐逸于此吗？当然不是，只是政局所趋而已。试看战马系庭，便知此时战争休息，民生安定，已无战事可言。所以好朋友只管教习子孙，不必再和朋辈讨论战争布阵了。字里行间流露出对和平生活的向往，语直真淡，用语典雅。平静纯真的生活正是如此吧。

过黄河中流遇巨浪

宋·强至

清旦绝[①]大河，拍堤滚黄沙。巨舟忽摇簸，心悸眼亦花。
咨予岂轻生，将身试鱼虾。忠信固所凭，此理惧或差。
定息神魂宁，归心眇[②]天涯。故乡念昔游，湖面贴碧纱。
醉舫穿芰荷，坦腹如眠家[③]。天水自照映，鸥鹭相交加。
虽无风波忧，龌龊[④]未足诗。岂如寻河源，安稳浮灵槎[⑤]。
脱略遗近观，飘飘薄飞霞。低头顾浊流，卑险吾汝嗟。

注释：

①绝：横渡，穿越。

②眇：通"渺"。高远，久远。

③坦腹：舒身仰卧，坦露胸腹。唐杜甫《江亭》诗："坦腹江亭暖，长吟野望诗。"

④龌龊：器量局促；狭小。张衡《西京赋》："独俭啬以龌龊，忘蟋蟀之谓何。"过分谨慎，拘于小节。

⑤灵槎：能乘往天河的船筏。典出晋张华《博物志》卷十："近世有人居海渚者，年年八月有浮槎去来，不失期，人有奇志，立飞阁於查上，多賫粮，乘槎而去。"

解说：

强至，字几圣，钱塘（今杭州）人。庆历六年（1046）进士，充泗州司理参军，历官浦江、东阳、元城令。熙宁九年（ ）卒，年五十五。其子强浚明收集其遗文，编《祠部集》四十卷，曾巩为之序，已佚。

北宋时期，南方士人大量北上，南北双方的地域差异在诗文中多有展现。因此，除了乡愁家思之外，更多了一份异域情怀。这也是游宦士人的独异之处。诗人以前生活在南方，山清水秀，水势徐缓，而突至北方见黄河滔天，拍堤滚沙，莫不惊诧。虽乘巨舟，然而仍然让人心惊胆战，“忠信固所凭，此理惧或差”之人生信条的怀疑着实让人感到南方人的恐惧。这次惊险历程，让诗人更加想念南方那种安定、悠适的乡村生活。喝醉了乘船穿过荷塘，袒胸裎怀躺在舟中睡大觉。然而，作者再一想，这种生活太颓废了，因此还要继续寻源生活。生活如同浊水流，虽然艰险阻扼，嗟叹之余还是要继续向前的。

题黄河

宋·邵雍

谁言为利多于害，我谓长浑[①]未始[②]清。

西至昆仑东至海，其间多少不平声。

注释：

①指黄河。

②犹没有，未必。

解说：

邵雍（1011—1077），字尧夫，生于林县上杆庄（今河南林州，一说生于范阳，即今河北涿州），与周敦颐、张载、程颢、程颐并称“北宋五子”。少有志，喜刻苦读书并游历天下，并悟到“道在是矣”，而后师从李之才学《河图》《洛书》与伏羲八卦，学有大成，有《皇极经世》《先天图》等。

对古人而言，海晏河清是圣人治世、政治清明的象征。每个朝代都有很多人去称道海晏河清，然而又有多少盛世清明呢？不过是阿谀奉承的言辞罢了。诗人以黄河为喻，感叹河清难俟，以及对政治清明的期盼。

黄河

宋·刘敞

轻车重马自相腾，横度长河百丈冰。

贝阙珠宫[①]应浪语，黄沙际海谷为陵。

注释：

①贝阙珠宫：指黄河下面河神居住的地方。

解说：

刘敞（1019—1068），字原父，临江新喻荻斜（今江西樟树）人。庆历六年（1046）与弟刘攽同科进士，以大理评事通判蔡州，后官至集贤院学士。为人耿直，立朝敢言，为政有绩，出使有功。与梅尧臣、欧阳修交往较多，有《公是集》传世。

奔腾狂啸的黄河，一入冬季便被收拾得服服帖帖，面前的百丈长河现已冻彻结冰，是如此雄伟壮阔，看尽了陵谷之变的人世沧桑，渺小与伟大，瞬间与永恒，不禁让人深深感叹。

黄河

王安石

派出昆仑五色流，一支黄浊贯中州[1]。
吹沙走浪几千里，转侧[2]屋闾无处求。

注释：

①中州：指中原地区。

②转侧：辗转迁移，此指黄河改变水路。

解说：

王安石（1021—1086），字介甫，号半山，抚州临川（今属江西）人。庆历年间进士。初任知鄞县、知常州。宋神宗时拜相，推行变法，后遭保守派反对辞相位，退居江宁（今江苏南京）。封荆国公，卒后谥号文，世称王荆公、王文公。

此诗先从宏观角度，写黄河远自昆仑而来，千里蜿蜒，横贯中州。作者立刻想到了天下苍生，如果黄河决堤的话，那么多少百姓会因此遭殃啊。心系黎民，以天下为己任，恰是当下最急需的精神素养吧。

书任村马铺

儿童系马黄河曲，近岸河流如可掬[①]。
任村炊米朝食鱼，日暮荥阳驿中宿。
投老[②]经过身独在，当时洲渚今平陆。
秫黍冥冥[③]十数家，仰视荒蹊但乔木。
冰盘鲙美客自知，起看白水还东驰。
尔来百口[④]皆年少，归与何人共此悲。

注释：

①可掬：可以用手捧住。

②投老：垂老；临老。晋陶潜《感士不遇赋》：“夷投老以长饥，回早夭而又贫。”

③秫黍：高粱。冥冥：渺茫貌。汉刘向《九叹·远逝》：“水波远以冥冥兮，眇不睹其东西。”

④百口：全家；近亲一族。《后汉书·赵岐传》：“阖门百口，埶能相济。”

解说：

宋代士人由于国势卑弱与宦海浮沉，都有一种悲天悯人的情怀，由于关心民生社稷、君王黎庶，所以诗中多有家国之忧与身世之感。在政治家王安石看来，农人幸福的生活正是这种饮马长河、食鱼炊米的生活状态吧。

再赴蒲津陪解梁张守安邑王宰游静林

宋·范纯仁

千骑翩翩[①]逐郡侯，条山重继昔年游。
翠深叠嶂烟岚晚，绿满长郊稼穑秋。
胜概[②]不知行客老，征骖[③]聊为主人留。
预思别后登临处，应见黄河入海流。

注释：

①翩翩：行动轻疾貌。

②胜概：美景，美好的境界。

③征骖：指旅人远行的车。唐王勃《饯韦兵曹》："征骖临野次，别袂惨江垂。"

解说：

范纯仁（1027—1101），字尧夫，谥忠宣，参知政事范仲淹次子，人称"布衣宰相"。哲宗元祐元年（1086）同知枢密院事，后拜相。哲宗亲政，累贬永州安置。徽宗登基后，官复观文殿大学士，后以目疾乞归。建中靖国年间去世，追赠开府仪同三司，谥号忠宣。著有《范忠宣公集》。

蒲津，一称蒲坂津，以东岸在蒲坂得名，址在山西永济西蒲州。历汉、唐至元、明，凡秦晋间兵事，往往济自蒲津，为战守必争之地。诗人与友人同游胜地，山峦叠嶂，农田秋景，一派大好风光。预想别后登临高处，黄河入海，尽在眼底。全诗境界开阔，豪情慷慨，以气制胜。

鄜延凯歌

宋・沈括

天威略地过黄河，万里羌人尽汉歌。

莫堰[①]横山倒流水，从教西去作恩波。

注释：

①挡水的堤坝，这里指以山作堰。

解说：

沈括（1031—1095），字存中，号梦溪丈人，浙江杭州钱塘县人。嘉祐八年（1063）进士及第，授扬州司理参军。宋神宗时受王安石器重，历任太子中允、检正中书刑房、三司使等职。元丰三年（1080），出知延州，兼任鄜延路经略安抚使，后因永乐城之战牵连被贬。晚年移居润州，隐居梦溪园。绍圣二年（1095）因病辞世。有《梦溪笔谈》传世。

沈括在鄜延州任帅职时，因军队凯歌鄙陋不堪，曾改定之，此即其一。皇威浩荡，羌族来归。君恩如同滚滚西去的黄河，外夷仰慕顺服之心，也随波而去，不可阻挡。此歌真与“雄赳赳跨过鸭绿江”相颉颃。

黄河

宋·韦骧

四载收功故道循，滔滔千古势无垠。
流知江海涵容大，静觉乾坤覆焘[①]均。
未必昆仑独倾注，祇安河汉共渍沦[②]。
如何骑得鲸鱼背[③]，直到天涯一问津。

注释：

①覆焘：犹覆被。谓施恩，加惠。同“覆帱”。《礼记·中庸》：“辟如天地之无不持载，无不覆帱。”

②渍沦：起伏急疾貌。《初学记》卷一引晋李颙《雷赋》：“骇气奔激，震响交扑，渍沦隐辚，崩腾磊落。”

③鲸鱼背：亦作“骑京鱼”。《文选·扬雄〈羽猎赋〉》：“乘巨鳞，骑京鱼。”李善注：“京鱼，大鱼也，字或为鲸。鲸亦大鱼也。”后因以比喻隐遁或游仙。

解说：

韦骧（1033—1105），字子骏，钱塘人，皇祐五年（1053）进士，以左朝议大夫提举洞霄宫卒。

黄河，滔滔千古，浩荡奔腾，似乎总无终极。站在黄河边上，永恒而伟大的自然与短暂且渺小的自我形成了一种对比，诗人不禁想要飞升天外，寻求超脱和解放。

黄河

宋·苏轼

活活[①]何人见混茫，昆仑气脉本来黄。
浊流若解污清济，惊浪应须动太行。
帝假一源[②]神禹迹[③]，世流三患[④]梗尧乡。
灵槎[⑤]果有仙家事，试问青天路短长。

注释：

①水流貌。《诗·卫风·硕人》：“河水洋洋，北流活活。”

②以水源譬一个之原理也。大集经八曰：“诸法无二，无有分别，一昧一乘，一道一源。”

③相传夏禹治水，足迹遍于九州，后因称中国的疆城为禹迹。

④三患：分别指多子有多惧之患，富有多事之患，寿有多辱之患。语见《庄子·天地》。

⑤灵槎：能乘往天河的船筏。晋张华《博物志》：“近世有人居海渚者，年年八月有浮槎去来，不失期，人有奇志，立飞阁於查上，多赍粮，乘槎而去。”

解说：

苏轼（1037—1101），字子瞻，又字和仲，号东坡居士，世称苏东坡，眉州眉山（今属四川眉山）人。苏轼是北宋中期的文坛领袖，在诗词、散文、书画等方面取得了很高的成就。其文纵横恣肆；其诗题材广阔，清新豪健，善用夸张比喻，独具风格，与黄庭坚并称“苏黄”；其词开豪放一派，与辛弃疾同是豪放派代表，并称“苏辛”；其散文著述宏富，豪放自如，与欧阳修并称“欧苏”。

此诗写于元祐九年（1094）夏日。这首诗，以雄健之笔写出黄河的气势，并咏歌流经之地的人文景观和民生疾苦。黄河自古水势恣荡，水患亦因此而生，百姓的疾苦亦由此而生。然而人类却不能屈服于这种自然压力，疏浚黄河，销除三患，正是人类力量的体现。

答吕梁仲屯田

宋·苏轼

乱山合沓[①]围彭门[②]，官居独在悬水村[③]。
居民萧条杂麋鹿，小市冷落无鸡豚。
黄河西来初不觉，但讶清泗奔流浑。
夜闻沙岸鸣瓮盎[④]，晓看雪浪浮鹏鲲。
吕梁自古喉吻地[⑤]，万顷一抹[⑥]何由吞。
坐观入市卷闾井，吏民走尽馀王尊[⑦]。
计穷路断欲安适，吟诗破屋愁鸢蹲。[⑧]
岁寒霜重水归壑，但见屋瓦留沙痕。
入城相对如梦寐，我亦仅免为鱼鼋。
旋呼歌舞杂诙笑，不惜饮釂[⑨]空瓶盆。
念君官舍冰雪冷，新诗美酒聊相温。
人生如寄何不乐，任使绛蜡烧黄昏。
宣房[⑩]未筑淮泗满，故道堙灭疮痍存[⑪]。
明年劳苦应更甚，我当畚锸先黥髡。
付君万指伐顽石，千锤雷动苍山根。
高城如铁洪口快，谈笑却扫看崩奔。
农夫掉臂免狼顾，秋谷布野如云屯。
还须更置软脚酒[⑫]，为君击鼓行金樽。

注释：

①合沓：重叠。谢朓《敬亭山》诗："兹山亘百里，合沓与云齐。"

②彭门：彭城县，徐州治所在，为彭祖故国。

③《庄子·达生》："孔子观于吕梁，县水三千仞。"悬水村名出于此。

④鸣瓮盎：喻水声。韩愈《岳阳楼别窦司直》："余澜怒不已，喧

聒鸣瓮盎。”

⑤喉吻地：比喻地势扼要，如人喉吻。《汉书·严延年传》：“河南，天下喉咽。”颜师古注：“喉咽，言其所在襟要，如人体之有喉咽也。”

⑥万顷一抹：水势浩大，远望浪涛翻滚，如白练一抹，横于天际。杜牧《池州送孟迟先辈》：“大江吞天去，一练横坤抹。”

⑦《汉书·王尊传》：尊“为徐州刺史，迁东郡太守。久之，河水盛溢，泛浸瓠子金堤。老弱奔走，恐水大决为害。尊躬率吏民，投沉白马，祀水神河伯。……请以身填金堤。因止宿，庐居堤上。吏民数千万人争叩头救止尊，尊终不肯去。及水盛堤坏，吏民皆奔走，惟一主簿泣在尊旁，立不动。而水波稍却回还”。此句以王尊事喻己。

⑧鸢蹲：瑟缩局促之态。

⑨釂：饮酒尽也。《礼记·曲礼》：“长者举未酹。”注：“尽爵曰酹。”瓶盆：均为盛酒器。《礼记·礼器》：“盛于盆，尊于瓶。”

⑩宣房：宫名。汉元光中，黄河决于瓠子。后二十余年，汉武帝“卒塞瓠子，筑宫其上，名曰宣房宫”。《史记·河渠书》载：汉武帝元封二年，黄河从瓠子决口，武帝发卒数万，并亲临其处，令群臣从官与民众一起，负薪塞河，为此作《瓠子歌》。

⑪故道：黄河故道。疮痍：创伤。喻人民之疾苦。

⑫软脚酒：慰其辛劳之酒。《新唐书·杨国忠传》：“帝常岁十月幸华清宫，……赏赍（诸杨）不赀计。出苻赐曰‘饯路’，返有劳曰‘软脚’。”

解说：

苏轼友人仲伯达谪居悬水村，此地毗邻黄河，经济萧条冷落。苏轼与朋友于此闻河观浪，相互慰藉。苏轼劝解友人不必愁苦，且当纵酒行乐，你我二人既同遭不幸，何不忘却烦恼，谈笑今朝。全诗豪迈之气飞扬流走，无可抑制。

留题洪庆观

宋·黄廉

隔岸山如戏狮子，背看松林闲掉尾。
天际苍茫落数峰，青虬下饮黄河水。
洪涛日夜洗崖脚，容易沙洲忽生嘴。
浮岚[①]积霭增气象，因抱汤城来迤逦[②]。
圣世封疆属乡县，令宰衙门对山起。
朝看片云浮檐栋，暮雨逡巡[③]周百里。
可怜居民老苍翠，未省劳生有尘滓[④]。
乘轺亦复愧斯人，特地邮亭解行李。

注释：

①浮岚：飘动的山林雾气。

②迤逦：曲折连绵貌。

③从容，不慌忙。

④比喻世间烦琐的事务。

解说：

黄廉（1034—1092），字夷仲，是黄庭坚叔父，洪州分宁（今江西修水）人。宋仁宗嘉祐六年（1061）进士，官至集贤殿修撰，陕西路都转运使。有文集十卷，已佚。

洪庆观在山西省垣曲县古城镇南门外洪庆观村，现因小浪底水库而沉于水底。据旧志载，观址酷似金龟，观在龟背，龟头向东南，金龟头上有关帝庙，坐西北向东南。山门三间，正殿三间。殿后，左有洪庆观钟楼，四柱两层飞檐钻天顶；右有“新建洪庆观钟楼记”巨碑。历代文人均有题赠，于今只能从诗文中一览其胜概了。

砥柱

宋·范祖禹

黄河倾落九天来，砥柱三山[①]立欲摧。

崖谷吐吞成雾雨，蛟龙战斗作风雷。

注释：

①山名。又称底柱山、三门山。在今河南省三门峡市，当黄河中流。以山在激流中矗立如柱，故名。

解说：

范祖禹（1041—1098），字淳甫，一字梦得，成都华阳人。少孤，闭门读书，所交皆一时闻人。举进士甲科。从司马光编修《资治通鉴》，书成，司马光荐为秘书省正字。后为论者所诬，连贬昭州别驾，从宝化而卒。

黄河滚滚而来，激流在三门山振荡回旋。这大河里的中流砥柱，吞吐雾雨，指挥风雷，气势雄伟傲然，不禁令人啧啧称叹。

堤下

宋·孔武仲

堤下人家喧笑语，高揭青帘椎瓦鼓[①]。

黄流滚滚经檐甍[②]，一任征夫作船苦。

绿榆覆水平如杯，前湾旋放水头来。

深如怒虎著船底，玉石磊砢[③]相喧豗[④]。

黄河虽断隋渠[⑤]急，舟楫舒迟行旋涩。

独上平堤望远天，衣裘已畏西风入。

注释：

①瓦鼓：陶制乐器。《周礼·秋官·壶涿氏》："以炮土之鼓驱之。"

②檐甍：屋檐和屋脊。泛指房舍。《南齐书·礼志上》："郊祀毡

案，何为不转制檐甍。”

③磊砢：众多委积貌。《文选·司马相如〈上林赋〉》：“蜀石黄碝，水玉磊砢。”

④喧豗：形容轰响。唐李白《蜀道难》诗：“飞湍瀑流争喧豗，砯崖转石万壑雷。”

⑤隋渠：隋炀帝所开古运河。

解说：

孔武仲（1042—1097），字常父，孔子四十七代孙，孔文仲大弟。与欧阳修、苏轼、苏辙、黄庭坚等人过从甚密，诗词唱酬，信书不绝。

与唐诗多关注理想个性、盛世功名相比，宋诗更贴近现实生活的体验，所以唐诗以韵胜，宋诗以理胜。作为孔子嫡裔，孔武仲关心百姓的安居乐业，所以其诗中贬斥了贫富的差距，社会的不公。堤下人家乐歌欢笑，而贫苦征夫却以船为生，浪里奔命，这是多么大的差距。

黄河

宋·李廌

昔我初为入秦客，残雪埋关闭长陌[①]。
黄河二月冻初销，万里凌澌[②]流剑戟。
西风细卷浪花催，日射寒光明瑟瑟。
归时细雨正溟濛，冷落关河已秋色。
惊沙惨惨塞云黄，远树昏昏秋水白。
济川[③]壮志愈衰迟，日送烟波[④]问河伯。

注释：

①长陌：长路。此句讲雪覆通往秦关长路。

②凌澌：流动的冰凌。此句讲，黄河二月冰初消，刚消的冰凌如剑戟般锋利。

③济川：渡河，语出后多以“济川”比喻辅佐帝王。《书·说命上》：“朝夕纳诲，以辅台德……若济巨川，用汝作舟楫。”

④指烟雾苍茫的水面，也暗指避世隐居的江湖。

解说：

李廌（1059—1109），字方叔，号德隅斋，又号齐南先生，华州（今陕西华县）人。六岁而孤，能发奋自学。少以文为苏轼所知，誉之为有“万人敌”之才，由此成为“苏门六君子”之一。中年应举落第，绝意仕进，定居长社，直至去世。文章喜论古今治乱，辨而中理。

人生实如过客，来来去去，花开花落。曾经，我过秦关，迎接我的是残雪长陌、冰河凌澌，如今我再渡黄河，则是秋风关河，人生莫不如此。“昔我往矣，杨柳依依。今我来思，雨雪霏霏”“物犹如此，人何以堪”的感慨，恰是诗人最好的情结注脚吧。

即事其三

宋·许景衡

城外黄河四面流，此中真个是瀛洲[①]。
鸡豚散处看渔市，芦苇丛中认马头。
子美凄凉聊遣兴[②]，贾生[③]卑湿不无忧。
相过喜得田郎子[④]，时有新诗与唱酬。

注释：

①瀛洲：传说中位于渤海之东的仙山。

②杜甫有《遣兴》诗，叙写亲人分离的痛苦，抒发凄凉独苦的心境。

③贾生：西汉文学家贾谊，被贬后郁郁不得志，不久泪尽而终。

④田郎子：指东汉尚书郎田凤。汉赵岐《三辅决录》卷二：“长陵田凤，字季宗，为尚书郎，仪貌端正，入奏事，灵帝目送之，因题殿柱曰：‘堂堂乎张，京兆田郎’。”后因以“田郎”为称美郎官、侍臣的典故。

解说：

许景衡（1072—1128），字少伊，人称横塘先生，瑞安白门人。其为人廉洁奉公，刚直不阿，疾恶如仇，且学识渊博、精通古今，为温州

"元丰太学九先生"之一。

瀛洲果真远在世外吗？渔市里的鸡豚，苇丛中若隐若现的马匹，这些市井细物也蕴含着种种乐趣。暂时的失意又何必再提呢！不如与一二相得之人往来唱酬，大隐于此，享受当下的欢愉。

过黄河

宋·洪适

风埃如雾满川黄，马上朝来识太行。
水泻浊河桥甚壮，沙连远塞路何长。
皇华①复讲衣裳②会，京阙③今为毡罽④乡。
夹道桑麻过千亩，野花时有一枝香。

注释：

①皇华：《诗·小雅·序》谓："《皇皇者华》，君遣使臣也。送之以礼乐，言远而有光华也。"后以"皇华"为赞颂奉命出使或出使者的典故。

②衣裳：借指各外邦身穿不同服饰来京的人。

③京阙：指皇宫。亦借指京城汴京。

④毡罽：借指以毡罽为服的北方少数民族。

解说：

洪适（1117—1184），原名造，后更名适，字景伯，号盘州老人，宋饶州乐平（今江西乐平）人。洪适官至右丞相，卒谥文惠。洪适与弟弟洪遵、洪迈皆以文学负盛名，有"鄱阳英气钟三秀"之称。在金石学方面造诣颇深，与欧阳修、赵明诚并称为宋代金石三大家。

两宋时代，由于北方的强势与南方的弱势，出使北方不是个好差使。奔腾雄壮的黄河往往给南人以另种风情，于是黄河成为南臣北行的重要记录。洪适渡河时，正赶上风沙肆虐，黄河的浊与北天的黄夹杂在一起，构成奇景。诗人今天来到汴京，这个曾经为故国的都城如今已成为戎狄的故乡，故园漫漫找不到一点历史的记忆，而桑麻田中的一枝野花勾起了使臣的一点新鲜感。

书事

宋·陆游

闻道舆图[①]次第还，黄河依旧抱潼关。

会当小驻平戎帐[②]，饶益南亭看华山。

注释：

①舆图：地图，此地代指疆土。

②平戎帐：将军的行军戎帐。

解说：

陆游（1125—1210），南宋诗人。字务观，号放翁，越州山阴（今浙江绍兴）人。因主张收复失土，受秦桧排斥，秦桧死后始出仕。曾在四川投身军旅生活，后调福州、江西，任严州知州，晚年退居家乡。一生创作诗歌甚多，今存九千余首。诗中充满爱国激情，风格豪放健朗。有《陆放翁全集》。

在南宋抗战士人的世界里，黄河是一种情结，是一种沦陷故国的象征。从北宋时期的黄河到南宋时期的秦岭大散关，这是宋人的痛。在求和派的打压下，抗战派只能在诗中去寻找复国的夙愿，陆游正是其中的重要人物。在陆游的世界里，黄河之梦成为他收复故国的唯一寄托。对于诗人来说，收复河山，得览黄河，尽揽华山与潼关，是他人生的梦想吧。

记梦三首

其一

黄河衮衮[①]抱潼关[②]，苍翠中条[③]接华山。

城郭丘墟人尽老，药炉依旧白云间。

注释：

①衮衮：大水奔流貌。

②潼关：潼关位于陕西省渭南市潼关县北，北临黄河，南踞山腰。

③中条山，位于山西省南部，黄河、涑水河间。

解说：

黄河滚滚，山岳峨峨，山河故土依旧，然而尘世中的凡夫俗子也都鬓发斑白，山中的道士却依旧在隐居炼丹，像闲云野鹤，不问兴衰。运用对比的手法，表达了诗人对区别于人世间的另一个理想世界的向往。

哀北

太行天下脊，黄河出昆仑。山川形胜地，历世多名臣。

哀哉六十年，左衽[①]沦胡尘。抱负虽奇伟，没齿[②]不得伸。

老夫实好义，北望常酸辛。何当拥黄旗，径涉白马津[③]。

穷追殄[④]犬羊，旁招[⑤]出凤麟。努力待传檄，勿谓吴无人。

注释：

①左衽：衣襟向左。指我国古代某些少数民族的服装。《书·毕命》："四夷左袵，罔不咸赖。"

②没齿：终身。《论语·宪问》："夺伯氏骈邑三百，饭疏食，没齿无怨言。"

③白马津：渡口名。在今河南省滑县北。

④殄：尽，绝。

⑤旁招：《周礼·春官》："男巫掌望祀、望衍授号，旁招以茅。女巫掌岁时祓除、衅浴。"旁招，即为向着远方挥动以招来之意，后引申为对外招聘的意思。

解说：

北地山川奇伟，人杰地灵，然而已沦为金人领地六十年了。作者有心雪此大恨，一扫胡尘，无奈直到老年也没有实现抱负。篇末仍志气不减，等待檄文传发。壮志与现实的矛盾，没有让作者颓丧，反而更加慷慨踌躇、信念坚定。全诗沉郁顿挫，感情跌宕起伏。

公无渡河

王炎

黄河浩浩不可航，腰壶欲渡何其狂。
妪挽翁衣愿无渡，忠爱深言反逢怒。
河流滔滔翁溺死，老妪搏膺①泪如雨。
行人劝妪莫痛伤，痛伤之极能断肠。
古来愎谏多不祥，鸱夷浮江②吴国灭，
老臣疽背③霸王歇。

注释：

①搏膺：捶击胸口。表示愤怒、不平或哀痛。

②鸱夷，借指春秋吴国伍员，后被吴王夫差所杀，用鸱夷茶包裹身体弃于钱塘江中。

③老臣疽背：指楚汉时项羽谋臣范增，后因被猜忌疽发病亡。

解说：

王炎（1137—1218），字晦叔，一字晦仲，号双溪，婺源（今属江西）人。刚直不阿，有“为天子臣，正天子法”之语，人多传诵。后以谤归，嘉定十一年（1218）卒，年八十二。生平与朱熹交厚，往还之作颇多，又与张栻讲论，故其学为后人所重。

此诗借翁妪渡河之事实喻指忠臣与君主的关系。感慨良言难入，诤谏多灾。“公无渡河，公竟渡河，渡河而死，其奈公何。”乐府诗《箜篌引》中形象的画面，成为诗人表达憾恨之感的声声叹息。

念奴娇·夜渡古黄河

宋·张炎

扬舲[①]万里，笑当年底事，中分南北。
须信平生无梦到，却向而今游历。
老柳官河[②]，斜阳古道，风定波犹直。
野人[③]惊问，泛槎何处狂客。
迎面落叶萧萧，水流沙共远，都无行迹。
衰草凄迷秋更绿，惟有闲鸥独立。
浪挟天浮，山邀云去，银浦[④]横空碧。
扣舷歌断，海蟾飞上孤白[⑤]。

注释：

①舲：有窗户的小船。扬舲，放舟。

②官河：官府组织开凿的运河。

③野人：庶人；平民。

④银浦：银河。唐李贺《天上谣》：“天河夜转漂迴星，银浦流云学水声。”

⑤海蟾，孤白，对指，均指月亮。宋梅尧臣《闻角》：“高树朝光动，城头落海蟾。”

解说：

张炎（1248—约1320），字叔夏，号玉田，又号乐笑翁，临安（今浙江杭州）人。南宋时，富贵无忧，南宋亡，家财被抄没，家道中落，曾北游燕赵谋官，失意南归，长期寓居临安，落魄而终。著有《山中白云词》。

元世祖至元二十七年（1290），为缮写金字《藏经》，广征江南擅书者，张炎、沈钦、曾遇等皆在其中。词人在北行途中写下了这首词，时年四十二岁。在此之前，他所见过的都是婉丽的江南之景。此番北上，使他眼界大开，因而在他笔下也出现了雄浑的北国风光。这首词在

《张炎集》中别具一格，气势、用笔近于苏轼、辛弃疾。南北风景殊异，张炎此次北行的惊讶大概如同时下南人见雪那般诧异吧。

登洪庆观

宋·适宜

行到蓬莱第一宫，却惭仙路印尘踪。
界开形势昆仑水，送过烟岚[①]黛嵋峰[②]。
经夏定知非暑气，乘时犹逮看秋容。
不才佳景难为赋，空立斜阳倚瘦筇[③]。

注释：

①烟岚：山林间蒸腾的雾气。唐宋之问《江亭晚望》："浩渺浸云根，烟岚出远村。"

②黛嵋峰：在洛阳新安县，北临黄河与山西垣曲相望，西隔金陵涧水与荆紫山为界，南群岭诸峰远眺崤山。

③指手杖。筇竹，节高干细，可作手杖，故称"瘦筇"。

解说：

适宜，生卒年不详。

洪庆观在宋代为一大奇景，俯瞰黄河，雾绕云观，远望有如蓬莱仙境一般。

登洪庆观河亭

宋·高昌

霜旌[①]行郡试寻幽，一曲围垣绕县周。
山色迎人来黛嵋，河声惊梦撼黄流。
禹门[②]水迴乡关月，济庙烟连草树秋。
遥指天南嵩洛近，烟云何处望神州。

注释：

①古代用牦牛尾装饰的旗子。

②即龙门。地名，在山西河津县西北、陕西韩城县东北。相传为夏禹所凿，故名。

解说：

高昌，生卒年不详。

山水相逢定有佳景，山色迎人，壮河惊梦，禹门济庙，正是这晋陕豫三界的壮观，可惜现在兴庆观已沉于湖底。假设古人复临，不知有何叹息。

姑射山诗题曾山人壁

宋·释惟凤

东西望朔漠，姑射[1]独崔嵬[2]。一片两片云，终南太华来。

根绕黄河曲，影落清渭隈[3]。深涧饮渴虹，邃洞生秋雷。

古径穷难尽，晴岚[4]拨不开。海鹏飞上迟，边风劲触回。

傲隐非他古，依灵有奇才。曾生心若何，猿声终夜哀。

注释：

①姑射：在山西省临汾县西，即古石孔山，九孔相通。《庄子·逍遥游》云："藐姑射之山，汾水之阳。"

②崔嵬：高耸貌；高大貌。《楚辞·九章·涉江》："带长铗之陆离兮，冠切云之崔嵬。"王逸注："崔嵬，高貌。"

③隈：山水等弯曲的地方。

④晴岚：晴日山中的雾气。

解说：

释惟凤，青城（今四川灌县）人，号持正。有《风雅拾翠图》，已轶。

姑射山又名石孔山，位于山西省临汾市，属于吕梁山脉，以沟壑纵横、地貌奇特堪称晋西南第一大峡谷。《逍遥游》中记载："藐姑射之山，有神人居焉；肌肤若冰雪，绰约若处子；不食五谷，吸风饮露；乘云气，御飞龙，而游乎四海之外；其神凝，使物不疵疠而年谷熟。”也许正是因为姑射山有神人居焉，所以其地才会成为人间仙境吧。且看深涧成虹，邃洞响雷，不正是仙境的写照吗！

夜宿黄河

宋·汪梦斗

轻舟自挽上危滩[①]，不见黄河古水津。
天上三更下弦月，梦中万里异乡魂。
苦无浊酒浇劳役[②]，喜有清飙[③]濯暑袢[④]。
晓起掀篷明望眼，蹇驴载[⑤]鹊过前村。

注释：

①危滩：河海边淤积成的平地或水中的沙洲。

②劳役：辛苦，辛劳。

③清飙：犹清风。晋成公绥《啸赋》：“南箕动於穹苍，清飚振乎乔木。”

④暑袢：即袢暑。犹溽暑，炎暑。

⑤载：伴随。

解说：

汪梦斗，字以南，号杏山，绩溪（今属安徽）人。理宗朝授江东制置司干官。度宗咸淳间为史馆编校，以事弃官归。宋亡，元世祖特召赴京，于至正十六年（1356）成行，时年近五十，卒不受官放还。后以讲学终。

悲乡之情总会寄托于物而出之，如杜甫“感时花溅泪，恨别鸟惊心”，更著者如李白托月之《静夜思》，均寄乡关之恨。对于宋人而言，由于家国的陵谷变迁，黄河成为一道凝结乡愁的情感载体。诗人南下，月夜泊黄河浦上，三更的月色照临着思乡的梦寐。劳苦奔波，无酒浇愁，只有阵阵清风抚平炎暑的燥热。让人欣慰的是晨起仍然可骑驴伴鹊南下而归了。

夜渡黄河

宋·汪元量

长河界破东南天，怒涛日夜如奔川。
此行适逢七月夕，妖氛[①]散作空中烟。
牛郎织女涉清浅，支机石[②]上今何年。
扬帆一纵万里目，身世恍若槎中仙。
仰看银河忽倒泻，月明风露何娟娟。
狂来拔剑斫河水，欲与祖逖[③]争雄鞭。
扣舷把酒酹河伯，低头细看河清涟。
平生此怀具已久，到此欲说空回旋。
嗟予不晓神灵意，咫尺雷雨心茫然。

注释：

①妖氛：不祥的云气。

②支机石：传说为天上织女用以支撑织布机的石头。《太平御览》："昔有一人寻河源，见妇人浣纱，以问之，曰：'此天河也。'乃与一石而归。问严君平，云：'此支机石也。'"

③祖逖：东晋范阳遒人，字士稚。晋元帝建兴元年，率部渡江，中流击楫，誓复中原。进屯雍丘，黄河以南尽为晋土，会闻晋室纷争，虑王敦内乱，忧愤而卒。

解说：

生卒年不详，字大有，号水云子，宋末钱塘（今浙江杭州）人。以善琴供奉内庭，宋亡，跟从被俘的后妃前往燕京。时慰文天祥于囚所，天祥死，元量去为道士，放浪江湖以终。其诗被称为宋亡"诗史"，记录北迁之后的心情与感受，情辞悲愤凄美。著有《水云词》《湖山类稿》等。

元世祖至元二十三年（1286），元帝派使祭岳渎、东海。作者奉使出京，此诗即作于旅途中。此行适值农历七月初七，正是牛郎织女相会时，诗人夜渡黄河，舟中生发感慨。滚滚黄河流向东南，怒涛拍岸，日夜不息。诗人仰望星空，不禁联想此时牛郎织女相会，天上又是何年呢？纵目远望，仿佛自己正乘仙槎驶向天际。在这种静逸安闲的情境中，诗人拔剑击流，欲效祖逖雄姿，扭转乾坤。可惜酒酹黄河，现实依旧，美梦成幻，诗人惝恍若失。诗笔纵横跌宕，曲折有致，真实地传达了诗人心潮激荡的爱国情思。

怀古

宋・陈普

世事悠悠一转头，断云荒草古今愁。
青山北去黄河隔，白日西飞东水流。
秦有金牛开剑阁①，楚无熊虎②割鸿沟③。
多情萧寺②峰前月，几夜蛩声影半楼。

注释：

①相传战国时期，秦惠王欲吞蜀，苦于无路进蜀，谎称赠五金牛、五美女给蜀王，蜀王信以为真，派身边五力士，劈山开道，入秦迎美女，运金牛，才开通了这条蜀道，称为“金牛道”，又称剑门蜀道。

②熊虎：能征善战的士卒。比喻凶猛，勇猛。《左传・宣公四年》：“是子也，熊虎之状，而豺狼之声，弗杀，必灭若敖氏矣。”

③鸿沟：古运河名，在今河南省。楚汉相争时曾划鸿沟为界。《史记・项羽本纪》：“项王乃与汉约，中分天下，割鸿沟以西者为汉，鸿沟而东者为楚。”

③唐李肇《唐国史补》卷中载：“梁武帝造寺，令萧子云飞白大书‘萧’字，至今一‘萧’字存焉。”后因称佛寺为萧寺。

解说：

陈普（1244—1315），字尚德，号惧斋，世称石堂先生。生于宋理宗淳祐四年（1244），卒于元仁宗延祐二年（1315），年七十二岁。入元，隐居教授，从学者数百人。晚居莆中，造就益众。著有《石堂遗稿》四卷。

诗以黄河入诗，而实境中却并无黄河，黄河是乡关家国的意象。与白日西落一样，黄河隔断青山依旧奔流东去。物是而人非，蒙元入侵，家非旧家，国非故国。蒙元如秦王朝一样，侵入偏安一隅的南宋，而南宋却无骁勇善战的军士去抵御入侵的异族。时代已逝，作为一个宋朝遗民，只能在孤独的不合作中度过余生。

河防行

金·刘迎

南州[①]一雨六十日，所至川源皆泛溢。
黄河适及秋水时，夜来决破陈河堤。
河神凭陵雨师借[②]，晚未及晴昏复下。
传闻一百五十村，荡尽田园及庐舍。
我闻禹时播河为九河，一河既满还之他。
川平地迥势随弱，安流是以无惊波。
只今茫茫馀故迹，未易区区议疏[③]辟。
三山桥坏势益南，所过泥沙若山积。
大梁今世为陪京，财赋百万资甲兵。
高谈泥古不须尔[④]，且要筑堤三百里。
郑为头，汴为尾，准备他时涨河水。

注释：

①南州：金代南州指的是黄河中下游地区。

②凭陵：横行，猖獗。借：借势，趁机。

③区区：微小的。议疏：义疏，儒学经典的注疏。

④泥古：拘于古代的成规，不知变通。须尔：必要。

解说：

刘迎（？—1180），字无党，号无诤居士，东莱（郡治今山东莱州）人，金国人。世宗大定十三年（1173）以荐书对策为当时第一，次年登进士第，授豳王府记室，改任太子司经。大定二十年（1180）“从驾凉陉”，因病去世。

诗人叙述了因黄河泛滥而造成的民生苦难，并希求朝廷能够及时治理，救民于水火。骤雨长达两个月的倾泻，使支脉河流灌注于黄河，从而引发堤坝的溃决。洪水肆虐，传闻有一百五十几个村庄遭受水患。秉承家国天下的诗人联想到大禹治水时的功勋，不禁生发感慨，如果朝廷不再高谈阔论，而是以郑水为始，汴水为止，筑堤三百里，那么便真是海晏河清的时代了。如今，黄河峻险多集中于上中游一段，山西境内多为奇观，既为奇观，亦为灾患。世事变迁，曾经水患泛滥，如今频频断流，让人唏嘘无限。

汾阴祠后土

金·赵秉文

闲闲吏隐[①]官蓬莱，玉堂[②]给札非仙才。
封香汾阴祠后土，骑士引赴轩辕台。
龙门峡束天下险，状如万顷纳一杯。
方丘[③]中峙巨鳌趾，黄河一箭从天来。
长风吹云碧海去，旷荡万里晴天开。
青山终古不改色，下送落日浮金罍[④]。
沧波几回照新雁，往日繁雄安在哉。
君不见汉家六叶诗雄才，力通象郡臣龙堆[⑤]。
泰山日观封禅罢，属车九九[⑥]声如雷。
横汾中流箫鼓发，酒酣乐极情生哀。
秋风一曲在人世[⑦]，茂陵[⑧]桂树空莓苔。
又不见开元四海不动尘，千麾万骑祠神脽[⑨]。
侍臣文章咸第一，丰碑自勒镵崔嵬。

凭高慨咏才子句，山川满目空尘埃。
铃声琳琅蜀道雨[⑩]，想见万里愁云回。
蒲关北走荣河道，岩深地古令人老。
胡儿[⑪]夜渡黄河冰，生人憔悴如霜草。
吾皇神圣如轩辕，北伐獯鬻[⑫]清中原。
遍秩群神礼乔岳[⑬]，还因告土祀坤元。
灵祇纷纷福来下，倒卷天河洗兵马。
重新日月照乾坤，再整山河归庙社。
三河形势满河中，独纪葵邱[⑭]第一功。
唐汉遗民寻故事，还思法驾幸河东。

注释：

①闲闲：从容自得貌，赵秉文以“闲闲”自称。吏隐：谓不以利禄萦心，虽居官而犹如隐者。

②玉堂：汉宫殿名，引申为朝廷。

③方丘：古祭地祇之坛。《晋书·武帝纪》：“并圜丘、方丘于南北郊，二至之祀合于二郊。”

④以黄金为饰的酒樽。

⑤叙述汉武帝的功绩，西南打通象郡，西部臣服龙堆。

⑥属车：帝王出行时的侍从车。九九：泛指车骑众多。

⑦汉武帝在汾阴设立后土祠，并写下《秋风辞》：“秋风起兮白云飞，草木黄落兮雁南归。兰有秀兮菊有芳，怀佳人兮不能忘。泛楼船兮济汾河，横中流兮扬素波。箫鼓鸣兮发棹歌，欢乐极兮哀情多。少壮几时兮奈老何。”

⑧茂陵：汉武帝刘彻的陵墓。在今陕西省兴平县东北。

⑨神脽：即汾阴后土祠。

⑩唐明皇避“安史之乱”，途中写下《雨霖铃》一词。

⑪胡儿：此处指北方蒙古民族。

⑫亦作“獯粥”，我国古代北方少数民族名。夏商时称獯鬻，周时称猃狁，秦汉称匈奴。此处指蒙古军队。

⑬乔岳：本指泰山，后泛指高山。

⑭葵邱：位于今河南省商丘市。春秋五霸之一的齐桓公在此与多国结盟。

解说：

赵秉文（1159—1232），字周臣，号闲闲老人，金朝磁州滏阳（今河北磁县）人。大定进士，官至礼部尚书。能诗文。其文长于辨析，以周程理学为主。其诗多近体，笔势纵放，亦有学陶之作。又工草书。有《闲闲老人滏水文集》。

汾阴后土在今山西省万荣县黄河边。据说西汉曾在此发现象征帝王权利的周天子鼎，汾阴脽上从此成为风水宝地，为历代皇帝所追随。汉武帝最先在此设立后土祠，祭拜次数达到六次以上。唐明皇也曾两次祭拜后土，写有一篇《后土神祠碑铭》。“安史之乱”后，诗人李峤有感盛衰兴亡，也写下长诗《汾阴行》，末四句为：“山川满目泪沾衣，富贵荣华能几时。不见只今汾水上，唯有年年秋雁飞。”即将逃亡的唐玄宗听到歌者咏唱《汾阴行》不禁感慨万端。此外，宋真宗赵恒也曾来到汾阴脽祭祀，此次祭祀时间长达三个多月。行前，赵恒还写有《汾阴二圣配飨铭》一文，以追忆怀古。

兴定三年（1219），金宣宗遣翰林侍读学士赵秉文祭后土于河中府。在此行中，诗人创作了此诗与《河中八咏》组诗。诗人自嘲为闲处在野的隐士，受到皇帝的眷顾而被派遣到汾阴祭祀后土。汾阴地处黄河龙门附近，此处壶口狭仄，河水激荡。祭台在河中峙立，如同巨鳌一趾。此时，长风吹云，万里晴开，目睹此处的沧桑萧瑟，不禁触景生情，生发感慨。遥想汉武帝雄才大略，人才济济，通象郡，臣龙堆，汾河击汰，赋诗《秋风》，是何等的慷慨。然而时移物转，陵墓丘墟，又是何等悲凉。再想当年唐太宗、唐明皇在位时又是何等雄姿英发，然而现在又是如此落没。历史如此，睹物生情，真是让人感叹早生华发。诗末，诗人叙述了此次祭祀的原因，北方的蒙古夜渡黄河，情势危机，皇帝临危北伐，并祈祷神灵护佑，平定祸乱，一统山河。诗人希望皇帝效法汉唐故事，御驾亲征河东，平定战乱。

河中八咏

其一　舜井[1]

一水独泠然[2]，浮云几变迁。

心知思舜处，时见井中天。

注释：

①以虞舜掘井出泉的传说而得名。

②寒凉貌，清凉貌。

解说：

舜井位于山西省运城市垣曲县历山镇（古称负夏城）。旧志载，舜庙有庙殿、寝宫、舜井、短亭、戏台、斋房等建筑，每年农历八月十七日于庙中祭祀帝舜、娥皇、女英。今日仅存舜井加盖平屋保护。舜井深五六丈，泉水时溢时枯，天涝则枯，天旱则溢，人们视为神物。井底与屋外两口方池相通，井水自动流入方池，冬暖夏凉，至今百姓仍喜汲用。

此诗以舜井为喻，说出了一个亘古不变的道理：政绩不一定需要建立旷世奇功，只要注重百姓民生，就像舜井一样，仍然可以流芳百世。饮水思源，以小见大，见一叶而知天下秋。

其二　夷齐墓

让伐理难全，求仁岂怨天。乾坤吾道独，宇宙此山传。

不肯食周粟，犹应饮舜泉。冥鸿饥欲死，落日唳[1]昏烟。

注释：

①鹤、雁等鸟高亢的鸣叫。

解说：

夷齐墓现在山西省永济市南。传伯夷、叔伯夷、叔齐于此山采薇隐居。春秋晋赵盾遇翳桑饿人灵辄之首山，亦即此山。

伯夷叔齐不食周粟，饿死于首阳山，清名流传，至今不废。然而诗人反其道而用之，认为贤达之人不应该泥古不化，循道而不殉人，即使不食周粟，却仍然可以饮舜水，何必像飞雁一般孤独地傍晚唳叫呢？

其三　鹳鹊楼

楼成鹳鹊几时还，人去楼空境自闲。
地接连城秋水渡，河分两岸夕阳山。
汀烟冉冉[1]分秦树，陇雁依依度晋关。
千古废兴还造物，暂携风月出尘寰[2]。

注释：

①冉冉：迷离貌。

②尘寰：佛教用语。佛家认为人间罪恶太多，故称人间为尘寰。

解说：

鹳雀楼，又名鹳鹊楼，因时有鹳雀栖其上而得名，位于山西省永济市蒲州古城西面的黄河东岸。始建于北周，由于楼体壮观，结构奇巧，加之周围风景秀丽，唐宋之际，文人学士登楼赏景留下许多不朽诗篇，以王之涣《登鹳雀楼》最负盛名。至元初，成吉思汗的金戈铁马进攻中原，毁于兵。旧志载："明初时，故址尚可按，后尽泯灭，或欲存其迹，以西城楼寄名曰鹳雀。"1997年，永济市在黄河岸畔复建鹳雀楼。2002年，新鹳雀楼正式落成。

昔人已去，独留一座鹳雀楼于此。夕阳之下，烟树冉冉，陇雁依依，谁知千古几度兴亡盛衰？诗人在此时产生悠悠历史之感也就不足为奇了。

其四　逍遥楼

黄河城上逍遥楼，何人能作逍遥游。
断霞落日今犹古，明月清风春复秋。
千里兵尘常漠漠[1]，五年心事漫悠悠。
中条太华[2]不忍见，云自高飞水自流。

注释：

①漠漠：迷蒙貌。

②中条太华：即中条山与华山。

解说：

逍遥楼在蒲州北城上，今在山西省永济市西。逍遥楼历来为诗家所重，自唐玄宗《登蒲州逍遥楼》起，历代均有诗人题赋。

作者登上逍遥楼却无法逍遥。大好河山为兵尘所染，朝代更替今非昔比，给他带来了深沉的痛苦，只能独自慨叹、长歌当哭。诗歌境界开阔，感情渐次深沉。

其五　汾阳王像

天宝虏骑兴渔阳，首提孤军起朔方。
扫除欃枪[1]廓氛翳[2]，再使日月光吾唐。
丹青凌烟[3]谁第一，功业汾阳异姓王。
当时太尉亦雄伟，天不憖遗[4]壮士伤。
河中重镇甲天下，浑公与公屹相望。
时危英雄常恨少，抚壁再拜涕泗滂。
诸酋下马识公否，公虽云亡像在堂。

注释：

①欃枪：彗星的别名。古人认为是凶星，主不吉。后喻指邪恶势力。

②氛翳：阴霾之气。唐李白《答高山人兼呈权顾二侯》："应运生夔龙，开元扫氛翳。"

③凌烟：凌烟阁的省称。宋叶适《晋元帝庙记》："汉唐陋矣，其殊勋盛烈，亦纪官爵，图形貌，有麒麟、云台、凌烟之目，夸其得意。"

④憖遗：愿意留下。《诗·小雅·十月之交》："不憖遗一老，俾守我王。"

解说：

诗人由汾阳王郭子仪画像，想到英雄当年平定“安史之乱”、光复大唐江山的赫赫功勋。而如今朝野无人，致使皇朝被异族侵凌，诗人涕泗滂沱之际，仍然心存不屈之信念。全诗借古言今，表达了对国事日忧的感伤和平定战乱的殷切希望。

其六　吴生画

吴生[①]大士十六像，岁久尘昏蛛网丝。

真物从来有真赏，息轩[②]为作证明师。

注释：

①吴生：即吴道子，唐代著名画师，以佛教壁画知名。

②息轩：佛道弟子的修行场所。

解说：

吴道子所画佛教十六大士像，如今已蒙尘垢蛛网，但是有价值的事物早晚会被行家识获，即如时下俗语“是金子早晚都会发光”，生命之光永不凋谢。

其七　杨惠之维摩[①]像

一默传心已失机，更求形似转成痴。

至今遗像兀不语，犹似当初问法时。

注释：

①维摩：维摩诘的省称。

解说：

佛法以默然传心为尚，一语便失真纯，更何况用绘画去传达佛法呢？此诗以画像为论，而阐发佛义，为唐宋人时尚。

其八　先公碑

过客纷纷总不知，先公事迹竹溪碑[①]。

坡轩[②]不荐山僧意，也觅西厢待月诗。

注释：

①党怀英，号竹溪。此碑在河中，此碑或为德政碑、诗碑之类。

②郦权，字元舆，临漳人，金章宗明昌初，以著作郎召之，未几卒。著有《坡轩集》。

解说：

世事过往，前辈先贤总容易被人遗忘，如果不看这竹溪碑文的话，谁又能知道这是有关党怀英的碑文呢？如果不是郦权的开导，恐怕诗人也想写几首嘲弄风月的诗章吧。诗句清凉而富有哲理，语言朴实而自然。

东轩老人河山形胜图

太虚匠流峙，造化谁胚胎。

洪荒万万古，至今馀劫灰。

黄河发昆仑，匣怒不敢乖①。

初经龙门天下险，势如万顷纳一杯。

桃花浪激不得上②，凡鱼几曝鳞与腮。

下趋神脽③如地底，终古不到轩辕台。

蒲津沈沈卧虹影，铁牛驾浪输黄能。

千里一曲复一曲，倾山倒岳不复回。

巨灵④运东肘，首华⑤为崩摧。

茅津济师想胜槩，搔首北望令心哀。

万派赴集津，鼓声如会垓⑥。

神斧忽中断，镵凿何年开。

崖倾路断飞鸟绝，轻舟一箭浮天来。

篙师绝叫未及瞬，回望已失云涛堆。

但见两崖苍苍半天外，三门斗落如惊雷。

擘窠⑦大字谁所铭，高山百尺磨苍崖。

庙前刘公一片石，龟龙剥落生莓苔。

东轩先生生长三晋地，回视韩魏空浮埃。
想像旧游处，落笔如山颓。
胸中元自有河山，写出胜槩何壮哉。
馀波到诸郎，直气凌斗魁。
况复文章妙天下，睥睨晁张颦苏梅[8]。
竹帛如山不经国，安用江鲍称诗才。
刘夫子，我有一杯酒，浇汝胸崔嵬。
呜呼圣道久榛塞[9]，孟氏辟路诛蒿莱。
诸儒辛苦补罅漏[10]，未见巨手如排淮。
后生索涂方擿埴[11]，虽有耳目如婴孩。
祝君颓波作砥柱，驱入圣海无津涯。
刘夫子，深藏十袭作龟鉴[12]，先君此图吁可怀。

注释：

①匣怒：潜藏怒气。乖：乖悷。

②传说河津桃花浪起，江海之鱼集聚龙门下，跃过龙门的化为龙，否则点额暴腮。见辛氏《三秦记》。

③神脽：即汾阴后土祠，详见《汾阴祠后土》解题。

④神话传说中劈开华山的河神。张衡《西京赋》：“缀以二华，巨灵赑屃，高掌远蹠，以流河曲，厥迹犹存。”薛综注：“巨灵，河神也……古语云：此本一山当河，水过之而曲行，河之神以手擘开其上，足蹋离其下，中分为二，以通河流。手足之迹，于今尚在。”

⑤首华：即华山。

⑥会垓：会战。刘邦曾率韩信等围项羽于垓下，后来戏剧小说中谓会战为“会垓”。

⑦擘窠：写字、篆刻时，为求字体大小匀整，以横直界线分格，叫“擘窠”。

⑧晁张：晁补之与张耒。苏梅：苏舜钦与梅尧臣。

⑨榛塞：阻塞。《宋书·长沙景王道怜传》：“有旧沟引浢水入陂，不治积久，树木榛塞。”

⑩罅漏：疏漏；遗漏；漏洞。唐韩愈《进学解》："补苴罅漏，张皇幽眇。"

⑪谓盲人以杖点地摸索道路。常喻暗中求索。汉扬雄《法言·修身》："擿埴索涂，冥行而已矣。"李轨注："埴，土也。盲人以杖擿地而求道，虽用白日，无异夜行。夜行之义，面墙之谕也。"

⑫龟甲可占卜吉凶，镜子可照见美丑，比喻警戒和反省。此处指需藏于库的宝珍。

解说：

刘东轩（？—1207），安邑（今山西夏县）人，其号东轩。翰林修撰刘祖谦（光甫）之父。工画山水，尝作《河山形胜图》，寄寓甚深，时人赞其"胸中元自有河山，写出胜概何壮哉"。赵秉文、李庭、刘祁皆应光甫之请题其画卷。

《河山形胜图》是以山蒲津黄河为中心，涉及龙门、桃花渡、后土祠、华山等风景。古人喜欢登高赋古，诗酒画棋，快意人生。诗以文字记录名胜古迹，胜处在于溯古追今；画以丹青涂抹山河形概，胜处在实。诗画共生则各取所长，取张择端《清明上河图》之形实与柳永《望海潮》之词韵，两得其美者则《河山形胜图》也。惜哉，此图不存，只留题诗于后人想象了。

保德州天桥

金·萧贡

郁郁风云入壮怀，天潢[①]飞下碧崔嵬。
两崖偪侧无十步，万顷逡巡纳一杯。
溅沫纷纷跳乱雹，怒涛殷殷[②]转晴雷。
曾闻电火鱼烧尾，会趁桃花涨水来。

注释：

①天潢：即天河。汉张衡《思玄赋》："乘天潢之汎汎兮，浮云汉之汤汤。"

②殷殷：雷怒吼貌。

解说：

萧贡，字真卿，京兆咸阳人。金大定二十二年（1180）进士，历官戎州判官、监察御史等职，累迁国子祭酒兼太常少卿。元好问称萧贡“博学能文，不减前辈蔡正甫”。著有《史记注》等。

过天桥咏黄河

无名氏

黄河东去水迢迢，云卷雷奔浪涌潮。两岸高山成地险，半滩横石号天桥。势凌三峡源流远，名冠百川气脉饶。漫为应期清始现，于今玉烛四时调。

解说：

黄河天桥峡在今山西省保德县城东北。旧志载该段峡谷“上阔十二丈五尺，中阔七丈，下阔八丈五尺，共长九十丈。冬月积冰成桥，民呼为天桥”。“冰合则坦夷，等于康庄，虽天堑顿平……而虹梁骤起，实属一岁奇观”。1977 年于此建起一座低水头、大流量的径流式水电站——天桥水电站。昔日天桥奇景已不存，为壮丽的拦河大坝所取代。

戊申四月游禹门有感

金·段克己

黄河一线天上来，两山突兀屏风开。
天生圣人为万世，惊涛拍岸鸣春雷。
冷云直上三千丈，石颠古庙高崔巍。
断碑岁月不可考，丹书剥落空莓苔。
嗟乎去古盖已远，荒辞漫汗[①]相惊猜。
安居平土果谁力，愚民耳目诚可哀。
一声渔笛起何处，沧洲[②]雅兴还悠哉。

注释：

①漫汗：散乱貌。

②沧洲：滨水之地，古时常用以称隐士的居处。阮籍《为郑冲劝晋王笺》："然后临沧洲而谢支伯，登箕山以揖许由。"

解说：

段克己（1196—1254），金人。字复之，号遯庵，别号菊庄。绛州稷山（今山西稷山）人。哀宗时与其弟段成己先后中进士，但入仕无门，在山村过着闲居生活。金亡，避乱龙门山中。兄弟均以文章擅名，赵秉文谓之"二妙"。后人汇集其兄弟诗词为《二妙集》。

夏禹治水，其业煌煌。禹门的禹门庙经历了久远的岁月，碑断书残，荒辞漫汗。作者由此想到功业转眼成空，渔隐沧洲，泛歌黄河，或许才是灵魂的栖所。

龙门八题

金·段成己

其一　禹门雪浪

峡束洪流起怒涛，乱翻晴雪与云高。

徐看行处原无事，小智区区枉用劳。

解说：

段成己（1199—1279）字诚之，号菊轩，绛州稷山（今山西稷山）人。段克己弟。两人同金正大七年（1230）词赋进士。礼部尚书赵秉文赏其才，称他俩为"二妙"，并大书"双飞"二字于其居。成己及第，授宜阳主簿。金亡，成己与兄避居龙门山（今山西河津黄河边）。克己殁后，自龙门山徙居晋宁北郭，闭门读书，近四十年。忽必烈降诏征为平阳府儒学提举，坚拒不赴。至元十六年（1279）卒，年八十一。

禹门口位于今山西省河津市区西北处，相传为大禹所凿。这里两岸高山对峙，形如门阙，滔滔黄河挟持其中，汹涌澎湃，撞山激浪，喷雪轰雷，古来即有"禹门三汲浪，平地一声雷"之说。禹门又称龙门，

《名山记》载：黄河到此，直下千仞，水浪起伏，如山如沸。两岸均悬崖断壁，唯“神龙”可越，故名“龙门”。神话所传“鲤鱼跳龙门”即指此处。

其二　云中暮雨

古垒云藏一径微，河山依旧昔人非。

贪征[①]往古兴亡事，不觉城头雨湿衣。

注释：

①努力的征验。征，证明，证验。

其三　疏属晴岚

云拖残雨敛前峰，翠色寒光溢几重。

应有诗人偏著眼，时施膏沐[①]为渠容。

注释：

①古代妇女润发的油脂。朱熹《诗集传》传：“膏，所以泽发者；沐，涤首去垢也。”

其四　双峰并秀

云外亭亭耸翠环，天荒地老两峰[①]閒。

若教工部尝经眼，未肯将诗誉玉山[②]。

注释：

①双峰即双峰山，原名马鞍山，亦名紫金山，峰高耸入云际，登顶可望豫秦。

②即蓝田山。唐杜甫《崔氏东山草堂》诗：“爱汝玉山草堂静，高秋爽气相鲜新。”

其五　神谷藏春

山间草木四时新，一脉清溪不染尘。

忽见渔郎惊借问，却疑侬是武陵人[①]。

注释：

①语出陶渊明《桃花源记》，武陵渔人误入桃花源，离开后再去便找不到路径了。另有一说，所用的是刘义庆《幽明录》中刘晨、阮肇山中迷路后，与两位仙女共度半载，下山后世间已过数百年的故事。

解说：

神谷藏春，景在北午芹村，位于吕梁山南北午芹峰之下，此地山清水秀。段成已、段克已兄弟曾于北午芹一带隐居十余年，写下了不少歌咏风景的诗作。

其六　仙掌擎月

月出山头未数竿，仙人掌上玉团团。

瑞光冷射三千丈，绝胜碧莲峰下看。

解说：

视角不同，风景亦异，所谓“横看成岭侧成峰”，美需要洞鉴。即如此诗，月出山头数竿，好似仙掌擎团玉。光照如流水倾泻而下，这景色比碧莲峰美丽得多了。

其七　姑山夕照

日锁群峰欲下迟，茏葱一片冷胭脂。

醉吟著我扁舟尾，画出坡游赤壁时。

解说：

赋景以情，以情观物，物我两忘。夕阳迟迟在群峰间徘徊，就像锁住一般，葱茏的山色被映照得如同涂抹了一层冷色的胭脂。这种美景，让我想起了苏轼游赤壁时的情境。

其八　汾水秋风

一曲刘郎发棹歌[1]，欢情未已奈悲何。

只今回首空陈迹，依旧秋风卷素波。

注释：

①刘郎发棹歌，即是汉武帝刘彻的《秋风辞》。诗以刘郎戏称，褪尽了政治光环，诗意尽现。无论曾经多么烜赫壮阔，多么平庸微小，都经不起历史的消磨。回首陈迹，不变的只是那秋风素波。

水调歌头赋三门津

金·元好问

黄河九天上，人鬼瞰重关。
长风怒卷高浪，飞洒日光寒。
峻似吕梁千仞，壮似钱塘八月，直下洗尘寰。
万象入横溃①，依旧一峰闲。
仰危巢，双鹄过，杳难攀。
人间此险何用，万古秘神奸。
不用燃犀下照②，未必佽③飞强射，
有力障狂澜，唤取骑鲸客④，挝鼓过银山。

注释：

①河水决堤横流。这里指水大貌。

②此句用典出自《异苑》卷七："晋温峤至牛渚矶，闻水底有音乐之声，水深不可测。传言下多怪物，乃燃犀角而照之。须臾，见水族覆火，奇形异状，或乘马车著赤衣帻。其夜，梦人谓曰：'与君幽明道阁，何意相照耶？'峤甚恶之，未几卒。"

③佽：依次排比。

④指李白。宋苏轼《和陶都主簿》："愿因骑鲸李，追此御风列。"

解说：

元好问（1190—1257），字裕之，号遗山，秀容（今山西忻州）人。祖系出自北魏拓跋氏。兴定进士，曾任行尚书省左司员外郎等职。金亡不仕。工诗文，在金、元之际颇负重望。诗词风格沉郁，并多伤时感事之作。其《论诗》绝句三十首，崇尚天然，反对柔靡、雕琢，在诗歌批评史上颇有地位。著作有《遗山集》。又编选金一代诗歌为《中州集》。

此词有李太白《蜀道难》之神韵，所不同者，太白用歌行，元遗山用词。全诗写了三门山在黄河巨浪中屹然挺立，力挽狂澜的高峰让作者生出了浪漫的情思。骑鲸横渡波涛的背后，是作者对奇异世界和神秘力量的向往与想象。

元代

黄河阻风

释大欣

九域重寻禹迹荒，喜听悬水①夜浪浪。
中原迤逦②河流壮，元气汪洋地脉③长。
万里风云来黯澹④，五更星斗下光芒。
我行不有神灵助，风送天香自帝傍。

注释：

①悬水：瀑布。《孔子家语·致思》："有悬水三十仞，圜流九十里。"

②迤逦：曲折连绵貌。

③地脉：指地下水。唐孟云卿《放歌行》："地脉日夜流，天衣有时扫。"

④黯澹：阴沉；昏暗。

解说：

生卒年不详，字笑隐，南昌陈氏子，与虞集交往甚密。居杭之凤山，迁中天竺。又主建康集庆寺。

黄河古为河运槽道，诗人夜月渡河遇风受阻，但是并无伤感之意，反而随遇而安，随行随解。禅意诗兴溢于作品之中。

黄河

马祖常

尘海东南下，云山西北高。

黄流荡中潏[①]，万里费波涛。

注释：

①水中急流。《尔雅·释水》："水中可居曰洲，人所为为潏。"

解说：

马祖常，元文学家。字伯庸，色目人，世为雍古部，居净州天山（今内蒙古四子王旗），其高祖在金末为凤翔兵马判官，子孙因以马为姓。元统中任御史中丞等职，后辞官居光州。诗以写田园生活及酬赠者为多，少数篇章对民间疾苦有所反映。散文多碑志之作。有《石田集》。

黄河

刘秉忠

万仞昆仑顶上头，颓然委质[①]下林丘。

九随地势曲千里，一返天源经百州。

积石[②]西边才北转，太行南下已东流。

黄匀一线穿沧海，直接银河浸斗牛。

注释：

①委质：古时始仕，必先书其名于策，委死之质于君，表示必死之节，忠于国君，称为委质。

②积石：即阿尼玛卿山。在青海省东南部，为昆仑山脉中支，黄河绕流北上。

解说：

刘秉忠（1216—1274），元初邢州（今河北邢台）人，字仲晦。先入全真道，后出家为僧，法名子聪，号藏春散人。乃马真后元年

(1242)被北方禅宗临济宗领袖海云荐入忽必烈王府。因学识渊博，为忽必烈信重。建议定百官爵禄、减赋税差役、劝农桑、兴学校等。中统元年（1260），忽必烈称帝，受命制定各项制度。至元元年（1264），奉命还俗，复姓刘氏，赐名秉忠。又监筑开平、中都（今北京）两城。至元八年（1271），请建国号为大元。有《藏春集》。

诗前半部分叙写黄河走势，自东西行，九曲千里，一返天源。此后，黄河沿积石山北上，至龙门方改辙东流。浩浩荡荡，奔流不息，让人感觉黄河是直入银河，气浸斗牛。诗境壮大，立意高远，有胸怀，有气度，实政治家眼光。

水龙吟过黄河

许有壬

浊波浩浩东倾，今来古往无终极。
经天亘地，滔滔流出，昆仑东北。
神浪狂飙[①]，奔腾触裂，轰雷沃日。
看中原形胜，千年王气，雄壮势、隆今昔。
鼓枻[②]茫茫万里，棹歌声、响凝空碧。
壮游汗漫[③]，山川绵邈，飘飘吟迹。
我欲乘槎，直穷银汉，问津深入。
唤君平一笑，谁夸汉客，取支机石[④]。

注释：

①狂飙：急骤的暴风。晋陆云《南郊赋》："狂飙起而妄骇，行云蔼而芊眠。"

②鼓枻：划桨。谓泛舟。《楚辞·渔父》："渔父莞尔而笑，鼓枻而去。"

③汗漫：形容漫游之远。唐陈陶《谪仙吟赠赵道士》："汗漫东游黄鹤雏，缙云仙子住清都。"

④支机石：传说为天上织女用以支撑织布机的石头。《太平御览》

卷八引南朝宋刘义庆《集林》：“昔有一人寻河源，见妇人浣纱，以问之，曰：‘此天河也。’乃与一石而归。问严君平，云：‘此支机石也。’”一说，其人为汉代张骞，谓骞奉命寻找河源，乘槎经月亮至天河，在月亮见一织女，又见一丈夫牵牛饮河，织女取支机石与骞。

解说：

许有壬（1287—1364），元汤阴（今属河南）人，字可用。延祐进士。至治中以江南行台监察御史行部广东，劾治不法官僚豪家。顺帝时任中书参知政事。前后历官七朝，四十余年。官至集贤殿大学士。至正十七年（1357 年）致仕。工文辞，有《至正集》，别编名《圭塘小稿》。

此词以黄河发源处切入，昆仑无极，又以神涛巨浪等壮观辅之，起势即高，境界乃大。后叙交游，山川形胜，名物古迹，尽得览胜，壮怀激烈，慷慨豪放。写景与抒情熔为一炉，气势汪洋恣肆，实乃佳构。

黄河

张翥

橹后风才顺，桅头日未斜。旧河通瓠子①，新浪涨桃花②。

得鲙因沽酒，闻鹃更忆家。迢迢云气外，北望是京华。

注释：

①瓠子：古堤名。址在山东鄄城与河南濮阳之间。

②桃花，即桃花汛。《汉书·沟洫志》：“来春桃花水盛，必羡溢，有填淤反壤之害。”颜师古注云：“《月令》：‘仲春之月，始雨水，桃始华（花）。’盖桃方花时，既有雨水，山谷冰泮，泉流猥集，波澜盛长，故谓之桃花水。”

解说：

张翥（1287—1368），元诗人。字仲举，世称蜕庵先生，晋宁（今属临汾）人。早岁居杭州，受业于理学家李存，又从仇远学诗。至正初，以隐逸荐，为国子助教，官至集贤学士，以翰林学士承旨致仕，后又加河南行省平章政事。曾参修宋、辽、金三史。其诗工于近体，有些篇章对当时社会矛盾有所反映。而所自负者则在文，常谓其文系任意属笔，已入化境。有《蜕庵集》。又能词，有《蜕岩词》。

诗人泛舟于河，日末放橹置舟，此时风已歇，桅头的太阳还未落下。此歇息处恰是曾经河水泛滥的地方，如今风平浪静。诗人因鱼置酒，听到杜鹃声而突然生起乡邦之思。诗境朴野，语澹情真，平实处更添一份静逸。“旧河通瓠子，新浪落桃花”确为警句。

过黄河

食指朝来动，行庖①旅次添。淮鱼初出网，野鸭乍供盐。

新米如珠滑，香醪过蜜甜。真成不负腹②，聊尔一掀髯③。

注释：

①行庖：特指旅途中的厨房。

②负腹：委曲肚子。

③掀髯：笑时启口张须貌；激动貌。

解说：

张翥诗多得陶诗之旨，朴野平实，语澹情深，此诗亦然。心情好，胃口就好。诗人旅次黄河，不必美食，新渔的淮鱼、野鸭，辅以珠滑新米与香甜的醪酒，就是舌尖上最美的佳肴了。生活其实很简单，不过就是平淡情和地享受自然带来的温情惬意罢了。

山宫观瀑

李孝光

山宫寺前瀑布流，直下千尺垂林丘。
山僧无灯静欲死，夜气如月空中浮。
黄河昆仑何壮哉，鬼神牵挽天下来。
先生藜杖①来照影，白发千尺空崔巍。

注释：

①藜杖：用藜的老茎做的手杖。质轻而坚实。

解说：

李孝光（1285—1350），元代温州乐清（今属浙江）人，初名同祖，字季和，号五峰，后代学者多称之“李五峰”。少年时博学，以文章负名当世。他作文取法古人，不趋时尚，与杨维桢并称“杨李”。早年隐居在雁荡五峰山下，四方之士，远来受学，名誉日广。至正七年（1347）应召为秘书监著作郎，至正八年（1348）擢升秘书监丞。至正十年（1350）辞职南归，途中病逝通州岁。著有《五峰集》二十卷。

李太白有《静夜思》与《望庐山瀑布》诗传世，而诗人此作恰集两景于一：月夜观瀑。瀑流千尺绝壁而下，如同黄河被鬼神牵挽从天上降下。此时空山阒寂，诗人有感而发，时间飞逝，早生华发。诗意朦胧，语词自然，让人产生无限遐思。

黄河

杨载

其一

禹功疏凿过忧勤，海内山川自此分。

元气浑沦通地脉，孤光迢递[①]贯天文。

母金[②]伏砾秋逾盛，阴火[③]藏渊夜不焚。

多少鱼龙争变化，总归西北会风云[①]。

按：①一作“万里穷源何日遂，片帆西上破层云”。

注释：

①迢递：遥远貌。

②母金：大颗天然金粒。

③阴火：海中生物所发之光。晋王嘉《拾遗记·唐尧》：“西海之西，有浮玉山。山下有巨穴，穴中有水，其色若火，昼则通昽不明，夜则照耀穴外，虽波涛瀼荡，其光不灭，是谓‘阴火’。”

解说：

杨载（1271—1323），元代浦城（今属福建）人，字仲弘。延祐进士，官宁国路总管府推官。与虞集、范梈、揭傒斯等齐名。有《杨仲弘集》。

其二

阴阳为沴①黄河溢，北度艰难拥万艘。
齐楚百城防雉堞②，淮沂千里避鸿涛。
耕锄已失天时正，流徙争依地势高。
此日朝廷忧水患，须明利害策贤豪。

注释：

①沴：灾害，水患。

②雉堞：城上短墙，泛指城墙。

解说：

两首诗从大禹治水讲起，谈到了黄河岸边的沙砾藏金，看到了水中生物所散发的光亮。又联想到了黄河的水患，并冀希朝廷治理黄河，关心民生。

题天桥子

王思诚

按辔临深丧客怀，神功凿破石崔嵬。
桥头骇浪翻银屋，峡口洪波泻玉杯。
饮涧虹盘千尺影，破崖龙起半空雷。
阿谁穷得河源处，不尽浊流滚滚来。

解说：

王思诚（1291—1357），字致道，兖州嵫阳（山东兖州）人。至治进士，初授管州判官，累迁监察御史。后与修辽、金、宋三史。官至集贤侍讲学，兼国子祭酒。

天桥峡位于河曲与保德间黄河段，其地大石横亘，河窄流急，涛涌浪翻，古为黄河一大天险。今在此建起黄河天桥水电站，造福秦晋，昔日景观已不存。

黄河行

贡师泰

黄河水，水阔无边深无底，其来不知几万里。
或云昆仑之山出西纪，元气融结自兹始。
地维崩兮天柱折，于是横奔逆激日夜流不已。
九功①歌成四载止，黄熊化作苍龙尾。
双缸凿断海门开，两鄂崭崭尚中峙。
盘涡②荡激，回湍冲射。
悬崖飞沙，断岸决石。
瞬息而争靡，洪涛巨浪相喧豗③，怒声不住从天来。
初如两军战方合，飞炮忽下坚壁摧。
又如丰隆④起行雨，鞭笞铁骑驱奔雷。
半空澎湃⑤落银屋，势连渤澥⑥吞淮渎，天吴⑦九首兮魑魈独足。
潜潭雨过老蛟吟，明月夜照鲛人⑧哭。扁舟侧挂帆一幅。
满耳萧萧鸟飞速。徐邳千里半日程，转眄⑨青山小如粟。
吁嗟雄哉，其水一石，其泥数斗。滔滔汩汩兮，同宇宙之悠久。
汎中流以击楫兮，招群仙而挥手。好风兮东来，酹河伯兮杯酒。

解说：

①九功：古代帝王的九种功绩。《尚书·大禹谟》："禹曰：'于！帝念哉！德惟善政，政在养民。……九功惟叙，九叙惟歌。'"

②盘涡：水旋流形成的深涡。

③喧豗：形容轰响。唐李白《蜀道难》："飞湍瀑流争喧豗，砯崖转石万壑雷。"

④丰隆：古代神话中的雷神。后多用作雷的代称。

⑤澎湃：波浪相互冲击。

⑥渤澥：即渤海。

⑦天吴：水神名。《山海经·海外东经》："朝阳之谷，神曰天吴，是为水伯。"《山海经·大荒东经》："有神人，八首人面，虎身十尾，名曰天吴。"

⑧鲛人：神话传说中的人鱼。晋张华《博物志》卷九："南海外有鲛人，水居如鱼，不废织绩……从水出，寓人家，积日卖绢。将去，从主人索一器，泣而成珠满盘，以与主人。"

⑨转眄：转眼。喻时间短促。唐杜甫《晓发公安》："出门转眄已陈迹，药饵扶吾随所之。"

解说：

贡师泰（1298—1362），字泰甫，元代宣城（今安徽宣州）人。官至礼部、户部尚书。元末以诗文擅名。有《玩斋集》。

诗以黄河发源昆仑为开端，重点描摹了黄河奔腾激浪、喧豗雄荡的宏阔气势。全诗运用比喻、拟人、夸张、象征等修辞手段来展示黄河形态。语言纵横恣肆，气势汪洋大观，形神必貌，图神必见。

黄河谣

陈孚

长淮绿如苔，飞下桐柏山。黄河忽西来，乱泻长淮间。
冯夷[1]鼓狂浪，峥嵘雪崖堕。惊起无支祁[2]，腥涎沃铁锁。
两雄斗不死，大声吼乾坤。震撼山岳骨，磨荡日月魂。
黄河无停时，淮亦流不息。东风吹海波，万里涌秋色。
秋色不可扫，青烟映芦花。白鸟亦四五，长鸣下汀沙。
黄灵奠四渎，各剖盘古髓。千载今合流，神理胡乃尔。
渔翁一鬓霜，扁舟依古树。隔浦欲扣之，翩然淩波去。

注释：

①冯夷：传说中的黄河之神，即河伯。泛指水神。

②无支祁：传说中淮水水怪名。唐李肇《唐国史补》卷上："楚州有渔人，忽于淮中钓得古铁锁，挽之不绝，以告官，刺史李阳大集人力引之。锁穷，有青猕猴跃出水，复没而逝。后有验《山海经》云：'水兽好为害，禹锁于军山之下，其名曰无支奇。'"

解说：

陈孚（1259—1309），字刚中，号勿庵，元代临海县（今浙江白水洋镇）人。至元年间，上《大一统赋》，后讲学于河南上蔡书院，为山长，曾任国史院编修、礼部郎中，官至天台路总管府治中。诗文不事雕琢，纪行诗多描摹风土人情，七言古体诗最出色，著有《观光集》《交州集》等。

全诗描写了淮河与黄河合流时的情景，水势浩荡，激流勇湍。河水千古不变，河岸则一片祥和，白鸟鸣汀沙，秋色映芦花，鬓发渔翁凌波去……自然与生命是如此谐和，生机盎然。

蒲津晚渡

陈庚

中条山色照黄河，竞渡行人晚更多。
城上危楼倚霄汉，凭栏有客正悲歌。

解说：

陈庚（1194—1261），名一作庚，字子京，号澹轩，猗氏（今山西临猗）人。金末曾任郡教授，元初以荐授平阳路提举学校官。著有《澹轩文集》，已佚。《全金诗》存诗十九首。

中条山与黄河相辅相依，傍晚行人渡河纷纷，只有诗人登楼悲歌。

渡黄河作

周伯琦

中土多形胜，山川独厚深。太行横地脊，河水贯天心。

春雨田畴[①]坟，晴云野路阴。客怀增浩荡，缓辔当幽寻。

注释：

①田畴：泛指田地。

解说：

周伯琦（1298—1369），字伯温，号玉雪坡真逸，饶州鄱阳（今江西鄱阳）人。元代书法家、文学家。以荫授南海县主簿，后转为翰林修撰。博学工文章，而尤以书法擅名当时。

黄河舟中对月

泛舟溯长河，河急月色明。南风导飞帆，岸阔波涛平。

近林鸟雀栖，远岫[①]烟霞生。兹行道里遥，已见草木更。

初春发燕辕[②]，首夏还江程。禄班敢倭迟[③]，官守常屏营[④]。

何时归计遂，不为世尘婴[⑤]。

注释：

①远岫：远处的峰峦。

②燕辕：去燕地的车子。

③禄班：犹禄位。倭迟：迂回历远貌。

④屏营：惶恐，彷徨。《国语·吴语》："王亲独行，屏营彷徨于山林之中。"

⑤婴：缠绕，纠缠。

解说：

周伯琦的诗作多平淡自然，语言质朴，在朴野的诗意中抒发个人向往纯真自然的情怀。长河泛舟，岸阔涛平，一帆风顺。两岸边的烟霞与鸟雀让诗人感到了去官归乡的情感。

蒲津晚渡

曹之谦

黄河城下水沄沄[①]，船去船来几夕曛[②]。
老尽津头垂钓客，柳阴相对白鸥群。

注释：

①沄沄：水流汹涌貌。

②夕曛：落日的余晖。

解说：

曹之谦（？—1264），字益甫，山西应县人。早登科第，官至尚书省左司都事。金亡后隐居教授三十余年而终。之谦能诗，有《兑斋集》。

生活其实就是在平淡自然中去享受生活，长城、黄河、落日，钓翁、白鸥，还有比这更温馨的场面吗？

泊舟黄河口登岸试弓

萨都剌

泊舟黄河口，登岸试长弓。控弦满明月，脱箭出秋风。
旋拂衣上露，仰射天边鸿。词人多胆气，谁许万夫雄。

解说：

萨都剌（约1300—?），字天锡，号直斋。其先世为西域人。因祖父留镇云、代，遂居雁门（今山西代县）。泰定四年（1327）进士，官至燕南河北道肃政廉访司经历。晚年寓武林，常游历山水，后入方国珍幕府，卒。所作以宫词、艳情乐府诗著名，以自然景物为题材的山水诗较为出色，间有反映民间疾苦之作。亦工词。有《雁门集》。

全诗叙写诗人在黄河口岸控弦射箭的故事。黄河诗作中多悲慨思乡的主题，而此诗却描写了一位英姿雄发、充满豪情壮志的英雄形象。

明代

古河

孙蕡

萧关[①]之北黄河流，昔时禹迹今成邱。

荒碑苔藓不辨色，古水蛟龙犹有湫[②]。

野人千载见清浅，海宇万里无戈矛。

明当作颂献天子，高镌宝册垂鸿猷[③]。

注释：

①萧关：指北宋崇宁四年（1105）为防御西夏而筑的萧关，故址在今宁夏固原北。

②湫：水潭。

③鸿猷：鸿业，大业。

解说：

孙蕡（1337—1393），字仲衍，号西庵先生，明南海平步（今广东顺德）人。洪武三年（1370）进士，为翰林典籍，参与修撰《洪武正韵》。后因曾经为蓝玉题画，坐蓝玉案论死。蕡博学工诗文，诗风清圆流丽，著述甚富。

诗人有感而发，边塞雄关，昔时禹迹，都因盛世而湮没不闻，盛衰不常，今逢太平盛世，海晏河清，一定要歌颂当今圣明。

黄河晚渡

唐之淳

下马垂鞭更整衣，晚风吹面不多时。

打将双棹过河去，新月已生杨柳枝。

解说:

唐之淳（1350—1401）字愚士，山明（今浙江绍兴）人。建文朝官侍读预修书事。博闻多识，工诗文，善笔札。著有《逊志斋集》等。

南北双渡，必过黄河，所以渡河诗成为诗人一抒怀抱的凭机。不写黄河之缓急波流，只写晚风拂面，柳生新月，平淡静宁之心绪瞬间流淌而出。

题中条旧业图卷 （节选）

王绂

中条之山何雄哉，层峰叠嶂高崔巍。
太行嵩少与之相脈络，禹门凿断迥向中天开。
下有黄河水，奋激声如雷。
波涛万里接银汉，到此曲折其势相萦回。
佳气日磅礴，孕秀多奇材。
宝藏百物不足贵，往往间出人中魁。

解说:

王绂（1362—1416），绂一作芾，字孟端，号友石、九龙山人、鳌叟，后以字行，无锡（今属江苏）人。洪武时生员，因事受累，谪戍山西十余年；永乐初，以善书被荐，供事文渊阁，官中书舍人。工山水，尤擅墨竹，笔势纵横洒落。有《友石山房集》。

中条山与黄河相辅相依，名山大川多奇景。下有黄河奋激如雷，上有山峰层峦叠嶂，景色雄奇，人才亦济济。三晋大地自古多英才，教育兴晋是首功。

黄河

史谨

朝为川，暮成堤，发源远自昆仑西。

浊流扬波声惨悽，走沙埋船命斯须。

下有神龙护明珠，阴火夜映青玻瓈[①]。

无人为招翟乾祐[②]，平夫此险安群黎。

注释：

①玻瓈：通玻璃。

②翟乾祐：传说中的一名异人，可降伏龙虎。《酉阳杂俎》“翟乾祐，云安人也。……能行气丹篆，陆制虎豹，水伏蛟龙，卧常虚枕。”

解说：

史谨，生卒年不详，约1367年前后在世，字公谨，昆山人。洪武初，因事谪居云南。后用荐为应天府推官。降补湘阴县丞。寻罢归，侨居金陵，躭吟咏，工绘事，构独醉亭，卖药自给，以诗画终其身。撰有《独醉亭集》三卷。

诗题黄河而不提尧禹神功，没有河图洛书与无支祁，只有神龙明珠、阴火通明与异人翟乾祐，真可谓别出蹊径。

黄河

汪广洋

题注：曹州抵济宁周村河流，横溃茫无涯际。古云桑田变沧海不诬矣。

发迹昆仑最上峰，汇流奔突势舂容。

天关直下无留隘，地轴潜回有定踪。

石激浪痕蹲虎豹，船经桑罅走蛟龙。

欲求缩地忘惊险，正恐奇人不易逢。

解说：

汪广洋（？—1379），字朝宗，明初宰相，江苏高邮人。朱元璋称赞其“处理机要，屡献忠谋”。受封忠勤伯。后坐胡惟庸案被朱元璋赐死。

书驿舟

杨士奇

风激黄河白浪生，画船南下日西明。
怡人一片萧闲趣，两两水禽相对鸣。

解说：

杨士奇（1365—1444），明江西泰和人，名寓。建文初被荐入翰林，充编纂官，修《太祖实录》。成祖即位，入内阁典机务，历官至左谕德。成祖北巡，常使留辅太子。仁宗即位，任礼部侍郎，宣宗时进兵部尚书。历永乐、洪熙、宣德、正统四朝内阁，长期辅政。于谦、周忱、况锺等都由他荐引。与杨荣、杨溥并称“三杨”。著有《东里全集》《渊阁书目》《历代名臣奏议》等。

黄河消去了浊浪与奔涛，亦未尝不是一幅亲亲可人的样子。

登长子县城楼望潞州

谢肃

太行右股山盘绕，上党城临潞水皋。
欲觅人参除久渴，非关马足事遐遨。
南辕[①]直下黄河近，朔雁斜飞紫塞高。
日暮县谯[②]悲鼓角，不禁槐露浥秋袍。

注释：

①南辕：车辕向南。谓车向南行。

②谯：古代城门上建的楼，可以瞭望。

解说：

谢肃（1368—1384），字原功，号密庵，上虞（今浙江上虞）人。明洪武十九年（1386）举明经，授福建按察司佥事。与唐肃齐名，并称“会稽二肃”，有《密庵集》。

太行绝顶

千里驱车涉太行，秋风高拂鬓丝凉。
关当天井[①]闻灵籁[②]，路出羊肠绕大荒。
广武[③]西连关陕近，黄河东合泗淮长。
野夫不尽清游意，缓节吹箫坐石床。

注释：

①天井：古代军事上称四周为山、中间低洼的地形。

②灵籁：优美、动听的歌声。

③广武：古城名。故址在今河南荥阳东北广武山上。

解说：

长子县隶属于山西省长治市，地处山西省东南部，上党盆地西侧，东望太行与长治县搭界，西枕太岳与沁水、安泽为邻，南接高平，北毗屯留。风景独佳，名胜繁多，实可一游。

渡黄河

陈琏

万里奔流势转雄，风雷曾见舞鱼龙。
西来派出昆仑远，东去波连弱水通。
砥柱龙门神禹迹，宣房瓠子武皇功[①]。
桑田沧海应非偶，谁觅当年九道踪。

注解：

①古堤名。址在山东鄄城与河南濮阳之间。参见宋石介《河决》注。

解说：

陈琏（1369—1454），字廷器，号琴轩，广东东莞人。洪武二十三年（1390）举人，历任许州知州、滁州知州、礼部左侍郎等职。正统六年（1441）乃辞官归里。著作有《琴轩集》《归田稿》等。

会仙观

昔会群真地有灵，琳宫①玄馆②又重兴。
仙翁成道忘人我，宝鼎还丹护甲丁。
华表③年深留鹤语④，黄河水长带龙腥。
绿阴满院清如许，闲读黄庭⑤一卷经。

注释：

①琳宫：仙宫。亦为道观、殿堂之美称。

②玄馆：幽静的房舍。多指隐士的居处。

③华表：古代设在桥梁、宫殿、城垣或陵墓等前兼作装饰用的巨大柱子。

④南朝宋刘敬叔《异苑》卷三："晋太康二年冬，大寒，南洲人见二白鹤语于桥下曰：'今兹寒，不减尧崩年也。'于是飞去。"后以"鹤语"谓鹤寿长而多知往事。

⑤黄庭：指《黄庭经》。道教的经典著作。

解说：

会仙观在山西省武乡县城东监漳村西。南宋昔羽道士贾志韬会仙于此，故以得名。此地峰峦叠嶂，涧水潺潺，林木映衬，山明水秀，风景十分优美。会仙道观始建于南宋绍定二年（1229），明正德七年（1512）重修，嘉靖七年（1528）竣工。此观筑于涧水石上，背山面涧，以数丈石砌地托起，气势轩昂，高峻壮观。

黄河道中

王艮

荒荒大野兼天远，浑浑长河与海通。
云暗春城榆荚雨[①]，浪翻沙岸鲤鱼风[②]。
简书上计千艘集，玉帛来朝九域同。
献纳愿陪青琐[③]议，衰迟已是白头翁。

注释：

①榆荚雨：指春雨。《太平御览》引《泛胜之书》："三月榆荚雨时，高地强土，可种禾。"

②鲤鱼风：九月风；秋风。唐李商隐《河内诗》之二："后溪暗起鲤鱼风，船旗闪断芙蓉干。"冯浩笺注引《提要录》："鲤鱼风，乃九月风也。"

③青琐：借指宫廷。《晋书·夏侯湛传》："出草苗，起林薮，御青琐，入金墉者，无日不有。"

解说：

王艮（1368—1402）字敬止，号止斋，江西吉水人。明建文二年（1400）胡广榜进士第二人。

明朝初期，一扫鞑虏，国事百废俱兴，士人怀有积极的报国热情。诗人以黄河起兴，次联以欢快的笔触描写了黄河岸边的生活。颈尾二联，则抒发了诗人的报国热情，即使我已是衰头老翁，也愿输拳拳的报国热情。

黄河阻风遣闷

薛瑄

远岸沙飞风浪浑，流澌不断下三门。
蛟龙冻蛰波心水，舟楫寒依渡口村。
破闷只须吟丽句，消愁谁与贳[①]清樽。
临流苦忆殷贤相[②]，回首傅岩烟雾昏。

注释：

①贳：出租，出借。

②殷贤相指傅说。傅说是古虞国（今山西平陆）人，殷朝商王武丁的贤相。传说傅说为囚犯在傅岩筑城，商王武丁求贤臣，梦得圣人，醒后按梦中人的相貌派人寻找，最终在傅岩找到傅说，举以为相，国乃大治。

解说：

薛瑄（1389—1464），字德温，号敬轩，明代平阳府河津县平原村（今山西运城万荣县）人，著名理学家。永乐十九年（1421）登进士第，历任监察御史、提学佥事、大理寺丞、礼部侍郎兼翰林院学士。薛瑄为人弘毅刚正，为官廉洁，秉公执法，时人称之为“真铁汉公”。薛瑄晚年居家，设帐讲学，秦楚吴越间，慕名求学者数百人，时号“河东学派”。薛瑄崇尚气节，耻于空谈，倡导质朴淳实的学风。

寄蒲守徐孚

积石黄河绕郡流，郡城高兴自悠悠。
远天云净仙人掌[①]，近郭风清鹳雀楼[②]。
频寄鸾笺书可著，所需药物病全瘳。
卫蘧[③]卫武应难及，进德深惭老未休。

注释：

①仙人掌：华山峰名。在今陕西省华阴市。

②鹳雀楼：在山西蒲州府西南（今永济市境内），前瞻中条山，下瞰大河，因常有鹳雀栖息，故名。后为河水冲没。

③卫蘧：卫国大夫蘧伯玉。

解说：

全诗先写了蒲州的地理形胜，有黄河城郡、华山名楼，后两联表达了自己老骥千里的人生志向。

行黄河岸上

苍崖千仞俯黄流，滚滚波声大地浮。

惆怅灵槎无复见，壮怀只拟付神游。

解说：

诗人行走在黄河岸边的悬崖上，俯观河流奔腾，激起了诗人的雄心壮志。

舟中漫兴

于谦

一叶扁舟驾顺风，黄河九曲路西东。

沙鸥野鹭飞翔远，岸草汀花点缀同。

望断归心帆影里，惊回乡梦橹声中。

推篷独坐无馀事，祗有吟哦[①]兴不穷。

注释：

①写作诗词，推敲诗句。

解说：

于谦（1398—1457），字廷益，明代浙江钱塘（今杭州）人。永乐进士。为官清廉耿直，土木之变后，任兵部尚书，拥立景帝，反对南迁，并调集大军在北京城外击退瓦剌军。次年，瓦剌首领也先释放英宗，他仍努力整顿军队，加强训练以防备瓦剌。1457 年，英宗发动政变，重登帝位，他被诬陷，惨遭杀害。万历年间平反昭雪，谥忠肃。

于谦既是政治家亦是诗人，但是在诗中我们看不到一位政治家的功名利禄，相反我们看到了一位热爱生活、甘于平淡的文人形象。

黄河舟中

天风吹我渡黄河，鼓枻中流发棹歌。
昨夜一番甘雨降，鱼龙无数沐恩波。

解说：

诗人渡河遇雨，心情却十分高兴，鼓枻中流，棹歌恩波，欢兴非常。

偏头关书事

何乔新

金汤天设险，形胜壮遐荒[①]。地控黄河扼，山连紫塞[②]长。
别营貔虎[③]卧，分阵鹳鹅[④]翔。羽檄通西极，烽烟接朔方。
降胡随畜牧，戍卒事耕桑。土屋冬偏暖，松棚夏独凉。
桦林藏蛰兽，麋垄走群狼。云暗金笳[⑤]急，风高铁骑强。
承恩司管钥，敷德辑戎羌。德化虽无外，神州自有疆。
洗兵青海上，秣马黑山阳。誓斩楼兰首，铭功答圣皇。

注释：

①遐荒：边远荒僻之地。汉韦孟《讽谏》：“彤弓斯征，抚宁遐荒。”

②紫塞：泛称北方边塞。晋崔豹《古今注·都邑》：“秦筑长城，土色皆紫，汉塞亦然，故称紫塞焉。”

③貔虎：貔和虎，泛指猛兽。此处喻指守边军士。

④鹳鹅：军阵。《左传·昭公二十一年》：“丙戌，与华氏战于赭丘。郑翩愿为鹳，其御愿为鹅。”杜预注：“鹳、鹅皆陈名。”

⑤金笳：古代北方民族常用的一种管乐器。

解说：

何乔新（1427—1502），字廷秀，号椒丘，又号天苗。明代江西广昌人。景泰五年（1454）中进士，历任刑部侍郎、南京刑部尚书、刑部尚书等职。弘治四年（1491）辞官归里，杜门著述。正德十一年（1516），追赠太子太保，次年追谥文肃。

偏头关，位于偏关县黄河边，与宁武关、雁门关合称“三关”。偏头关东连丫角山，西濒黄河，因东仰西伏，故名偏头。现存关城为明洪武十三年（1390）所建，明宣德、天顺、弘治元年、嘉靖六年、隆庆年间均有修建。

诗人叙写了偏头关的地理位置与战略重要性。由于明代的军事武功与柔化政策，此时偏关一片和谐，所谓“降胡随畜牧，戍卒事耕桑”。诗中潜含了这样的事实：军事的强大与政治的清明，是保证美好生活的基本条件。

渡黄河

罗钦顺

汀树风微水不波，急催轻棹过黄河。

河流曲折浑无定，凭仗梢翁涉历多。

解说：

罗钦顺（1465—1547），字允昇，号整庵，泰和（今属江西）人。弘治进士，官至南京吏部尚书。著作有《困知记》《整庵存稿》等。

诗人渡河有感，河水曲折不定，但凭阅历取胜，所谓老马识途是也。

黄河篇

郑岳

河浑浑，发昆仑。
张骞葱岭迹未到，虚持汉节寻真源。[①]
南流中国见积石，雷奔百折趋龙门。
洑流[②]转徙浩无垠，历代为患难具陈。
武帝之时决瓠子，万乘沈璧躬负薪。[③]
我浮江汉历南纪，白首始一过孟津。
洪流迅急横绝渡，浊浪汹涌凝心神。
江汉合流清且驶，如何此水混泥滓。
一斛水，一斗泥。
临流不可汲，去岸即须犁[④]。
往年曾决张秋口，万金累址成圩堤。
从此安流循禹迹，并岸蒸民尽粒食。
方今九五登圣神，川岳百灵俱效职。
嗟尔河伯谨堤防，侈心莫纵兴望洋。
蛟龙自尔安窟宅，平波帖席一苇航。

注解：

①此两句指张骞通西域故事。详见沈君攸《桂楫泛河中》。

②洑流：回旋的水流。南朝梁何逊《渡连圻》诗之一："洑流自洄纠，激濑视奔腾。"

③此两句指武帝于瓠子圩堤堵河故事。详见苏轼《答吕梁仲屯田》注。

解说：

郑岳（1468—1539），字汝华，号山斋，明代兴化府莆田县人。明弘治六年（1493）进士，官至兵部侍郎。居官有风节，为明代莆阳名卿之一。

全诗言以黄河灾患与治理，希望河水安流，天下太平，国富民安。

黄河

郑善夫

五月黄河风不回，六鳌[①]东涌雪山来。

乌樯天转蛟龙窟，未道瞿塘滟滪堆[②]。

注释：

①六鳌：神话中负载五仙山的六只大龟。此喻指黄河的气势。相传渤海之东，有一深壑，中有岱舆、员峤、方壶、瀛洲、蓬莱五山，乃仙圣所居之地。然五山皆浮于海，常随潮波上下往还。“帝恐流于西极，失群仙圣之居，乃命禺彊使巨鳌十五，举首而戴之。迭为三番，六万岁一交焉。五山始峙而不动。而龙伯之国有大人，举足不盈数步而暨五山之所，一钓而连六鳌，合负而趣归其国，灼其骨以数焉。于是岱舆、员峤二山流于北极，沉于大海，仙圣之播迁者巨亿计。”事见《列子·汤问》。

②瞿塘滟滪堆：瞿塘峡，也称夔峡，为长江三峡之首。西起四川奉节县白帝城，东至巫山大溪。两岸悬崖壁立，江流湍急，山势险峻，号称西蜀门户。峡口有夔门和滟滪堆。

解说：

郑善夫（1485—1523），字继之，号少谷，闽县高湖乡（今福建福州）人。明代弘治进士，正德初始授户部主事，后辞官。正德中，起礼部主事，进员外郎，以谏南巡受杖。嘉靖初，起为南京吏部郎中。著有《郑少谷集》等。

以长河与黄河对比，反衬黄河巨险。

黄河冰

李梦阳

其一

黄河一夜冰，日光惨不发。

安得万里鞭，白马弄晴雪。

其二

夜冰白莽莽，风来但飞沙。

梁园①一夜雪，枯树皆梅花。

注释：

①梁园：西汉梁孝王所建东苑，又名菟园。梁孝王曾在此招集宾客赋咏大雪。

解说：

李梦阳（1473—1530），字天赐、献吉，号空同子，庆阳（今甘肃庆阳）人。弘治年间进士。在户部郎中任上，因弹劾宦官刘瑾，下狱免职。刘瑾死后复出，官至江西提学副使。“前七子”之一。提倡复古，反对台阁体诗风的空泛无味，在当时起了积极作用。著有《空同集》。

黄河风雪词

渺渺黄河风雪生，云愁海思不堪行。

阳春白雪非难和，公无渡河①无限情。

注释：

①公无渡河：古琴曲。参见李白《公无渡河》注。

夷门曲

黄河岸头多容船，大堤小堤杨柳烟。

独树花开特造次①，邻家香醪不索钱。

注释：

①造次：仓促；匆忙。

解说：

李梦阳的黄河诗，多短小精悍，生动谐趣，

癸亥杂诗

何瑭

故园门巷枕黄河，散乱牛羊草满坡。
两岸夕阳行客棹，一犁春雨老农蓑。
拨醅[①]酒熟尊颜醉，击缶声喧稚子歌。
一别天涯几芳草，梦回茅屋月明多。

注释：

①拨醅：舀取未滤过的酒。

解说：

何瑭（1474—1543），字粹夫，号柏斋。明代怀庆武陟（今属河南）人。弘治进士，曾任山西提学副使、南京太常少卿，官至南京右都御史。著作有《阴阳管见》《柏斋集》等。

生活的惬意与精神的谐和，不在于物质的多寡，而在于人性的淡泊。茅屋数间，牛羊牧坡，温酒稚歌，闲来再看看那客棹行夕阳与老农春雨蓑，人生还有比这更快乐的吗？想想今天被物化的自我，是否还能适应这种田园牧歌式的生活呢？

井灶翻成鱼鳖薮，桑田变作雁凫洲。可怜夹岸遭昏垫，二百年来此一秋。

泛黄河

陆深

淼淼[①]望不极，连天送浊流。浮沈经塞外，淘洗向中州。

鸥弄千帆雨，沙明两岸秋。灵槎频讯问，乘兴欲遨游。

注释：

①淼淼：水势浩大貌。

解说：

陆深（1477—1544），初名荣，字子渊，号俨山，南直隶松江府（今上海）人。弘治十八年（1505）进士，授编修，遭刘瑾忌，改南京主事，瑾诛，复职，累官四川左布政使，嘉靖中，官至詹事府詹事。卒谥文裕。陆深书法遒劲有法，著述宏富。上海陆家嘴也因其故宅和祖茔而得名。

黄浊连天，浮沉塞外，已成老生常谈。“鸥弄千帆雨，沙明两岸秋”，却别出蹊径，潜含无限生机。黄河之秀气展现无遗。

黄河南岸见梨花

其一

烟消露湿斗轻盈，梨花枝枝如有情。

分付东风莫吹尽，道旁留照夜深行。

其二

粉痕香晕雨初乾，惆怅芳心怯晓寒。

忆向小楼吹铁笛，湘帘十二捲朱阑。

解说：

陆深的绝句多亲切可爱，没有粉饰太平、歌颂圣世、冠冕堂皇，一切都是那么自然可爱。

黄河篇

何景明

黄河昆仑源，九曲与天通。
银汉贯箕尾，左盘日月宫。
奔流下龙门，喷薄沙海风。
三山万里倚穷发，鳖极虹梁开恍惚。
排空雪濑[①]垂银城，便可因之向溟渤[②]。
郭生少年观上都，还家且泛黄河舻。
读书岂必破万卷，览胜何须行九区。
蓬池已在梁园里，啸歌绿水洪波起。
扬帆他日乘高秋，见尔星槎挂斗牛。

注释：

①雪濑：雪白的水流。濑，从沙石上流过的急水。

②溟渤：溟海和渤海。多泛指大海。

解说：

何景明（1483—1521），字仲默，号大复山人，明代信阳（今河南信阳）人。弘治年间进士。官至陕西提学副使。“前七子”之一。与李梦阳同主张复古，但不尽相同。著有《大复集》。

诗人以黄河起源昆仑为端，叙写黄河之盛象，最后勉励郭生少年读书万卷，乘风破浪。

九日雨中登楼

边贡

八月黄河拟泛槎，为怜重九[①]一停车。
登楼恰对冥冥[②]雨，行径稀逢采采花。
苍树破云秋寺迥，碧山当槛暮城斜。
乡园客路俱愁寂，传语游人漫忆家。

注释：

①重九：又称重阳，指农历九月初九日。

②冥冥：昏暗迷茫状。

解说：

边贡（1476—1532），字廷实，山东历城（今属济南）人。明代弘治进士，官至南京户部尚书。为“前七子”之一。其诗风格婉约，有《华泉集》。

诗人八月受阻于黄河，可怜重阳节无法归乡，只能在异地登楼望河远眺了。此时节，又恰逢冥冥雨和些许无精打采的花，这更加重了诗人的乡愁。

夕济黄河（荥泽县）

严嵩

荻丛沙路莽难分，拍岸惊涛骇客闻。
千帆浪里惟看影，一雁天边自叫群。
漫滩积水浑无地，极浦[①]青山半入云。
借问荥城在何处，不堪荒戍闭。

注释：

①极浦：遥远的水滨。《楚辞 九歌 湘君》：“望涔阳兮极浦，横大江兮扬灵。”王逸注：“极，远也；浦，水涯也。”

解说：

严嵩（1480—1567），明代权臣。字惟中，江西分宜人。嘉靖时，因善迎合皇帝的意旨，排挤首辅夏言。1542 年入阁，两年后任首辅。前后专国政二十余年，以子世蕃和赵文华为爪牙。先后杀害夏言、曾铣、杨继盛等文武官员。晚年因其子世蕃被处死，他也被革职，家产抄没。

虽然是权奸，但是都是经过科举入了翰林的人，毋庸说文笔准是一流。然而，越是大奸，越是有才，危害就越大。即如明末清初之阮胡子（阮大铖），诗文俱佳，戏曲更称为国手，然而人格低劣，卖身投虏，实为万人仇；亦近代汪精卫诗词俱为上乘，然而卖国投敌。此事不可不警！

孟门夜月

荣海

岩岩一岫镇中流，览胜偏宜月下游。
点破龙门三级浪，接来壶口几分秋。
翻疑晓雪余前面，不见纤云翳上头。
皎皎清光留永夜，选幽端不逊瀛州。

解说：

荣海，明代吉州人，生卒年不详。

孟门山为黄河壶口瀑布下游处一孤岛，高出水面十余米。相传，上古时孟门与壶口相连，经禹始凿，渐成为屹立在黄河中流的一块巨石，近看似山，远眺如舟，俯瞰若门，河水一分为二从山两旁流过，又合为一流。农历月半，夜临孟门，可见河底明月高悬。

使郢渡黄河

孙承恩

渺渺洪流泛使航[①]，萧萧寒日淡无光。
平沙依约[②]云横渡，短楫飘摇风满裳。
水底鱼龙时啸舞，望中鸢鸟没苍茫。
天书玉节恭承命，不似乘槎志意荒。

注释：

①使航：诗人渡船出使郢地。

②依约：仿佛，隐约。

解说：

孙承恩（1481—1561），字贞甫，号毅斋，松江（今上海市）人。正德六年（1511）进士，授编修，官至礼部尚书，兼掌詹事府，嘉靖三十二年（1553）斋官设醮，以不肯遵旨穿道士服，罢职归。谥文简。卒年八十一。

诗人奉皇帝命出使郢地，其间乘舟渡河。虽然此时寒日无光，风满衣裳，但是仍然志满意得，情意激昂。心情好，诸般皆好，此之谓也。

渡黄河

杨慎

其一

河上人家杏子花，河边人唱浪陶沙。
草薰风暖春将半，若个行人不忆家。

其二

广武城边河水黄，沿河百里尽沙冈。
麦苗短短榆钱小，愁听居人说岁荒。

解说：

杨慎（1488—1559），字用修，号升庵，新都（今属四川）人。正德年间状元。曾任翰林院修撰。后因“大礼议”案触犯世宗，谪戍云南永昌三十余年。诗风浓丽深婉，学识丰博，著作等身。有《升庵集》传世。

农村有美景，亦有伤情处，有粉红杏子花与浪淘沙的民歌，亦有荒年饥岁的忧伤。闲情与忧世只有一诗之隔，虽在贬谪，心怀天下。

黄河行赠管汝济病归

薛蕙

昆仑播元气，积石①喷灵波。
东南控赤县，西北注黄河。
黄河西北来，崩浪触山开。
天轮蹙惊电，地轴沸奔雷。
雷奔万馀里，鼓怒何时已。
悬流白日下，漂沫浮云里。
洪波直射三秦道，巨灵②擘山山为倒。
二华峰开菡萏披，九嵏③夹绕蛟龙抱。
九嵏巀嶭④青天上，下有黄河日摇荡。
欹岸长移渔父船，清沙好拄仙人杖。
仙人西归聊卜筑，开门正对黄河曲。
浦口凫鹥⑤上石床，云中薜荔垂茆屋。
男儿挂冠苦不早，玉体忧来日枯槁。
尔去应寻河上公，我行欲访南山皓。

注释：

①积石：阿尼玛卿山。在青海省东南部，延伸至甘肃省南部，为昆仑山脉中支，黄河绕流东南侧。《书·禹贡》：“导河积石，至于龙门。”

②巨灵：神话传说中劈开华山的河神。

③九嵏山：山名，陕西、湖北等省均有此山名。

④巀嶭：山名。一名嵯峨山，又名慈峨山。在今陕西省泾阳、三原、淳化三县交界处。

⑤凫鹥：凫和鸥，泛指水鸟。

解说：

薛蕙（1489—1541）字君采，号西原，亳州（今属安徽）人。正德九年（1514）进士，授刑部主事，官至吏部考功司郎中。少年能诗，为王廷相所激赏，称其“可继何（景明）、李（梦阳）”。其诗温雅丽密，有王维、孟浩然之风。著作有《薛考功集》。

诗人的朋友因病休归，诗人赋诗以赠。诗的前半部分叙写黄河的雄伟奇观，最后描述朋友黄河岸边的住处，并给朋友寄去了美好的祝福。

送宋行人进之使太原潼关诸郡

谢榛

高城拂曙[①]乱鸦啼，别酒临风征马嘶。
使节天边云渺渺，王程春暮草萋萋。
黄河南去晋山断，紫塞西连秦树低。
宋玉三秋还有赋[②]，谁同华岳一攀跻。

注释：

①拂曙：拂晓。

②宋玉有《秋赋》。

解说：

谢榛（1495—1575），字茂秦，号四溟山人，山东临清人。“后七子”之一。初与李攀龙、王世贞等结诗社，以榛为首，倡导为诗模拟盛唐。后为攀龙等排斥。客游诸藩王间。其诗以律、绝见长。有《四溟集》《四溟诗话》。

这是一首送别诗，诗人送朋友出使太原、潼关诸郡。诗从离别的场景写起，此时天刚亮，还有风，征马嘶鸣，青草萋萋，渲染了一幅冷清的画面。诗人联想朋友行途中的三晋河山与秦关，不禁生发感慨。

渡黄河

张时彻

黄河回九曲，适郢乍经过。积雨初添涨，无风亦自波。

人行沙岸小，树近夕阳多。为爱沧浪曲[①]，因之鼓枻歌。

注释：

①沧浪曲：即后句之鼓枻歌，两者互解。《孟子·离娄上》：“渔父莞尔而笑，鼓枻而去，歌曰：‘沧浪之水清兮，可以濯吾缨；沧浪之水浊兮，可以濯吾足。’遂去，不复与言。”后遂以“沧浪”指此歌。

解说：

张时彻（1500—1577），字维静，号东沙，又号九一。明代鄞县（今浙江鄞州区）人。嘉靖二年（1523）进士。福建参政，官至兵部尚书，受严世蕃排挤，遂辞职归里。居家肆力著述，兼治农事，与范钦、屠大山合称“东海三司马”。

诗人渡过无风平静的黄河，远远回望，沙岸越来越小了，而离树越近，夕阳的余晖就越多。这种恬静的生活怎么不让人生起退隐之心呢？

赴晋渡黄河

高叔嗣

王程[①]不可缓，去此故园难。晚日临晴渚，秋风动早寒。

山田十亩废，蓬鬓[②]几丝残。顾影真成笑，驰驱为一官。

注释：

①王程：奉公命差遣的行程。唐岑参《送江陵黎少府》诗：“王程不敢住，岂是爱荆州。”

②蓬鬓：鬓发如蓬草一样。

解说：

高叔嗣（1502—1538），字子业，号苏门山人，明代河南祥符（今开封）人。嘉靖二年（1523）进士，授吏部稽勋员外郎，嘉靖十二年（1533）出为山西左参政，迁湖广按察使。诗清新婉约，冲澹沉雄。

“顾影真成笑，驰驱为一官。”世人皆以功名为趋，功名又何尝不辛苦，即如《围城》，外面的人想进去，里面的人想出来。于今趋官若骛者，恐怕真非为生民百姓着想吧。

黄河夜泊

康从理

燕云[①]朔雪路千重，飞藿[②]关河岁暮踪。
日落帆樯随雁鹜，夜寒衾枕傍鱼龙。
乡书寂寞天涯泪，客鬓萧骚[③]镜里容。
断岸蒹葭风雨急，一灯孤影听疏钟。

注释：

①五代时，后晋石敬瑭以燕云十六州割让给契丹。燕指幽州，云指云州。见《新五代史·晋高祖纪》。后以“燕云”泛指华北地区。

②凋零的豆叶。《文选·阮籍〈咏怀〉之三》：“嘉树下成蹊，东园桃与李，秋风吹飞藿，零落从此始。”沈约注：“风吹飞藿之时，盖桃李零落之日。华实既尽，柯叶又彫，无复一毫可悦。”

③稀疏。宋陆游《初秋书怀》：“二十年前已二毛，即今何恨鬓萧骚。”

解说：

康从理（1524—1581），字裕卿，号晓山，浙江永嘉人。被王世贞等评为“翩翩布衣之雄”。

燕朔北地，大雪几重。诗人随雁南迁而渡河。在南下的船中，听着雨打蒹葭的声音，诗人又度过了一个思乡的不眠夜。诗风冷凄，景物萧飒，于文字间透露出一种悲苦。

黄河对月遣怀

梁民相

皎皎明月光，盈盈[①]浊水流。明月照浊水，不鉴心中忧。

我昔委簪弁[②]，逝言守园丘。何期中愿乖，去去复远游。

岁月忽以变，山川成阻修。沈绵[③]骨欲朽，契阔[④]意多愁。

回首望故乡，瓜田行可收。丰歉常在念，颇为藿食谋。

去冬已饿殍，今春尚征求。贫无甋石[⑤]储，生计焉能休。

去住关百虑，进退徒夷犹[⑥]。惆怅孤明月，清光悬素秋。

注释：

①盈盈：充积貌；充盈貌。

②簪：冠簪。弁：礼帽。古代仕宦所服。

③沈绵：谓疾病缠绵，经久不愈。

④契阔：久别。

⑤甋石：亦作“无儋石”。谓连少量存粮也没有，形容家贫。

⑥夷犹：犹豫；迟疑不前。

解说：

梁民相，原名文，字井卿，南海人。明万历二十年（1592）进士。官零陵知县。改广平郡博。卒于官。

诗人月夜在黄河边生发人生不得志的感慨，百感交集，把内心的酸楚与对黎民百姓的担忧宣泄出来。

泛黄河

唐顺之

曾闻星宿海，上与月波连。西走昆仑坼，东流碣石湮。

鱼疑入舟跃，马似负图[①]传。今日临秋水，望洋[②]私自怜。

注释：

①负图：背负《河图》。传说圣主出，有龙马龟凤等背负传授天命的图文以献。

②望洋：亦作“望佯”“望阳”。仰视貌；远视貌。

解说：

唐顺之（1507—1560），字应德、义修，人称荆川先生，武进（今属江苏）人，嘉靖年间进士，曾领兵抵御倭寇，官至凤阳巡抚。为“唐宋派”代表作家之一，文风简雅。有《荆川先生文集》。

诗人月夜临河，联想黄河的走势与历史，不禁感慨万千。

渡河

李时行

千里关山客里过，北来征旆渡黄河。
天低野树寒云尽，日落平原战马多。
草猎阴风啼虎豹，沙飞白浪舞蛟鼍。
惊看汉业俱尘土，莫唱高台猛士歌[①]。

注释：

①猛士歌：即刘邦所作《大风歌》。《史记·高祖本纪》：“酒酣，高祖击筑，自为歌诗曰：‘大风起兮云飞扬，威加海内兮归故乡，安得猛士兮守四方！’”

解说：

李时行（1514—1569），字少偕，明代番禺人，“南园后五子”之一，官至南京兵部车驾司主事，以执法公正、不屈从于权贵而著称。死后列入乡贤祠，受香火祭祀。

诗以渡河为题，其旨却不在黄河，而写盛极必衰的人生感慨。

渡黄河

欧大任

津头小吏候旌干[1]，河激高歌举棹欢。
天转浮云酸枣决，涛翻斜日具茨寒。
万行归雁风前过，一片征帆树里看。
沉璧宣房[2]非汉代，君王无事诏千官。

注释：

①旌干：旗杆。

②宣房：汉武帝在瓠子治水时所建宫殿。见苏轼《答吕梁仲屯田》注。

解说：

欧大任（1516—1595），字桢伯，号仑山，广东顺德人。嘉靖四十二年（1563）以岁贡生试于大廷，列为第一。隆庆四年（1570）授江都司训。万历三年（1575）升国子监助教，官终南京工部虞衡郎中，人称欧虞部。与梁有誉、黎民表等人史称"南园后五子"。有《欧虞部集》传世。

送蒲州谢布衣

黄河风急片帆寒，折得虹霓作钓竿。
借问还山谢安石，更从何处望长安。

解说：

欧大任诗歌多有轻快自然之趣。如第一首之"河激高歌举棹欢"，第二首之"折得虹霓作钓竿"，如民歌小调，兴致盎然。《送蒲州谢布衣》中，诗人在送别友人时，反问朋友如果真的像谢安一样隐居山林的话，那么怎么有机会收复长安呢？依依惜别之情淋漓尽现。

观河

任环

昔年闻说黄河险，此日孤篷冒险来。
地涌狂澜风雨骤，天驱惊浪虎龙催。
源开星宿当何处，水到沧溟[①]定不回。
日暮潮生迷彩鹢[②]，安流时仗济川材。

注释：

①沧溟：大海。《汉武帝内传》："诸仙玉女，聚居沧溟。"

②彩鹢：旧时常在船首画上鹢鸟作为装饰，后遂成为船只的代称。

解说：

任环（1519—1558），山西长治人，字应乾。嘉靖进士，历任广平、沙河、滑县知县。嘉靖三十年（1551）迁苏州府同知，练民兵御倭，曾败倭于宝山、太仓、川沙等地，擢按察司佥事。又在苏州击退倭寇围攻，升右参政。嘉靖三十四年（1555）与俞大猷在嘉定、上海、太仓等地连破倭寇，以敢战著称。著有《山海漫谈》。

这是一位满腹经纶、学富五车的进士，又是文武兼攻、智勇双全的壮士，敢于挑战最极限，孤篷激进，力挽狂澜。他就是任环。正是这种"安流时仗济川材"的气魄，才使倭奴丧胆，诗如其人。

古道通三晋

李贽

黄河远缀白云间，我欲上天天不难。
三晋谁云通古道，人今惟见太行山。

解说：

李贽（1527—1602），原名载贽，号卓吾、宏甫、温陵居士，泉州晋江（今属福建）人。回族，官至云南姚安知府。后移居各地，著书立说，被当朝者以“敢倡乱道、惑世诬民”的罪名逮捕，自刎于狱中。师事阳明学派泰州王襞，公然以异端自居，批判儒家道德和封建传统。文学上反对复古模拟，主张创作要崇尚自然，并提倡戏曲、小说。有《焚书》《续焚书》《藏书》《李温陵集》等。

表里山河，河即黄河，山即吕梁山与太行山。古道有存，就在太行山上。诗人以反问手法，烘托了太行古道的艰险。

渡黄河遇风

郭谏臣

河上东风吹客袍，中流浊浪拍天高。
平生不识风波态，今日方知涉险劳。

解说：

郭谏臣（1524—1580），字子忠，号方泉，更号鲲溟，南直隶苏州府长洲（今江苏苏州）人。累官江西布政司参政，罢归。后起郧阳巡抚，未上卒。著有《郭鲲溟集》。

饶有兴趣的一首渡河诗。浊浪扑天，河见吹袍，在此间诗人第一次体验了过河的险劳。

登黄榆最高处

王世贞

太行无际碧天愁，榆塞[①]褰帷万古收。
紫气东盘沧海出，黄河西抱汉关流。
橐鞬[②]忽动双鸿瞑，刁斗频敲万马秋。
薄伐[③]到今仍列戍，教人无赖说并州。

注释：

①榆塞：此本指榆林塞，也用作边塞的统称。榆林塞以地处榆溪（今清水河）之畔，亦称榆溪塞，成为秦北边境一重要关塞。

②櫜鞬：藏箭和弓的器具。

③薄伐：征伐；讨伐。《诗·小雅·出车》："赫赫南仲，薄伐西戎。"

解说：

王世贞（1526—1590），字元美，号凤洲，别署弇州山人，明代太仓（今江苏太仓）人。嘉靖年间进士。官至南京刑部尚书，曾任山西按察使。明代"后七子"之一。所作诗文论著《艺苑卮言》，主张复古，文必秦汉，诗必盛唐。著有《弇州山人四部稿》。

榆林塞以黄河太行为天险，控黄河，拖汉关，一夫当关，万夫莫开。只是现在天下太平，雄关已无用武之地了。诗人咏史怀古，借物抒情，诗情豪放，语意纵横。

渡黄河

银作天河玉作堤，河流倒挂与天齐。

可怜抛向昆仑顶，一到人间浊似泥。

解说：

诗以巧局取胜，新意迭出，方为佳构。把黄河与银河相联结，又予以黄河之人性，谐趣盎然。

黄河篇

陈履

丙戌六月，余过天津，将趁舟入吴，晤王元德观察、石汝重农部，移舟觞余，鼓枻乘潮，望于东海。谛顾二君，翩翩乎称仙吏也。余酒后为作此篇。

黄河水，何浑浑，昆仑道是黄河源。
千回万折入中土，洪流终古势若奔。
我来天津望东海，主人为客移仙艅。
淩风欲访蓬莱胜，抚景旋开河朔尊。
高谈迥出形骸外，眼中世态安足言。
此时客子亦倾倒，狂来自把长髯掀。
翻怜雌伏[①]风尘里，十年戢翼[②]愁飞骞。
人生行乐在适意，且对美酒消忧烦。
但看日日随流水，黄河谁见回昆仑。

注释：

①比喻屈居下位，无所作为。《东观汉记·赵温传》："初为京兆郡丞，叹曰：'大丈夫当雄飞，安能雌伏！'遂弃官而去。后官至三公。"

②敛翅止飞。汉赵晔《吴越春秋·勾践归国外传》："猛兽将击，必弭毛帖伏；鸷鸟将搏，必卑飞戢翼。"

解说：

陈履（1530—1596），本名天泽，字德基，号定庵，虎门北栅村人，陈志敬孙。明隆庆五年（1571）进士，官至苍梧兵备副使。有《悬榻斋集》九卷。

诗人适过天津，受朋友邀请而赴宴。席间诗酒纵歌，酣畅淋漓。全诗以黄河为主线，在歌咏黄河的过程中，恣情宣泄，气势雄豪。与李太白《将进酒》之"君不见黄河之水天上来"有异曲同工之妙。

渡黄河

顾大典

疲马日投北，间关意若何。星霜催短鬓，风雨渡长河。
远道逢人少，归心入梦多。未能逃世网，微尚竟蹉跎。

解说：

顾大典（1540—1596），字道行、衡宇，号恒岳，苏州府吴江县人。

隆庆二年（1568）进士，历任南京兵部主事、山东按察副使、福建提学副使等职，后因罪辞官回乡。顾大典善诗画，好书法，精戏曲，著有传奇《清音阁四种》等。

此诗叙写诗人过黄河时的心情与感受。一匹疲弱不堪的马，一位星霜短鬓的老人，飘零在外，风雨黄河，构成一幅凄苦的画面。诗风萧瑟，格调悲凉。

春日游石梯门楼

苗朝阳

山下黄河河上楼，水光山色满楼头。
盈盈天堑华彝界，缓缓人横秦晋舟。
蹑履穿云凌霄壁，挥樽落日暗沙洲。
款阅谁复恢河套，怅恨茫茫白草秋。

注释：

①华彝，即华夷。

解说：

苗朝阳（1544—1629），字应葵，别号慎斋。万历五年（1577）进士，授河南新蔡令，又调繁杞。在任廉治干练，多所兴革，载入史志。万历十七年（1589），分校春闱。后辞官归乡，有《元白草家训》。

石梯隘口，位于山西河曲县城东南石梯村，东枕高岗，西临黄河，旧有南北二门，建楼其上，晋边墙始于此，倒废未修，北口上有关帝庙，下有泉井。此诗即写于此处。

附：河变步苗都谏游石梯楼韵

纳履忙登镇朔楼，惊看鸿浪涌滩头。
千霄古树波中杪，比舍高楹水上舟。
（见《保德州志》）

黄河客舍歌

张元凯

杖策渡河来，止舍河堤下。

衰柳当其门，荒荠生在瓦。

中有少妇能具餐，旧襦掩骭[①]馀双驾[②]。

剉草饲我枥上马，牵藤挂我腰下鞬。

客舍金钱真自惜，那堪一粲垆头[③]言。

注释：

①骭：小腿，胫骨。

②双驾：双脚。

③垆头：酒店。

解说：

张元凯，字左虞，吴县（今江苏苏州）人。约明世宗嘉靖三十三年(1554）前后在世。少受毛氏诗，折节读书。以世职为苏州卫指挥，再督漕北上，有功不得叙，自免归。元凯胸次夷旷，寄情诗酒，著有《伐檀斋集》。

诗人从南方督漕北上，舍于黄河岸边的一家旅店。旅店有些凋敝，衰柳门前，野草在瓦。店家女主人，露着鞋，穿着朴素的衣裙，给我做饭。旧襦装，露着鞋，说明这是农村妇女，不像那些金闺小姐，裙不露脚，锦衣玉食。店家朴实周到，价钱竟然低到让人惊讶，甚至不抵城里当垆女的一笑。诗中透露出农民的厚实与纯朴，也反映了城市与乡村的巨大贫富差距。

黄河篇

区大相

滔滔万古水，云与天汉接。披图疑昔闻，按迹证今睫[①]。
昆仑泉始蒙，星宿井初渫[②]。杯觞犹未滥，褰裳乃云涉。
如何万里流，势用百川挟。浊浪昏云日，崩涛溃原隰。
神运岂无症，王气兹有协。流清圣可俟，图出极乃立。
入塞表朝宗，荣光启大业。自从凿龙门，转徙非一劫。
汉使谬穷源[③]，禹功秘往牒。璧马事既往，金堤障犹叠。
卒岁用堤防，何时已林捷。讵言一苇航，终假商岩楫。

注解：

①睫：眼睑边缘的细毛。此处指所看到的。

②渫：除去，淘去污泥。

③传说汉代张骞曾奉武帝之命寻找黄河源头。他乘槎溯流而上，竟到了天河。

解说：

区大相（1549—1616），字用孺，号海目，广东佛山人。为文有奇气，援笔数千言。己丑年进士及第。历任翰林检讨、南太仆丞等职。工于诗，诗律板严，铸必炼，为明代岭南诗家之最。著有《太史诗集》等。

诗人从南方到北方，途经黄河，对经史典籍上的黄河记载进行了考证。这更加深了对祖先功绩的文化认同。对炎黄子孙来说，黄河是一种民族记忆，也是团结华夏民族的巨大凝聚力。

黄河鲙鲤歌

大河流水何汤汤，中有鲤鱼三尺长。
独茧之丝不能钓，贯以杨枝谁致将。
兄谓食鱼必河鲤，出水鲜鳞宁有此。
盘餐称意不论钱，鲙事吾乡最为美。
呼童霜刃三四挥，香醪浮动雪花霏。
大醉不知身是客，酣歌只觉兴如飞。
江乡六月足风涛，荔枝压酒冰盘高。
扬舲醉卧乘流去，且欲从君鲙巨鳌。

解说：

民以食为天，对中国人来说，食物是生命之源。然而对美味追求的食客精神，南北则无地域之分。南方水系发达，所以鱼为主材，然而由于地域与运输的局限，产于黄河的鲤鱼则是南方人所未曾遇及的。诗人这次有幸品尝了黄河鲤鱼，马上被这种美味所征服，不仅喝得大醉，而且醉中仍惦念着下次吃河鳌呢。如今黄河沿岸均有售鲤者，但不知是否为河中所豢？惜哉！

黄河阻风

孙继皋

黄河建瓴势，溯舟良独难。况此春风颠，奔流吼高滩。
蛟龙怒相攫，乌雀戢其翰[①]。孤帆两岸绝，长空浩漫漫。
所以去复止，端居不敢安。翻思昨日程，晴霭排青峦。
篷底坐对之，行稳心何宽。因之得宦道，拙巧同一观。

注释：

①戢翰，收敛羽毛。戢，收敛，隐藏。翰，长而坚硬的羽毛。此句谓黄河像蛟龙般攫搏，飞鸟亦不敢飞渡。

解说：

孙继皋（1550—1610），字以德，号柏潭，江苏无锡人。七岁入塾，明代万历二年（1574）状元，历任经筵讲官、少詹事兼侍读学士、礼部转吏部侍郎等职。万历八年（1580）充任会试同考官时，提拔魏大中、顾宪成等。

黄河本艰险，何况又阻于狂风，宦海浮沉不亦如此吗？昨天还是晴日青峦，今天便是排山倒海，最心安的生活莫过于守拙自安了。诗人历事生情，道出了人世沧桑。

渡黄河

胡应麟

九曲黄河水，奔流下夕阳。芦根渔网集，树杪[①]客帆张。

巨石撑淮浦，高洪压吕梁。黄姑[②]频岁约，击楫上扶桑[③]。

注释：

①树杪：树梢。《陈书·儒林传·王元规》："元规自执楫棹而去，留其男女三人，阁于树杪。"

②黄姑：牵牛星。《玉台新咏·歌辞之一》："东飞伯劳西飞燕，黄姑织女时相见。"吴兆宜注引《岁时记》："河鼓、黄姑，牵牛也。皆语之转。"

③扶桑：神话中的树名。《山海经·海外东经》："汤谷上有扶桑，十日所浴，在黑齿北。"

解说：

胡应麟（1551—1602），字元瑞，更字明瑞，号石羊生，又号少室山人，浙江兰溪人。万历举人。筑少室山中，聚书四万余卷，从事著述，征引广博。诗文承七子余风，但持论则已，由重视格调而趋向于神韵。有《诗薮》《少室山房笔丛》等。

此诗描写了傍晚时分黄河岸边的夕阳景色与渔家生活。

渡黄河

袁宗道

两度归江汉，重来度浊河。尘容三老[①]谙，驿路[②]二旬过。

霜薄天初朗，风轻晓亦波。太行山色近，西望碧嵯峨。

注释：

①三老：有声望的老人，此指诗人。

②驿路：驿道，大道。

解说：

袁宗道（1560—1600），字伯修，湖广公安（今属湖北）人。万历进士，官右庶子。与弟宏道、中道齐名，并称“三袁”。后七子倡导复古模拟，他们则崇尚本色，反对拟古。世称“公安派”。宗道于白居易、苏轼尤为推崇。有《白苏斋集》。

其诗叙写二次渡河的景致与心情。太行嵯峨依旧，水波亦如曾经，不变的是山河，变的是自我。

过黄河

飞盖[①]霁色新，爽气来青嶂[②]。行行见洪河，洪河流汤汤。

津吏向我言，夜雨添新涨。一叶凌浩渺，沸波溅其上。

鼓棹度中流，东西迷所向。雷车争砰鍧[③]，雪屋互排荡。

儿女色如土，老夫神犹王。自矢管公诚，岂忧蔡姬荡[④]。

篙师若有神，布帆遂无恙。三老顾何能，呵护赖神贶。

腐儒一寸心，幸哉天吴谅。刺刺[⑤]抚儿女，无庸太惆怅。

宦海多风涛，绝胜洪河浪。

注释：

①飞盖：高高的车篷，亦借指车。

②青嶂：如屏障的青山。

③砰訇：象声词，疾雷声。

④蔡姬荡：像蔡姬一样摇荡小船。典出《左传》。齐桓公和蔡姬在水中游玩，蔡姬晃船，桓公心怕，阻止蔡姬，蔡姬不听，晃个不停。齐桓公出船，大发雷霆，把蔡姬送回娘家。

⑤剌剌：轻拍声。

解说：

此诗叙写诗人携家人渡河的经历与感受。此时鸿波激荡，船摇得非常厉害，儿女都面色如土，诗人也心惊胆战，祈祷苍天，抚拍儿女。但是回神一想，这些河浪颠簸与宦海浮沉比起来又算得了什么呢？

渡黄河

袁中道

如雪寒沙千里平，猛风虽尽浪犹惊。
草经青女[①]全无色，雁过黄河别有声。
骑马久无浮宅梦，倚蓬忽动荡舟情。
可怜广武山常在，寂寞谁知竖子[③]名。

注释：

①青女：神话传说中的霜雪之神。

②广武：古城名。故址在今河南荥阳东北广武山上。有东、西二城，相距约两百步，中隔广武涧。楚汉相争时，刘邦屯西城，项羽屯东城，互相对峙。

③竖子：鄙贱的称谓，尤小子。此处指范增骂项羽的话。《史记·项羽本纪》：“亚父受玉斗，置之地，拔剑撞而破之，曰：‘唉！竖子不足与谋！’”

解说：

袁中道（1570—1627），字小修，湖广公安（今属湖北）人。万历进士，官南京吏部郎中。与兄宗道、宏道并称“三袁”，以“公安派”著称。其文学主张，反对模拟，崇尚自然。有《珂雪斋集》等。

这是一篇饾饤堆砌的诗作。诗人罗列了一箩筐的典故，说了一堆与黄河无甚关系的话，之所以选它，是为了给读者一个提示：写文章并不难，风马牛的主题也可写成一首诗。万历四十四年（1616），诗人秋日过黄河，忆起广武山的往事，感叹项羽命运的悲哀。

渡黄河作

纪坤

黄河天上来，其源吾不知。东南会大海，吾亦未见之。
但观孟津口，汹涌已若斯。放眼三十里，日耀黄琉璃。
自我出门游，所见无此奇。中流鼓长舵，兴逸不可羁。
安得水仙术，长啸呼冯夷[①]。赤脚踏鼋鼍，挥策驱蛟螭。
径乘桃花水[②]，东海寻安期。不然溯流上，唤取赤鲤骑。
五城十二楼，直上昆仑嬉。攀花弄珠树，漱液酌玉池。
群仙相招邀，天外飘云旗。俯视见此木，水折如盘丝。
惜哉两不遂，书剑方奔驰。盘涡[③]呼邪许[④]，托命于篙师[⑤]。
九歌河伯篇，慷慨吟楚词。危帆飘一叶，此去当依谁。

注释：

①冯夷：水神。详见宋之问《伤曹娘》注。

②桃花水，参照张翥《黄河》注。

③盘涡：水旋流形成的深涡。

④邪许：亦作“邪轩”“邪謣”，劳动时众人一齐用力所发出的号子声。

⑤篙师：撑船的熟手。唐杜甫《水会渡》：“篙师暗理楫，歌笑轻波澜。”

解说：

纪坤（1570—1642），字厚斋，明廪膳生，献县（今河北献县）人。纪坤迷恋科举，一直坚持到六十多岁，时乖运蹇，屡踬场屋。其亲历明王朝的衰落灭亡，诗中多有反映。

纪坤是一个相当实在的人，不尚虚辞。这一点，我们可以从其诗中看出，虽然大家都说黄河源出昆仑，但是我没见过，所以我就说不知道。黄河到哪去，都说是东海，但是我没见过，所以我也不说。眼见为实，我只说我见到的孟津口。诗人驰骋想象，运用夸张、比喻、拟人等修辞手法来烘托黄河的气势，全程杂以神话、传说等故事，从而使诗篇充满朝气与张力。观此篇，真想去孟津口一游。

黄河

范景文

不是来天上，何如坼地开。掀风看浪舞，挟雨欲山摧。

古岸蛟龙徙，清时璧马[①]灾。行河财力尽，临岸意徘徊。

解释：

①璧马：璧玉和良马。语本《左传·襄公十九年》："（襄公）贿荀偃束锦，加璧、乘马，先吴寿梦之鼎。"杜预注："古之献物，必有以先，今以璧马为鼎之先。"

解说：

范景文（1587—1644），字梦章，号思仁，别号质公，河间府吴桥（今河北河间）人。万历四十一年（1613）进士，官至工部尚书兼东阁大学士。李自成破城，崇祯自缢，范景文遗书殉节。后赠太傅，谥文忠。著有《大臣谱》《战守全书》等。

黄河摧山坼地，历朝对其防范有加，为了治理黄河，花费了巨大财力，所以现在才能在黄河岸边无忧无虑地赏览。

黄河道中

郭之奇

群峰沓嶂逐河生，马首轻云到水明。

西望昆源襟右入，天风吹出暮涛声。

解说：

郭之奇（1607—1662），字仲常，一字菽子，号正夫，别号若菽、玉溪子，自号三士道人，广东揭阳人。崇祯元年（1628）进士，南明时抵抗清廷，康熙元年殉难，清乾隆时赐谥忠节。著有《宛在堂诗文集》。

依河逐马而行，穿梭在群山之间，到了傍晚还能听到涛水奔流的声音。

介休道中

程可中

征旅聊因当胜游，庶饶①那复数中州。
雪融隙地培桑枣，日出通衢②噎马牛。
望望③绵山侵面出，时时汾水避人流。
太行春色黄河外，犹自严寒满敝裘。

注释：

①庶饶：犹富裕。

②通衢：四通八达的道路。

③望望：瞻望貌，依恋貌。

解说：

程可中，字中权，明代休宁（今属安徽）人，约1596年前后在世。能诗文，善散曲。散曲内容多写闺思闺怨，风格清丽。

此诗以欢快的笔触描绘了诗人在赴介休的途中所看到的生活场景。牛马成群，绵山侵面，熙熙攘攘的人群渡过汾河，虽然还有些寒气，但却遮挡不了诗人内心的喜悦之感。

过黄河

释今无

其一

已尽江南路，黄河带月过。客心愁地阔，风力入霜多。

日色依山澹，鸿声怯冻和。从来辛苦意，孤负好岩阿。

其二

初气战洪濛[①]，寒霜凛冽中。渡河方数里，此岸不同风。

草短蹄痕绉[②]，空长眼力穷。一轮残月影，一半是山东。

注释：

①洪濛：天地形成前的混沌状态。

②痕绉：有痕迹的丝绢。

解说：

释今无（1633—1681），俗姓万，年十六时事函星为僧，法名今无，字阿字，别署虫木。广东番禺人。广州海幢寺开山祖，著名诗僧。

渡黄河

月沉初听五更鸡，立马黄河去路迷。

人影远侵霜树白，酒旗寒挂驿亭低。

烟村百里才三见，事业孤身有数题。

却笑丹山飞白凤，碧梧种就不成栖。[①]

注释：

①凤凰非梧桐不栖，此取反义。《庄子》：“夫鹓雏，发于南海而飞于北海，非梧桐不止。”

解说：

这是一位僧人所写的诗，诗中有静思与禅机。诗风平淡自然，语言真纯，多有静逸之美。

陈维藩

碧空昨夜度宾鸿，壶口波兮思禹功。
一水中分秦晋异，两山傍峙古今同。
秋风卷起千层浪，晚日迎来万丈虹。
八载勤王方奏绩，凿成天险壮河东。

解说：

陈维藩，山西吉州人，进士。

带水泛黄

冯清

混混黄流震地来，蜓蜿[①]环抱亦奇哉。
边城保障功尤大，一穴昆仑孰始开。

注释：

①蜓蜿：本指蛇类曲折爬行的样子，后形容山路曲折。

解说：

冯清，字汝扬，顺天府宛平（今属北京）人。明弘治间进士。正德年间历任大同按察副使、宣大总督等职。

黄河从忻州河曲县经流保德县后，流入兴县。旧志称“黄河自东北旋绕城下，转向西南，真所谓襟山而带河者也”。“登楼俯瞰，依稀偃月垂形。架艇仰瞻，仿佛明珠在抱。”

舟泊黄河与止生舟隔两岸口占寄示

杨宛

恨打鸳鸯两岸飞，两心相望共依依。
何如溪上眠沙稳，相逐相呼趁月归。

解说：

杨宛（？—1644），字宛叔，一作宛若。明末金陵秦淮名妓。十六岁归茅元仪为妾。她能诗词、娴南曲，又善书画，其草书尤为人所称道。元仪因得罪权臣，失意纵酒而死，王微归许誉卿。崇祯末年，外戚田弘遇南下甄选美人，强夺杨宛叔、陈圆圆等美女北归，欲献于崇祯，但天子忧伤国事，无心逐色。杨宛后来扮成乞妇离开田府，不久死于乱贼之手。

茅元仪，字止生，崇祯时曾佐孙承宗军务，官至副总兵。此时黄河亦如银河，杨宛与元仪亦如织女与牛郎。

清代

渡河

屈大均

黄河春冻解，太华晓云晴。
匹马蒲关渡，中流津吏迎。

解说：

屈大均（1630—1696），明末清初诗人。初名绍隆，字翁山、介子，番禺（今属广东）人。青年时参加抗清活动，失败后一度为僧。后北游各地，图谋复明。著作有《翁山诗外》等五种。

舟中

日日黄河曲，烟波一片愁。

谁言渔父好，白首此孤舟。

解说：

五言绝句的妙处于自然、晓畅、轻快，可以把情绪简洁顺畅地表现出来。无论是借景抒情，还是融情于景，都妙于天然去雕饰。两诗恰把诗人渡黄河的喜悦心情展现了出来。

黄河

黄河万里贯长城，势落龙门太华倾。

一自鸿濛开大禹，至今形胜壮神京。

中华事去因潼谷，朔漠人归为柳营。

天意不怜司马苦，频将风雨丧佳兵。

解说：

明清鼎革，时代巨变，对明遗民来说，最痛苦的莫过于此。奔走呼号，反清复明等一系列义举，能激起的也许只是历史的一丝波澜而已。即使如此，义士们仍然飞蛾赴火，前仆后继，因为这是一种群体品格，一种永恒不灭的民族精神。正是因为这种精神，中华之火才永不熄灭。

黄河舟中作

河流黄日月，万里客愁中。天入清霜苦，人过白草空。

暮心生寂寞，春气破鸿濛[①]。吾道宜沧海，乘桴孰可同。

注释：

①鸿濛：自然的元气。

解说：

诗人渡河，以河为线，描写了黄河的衰飒景象，字里行间注入了身世飘零与家国之悲。诗人虽有沧海志，然而现实已无用武之地，或许只能像夫子一样乘桴济于沧海之上了。

黄河

爱新觉罗·胤礽

黄河天下险，万古亘乾坤。不睹灵涛壮，安知禹力尊。

水雷无定响，江海欲全吞。此际乘槎稳，安澜荷圣恩。

解说：

爱新觉罗·胤礽（1674—1725），清朝皇室，乳名保成，康熙次子。

北渡黄河甫登岸风雨即至驴背上诗以纪之

华日跻

黄河九曲来昆仑，奔流激湍争喧屯。

禹王明德亦远矣，吞天浴日嗟行人。

行人赍钱争竞渡，舟子常年纷若雾。

须臾鼓棹渡河来，约束蛟龙不敢怒。

蓦起狂飙吼蓼蘋，雨霰飘摇雷作嗔。

穷途孑孓荒烟里，回看恍惚凭夷尊。

旅社彷徨发浩歌，一饮一斗朱颜酡。

返思时会争瞬息，渡河死者何其多。

解说：

华日跻，字元初，号逊愚，顺治二年（1645）岁贡，官宜阳知县

黄河晚照

朱绍凤

天地何年老，劳人半渡头。浮梁随逝水，断岸落残湫。

猿啸秋风急，马嘶晓月愁。争如牛背上，闲欲看东流。

解说：

朱绍凤（1601—1664），字仪圣，号蒿菴，南京松江府上海县人，顺治六年（1649）登进士。

清代永宁州（临县）西临黄河，与陕西吴堡县隔河相望，有渡口多处。旧志载：“黄龙津在官果园水势极平，波浪不兴，虽夜渡亦无虞焉。”

太行绝巅望黄河歌

赵执信

晓日欲放山尽红，行人犯晓行山中。连嶂障天望何极，唯馀云气寒蒙蒙。
冬深冰雪塞大地，只虞马迹无由通。前临忽觉地形逼，两河烟树开千重。
中间烟断树灭处，青黄一道连高空。初疑当风曳云锦，又似东风升䗖蝀。
料量始识大河见，势拟天阙悬飞龙。昆仑倒泻几万里，划分南北无始终。
蜿蜒胜已控秦豫，奔腾气欲吞华嵩。眼底太行将恐没，古来雄观何能同。
我闻今年大水涨，舟楫日夜相撞舂。有时青天万艘失，咄嗟人命随悲风。
江淮相接渺巨浸，田庐尽作蓬蒿丛。海门不启河伯怒，坐令堤埽难收功。
即今远望仅如带，晨光指点愁匆匆。可怜黔首半鱼鳖，漫言游子开心胸。

解说：

赵执信（1662—1744），字伸符，号秋谷，又号饴山，山东益都（今属山东淄博）人。康熙进士，官右赞善。因在“国丧”期间观演《长生殿》被革职。诗主峻刻，对当时社会状况有所反映。著有《饴山堂集》等。

渡黄河

毛际可

晨兴理轻策，咫尺阻长河。是时当伏秋，激浪涌嵯峨。
中流风怒号，嘘吸愁鲸鼍。同侣皆动色，将伯欲如何。
舟子谈笑馀，顾视颜愈和。扬帆复理楫，枕席恬然过。
始知镇定力，可以靖风波。谋事苟若是，经营岂在多。

解说：

毛际可（1633—1708），清代文人。字会侯，号鹤舫，晚号松皋老人。浙江遂安县人。擅长古文，与同时的毛奇龄、毛先舒皆浙江人，因而有“浙中三毛，文中三豪”之称。

太史祠隔河望孤山

王又旦

绝巘连云出，秋风隔水多。
韩原中缺处，山翠压黄河。

解说：

王又旦（1636—1687），字幼华，号黄湄，明郃阳（今陕西省合阳县）人。顺治十五年（1658）进士，由潜江知县历官户科给事中，户部都给事。擅诗，文采风流，官声诗名并重，时与诗坛领袖王士禛并称“二王”。

黄河

王材任

黄河万里来天上，积石龙门道路赊。

已是秋风回瓠子，更怜春雨涨桃花。

怒涛高压千金堰，急溜初回八月槎。

三策至今思贾让，金钱那可委泥沙。

解说：

王材任，字子重，号西涧老人，湖广黄冈人。康熙己未进士，官佥都御史。著有《尊道堂诗钞》《西涧诗钞》等。

渡黄河

白衣保

击楫金堤下，中流望眼开。水从天上落，人自日边来。

废垒寒烟白，荒墩画角哀。夷门知不远，吊古独徘徊。

解说：

白衣保，字命之，号鹤亭，又号香山，蒙古族人。约生活于康熙、乾隆年间，曾任蒙古镶黄旗印务章京、右翼协领等职。喜作诗，著有《鹤亭诗钞》等。

送曹侍郎溶备兵大同

朱彝尊

榆关萧瑟二庭空，堠火平安九塞通。

往日连师惊朔漠，只今市马互西东。

黄河天上三城戍，画角霜前万里风。

知有冯唐论将略，不令魏尚久云中。

解说：

朱彝尊（1629—1709），字锡鬯，号竹垞、小长芦钓鱼师、金风亭长。秀水（今浙江嘉兴）人。康熙年间举博学鸿词科，授翰林院检讨，参加编修《明史》。为浙西词派创始人。诗与王士禛齐名，世称“南朱北王”。

渡河作

张步瀛

官道征尘动，行囊健马驼。春风吹片席，晓日渡黄河。
勋业筹长策，关山付浩歌。抚怀悲壮志，短剑一摩挲。

解说：

张步瀛，字翰仙，新安人。初任鄌城教谕。康熙三十年（1691）进士，官安徽潜山知县。

十一月初一日渡黄河

纪昀

冯夷排浪东南流，偃蹇不受神禹囚。
雷车百万坼北走，平吞气欲无徐州。
千里一泻只瞬息，盘涡十丈谁敢投。
颠风横簸浪三尺，篙师欲渡时还休。
清河渡口势颇敛，往来南北通咽喉。
我来又值十月后，清霜已降洪涛收。
官舫推篷望两岸，寒波犹拍长天浮。
微风才觉掠旗脚，高浪已骇冲船头。
龙骧万斛如一叶，欹侧掀舞不自由。
众手捩舵呼邪许，樯乌一转回万牛。
屈伸臂顷已十里，瞥然何止鹰离鞲。

桃花想见三月涨，澒洞万顷风烟浮。
回帆脱手傥一失，咫尺便入鲛宫游。
区区忠信宁敢仗，所凭王命轻阳侯。
回头却顾真险绝，微茫淮济非其俦。
九折东泻自太古，荡潏为患从商周。
汉唐而下日聚讼，捍御至竟无良筹。
书生每喜谈水利，尸祝欲代庖人谋。
世间万事须阅历，百不一效空贻羞。
我今鼓枻既得涉，且呼舟子趋邗沟。
挑镫夜读河渠志，咄哉纸上谈戈矛。

解说：

纪昀（1724—1805），字晓岚、春帆，献县（今属河北）人。乾隆年间进士。官至礼部尚书、协办大学士。曾任《四库全书》总纂官，并主持写定《四库总目提要》。著有笔记小说集《阅微草堂笔记》。有《纪文达公遗集》。

渡黄河

纪迈宜

其一

淼淼洪涛络地长，迢迢帆影挂斜阳。
堤回曲岸虹千仞，雁起圆沙字几行。
久矣鸿沟迷楚汉，漫从碣石问沧桑。
平芜莽苍浮云合，知是当年百战场。

其二

天汉浮槎讵可登，双丸跳荡此中腾。
千帆疾下真如鸟，十月初寒未试冰。
觅渡声传樵径月，鸣镳目断猎围鹰。
明朝更访夷门道，独向荒烟酹信陵。

解说：

纪迈宜，字偍亭，号蓬山逸叟，文安人。清康熙三十九年（1774）举人，官泰安知州。尤精于诗，著有《俭重堂诗》等。

归渡黄河

张晋

万里驱归马，凌兢石路多。平原忽莽苍，天半落黄河。
晓日荡寒色，长风涌大波。乡关知不远，爱听榜人歌。

解说：

张晋（1764—1819），原名张光晋，字隽三，阳城人。笃学好诗，中秀才后再不求仕进，游学闽越燕齐间，眼界开阔，诗作精工。著有《艳雪堂诗》等。

黄河

许丽京

浩淼浮天至，回旋动地翻。阳关经百折，星宿合双源。
禹甸成功著，尧乡梗患烦。分支归马谷，正派下龙门。
绝域穷飞鸟，穿堤惧伏鼋。扬波连北卜，如带走中原。
兖豫流偏驶，徐扬势共奔。桃花春汛阔，竹箭雪涛喧。
今古常如此，功名不可论。符徒夸德水，材尽取淇园。
亦有王横策，非无贾让言。灌田齐雨润，转粟若云屯。
灾异由秦汉，经营及宋元。荣光曾偶出，旧迹讵常存。
往昔洪流决，民生怨恨吞。秋风沈白马，使者拥朱轓。
玉节声名大，金堤力役繁。哀鸣中泽雁，痛哭万夫魂。
舟楫通淮便，泥沙合泗浑。经纶才不小，修筑道偏尊。
瓠子狂澜静，彭城落日昏。一时留伟绩，万姓感殊恩。
忠信涛能涉，纷纭舌可扪。几人思利济，有客拟腾骞。

击目悲怀切，高歌气候温。饥民愁雨雪，古庙荐菽蘩。

潦倒新诗卷，飘零浊酒尊。乘槎虚壮志，西望极昆仑。

解说：

许丽京，字务滋，一字绮汉，清桐城（今安徽桐城）人。嘉庆二十三年（1818）举人，道光六年（1826）进士，历任浙江安吉、陕西安定、雒南知县，署耀州、商州知州。有《兰园诗集》等。

渡黄河

帅远燡

此水来天上，孤舟激浪行。涛声冲岸急，塔影卧堤平。

高屋旋沙没，平畴蔓草生。渠成休报绩，中泽尚鸿鸣。

解说：

帅远燡（1817—1857），字仲谦，一字逸斋，湖北黄梅人。进士出身，后因抗击太平天国而战死。朝廷授予骑都尉世职，建专祠祭祀，谥文毅。其子帅畹辑有《帅文毅公遗集》。

登望河楼

万方煦

楼势凌城郭，清秋发浩歌。西风吹太华，斜日渡黄河。

陕树临关断，秦云入晋多。生平怀利济，凭槛向沧波。

解说：

万方煦，生卒年不详，字伯舒，一字对樵，浙江山阴人。有《豫斋集》。

壶口秋风

南鹏

闻说孟门小，来看大似拳。生成书案景，拟在画中悬。

丹化神仙迹，龙潜吐怪诞。敢同银汉使，毋谓犯星缠。

解说：

南鹏，陕西新安人，曾任吉州知州。

壶口

刘龙光

黄流滚滚入壶中，九折波澜此地雄。

禹治功成留缺陷，往来舟楫一时穷。

解说：

刘龙光，曾任吉州知州。

壶口秋风

葛临洲

万里洪流声怒号，天开一堑势雄豪。

旅船横岸秦关远，征雁排空晋岭高。

壶口山边风飒飒，孟门石下浪滔滔。

丹崖翠壁环如堵，直欲樵渔傍水涛。

解说：

葛临洲，吉州人。

河涯禹迹

任临汾

浩浩西来接太空，成于万古庆攸同。
界分秦晋重关奠，地限华夷两岸通。
四载寅承钦帝命，八年辛苦缅神功。
天桥遗迹今犹在，庙貌如新享祀隆。

解说：

任临汾，河曲县人，廪生。

山西省忻州市河曲县城西沿黄河岸边崖岸建有禹庙，有石壁如斧凿，传为大禹治水时痕迹。此诗即语此景。诗从黄河界分秦晋说起，又叙以大禹因治水功绩而被后世供祀。然而诗人气度有点小，视线只能划到春秋时期，把晋秦之分视为华夏之别。试推想，此诗如被秦陕人看到定会气炸不可。

黄河襟带

刘存基

岸分秦晋各西东，一泾黄流万里雄。
源出昆仑真浩荡，势成襟带引洪蒙。
舟摇雷雨风当面，浪滚星辰月在中。
余昔乘槎游华岳，天空海阔望无穷。

解说：

刘存基，大宁县人，进士。

大宁县西濒黄河，清光绪《大宁县志》载："县西七十五里名马斗关，控扼回环，贴然有致，河势南流，横绕犹襟带之佩也。"

蒲津渡

杨万青

渡口还乡客，黄昏乱唤船。征心千里路，回首五陵烟。

篷影随波远，钟声隔岸圆。铁牛相泊处，明月印城颠。

解说：

杨万青，蒲州人。

蒲津渡亦称蒲州渡，遗址位于今山西省永济市城西黄河东岸，为全国重点文物保护单位。古时曾在此建蒲津浮桥，时为桥，时为渡，为秦晋主要通道。元代以后，舟桥终废，乃用木船摆渡。后因黄河摇摆，时存时续，地址不定。为稳固蒲津浮桥，唐开元十二年（724）曾在黄河古道两岸各铸铁牛四尊。1989年，处于黄河古道东岸的四尊铁牛及铁人、铁柱、铁山全部出土，铁牛各重约30吨。今建有固定性石砌码头，机船摆渡。

第二节　词赋篇

灵河赋

魏应

咨灵川之遐原[①]，于昆仑之神丘。凌增城之阴隅兮[②]，赖后土之潜流[③]。冲积石之重险[④]。披山麓而溢浮[⑤]。蹶龙黄而南迈兮[⑥]，纡鸿体而四流[⑦]。涉津路之峻泉[⑧]，播九道乎中州[⑨]。汾鸿踊而腾骛[⑩]，恒亹亹而徂征[⑪]。肇乘高而迅逝[⑫]，阳侯沛而振惊[⑬]。有汉中叶，金堤陨而瓠子倾[⑭]。兴万乘而亲务，董群后而来营[⑮]。下淇园之丰筱[⑯]，投玉璧而沉星[⑰]。若夫长杉峻槽[⑱]，茂栝芬橿，扶流灌列，暎水荫防[⑲]。隆条动而畅清风，白日显而曜殊光[⑳]。

龙艘白鲤，越艇蜀舲，沂游覆水，帆柁如林[㉑]。

注释：

①咨：叹词，多表赞赏。灵川：指黄河。遐原：遥远的河源。

②凌：逾越。增城：古代神话中的神城，见《淮南子·坠形训》。阴隅：太阳晒不到处。

③后土：本为大地的神祀。此指昆仑山。

④冲：冲击，磨刷。积石：昆仑支脉积石山。

⑤披：同"劈"。麓：山脚。溢浮：水满充盈。

⑥蹶：扰乱，惊动。龙黄：黄河九曲如龙，其色为黄。迈：远行。

⑦纡：曲折。鸿：大。

⑧津：渡口，此指河津，即龙门。洛：洛水。阪泉：地名有三，其一在山西阳曲县东北；其二在山西运城市南；其三在河北涿鹿县东南。

⑨播：分布。九道：九河。中州：古豫州，今指河南一带。泛指中原地区。

⑩汾：众多貌。湏：水流转貌。鸿涌：水波汹涌貌。

⑪亹亹：水流急速貌。徂征：本指远行，此指水奔行远流貌。

⑫肇：发语词。乘高：升高。

⑬阳侯：传说中的波涛之神。沛：水流盛大貌。

⑭金堤：古堤名，在今河南北部滑县东。瓠子：古堤名，在今河南北部濮阳境，黄河曾在此决口。倾：溃决。

⑮董：统率，监督。群后：四方诸侯及九州牧伯。营：建造。

⑯淇园：古卫国园林，产竹，古址在河南淇县西北。篆：细竹。此指编竹筐以堵塞黄河决堤。

⑰投玉璧而沉星，指汉武帝沉玉璧白马以绥靖河神。事见《史记·河渠书》。

⑱槓：即桧。橿：木名，质地坚实，用以造车。暎：同“映”。防：河堤。

⑲隆：丰大。畅：通畅。

⑳龙艘：龙舟。白鲤：白色鲤鱼。越艇：越地产的小船。蜀舲：蜀地的船。此处均指龙舟。

㉑沂游：即溯游，顺流而行。柁：即舵。

解说：

魏应（约7—80），后汉经学博士。字君伯，任城（今济宁市）人。少好学，建武初，诣博士受业，习《鲁诗》，闭门诵习，不交僚党。教授山泽中，徒众常数百人。水平初，为博士，迁侍中、大鸿胪，拜光禄大夫、五官中郎将。建初四年（79），与诸儒于白虎观讲论《五经》同异，魏应专掌难问，帝亲临裁决，如石渠故事。后出为上党太守，征拜骑都尉，卒于官。

《史记·河渠书》："今天子元光之中，而河决于瓠子，东南注巨野，通于淮、泗。于是天子使汲黯、郑当时兴人徒塞之，辄复坏。……自河决瓠子后二十余岁……天子乃使汲仁、郭昌发卒数万人塞瓠子决。于是天子已用事万里沙，则还自临决河，沈白马玉璧于河，令群臣从官自将军以下皆负薪窴决河。是时东郡烧草，以故薪柴少，而下淇园之竹以为楗。天子既临河决，悼功之不成，乃作歌曰……于是卒塞瓠子，筑宫其上，名曰宣房宫。而道河北行二渠，复禹旧迹。"

大河赋

成公绥

览百川之弘壮兮，莫尚美于黄河。潜昆仑之峻极兮，出积石之嵯峨。登龙门而南游兮，拂华阴与曲阿。凌砥柱而激湍兮，于洛汭而扬波。体委蛇于后土兮，配灵汉于穹苍。贯中黄之畿甸兮，经朔狄之遐荒。历二周之北境兮，流三晋之南乡。秦自西而启壤兮，齐据东而画疆。殷徒涉而永固。卫迁济而遂强。赵决流而卻魏，赢引沟而灭梁。思先哲之攸叹，何水德之难量。

黄河赋

元·聂炳

洪惟皇上嗣大历服，越明年，黄河清，昭盛瑞也。下土小臣，拜手稽首而献赋曰：

维彼昆仑，河源水焉。注于葱岭，派于于阗。思昔盘礴之内，开辟之先。浮清凝浊，载黄载元。融然而川，呼然而渊。流衍乎祝栗松濮之地，浸淫乎羲农轩昊之天。想夫洪涛一起，海水群飞。监泽之汇倒流，玉门之云下垂。

惊春霆之夜声，烂晴霞之昼披。斯河源之未导，实滥觞之在兹。迨夫高焉而卑，险焉而夷。自积石而发轫，至龙门而载驰。导孟津而底平，经砥石而孔迟。斯河源之即导，俾靡然而东之。穷黄河之颠末，常圣功之是思。

解说：

聂炳（1302—1352），字韫夫，江夏（今湖北省武汉市武昌区）人。元统元年（1333）进士，授承事郎、同知平昌州事，转宝庆路推官。至正十二年（1342）迁荆门州。农民起义军攻荆门，城陷被杀。《元史》有传。

黄河赋

元·李祁

干清坤夷，岳奠川会。览四海之萦环，见黄河之如带。下亘寰宇之区，上通银河之派。折九曲之迂回，泻千里于一快。想成功于当年，微神禹吾谁赖。观其肇迹西土，濬源天渊，浩浩荡荡，翩翩绵绵。或奔放而莫御，或纡徐以夷延，或腾踔奋迅。激强弩以俱发，或喧豗震掉，雷万鼓而并前。耸银阙之嵯峨，驱铁骑之森严。忽洪流之浩渺，播余波于两壖。谅一苇之难渡，岂容刀之可言。

思昔龙门未辟，积石未导，荡斯民之衡庐，为鱼鳖之阃奥。暨黄河之安流，嘉元圭之锡告。济苍生于艰危，拯沉溺于闲燥。昭乎如日月之乍明，廓乎若乾坤之再造。此后之临流而叹者，所以深为鱼之忧而羡禹功之妙也。

逮从西京，治化昭明。何壮心之未已，复驰骛于远征。命彼张骞，使于西垠，穷二水之所自，至盐泽而陆沉。是虽足以知黄河之源委，要未可与神禹而并称。盖其甘心远夷，疲敝中国，孰若疏凿功成，免民鱼鳖。灵槎泛泛，使节煌煌，孰若乘彼四载，经营四方？竹杖诡奇，蒟酱甘好，孰若水土既平、稼穑是宝。吾于是知禹之功，如天地之无不持载、无不覆帱者矣。

惟我皇元万国一统，会百川而东朝，环众星而北拱，不必胼足胝手而河流无汎溢之虞。不必穷幽极远而河源皆版图之贡。愚生南邦，未获时用。盖将振衣袂乎昆仑，豁心胸乎云梦，挹黄河之余波，造明堂而献河清之颂。

解说：

李祁（1299—?），字一初，号希蘧，茶陵（今属湖南）人。元统元年（1333）左榜进士第二。授应奉翰林文字，以母老就养江南，除婺源州同知，迁江浙儒学副提举。因母忧解职，退隐永新山中。入明，力辞征辟。著有《云阳集》十卷。

黄河说

明·朱元璋

吴元年丁未月，遣大将军率马、步被坚者二十有五万，渡江，越淮北，入中原，首服齐鲁。明年，洪武初夏四月，定河洛。秋八月，胡君弃城远遁沙漠。又冬，转战晋冀，抚有其地。关右望风送欵，中原是平。尝云君天下非都中原不可，今中原既平，必躬亲至彼，仰观俯察，择地以居之，遂于当年夏四月，率禁兵数万往视之。溯流河上，足月抵汴梁。当是时，机务运繁，虽有山川秀丽、古今人之事迹，一时不暇歌咏。至九年秋八月，祀社斋于奉天门。夕坐道上，有儒臣待制李思迪者侍，其傍皆当时同舟往者，因言北狩。河水变迁，欲为之说，未文。明日午漏，思迪以说来进，观斯文意，壮水势、说河源，文颇顺序。朕因以为之说。

元年夏四月，敕有司清江淮水滨及河际故道。某日，乘巨艘抵瓜州。是时春水方既潦，水初兴，江无洪涛，日无酷暑。时在清和利征旦吉，舟入浩河。舍半抵广陵，三日至淮阴，舟师入淮。是日，巽上风多，扬帆飞帜，不二时而达河淮。二水相合之处，见水分两道清浊如界，并流二十余里，方乃混沌东注。既而越淮入河，方觉水上同流，极浊而无清，至黄而无黑，更无他色，所以古今称黄河，宜其然也。舟行三旬，昼夜居斯水上。时刻听观其势，若万马奔驰，其状若大地轰马。其湍物之速，一息莫视。其山回石转之处，则水绕势盘，旋于羊角，水底玲珑。因风激怒，涛飞泼天，则珠飞雨降。有时巨浪如堤，倏然而涌，横亘其河。使湍者缓，流者止，细浪者无文。良久之间，众流辐辏，其横亘之水将消，忽然一水周旋，则水底有声，喑喑呜呜。又少时间，水中一穴，若数丈围，有如井状，上通天气，下至河底，俗呼“旋涡”也。其水为旋转甚急，中有飞者上起，去涡丈余，霏霏临岸，沸沸触人。其流于两山峡之处，或直而湍，或曲而折，或绕石而旋，或复流以触岸，或怒急而雪浪成堆，或使山倾地陷，或舟覆而楫摧。或巨鱼一尾之间，虽呼吸之际，早十里之程，若胎龙美之而出戏。至于平原旷野，则东荡西坍，使桑田变迁，水势少慢，亦其宜欤。此坚柔之所由，孰谓有神者欤？若以河之无神，却乃有之，所以有之者，极浊而难澄，滔滔东注，亘古今而不息，此久常者也。忽然而极清，人影皆毫厘洞见，如此者或千百里，或数十里，斯可谓神者也。故上古人君载之祀典，畏之，祀之，为民祈福焉。今朕得观斯水，水狭处，如经如弦，凡山回石起之处，则盘若羊肠。若河阴以达于徐、宿，地旷而原平，则不然，斯水汗汗漫漫，浩浩荡荡，有不可测焉。《禹贡》注云“三门未辟，吕梁未凿，河出孟门之上”，则未为当也。必后人讹其文，相传差矣。朕曩者既游，今复思之以为说耳。

解说：

朱元璋（1328—1398），濠州（今安徽省凤阳县东）人。幼曾为僧，后投郭子兴的红巾军反元，子兴卒，受诸将拥戴，称吴王。灭元后即帝位而为明太祖，年号洪武，建都应天，在位三十一年崩，卒谥高皇帝。

朱元璋，本不识字，后来文化皆从军时所学。今天睹其《黄河》文章，丝毫看不出一点土腥味道。相反，文章华彩并呈，叙述有章，特别是对于黄河奔浪描写一段，与晚明小品文亦不相上下。方今学生处学堂则终日恹恹欲睡，不知差古人远矣。孔夫子若回到现在，见了这种情况，恐怕早就气炸了吧，甚至连“朽木不可雕也”也说不出来了。

黄河赋

明·刘咸

此赋为刘咸任职河南按察司时所作，撰者以“惟天河之一派，独殊类于百川”而起兴。

黄河为四渎之尊，其源流之远，盖不可与寻常沟壑并论。古今博物之士多有赋咏，予承命之河南，览其势之浩浩、叹其本之渊渊，因为之赋以续于后。

究物理于五行，颐神志于群籍，信水类之浩繁，各流行而不一。或溶漾如天青，或澹泞如云碧，或泓澄如练光，或绯红如砂赤，或漪涟如蓝，或黪黑如漆，或澄澈如鉴，或沸涌如炙。凡若此之云云，皆可数而历历。惟天河之一派，独殊类于百川。始滥觞于一勺，终润泽乎八埏。脉连渤澥，名播于寰。不朱不紫，匪绿匪玄。本厚土以为色，假流沙而作权。因九曲以成势，与三渎而并肩。汉汭其腹，灉沮其咽。济漯其涕，溱洧其涎。羌晨晡之阴霁，伟气象之万千。

尔其发源昆仑，汇流葱岭，涓滴所生，日寖月盛。自刚山北流千里而西至于蒲山之阳，自蒲山南流千里而东入乎华阴之境。蓄豪悍之腾威，乃龃龉而未逞。忽摩崖而奔开，恣一泻于俄顷。汹涌澎湃，跳跃驰骋。飘然若月窟之舞霓裳，灿然若天机之下云锦，炯然若鉴金之溶范围，翕然若蛮烟之出火井。勃然若骤雨方至而电惊雷震，锵然若大乐将终而金声玉振。突然若万骑出驱以奉诸将之令，哮然若群虎相斗以致一时之命。知者遇之不能不为之昏昏，勇者见之亦不得不为之凛凛。

已而离西域，窥中原，出秦壤，趋禹门。绕潼关之金隄，割砥柱之灵根。通瀍涧兮函谷，汇伊洛兮孟津，接淮泗兮颍上，会江汉兮海滨。牛马之去来兮莫辨。泾渭之混浊兮不分，鱼龙之变化兮莫测，蛟鼍之出没兮无伦。吐虹霓兮吞日月，喷云雾兮浮乾坤。盖至此而大河之胜，有不可得而形容于言者。于是奋余威，厉铦锷，浩浩荡荡，滻滻（漷）（漷）。未雨而鬼怪百呈，无风而神瀚自作。敛而为湍，散而为沫，潴而为渊，注而为壑。澄之而不清，挠之而不浊，增之而不盈，减之而不涸。遇沟陂兮委填，遇丘陵兮开凿，遇夷壤兮溃流，遇畔崖兮激搏。群山罗列兮不能留，积石嵯峨兮不能遏，泥沙溷滓兮不能壅，大泽弥漫兮不能括。盛矣哉，其量之同乎太虚。渊矣哉，其光之涵乎冲漠。雄矣哉，其势之达乎沧溟。壮矣哉，其声之动乎寥廓。

意者天地之气机而造化之脉络耶？意者其方舆之心腹而湖海之郛郭耶？不然何宽何洪，众流必容。何去何从，万折必东。由中润下而不厌，履险涉难而皆通。谁其逼之，茫茫忽忽。谁其逆之，滂滂渢渢。流昼夜而不息，亘古今而不穷。吾不知其于世，何物而与之争雄。宜乎，魏国美之以为宝，汉家以之而誓功。思昔洪流滔天，不辨区域，渺九州之一潴，皆浸淫而洋溢。惟禹圣人继天立极，慨两仪之混沌，念群生之昏溺，乃刊木而随山，因顺流而疏涤。虽手足之胼胝，三过其门而不入。九载勤劳，厥功斯毕。然后地平天成，蒸民乃粒。舟楫以之而通，货财由之而殖。历世相承，至有今日。然则论河之功，可不知神禹之力。

我国家奄有寰区，车书混一海宇晏如。恩波之所及，德泽之所敷，罔不率俾来贡来输。故斯河也，有带砺之固，无汎滥之虞。迨今宁谧，五十余年。每澄清兮见底，辄浃旬兮不污。愚也何幸，身逢承平之盛世，而因睹乎祯祥之屡书。庆千载风云之嘉会，得乘槎于斗牛之墟。爰摅诚而献赋，聊以效夫龙马之呈图。

解说：

刘咸，江西泰和人，永乐十年（1412）进士，曾任职于河南按察司。

黄河清赋

明·曾棨

臣棨伏见：皇帝陛下即位以来，凡有所建，动合天心。郊祀禘告，神灵欢悦，民安物阜，中外宴然。四方蛮夷之国，罔不宾服，重译而来者肩相望。繇是休祥骈臻，诸福毕至，乃永乐二年十二月乙酉黄河清。始蒲州、韩城，延数百里，莹然洞彻，可鉴毫发。河津之民、戴白之叟、垂髫之童，莫不奔走聚观以为盛世之征符。三年正月癸卯，吏民具以上闻，百官奉表称贺。皇上虽深自谦，抑而群臣作为歌诗、形之赞咏者，自不能已。臣闻《京房传》曰："河水清，天下平。"王子年《拾遗记》曰："黄河千年一清，圣之大瑞也。"今兹之应，实由皇上圣德感孚，天休滋至。自开辟以来，未有盛于今日者也。臣辄不量其愚陋，撰为《河清赋》一通。谨拜手稽首以献。

岁在阏逢涒滩，璇杓建丑，璧宿横昏。金茎泻露，银浦流云。客有览西极，游昆仑，憩禹门之巨碛，溯河水之灵源，乃慨然而思曰：在昔黄流沃日，洪波拍空。方积石之既导，豁龙门之遂通。巨灵睢以贔屓，底柱屹其穹崇。划两崖之盘束，泻千里之奔冲。云汉昭回，横一丝于天末；阴风喷薄，鬪万雷于地中。然后拂华阴而下，委跨洛汭而争雄。迆大陆以奔流，汇沧海而朝宗。是则昔之困于怀襄者，胥为降丘宅土之域；今之安于衽席者，孰匪手胼足胝之功也哉。尔其天一以生，地六以成，名列四渎，位冠五行。象中央之色，孕元冥之精。是则水之所以为德而河之所以得名也。若乃嘉祥臻，惠润溥，祕宣房，辟灵府。着羲画于马图，廓人文于邃古。黄龙见彩于重华，白鱼征瑞于姬武。兹河水之效灵，稽往牒而莫数。俟千载之一清，乃圣作而物覩。然则当文明之嘉会，瑞应之旁午，而河清之祥，岂独寥寥而难遇也。

解说：

曾棨（1367—1427），字子棨，吉之永丰（今属江西）人。永乐二年（1404）进士。诏选进士二十八人进学文渊阁，子棨为之首。历侍讲、读学、右春坊大学士。宣德初，进詹事府少詹事，日直文渊阁。踰年卒。

黄河赋（节选）

明·黄谏

噫嘻！浩浩乎，廓矣哉！黄河之水邈兮，吾不知所从来。填兮若万骑之赴敌，倏兮若起蛰之雷奋迅而疾驰。无荒子常登高而望焉。夕晡隐隐，望穷远目，日沦于此是谓蒙谷，殆非是水之所出乎，而咏者谓自天而来其必有所得乎。无荒子方仰而观俯而思盖不得所由，适增吾心之烦懊。傍有一老，伛偻而前，呀然而叹曰，子非博望而所望何与？方其使月氏留匈奴，汉节不失而志以舒，此非丈夫得意之时乎？夫何亡走大宛，历康居，繇大夏，抵西都，盛言汗血之驹、卭竹之杖与身毒之蜀布接踵乎？唐蒙之枸酱启天子拓远之心、贪得之病，务广地于万里九译而归向。期德威遍于四海、殊俗于化域，迺用皇皇使臣数道并出駹、出莋、出邛、出僰、甘心事西南之彝。所欲者不过通大夏之国、博望于是而得矣。志满意适，岂知独夫罹困死于暑湿者哉，而乃诡托灵槎，载名汗青，尝穷河源，恶曾覩夫昆仑浪博牛女之石而污乎君平？虽诳当时，岂知贻议后代，孰若神禹之功万世永赖。奚不此是思，徒用心于远大，斯非君子之当戒也。夫子其毋以为喋喋而志予陈其概焉。夫水地之血脉络也，而水莫过江河之洪江则极乎中国。自天地之西而极乎天地之东者，莫黄河之与同。

解说：

黄谏（1412—?），字廷臣，明陕西兰县人，正统七年（1442）探花，工书画，博学多艺，历官侍讲学士，兼尚宝寺卿，使安南，后谪广州府判，甚得民心，有《书经集解》《使南稿》《兰坡集》等。

黄河赋

明·周光镐

予壮时偕计吏北入燕，浮淮涉泗，历黄河之委。既守西蜀，再上计，每由豫州渡以行。久之，备兵临巩，按部枹?。登积石关，睹禹导河所自始。乃今镇抚朔方，则挟河为塞，有界限戎夷之险，澍溉舄卤之功，且蔑有汎决之患，食利甚巨。于是乎重有感焉。夫九有莫长于河，故列之四渎，特号为宗。然江有郭弘农赋亦既彬彬。侈言之，由汉以来未有沿源讨委、总揽万殊、收历代之遗文、毕体物之能事以及于河者，有之自应成，亦寂寥未备也。然河在中国，古今所称，利害彼此夐殊，盖治之臧否而利害之小大参之。朔方有利亡害，越在上游，其势使然也。若今泗沛间，漂啮渐滋，为害特甚，则亦治者或未兼善，岂尽河之罪哉。兹予闻命召还且渡河东矣。军旅小间，不量寡率揭其源委，遂含毫赋之盖以诵河之德，且折衷近议治者之异同云。

维河流之灵称，肇亿祺而不忒。经流别之为宗，万水崇之为伯。逮禹功之所加，既经瞩而可悉。粤重源之载导，复冒流于积石。开陇西之上游，迳金城而东出。翼贺兰以包朔方，并阴山而望拜阙。左拂云中雷首，右薄太华二崤。循平阴而北转乎鲔渚，遵洛汭而东抵乎成皋。由是捐故渎而不赴，指宛丘以捷驰。遵淮济之所道，并委输于朝夕之池。昔之，播九以同于碣石，为逆而泻于东齐者，已中枯而成陆，或分岐而背趋矣。其来同者，则洮兼大夏，湟引阁门。高平芒于奢延滳汾、渭泾洛伊、汝颍汴濉，又附之而俱达者，概不可以殚稽。盖四渎之流总其三，九州之水领其七，咸千里而一折，乃九折于中国。其水则浑浑淈淈，溾涹濅溨，瀎滆仄以漩澛，汨黄浊而湁集。不藉飚而腾波，讵涅檗而成色。及其下桃花之新涨，溢竹箭之疾流。浩滉瀁而高出，瀎轧沕而横浮。隄啮之而善崩，山怀之而欲庋。奚两涯之可测，复致辨乎马牛。至若越吕梁，溃龙门，触砥柱，下集津，阨嶮巇，束嶙峋，莫不淘涛澎湃，涧冯滃濞。奔溜下垂，若瀑布之高曳。驱波上跃，若雪岩之雄峙。飞沫类澍雨之四垂，振声又疾雷之荐至。摇撼山岳，动荡天地。闻之者改听，睹之者魄悸。佽飞犯之丧其勇，樗里遭之失其智。其漆园所称善游之夫，夫亦寓言而若是。

解说：

周光镐，生卒年不详。广东潮阳人。明隆庆五年（1571）进士。

黄河赋

明·薛瑄

吾观黄河之浑浑兮，[1]乃元气之萃蒸[2]。浚洪源于西极兮[3]，注天脉于沧瀛[4]。贯后土之庞博兮[5]，杳玄沟之晶明[6]。过积石而左转兮[7]，龙门呀而峻倾[8]。薄太华而东骛兮[9]，撼砥柱之峥嵘[10]。入大陆而北徙兮[11]，迷不辨夫九河之故形[12]。经两海而纪众流兮[13]，擅浮沉之濯灵[14]。览颓波而怀明德兮[15]，又何莫非姒氏所经营[16]。

登昆仑而俯视兮[17]，固彷彿其初迹[18]。驭高风而骋望兮[19]，遂周游其曲直[20]。何末流之混浊兮[21]，始清澂而湜湜[22]。羌澹滟而徐趍兮[23]，势沄沄而自得[24]。触险石以斗暴兮[25]，诧雷轰而毂击[26]。天宇扩其沆漭兮[27]，渺上下之玄黄[28]。雾雨霪霪而滃集兮[29]，混邃古之洪荒[30]。微风荡拂而涣散兮，天机组织其文章[31]。颓猋浩而汹涌兮[32]，百怪垂涎而簸扬[33]。腥云浊浪以荡汩兮[34]，恍颠倒夫舟航。灵曜升而赫照兮[35]，乘正色于中央[36]。望舒在御而下临兮[37]，列宿涵泳其光芒[38]。

若乃震秉符以行令兮[39]，百谷淫淫其冻释[40]。山泽沮洳以上气兮[41]，增滉瀁之洋溢[42]。鱼龙乘涛以变化兮[43]，杳莫测其所极[44]。祝融载节以南届兮[45]，雷雨奋达以雱霈[46]。演支流而股合兮[47]，百川奔而来会。木轮囷而漂拔兮[48]，蔽云日而淘汰[49]。狂澜汹而啮岸兮[50]，块土焉塞夫冲溃。霜戒严而木脱兮，少昊执矩以司秋[51]。洲渚缅邈而石出兮[52]，始杀湍而安流[53]。霰雪纷其四集兮[54]，颛顼乘坎以奋神[55]。大块噫气而摩轧兮[56]，流澌下而龙鳞[57]。层冰横绝而山委兮[58]，河伯驱石以梁津[59]。羌险夷而明晦兮，变朝暮与四时。飚风起而冲目兮[60]，莽怪骇其难推[61]。睹圆方之一气兮[62]，恒来往而密移[63]。

昔尼父之叹逝兮[64]，跨百世而罕知。顾川流之有本兮，与终古以为期。启龙图而翫六一兮[65]，悟主宰之所为。愧余心之未纯兮，感道妙之如斯。聊诵言以自明兮，庶昼夜之靡亏[66]。

注释：

①浑浑：同滚滚。

②元气：天地未分之前的混沌之气。萃蒸：聚集升腾。

③浚洪：大水。西极：天之西端，昆仑山脉。

④天脉：天河的支流，此指黄河。沧瀛：东海。

⑤贯：贯穿。后土：大地。庞博：通磅礴，广阔宏大。

⑥沓：会合。玄沟：深谷。

⑦积石：山名，在青海东南部。

⑧龙门：地名，禹门口，在山西河津西北和陕西韩城东北。

⑨太华：即西岳华山，在陕西华阴境内。

⑩砥柱：山名，原在河南三门峡，后炸毁。

⑪大陆：大陆泽。故址在河北巨鹿，古时黄河流入大陆泽。

⑫九河：黄河的九条支流，又指黄河中下游众多的支流。

⑬两海：青海省的扎陵湖和鄂陵湖。纪：总领。

⑭擅：占有，拥有。濯灵：指清朗光明如敬神明。语自《诗·商颂·殷武》："濯濯厥灵。"

⑮颓波：落下的浪端。

⑯姒氏：指治理黄河的大禹。

⑰昆仑：山名，在新疆、青海、西藏一带，旧说是黄河的源头。

⑱初迹：发源地。

⑲骋望：极目远眺。

⑳曲直：旧说天下黄河有九十九道弯。

㉑末流：下游。

㉒湜湜：水清的样子。

㉓羌：发语词。澹：安静。滟：水波荡漾的样子。

㉔沄沄：水势浩荡。

㉕斗暴：相互搏击。

㉖诧：惊讶，惊异。毂：车轮的中心部分，有圆孔，可以插轴。

㉗沆漭：水势浩大，无边无际的样子。

㉘玄黄：指天气混沌之气。

㉙霮䨴：连绵的浓云。滃集：云气聚集。

㉚邃古：远古，上古。洪荒：指天地未分时混沌蒙昧的状态。

㉛天机：造化之功。文章：错杂的色彩或花纹。

㉜颓焱：下落的巨浪。

㉝簸扬：筛选，动荡。

㉞荡汩：动荡不止的样子。

㉟灵曜：太阳。赫：鲜明状。

㊱正色：指天空的本色。

㊲望舒：月神的车夫，此代指月亮。

㊳列宿：群星。

㊴震：八卦之一，其形象征雷震。秉符：执节，手执凭证。

㊵淫淫：水流动的样子。

㊶沮洳：水中低湿之地。

㊷滉瀁：水深广的样子。

㊸传说江海大鱼集龙门之下，能跃过者上天变龙，不能者曝鳃。见《辛氏三秦记》。

㊹杳：遥远貌。

㊺祝融：火神，一说雷神。节：符节，出使的凭证。

㊻奋达：猛烈震动。霶霈：形容雨势浩大。

㊼演：犹衍，引导。

㊽轮囷：盘曲的样子。漂拔：波浪起伏的样子。

㊾淘汰：去除杂质，取其纯真。

㊿啮岸：侵蚀河岸。

51少昊：司秋之神。执矩：掌握规矩法度。

52洲渚：水中陆地。缅渺：遥远不清的样子。

53杀湍：使流速减弱。

54霰：小雪珠。

55颛顼：五帝之一。乘坎：凭借水。坎：八卦之一，象征水。

56大块：大自然。噫气：气寒而忽通。摩轧：冲击。

57澌：夹着冰块的流水。龙鳞：指冰块像龙鳞般有序地排列。

58山委：堆积如山。

59河伯：黄河水神。津：渡口。

60缅邈，遥远的样子。

61蟒怪：巨蛇类的水怪。

62圆方：即方圆，指天地，古人认为天圆地方。

63密移：多变之貌。

64叹逝句，《论语·子罕》：“子在川上曰：逝者如斯夫，不舍昼夜。”

65龙图：相传龙马曾从黄河负图而出，故为“河图”别称。汉孔安国认为此即是八卦。六一：指阴阳。《周易》阴爻为六，阳爻为九。

66庶：希望。亏：减损。

解说：

薛瑄（1389—1464），字德温，号敬轩。河津（今山西省运城市万荣县里望乡平原村人）人。明代著名思想家、理学家、文学家，河东学派的创始人，世称“薛河东”。

第二章 汾韵流长

汾水是三晋的一张名片，临汾、汾阳、汾酒等等，都烙着它的印迹。从《诗经·汾沮洳》中如玉美人，到汉武大帝《秋风辞》中的"泛楼船兮济汾河，横中流兮扬素波"，再至唐代名相张说的"霍镇迎云罕，汾河送羽旂"，明代于谦的"晓行数里未天明，路绕汾河听水声"……汾水的悠久历史与文化都浓缩在这诗词名句之中。在历代诗词中穿行，透过诗词去体悟那悠长悠长的汾韵氛芳。

宋前

诗·魏风·汾沮洳

彼汾沮洳[1]，言采其莫[2]。
彼其之子[3]，美无度[4]。
美无度，殊异乎公路[5]。
彼汾一方，言采其桑。
彼其之子，美如英。
美如英，殊异乎公行。
彼汾一曲[6]，言采其藚[7]。
彼其之子，美如玉。
美如玉，殊异乎公族。

注释：

①沮洳：低湿之地。

②莫：音暮，野菜名。

③彼其之子：彼，之，代词。指采菜的人。

④无度：犹无比。

⑤公路：古官名，掌管君主的路车。后面的公行，古官名。掌管君主出行的兵车行列事。公族，诸侯或君王的同族。

⑥曲：水流弯曲处。

⑦藚：一种中药草，即“泽泻”。

解说：

在汾河的弯曲处，一群女子在那里做采摘的工作，口中唱着劳作的歌。唱的是所敬仰人很优秀，远远强于那些贵族。闻一多认为这是歌唱爱情的，这还有待斟酌。在她们的合唱声中，可以感受到她们对于贵族的不屑与鄙夷。

秋风辞

西汉 · 刘彻

上行幸河东[①]，祠后土，顾视帝京欣然，中流与群臣饮燕，上欢甚，乃自作《秋风辞》曰：

秋风起兮白云飞，草木黄落兮雁南归。
兰有秀兮菊有芳，怀佳人兮不能忘。
泛楼船兮济汾河，横中流兮扬素波。
箫鼓鸣兮发棹歌，欢乐极兮哀情多。少壮几时兮奈老何[②]！

注释：

①河东：黄河流经山西省境，自北而南，故称山西省境内黄河以东的地区为“河东”。

②奈老何：对老怎么办呢？

解说：

刘彻（前156—前87），即汉武帝，汉景帝子。在位期间接受董仲舒建议，“独尊儒术”，即以儒术为其统治思想，并采用法术、刑名，以加强统治。颁行“推恩令”，使诸侯王多分封子弟为侯，以削弱割据势力。设置十三部刺史，加强对地方的控制。征收商人资产税，打击富商大贾；又采桑弘羊建议，将冶铁、煮盐、铸钱收归官营；设置平准官、均输官，由官府经营运输和贸易。同时兴修水利，移民西北屯田，实行“代田法”，有利于农业生产的发展。曾派张骞两次至西域，加强了对西域的统治，并发展了经济文化交流。又派唐蒙至夜郎，在西南先后建立七郡。并用卫青、霍去病为将，进击匈奴贵族，解除匈奴威胁，保障了北方经济文化的发展。由于举行封禅，祀神求仙，挥霍无度，加以徭役繁重，致使农民大量破产流亡。天汉二年（前99年），齐、楚、燕、赵和南阳等地均曾爆发农民起义。遗诏立幼子刘弗陵（昭帝）为帝，由霍光等辅政。

古语有云，乐极生悲。汉武帝此时算是乐极了，然则他的悲从何而来？不论你是多么高高在上的人物，都无法避免老去，直至死亡。只要你想让“乐”持续，就会因为不能维持而伤感。想要不伤感，就要承认“乐”的不可持续。

咏怀

魏晋·阮籍

东南有射山[①]，汾水出其阳。六龙服气舆[②]，云盖[③]覆天纲。

仙者四五人，逍遥晏兰房。寝息一纯和，呼噏[④]成露霜。

沐浴丹渊[⑤]中，炤耀日月光。岂安通灵台[⑥]，游瀁[⑦]去高翔。

注释：

①射山：姑射山，在今山西省临汾市西北。

②六龙：指太阳。神话传说日神乘车，驾以六龙，羲和为御者。气舆：气舆，指神仙乘坐的车子。

③云盖：状如车盖的云。

④呼噏：呼气与吸气，此处亦指道家导引吐纳的养生术。

⑤传说中的水名。

⑥通灵台：汉武帝为其妃钩弋夫人所建之台。

⑦游瀁：游漾，荡漾；漂浮。

解说：

阮籍的咏怀向来不好理解，但这一首则不然。他向我们展示了理想中的逍遥状态，这是庄子在《逍遥游》中提出来的境界。他需要忘却物我的界限才能达到。有人想要凭借权势和物力去获取，那是多么可笑啊。读到本诗的最后两句，我们就能看到阮籍对当权者的不屑。

游故苑诗

南北朝·释洪偃

龙田[①]留故苑，汾水结余波。怅望伤游目，辛酸思绪多。
凉飙[②]惨高树，浓露变轻萝。泽葵[③]犹带井，池竹尚侵荷。
秋风徒自急，无复白云歌[④]。

注释：

①龙田：金陵城外地名，今址不详。

②凉飙：秋风。

③泽葵：青苔。

④白云歌：白云谣，古神话中西王母为周穆王所作之歌。

解说：

释洪偃（504—564），俗姓谢，会稽山阴（今浙江绍兴）人。其博总经史，善写文章。

僧人对于无常的体悟要比普通人深刻。秋风凋黄的树叶，浓露衰败了藤萝，很快，那依然翠绿的青苔和池竹也会枯萎凋落。其实，那造成这一切的秋风，又何尝不是无常的呢？

昭君辞

南北朝·沈约

朝发披香殿[①]，夕济汾阴河。于兹怀九逝[②]，自此敛双蛾。
沾妆[③]疑湛露，绕臆[④]状流波。日见奔沙起，稍觉转蓬多。
胡风犯肌骨，非直伤绮罗。衔涕试南望，关山郁嵯峨。
始作阳春曲[⑤]，终成苦寒歌。惟有三五夜，明月暂经过。

注释：

①披香殿：指汉宫殿。

②九逝：几度飞逝。谓因深思而心灵不安。

③沾妆：泪水弄湿了妆容。

④绕臆：思绪萦绕。

⑤阳春曲：指当年在汉宫所唱之歌。

解说：

沈约（441—513），南朝梁文学家。字休文，吴兴武康（今浙江德清）人。历仕宋、齐、梁三代，在梁代官至尚书令，封建昌县侯。死后谥号为隐。在诗的声律上创“四声”“八病”之说，对古体诗向律诗的转变起了重要作用。所著《宋书》为二十四史之一。明人辑有《沈隐侯集》。

此辞为拟乐府作品。拟乐府是南朝士人最流行的一种文学样式。南朝文人把文学提升为一种文化自觉，但是他们又不善于像后世文人那样挥洒自如地歌咏怀抱，于是只能借模拟前作来实现文学灵感的发泄。这种方式通俗地讲，就是现在高中生反复练笔的命题作文。于是我们现在看到了大量的繁花锦簇般的文学拟作。

咏画屏风诗

南北朝·庾信

金鞍聚碛岸[①]，玉舳[②]泛中流。画鹢先防水，媒龙即负舟[③]。

沙城疑海气，石岸似江楼[④]。崩槎时半没，坏舸或空浮。

定是汾河上，戈船[⑤]聊试游。

注释：

①碛岸：砂石岸边。

②玉舳：船的美称。

③鹢：龙，为船头的图绘与形状。防水：防备水神。负舟：承载舟船。

④“沙城”两句：指画中雾气缭绕。海气：海市蜃楼。

⑤戈船：古代战船的一种。

解说：

庾信（513—581），北周文学家。字子山，南阳新野（今属河南）人。初仕梁，出使西魏，梁亡被扣留。后官至骠骑大将军、开府仪同三司，世称“庾开府”。诗以《拟咏怀》二十七首为代表作，又有《哀江南赋》等名篇。有《庾子山集》。

这是一首咏画诗，画的是一条河上有战舰在演习。为了咏画而咏画，没有超越图画本身，艺术成就不高。然而，所咏对象很特别，也能让人耳目一新。

隋唐

从驾巡游诗

李德林

题注：《诗纪》云。苑诗类选作许善心者非。

大夏①尧遗俗，汾河汉豫游②。
今随龙驾往，还属雁飞秋。
天行肃辇路，日驭翼华辀。
朝乘六气辩③，夕动七星旒④。
谷静禽多思，风高松易秋。
远林才有色，遥水漫无流。
京华佳丽所，目极与云浮。
但睹凌霄观，讵见望仙楼。
锁门⑤皆秀发，驾池⑥尽学优。
待君草封禅，东山观射牛⑦。

注释：

①大夏：周代“六舞”之一，相传本为夏禹时代的乐舞。

②豫游：犹游乐。

③六气：自然气候变化的六种现象。谓朝旦之气（朝霞）、日中之气（正阳）、日没之气（飞泉）、夜半之气（沆瀣）、天之气、地之气。辩，变化。

④七星：北斗七星。《宋史·舆服志三》："冕版以龙鳞锦表，上缀玉为七星。"

⑤锁门：当作"琐门"，镌刻连琐图案的宫中旁门，常指代宫廷。

⑥鸳池：鸳池，鸳省，指中书省。

⑦射牛：古代帝王、诸侯祭祀天地、宗庙必自射牛以示隆重。

解说：

李德林（531—591），字公辅，博陵安平（今属河北）人。历仕北齐、北周、隋三朝，是著名的文学家、史学家。其子李百药（565—648），字重规，唐初史学家。

对于官员来说，从驾巡游是一种荣誉，是一生中难得遇到的。他本可以借此表达一下对朝廷的态度，或者抒发一下自己的雄心壮志。但作者只写了皇帝的巡游以及侍从的奉承，这也许是作者的暗讽。

送薛重中丞充太原副使

无可

中司出华省①，副相②晋阳行。书答偏州启，筹参③上将营。

踏沙夜马细，吹雨晓笳清。正报胡尘灭，桃花汾水生。

注释：

①中司：御史中丞的俗称。华省：指清贵者的官署。

②副相：御史大夫的别称。

③筹参：参与谋划。

解说：

一般而言，羁旅生活是让人倦怠的，所以赠别诗的一个很重要的内容就是要写出旅途的美好。一场春雨，令道路细润，夜间行马也不怕，雨中听胡笳，声音更显得清旷。不但有意境，更能令人欢喜上路。末句则进一步地指出，到了太原，有更美好的风光等着你呢。这样的诗，不直接表现对友人的情谊，但情谊却在诗歌之外。

扈从南出雀鼠谷[①]

张说

豫动三灵[②]赞，时巡四海威。陕关凌曙出，平路半春归。

霍镇迎云罕[③]，汾河送羽旂。山南柳半密，谷北草全稀。

迟日宜华盖，和风入袷衣[④]。上林千里近，应见百花飞。

注释：

①鼠雀谷：在今山西介休西南。

②三灵：指天、地、人。

③云罕：旌旗。

④袷衣：夹衣。

解说：

张说（667—731），字道济，一字说之，洛阳（今属河南）人。武则天时，应诏对策，得乙等，授太子校书。中宗时，任黄门侍郎等职。睿宗时，进同中书门下平章事，劝睿宗以太子隆基监国。玄宗时，任中书令，封燕国公。曾任朔方节度使，建议招募壮士以充宿卫。擅长文辞，朝廷重要文件多出其手，与许国公苏颋并称为“燕许大手笔”。有《张燕公集》。

如何描述天子出巡？作者让天地赞助，山川相迎。不愧号称“燕许大手笔”。

奉和圣制答张说扈从南出鼠雀谷之作

王丘

襟带[①]三秦接，旂常[②]万乘过。阳原淑气早，阴谷沍[③]寒多。

花缛前茅[④]仗，霜严后殿戈。代云开晋岭，江雁入汾河。

北土分尧俗，南风动舜歌。一闻天乐唱，恭逐万人和。

注释：

①襟带：谓山川屏障环绕，如襟似带。比喻险要的地理形势。

②旂常：旗常，旂画交龙，常画日月，是王侯的旗帜。借指王侯。

③沍：冻结。

④前茅：古代行军时的前哨斥候，遇敌情则举旌向后军示警，引申为先头部队、先行者。

解说：

王丘（？—743），字仲山。安阳（今属河南）人。幼擢童子科，后登制科，拜奉礼郎。开元间，历考功员外郎、黄门侍郎等职，以礼部尚书致仕。

张说在写了前一首诗后，玄宗皇帝和了一首，与之相唱和的臣子有很多。山的阳面百花齐放，山的阴面霜寒阴冷，前面的队伍走在花间，后面的队伍感受严寒。在看似不经意间，出巡队伍的绵长宏大就被表现出来了。

奉和圣制答张说南出雀鼠谷

崔翘

硖路[①]绕河汾，晴光拂曙氛。笳吟中岭树，仗[②]入半峰云。

顿觉山原尽，平看邑里分。早行芳草迴，晚憩好风熏。

嘉颂推英宰，春游扈圣君。共欣承睿渥[③]，日月照天文。

注释：

①硖路：山峡狭路。

②仗：皇帝的仪仗。

③睿渥：指皇帝的恩泽。

解说：

崔翘（683—750），齐州全节（今山东济南历城）人。武后大足元年（701）登拔萃科。玄宗开元元年（713）复登良材异等科。天宝间任滑州刺史，转河南太守，迁尚书右丞，官终礼部尚书、东都留守。卒谥曰成。

奉和皇帝的作品，既要有雍容华贵的帝王风范，又要有歌功颂德的冠冕堂皇。通俗地讲，就是既要保持作品的美观大方，上档次，又要“拍”的不着痕迹，自然天成。这是古人的一项具有相当“技术含金量”的工作。

和李大夫嗣真奉使存抚河东（节选）

杜审言

城阙周京[①]转，关河陕服[②]连。稍观汾水曲，俄指绛台[③]前。

姑射聊长望，平阳[④]遂宛然。舜耕[⑤]余草木，禹凿[⑥]旧山川。

注释：

①周京：天子所居。

②陕服：指古荆州地。

③绛台：春秋晋平公在国都绛所建之高台。一说晋灵公所造。

④平阳：临汾古称。

⑤舜耕：传说帝舜曾在历山耕种。后遂用为咏历山或咏耕种之典。历山即今山西永济市蒲州镇南雷首山，或今山西垣曲县东北。

⑥禹凿：相传大禹治水时，“凿龙门，辟伊阙”。龙门在今山西河津市西北。

解说：

杜审言（约645—708），字必简，祖籍襄阳（今属湖北），家居巩县（今河南巩义市）。杜甫的祖父。咸亨年间进士。曾流放峰州。后官修文馆直学士。与李峤、崔融、苏味道为“文章四友”。《和晋陵陆丞早春游望》为其名篇。有《杜审言诗集》。

诗人将晋南地区的风景名胜、历史传说做了简单的概括。其实，还有很多。

秦州薛都督挽词

沈佺期

十里绛山幽，千年汾水流。碑传门客建，剑是故人留[①]。

陇树烟含夕，山门月对秋。古来钟鼎[②]盛，共尽一蒿丘。

注释：

①指季札重友谊、讲信用，为亡友挂剑，以示追悼纪念。后以此典比喻守诺重信，始终不渝；也用以悼念凭吊亡友。

②钟鼎：喻富贵荣华。

解说：

沈佺期，字云卿，生年不详，约卒于玄宗开元初。唐相州内黄（今属河南）人，高宗上元年间进士，武后时任修文馆学士，工五言诗，辞情靡丽，与宋之问齐名，时号“沈宋”。有文集十卷传于世。

秦州境内的绛山与汾水，似乎也因都督的死而沉默，呜咽。秋天的傍晚，景色凄迷，那正是我悼念亡友的心绪。我不断地告诫自己，人没有不死的，但那又有什么用?!

奉和圣制答张说出雀鼠谷

苏颋

雨施巡方罢，云从训俗回。密途汾水卫，清跸[1]晋郊陪。

寒著山边尽，春当日下[2]来。御祠玄鸟应，仙仗绿杨开。

作颂音传雅，观文色动台。更知西向[3]乐，宸藻协盐梅[4]。

注释：

①清跸：旧时谓帝王出行，清除道路，禁止行人。

②日下：指京都。古代以帝王比日，因以皇帝所在地为“日下”。

③西向：指文官。《史记·刘敬叔孙通列传》：“功臣列侯诸将军军吏以次陈西方，东乡；文官丞相以下陈东方，西乡。”

④盐梅：盐和梅子。盐味咸，梅味酸，均为调味所需。亦喻指国家所需的贤才。

解说：

苏颋（670—727），字廷硕，京兆武功（今属陕西）人。调露进士，袭封许国公。开元年间居相位时，与宋璟合作，共理政事。工文，朝廷重要文件多出其手。当时和张说（封燕国公）并称为“燕许大手笔”。原有集，已佚，现存《苏廷硕集》，系后人所辑。

应制诗一般都是端方平正的。这首诗整体上也是如此，不过末句稍微有了变化。他说，当今皇帝更了解文官的乐趣，竟然配合起臣子来。这一方面是对皇帝文学才华的赞美，一方面也令作品有了一些趣味儿。

奉和圣制登蒲州逍遥楼应制

在昔尧舜禹，遗尘成典谟[1]。圣皇东巡狩，况乃经此都。

楼观纷迤逦，河山几萦纡。缅怀祖宗业，相继文武图[2]。

尚德既无险，观风谅有孚[3]。岂如汾水上，箫鼓事游娱。

注释：

①典谟：指经典；法言。

②文武图：先王的理想、意图。

③有孚：信用；信誉。

解说：

“尚德既无险，观风谅有孚”，这是警句。似乎人人都懂，但历史上如此做过的人并不多。汉武帝在汾河上宴群臣，制秋风辞，一直为后人津津乐道。作者却说，那只是娱乐而已，哪能跟当今皇帝比。这样的话，后人还会说。

奉和圣制过晋阳宫应制

隋运与天绝，生灵厌氛昏。圣期在宁乱，士马兴太原。
立极万邦推，登庸四海尊。庆膺神武帝，业付皇曾孙。
缅慕封唐道，追惟归沛魂[①]。诏书感先义，典礼巡旧藩。
高殿綵云合，春旗祥风翻。率西[②]见汾水，奔北空塞垣。
款曲童儿佐，依迟[③]故老言。里颁慈惠赏，家受复除恩。
下辇崇三教，建碑当九门[④]。孝思敦至美，亿载奉开元。

注释：

①李渊在隋时被封为唐国公，晋阳算唐帝的故乡。所以，玄宗一直想像汉高祖归沛县一样回到晋阳。

②率西：来到西边。

③依迟：依依不舍的样子。

④九门：禁城中的九种门。古宫室制度，天子设九门。

解说：

开元盛世是中国历史上最辉煌的时代，玄宗皇帝理所当然的应该受到赞美。不过，任何一代皇帝都占有了最伟大的赞美之词，所以，任你是多么伟大的作家，也难以再用赞美之词创作出好的文学作品。在这篇作品中，只有“款曲童儿佐，依迟故老言”才是唯一能够让人心动的。

歌

李峤

汉帝①临汾水，周仙②去洛滨。郢中吟白雪③，梁上绕飞尘④。

响发行云驻⑤，声随子夜⑥新。愿君听扣角⑦，当自识贤臣。

注释：

①汉帝：指汉武帝。见前刘彻《秋风辞》。

②周仙：不详。

③白雪：指高雅的曲子。《文选·宋玉〈对楚王问〉》："其为《阳阿》《薤露》，国中属而和者数百人，其为《阳春》《白雪》，国中属而和者不过数十人而已。"

④形容歌声嘹亮动人。汉刘向《别录》："汉兴，鲁人虞公善雅乐，发声尽动梁上尘。"

⑤形容歌声嘹亮。《列子·汤问》："抚节悲歌，声振林木，响遏行云。"

⑥子夜：乐府《吴声歌曲》名。多写爱情生活中的悲欢离合。

⑦扣角：相传春秋时卫人宁戚家贫，在齐，饭牛车下，适遇桓公，因击牛角而歌。后以"扣角"为求仕的典故。

解说：

生平见前。

这是一首向皇帝进谏和求官的诗。他建议皇帝要多关注那些怀才不遇的人，当然，他自已也是怀才不遇的人。

又送别

岐路方为客，芳尊暂解颜。人随转蓬去，春伴落梅还。

白云度汾水，黄河绕晋关。离心不可问，宿昔①鬓成斑。

注释：

①宿昔：犹旦夕，比喻短时间之内。

解说：

在春天离去的时候，朋友也离去了，如同那随风飘转的蓬草，轻轻的。白云飘走了，可是汾水留下了它的记忆。黄河逝去了，可是晋关盘桓着他的声音。但送别之人却不敢回忆，他害怕一夜之间就白了头。

汾阴行

君不见昔日西京全盛时，汾阴后土亲祭祠[①]。
斋宫宿寝设储供，撞钟鸣鼓树羽旂。
汉家五叶才且雄，宾延万灵朝九戎[②]。
柏梁赋诗高宴罢，诏书法驾幸河东。
河东太守亲扫除，奉迎至尊导銮舆。
五营[③]夹道列容卫，三河[④]纵观空里闾。
回旌驻跸降灵场，焚香奠醑[⑤]邀百祥。
金鼎发色正焜煌，灵祇炜烨摅景光。
埋玉陈牲礼神毕，举麾上马乘舆出。
彼汾之曲嘉可游，木兰为楫桂为舟。
棹歌微吟綵鹢浮，箫鼓哀鸣白云秋。
欢娱宴洽赐群后，家家复除[⑥]户牛酒。
声明动天乐无有，千秋万岁南山寿。
自从天子向秦关，玉辇金车不复还。
珠帘羽扇长寂寞，鼎湖龙髯[⑦]安可攀。
千龄人事一朝空，四海为家此路穷。
豪雄意气今何在，坛场宫馆尽蒿蓬。
路逢故老长叹息，世事回环不可测。
昔时青楼对歌舞，今日黄埃聚荆棘。
山川满目泪沾衣，富贵荣华能几时。
不见秪今汾水上，唯有年年秋雁飞。

注释：

①见前刘彻《秋风辞》。

②九戎：九夷。

③五营：指屯骑、越骑、步兵、长水、射声五校尉所领部队。泛指诸军营。

④三河：汉代以河内、河东、河南三郡为三河，即今河南省洛阳市黄河南北一带。

⑤奠醑：以美酒祭神。醑：美酒。

⑥复除：谓免除赋役。

⑦《史记·封禅书》："黄帝采首山铜，铸鼎于荆山下。鼎既成，有龙垂胡髯下迎黄帝。黄帝上骑，群臣后宫从上者七十余人，龙乃上去。余小臣不得上，乃悉持龙髯，龙髯拔，堕，堕黄帝之弓。百姓仰望黄帝即上天，乃抱其弓与胡髯号，故后世因名其处曰鼎湖，其弓曰乌号。"后用为皇帝去世之典。

解说：

世间的一切都是无常的，生命也是如此。一想到这，很多人就会因为难以割舍的东西太多而痛苦。《明皇传信记》云："上将幸蜀，登花萼楼，使楼前善水调者登而歌，至山川满目云云。上顾侍者曰：'谁为此?'曰：'宰相李峤词也。'因凄然涕下，遽起曰：'峤真才子也。'不待曲终而去。"

送裴腾

李颀

养德[①]为众许，森然此丈夫。放情白云外，爽气连虬须[②]。

衡镜[③]合知子，公心谁谓无！还令不得意，单马遂长驱。

桑野蚕忙时，怜君久踟蹰。新晴荷卷叶，孟夏雉将雏。

令弟为县尹，高城汾水隅。相将簿领[④]闲，倚望恒峰孤。

香露团百草，紫梨分万株。归来授衣假[⑤]，莫使故园芜。

注释：

①养德：修养无为而治的德行。亦泛指修养德行。

②虬须：拳曲的胡须。

③衡镜：衡器和镜子。衡可以称轻重，镜可以照美丑。比喻辨别是非善恶的标准。

④簿领：谓官府记事的簿册或文书。

⑤授衣假：唐国学每年九月的假期。

解说：

李颀（690—751），东川（今四川雅安）人。开元二十三年（735）中进士，任新乡县尉。由于久未迁升，就辞官归隐。其诗内容和体裁都很广泛，尤以边塞诗著称。风格秀丽而雄浑，也不乏激昂慷慨之音。其七言歌行及律诗尤为后世推重。

德行清白、气概豪迈的人，能够在政治上有所作为吗？我没看见过。“公心谁谓无！”这就是政治上的现实，又有什么可感慨的。当然，作者不是不知道，他这样做只是为了安慰朋友。他把家乡写得有亲情，有清闲，有风景，有美味，就是希望他能够早点回来，并借此来表现自己的情意。

送姚六昆客任会稽何大蹇任孟①县

储光羲

越城临渤澥②，晋国在河汾。仙绶③两乡意，青郊一路分。

野棠④春未发，田雀暮成群。他日思吴会，尝因⑤西北云。

注释：

①孟：当作盂，今山西盂县。

②渤澥：即渤海。

③仙绶：对官员系官印的丝带的美称。这里指被授予官职。

④野棠：棠棣，常用以指兄弟。

⑤因：凭借。

解说：

储光羲（约707—约762），润州延陵（今江苏丹阳）人，祖籍兖州（今属山东）。开元年间进士。官至监察御史。“安史之乱”中，受伪职。乱平后，贬死岭南。其诗风格质朴，多写田园风光，表现士大夫的闲适恬淡情调。有《储光羲诗集》。

一种离别，两个朋友，两个方向。写这样的作品，一定要顾及两方面，而不能有丝毫偏向。作者不但成功地做到了这一点，而且比这更进一步。他不但表现了自己对两个朋友的情感，也表现了两个朋友之间的思念。末句的意思是：以后要凭借何对姚的思念，来表现自己的思念。

奉和展礼[①]岱宗涂经濮济

萧楚材

拂汉星旗[②]转，分霄日羽[③]明。将追会阜[④]迹，更勒岱宗铭。
林戈咽济岸，兽鼓震河庭。叶箭凌寒矫，乌弓望晓惊。
已降[⑤]汾水作，仍深迎渭情[⑥]。

注释：

①展礼：犹行礼，施礼。

②星旗：星名，指太白金星。

③日羽：指太阳的光芒。

④会阜：不详。

⑤已降：犹以来。

⑥迎渭：周文王迎太公于渭水。

解说：

萧楚材，高宗时，为太常博士。

皇帝巡游泰山，声势浩大。巡游的队伍在秋晨景物的渲染之下，显得愈加威严。而在这威严之中，也蕴含着皇帝对于贤臣的期待。诗歌将既敬天又爱贤的皇帝的形象凸显出来了。

顺宗至德大圣皇帝挽歌词

武元衡

哀挽渭川曲，空歌汾水[1]阳。夜泉愁更咽，秋日惨无光。

缵[2]夏功传启，兴周业继昌。回瞻五陵[3]上，烟雨为苍苍。

注释：

①歌汾水：指刘彻《秋风辞》。

②缵：缵绪，继承前人的事业。

③五陵：指唐代高祖、太宗、高宗、中宗、睿宗的陵园，均在长安附近。

解说：

武元衡（758—815），字伯苍，缑氏（今河南偃师东南）人。建中四年（783）登进士第，历官考功员外郎、御史中丞等职。元和二年（807）拜门下侍郎、同中书门下平章事。出为剑南西川节度使。元和八年（813）召还，复为相。因力主削藩，遭藩镇忌恨，为淄青节度使李师道遣刺客暗杀。其诗藻思绮丽，琢句精妙。

皇帝死了。他生的时候伟大，死的时候天地也为之悲怆。他被葬在了皇家的陵园，那前代皇帝的陵墓，也在附近孤独地矗立着。其实，作者没说什么，前面的赞美都是政治性的套话。作者又说了不少，只是那话都淹没在烟雨苍茫中。

奉和幸韦嗣立山庄侍宴应制

武平一

三光回斗极[1]，万骑肃钩陈[2]。地若游汾水，畋疑历渭滨[3]。

圆塘冰写镜，遥树露成春。弦奏鱼听曲，机忘鸟狎人。

筑岩思感梦[4]，磻石想垂纶[5]。落景摇红壁，层阴结翠筠。

素风[6]纷可尚，玄泽[7]蔼无垠。薄暮清笳动，天文焕紫宸。

注释：

①斗极：北斗星与北极星。喻指天皇或帝王。

②钩陈：指后宫。

③文王田猎，遇吕尚于渭水之滨。

④用傅说事。

⑤用吕尚事。

⑥素风：纯朴的风尚；清高的风格。

⑦玄泽：圣恩。

解说：

武平一，名甄，以字行，武则天族孙，颍川郡王载德子。博学，通《春秋》。后在时，畏祸不与事，隐嵩山，修浮屠法，屡诏不应。中宗复位，平一居母丧，迫召为起居舍人，乞终制，不许。景龙二年（708），兼修文馆直学士，迁考功员外郎。虽预宴游，尝因诗规诫。明皇初，贬苏州参军。徙金坛令。既谪，名亦不衰。开元末卒。诗一卷。

颂圣之作不好写，而且几乎不可能产生好的作品。这篇作品当然也不例外。不过，它还是有自己的一些特点。比如弦奏鱼听曲两句，把一群沉浸在荣华富贵当中的人，表现得超然了些，这种写法是不错的。

送裴腾

李颀

养德[①]为众许，森然此丈夫。放情白云外，爽气连虬须[②]。

衡镜[③]合知子，公心谁谓无！还令不得意，单马遂长驱。

桑野蚕忙时，怜君久踟蹰。新晴荷卷叶，孟夏雉将雏。

令弟为县尹，高城汾水隅。相将簿领[④]闲，倚望恒峰孤。

香露团百草，紫梨分万株。归来授衣假[⑤]，莫使故园芜。

注释：

①养德：修养无为而治的德性。亦泛指修养德性。

②虬须：拳曲的胡须。

③衡镜：衡器和镜子。衡可以称轻重，镜可以照美丑。比喻辨别是非善恶的标准。

④簿领：官府记事的簿册或文书。

⑤授衣假：唐国学每年九月的假期。

解说：

李颀（690—751），东川（今四川雅安）人。开元二十三年（735）中进士，任新乡县尉。由于久未迁升，就辞官归隐。李颀任侠好道术。其诗内容和体裁都很广泛，尤以边塞诗著称。风格秀丽而雄浑，也不乏激昂慷慨之音。其七言歌行及律诗尤为后世推重。

德行清白、气概豪迈的人，能够在政治上有所作为吗？我没看见过。“公心谁谓无！”这就是政治上的现实，又有什么可感慨的。当然，作者不是不知道，他这样做只是为了安慰朋友。他把家乡写得有亲情、有清闲、有风景、有美味，就是希望他能够早点回来，并借此来表现自己的情意。

东平旅游奉赠薛太守

高适

颂美驰千古，钦贤仰大猷[①]。晋公标逸气，汾水注长流。
神与公忠[②]节，天生将相俦。青云本自负，赤县独推尤。
御史风逾劲，郎官草屡修。鹓鸾粉署[③]起，鹰隼柏台[④]秋。
出入交三事[⑤]，飞鸣揖五侯。军书陈上策，廷议借前筹。
肃肃[⑥]趋朝列，雍雍[⑦]引帝求。一麾[⑧]俄出守，千里再分忧。
不改任棠[⑨]水，仍传晏子裘。歌谣随举扇，旌旆逐鸣驺。
郡国长河绕，川原大野幽。地连尧泰岳，山向禹青州。
汶上[⑩]春帆渡，秦亭晚日愁。遗墟当少昊，悬象[⑪]逼奎娄。
即此逢清鉴，终然喜暗投[⑫]。叨承解榻[⑬]礼，更得问缣[⑭]游。
高兴陪登陟，嘉言忝献酬。观棋知战胜，探象会冥搜。

眺听情何限，冲融惠勿休。祇应齐语默，宁肯问沈浮。

然诺长怀季⑮，栖遑辄累丘。平生感知己，方寸岂悠悠。

注释：

①大猷：治国大道。

②公忠：公平忠实；尽忠为公。

③鵷鸾粉署：鵷鸾，比喻贤者；粉署，即粉省。尚书省的别称。

④鹰隼柏台：鹰隼，鹰和雕，泛指猛禽。这里指严肃的御史。柏台，御史台的别称。汉御史府中列植柏树，常有野鸟数千栖其上。

⑤三事：三公。

⑥肃肃：恭敬貌。

⑦雍雍：鸟和鸣声。

⑧一麾：一面旌麾。旧时作为出为外任的代称。

⑨任棠：东汉隐者名，因其曾诱导太守庞参清明理政而闻名。

⑩汶上：汶水之北。泛指春秋、战国时期齐国之地。

⑪悬象：天象。多指日月星辰。

⑫暗投：弃暗投明。

⑬解榻：东汉陈蕃任豫章太守时，不接待宾客，只有南州高士徐稚来时特设一榻，徐稚走后即悬挂起来。又任乐安太守时，亦曾为郡人周璆“特为置一榻，去则县之”。后以“解榻”为热情接待宾客或礼贤下士之典。

⑭据《后汉书·王丹传》载：丹同郡河南太守陈遵友人丧亲，遵赙助甚丰。丹乃怀缣一匹，陈之于主人前，曰：“如丹此缣，出自机杼”。遵闻而有惭色。丹子有同门生丧亲，家在中山，白丹欲往奔慰。丹不许，令寄缣以祠。人问其故，丹举古人交游之例说明交道之难。后因用“问缣游”指笃实而又谨慎的交游。

⑮季：季布。《史记·季布栾布列传》：“楚人谚曰：‘得黄金百斤，不如得季布一诺。’”

解说：

高适（704—765），字达夫，一字仲武，渤海蓨（今河北沧州）

人，后迁居宋州宋城（今河南睢阳）。安东都护高侃之孙，唐代大臣、诗人。曾任刑部侍郎、散骑常侍，封渤海县侯，世称高常侍。于永泰元年（765）正月病逝，卒赠礼部尚书，谥号忠。

这首诗作于高适未发迹之前。始终对薛太守的极尽赞美，表现了薛太守的礼贤下士，以及自己与薛太守之间的亲密关系。表达了薛太守对自己的知遇之恩的感激。唐朝人习惯于用文学的形式来寻求别人对自己的提携。

广陵送赵主簿自蜀归绛州宁觐

戴叔伦

将归汾水上，远省锦城[①]来。已泛西江[②]尽，仍随北雁回。

暮云征马速，晓月故关开。渐向庭闱[③]近，留君醉一杯。

注释：

①锦城：锦官城，今四川成都南。

②西江：唐人多称长江中下游为西江。这里指船行到了广陵。

③庭闱：内舍。多指父母居住处。

解说：

戴叔伦（732—789），字幼公，一作次公，润州金坛（今属江苏）人。官至抚州刺史、容管经略使。有《女耕田行》《屯田词》等名篇。后人辑有《戴叔伦集》。

赵主簿自成都回绛州省亲，他沿着长江直到广陵（扬州），再从广陵沿大运河北上。这是唐朝人一般的走法。作者强调，赵主簿很快就要到家了，所以不必急在一时。这既安慰了赵主簿，又含蓄地表达了自己的依恋。

送狄尚书镇太原

姚合

授钺[①]儒生贵，倾朝赴饯筵。麾幢[②]官在省，礼乐将临边。

代马龙相杂，汾河海暗连。远戎移帐幕，高鸟避旌旃。

天下屯兵处，皇威破虏年[③]。防秋嫌垒近，入塞必身先。

中外恩重叠，科名岁接连。散材[④]无所用，老向琐闱[⑤]眠。

注释：

①授钺：古代大将出征，君主授以斧钺，表示授以兵权。

②麾幢：官员出行时仪仗中的旗帜。

③皇威破虏年：本诗作于开成三年（838），此年无大战事。这里有预先颂扬之意。

④散材：无用之木。常比喻不为世所用之人。

⑤琐闱：镌刻连琐图案的宫中旁门。常指代宫廷。

解说：

姚合（约775—846），陕州硖石（今河南陕县）人。元和进士，授武功主簿。历官金州、杭州刺史，秘书少监。世称姚武功或姚少监，其诗作也称“武功体”。所作诗篇多写个人日常生活和自然景色，喜为五律，刻意求工，颇类贾岛，故“姚贾”并称。其诗为南宋江湖派诗人所师法。有《姚少监诗集》，又编有《极玄集》。

狄尚书，狄兼谟，进士，太原狄村人，武则天朝名相狄仁杰曾孙。开成三年（838）狄兼谟以检校工部尚书之职出任太原尹、河东节度使，狄公辞京赴任，满朝文武为之饯行。作者赞美了狄尚书的勇武果敢，也慨叹自己的被朝廷闲置。或者作者是希望得到狄尚书的重视吧。

送邢郎中赴太原

上将得良策，恩威作长城。如今并州北，不见有胡兵。

晋野雨初足，汾河波亦清。所从[①]古无比，意气送君行。

注释：

①所从：随从。

解说：

虽是送人之作，却洋溢着昂扬的气氛。朝廷得一贤臣，则朝政安稳。边关得一良将，则边疆太平。邢郎中既为贤臣，又为良将，国家自然安如磐石。黄河千年一清，那是碰到了圣君，作为支流的汾河，此时也清澈了，这意味着什么呢？

田侍郎归镇

王建

功成谁不拥藩方，富贵还须是本乡。

万里双旌[①]汾水上，玉鞭遥指白云庄[②]。

注释：

①双旌：唐代节度领刺史者出行时的仪仗。

②白云庄：白云乡，为仙乡。

解说：

王建（约767—830），唐代诗人。字仲初，颍川（今河南许昌）人。大历年间进士。曾任陕州司马。擅长乐府，与张籍齐名，并称“张王乐府”。又有《宫词》一百首，影响较大。有《王司马集》。

富贵还乡，是传统文人士大夫乡土情怀的鲜明体现。在富贵之外，很多人还追求着另一种人生境界，即超然出世。诗歌恰恰要将这两种追求融合在一起。万里双旌的出行声势与白云缭绕的居住环境，烘托了田侍郎的成功。这比“腰缠十万贯，骑鹤下扬州”的人生还要精彩。

送卢郎中赴河东裴令公幕

白居易

别时暮雨洛桥岸，到日凉风汾水波。

荀令[①]见君应问我，为言秋草闭门多。

注释：

①荀令：即荀彧，字文若，为侍中，守尚书令。后泛指风雅之士。这里指裴令公裴度。

解说：

说是送别诗，但却没有一丝一毫的离别情绪，作者只是在表现他自己，借门庭的冷清来表现对裴度的思念。当然也可以理解为，这是在卢郎中走后，作者才开始感到孤独、冷清的。从中可以看出作者跳出习惯性束缚的魄力。

太原早秋

岁落众芳歇，时当大火流[①]。霜威出塞早，云色渡河秋。

梦绕边城月，心飞故国楼。思归若汾水，无日不悠悠。

注释：

①大火流：即七月流火。大火星即心宿，夏历五月的黄昏，大火星在中天，七月的黄昏，星的位置由中天逐渐西降。后多借指农历七月暑渐退而秋将至之时。

解说：

北方的秋天来得早，这自然给南方人带来了强烈的感受。但李白思乡之情更强烈，这就使太原的一切风物都涂上了浓浓的哀怨。最后悠悠的汾水，既是此种情感的积聚，又何尝不是它的释放！

送友人往太原

李频

离亭聊把酒，此路彻[①]边头。草白雁来尽，时清人去游。

汾河流晋地，塞雪满并州。别后相思夜，空看北斗愁。

注释：

①彻：通。

解说：

李频（约818—876），字德新，睦州寿昌（今浙江）人，唐宣宗大中八年（854）中进士。唐僖宗时死于建州刺史任上。李频和当时的诗人许浑、薛能、李群玉、曹邺都有交往。著有《建州刺史集》。

初冬季节，与友人在离别前把酒，还能说些什么呢。就是眼中看见以及心中想见的景色，也只有一片衰飒罢了。离别之后，那无尽的相思就更加难以排遣了。

下第[①]后屏居书怀寄张侍御

刘驾

刖足[②]岂一生，良工隔千里。故山彭泽上，归梦向汾水。

低催[③]神气尽，僮仆心亦耻。未达谁不知，达者多忘此。

行年忽已壮，去老年更几。功名如不彰，身殁岂为鬼[④]。

才看芳草歇，即叹凉风起。骢马[⑤]未来朝，嘶声尚在耳。

注释：

①下第：科举时代考试不中者曰下第，又称落第。

②刖足：断足。古代肉刑之一。这里用卞和献和氏璧的典故。

③低催：憔悴。

④似指死不瞑目。

⑤骢马：指御史所乘之马或借指御史。

解说：

刘驾（822—?），字司南，江东人。初举进士不第，寓居长安逾三年。唐宣宗大中六年（852）登进士第。官国子博士。广明二年（881）随僖宗入蜀。后曾寄居成都、郪县数年。《全唐诗》存诗一卷。

作者将落第之后的情感表达得很繁复，有对自身才华的认可，有对人生际遇的感叹，也有对年华老去的无奈。张侍御是朋友，更是伯乐。这不仅是一首写给朋友的诗，更是求人提拔和赏识的作品。

酬张少尹[1]秋日凤翔西郊见寄

耿津

鼎气[2]孕河汾，英英济[3]旧勋。刘生曾任侠，张率自能文。
官佐征西府，名齐将上军。秋山遥出浦，野鹤暮离群。
远恨边笳起，劳歌[4]骑吏[5]闻。废关人不到，荒戍日空曛。
草木凉初变，阴晴景半分。叠蝉临积水，乱燕入过云。
丽藻终思我，衰髯[6]亦为君。闲吟寡和曲，庭叶渐纷纷。

注释：

①少尹：官名，唐初诸郡皆置司马，开元元年（713）改为少尹，是府州的副职。

②《史记·封禅书》："天子使使验问巫得鼎无奸诈，乃以礼祠，迎鼎至甘泉，从行，上荐之。至中山，……有黄云盖焉。"后因以"鼎气"指鼎所在上空的云气，为国运昌隆的吉祥之兆。

③济：及，比得上。

④劳歌：忧伤、惜别之歌。

⑤骑吏：出行时随侍左右的骑马的吏员。

⑥衰髯：因衰老而变白的须髯。

解说：

耿津，字洪源，河东（今山西永济）人。宝应二年（763）进士，初为大理司法，充括图书使来江淮，穷山水之胜。官终左拾遗。其诗长于五律，多抒写个人感慨。诗才俊爽，意思不群。与钱起、卢纶诸人齐名。有《耿玮诗集》二卷。

朋友极有才华，却只做着少尹的卑微官职。开篇即对朋友的遭际做深切的慨叹，说知心话，才是表达感情的最佳手段。然而，自己又何尝不是如此？遭际甚至比朋友还不如。眼中衰飒荒凉的景象，是孤独，是落寞，是怀才不遇的颜色。

太原送许侍御出幕归东都

昔随刘越石[1]，今日独归时。汾水风烟冷，并州花木迟。

荒庭增别梦，野雨失行期。莫向山阳过，邻人夜笛悲[2]。

注释：

①刘越石：晋代抗敌名臣刘琨。

②晋向秀经山阳旧居，听到邻人吹笛，不禁追念亡友嵇康、吕安，因作《思旧赋》。后因以“山阳笛”为怀念故友的典实。

解说：

早春时节，太原尚是花木未荣，汾河两岸风烟冷落。一场春雨，耽误了好友的行期，自己又做了一场离别之梦。然而，朋友还是离去了，只希望他不要像我想他一样想我就好。诗歌体现了二人的亲密关系。

送进士李殷下第游汾河

曹邺

上国[1]花照地，遣君向西征。旁人亦有恨，况复故人情。

单车欲云去，别酒忽然醒。如何今夜梦，半作道路程。

边士不好礼，全家住军城[2]。城中鼓角严，旅客常夜惊。

中有左记室[3]，逢人眼光明。西门未归[4]者，下马如到京。

还应一开卷[5]，为子心不平。慇勤说忠抱，壮志勿自轻。

注释：

①上国：指京师。

②军城：唐代设兵戍守的城镇。

③记室：官名。东汉置，掌章表书记文檄。后世因之，或称记室督、记室参军等。

④西门未归：从京师游汾河，乃是自西向东。进城则走西门。

⑤开卷：打开书本。这里指打开李殷的试卷。

解说：

曹邺（816—约875），字邺之，一作业之，桂州阳朔（今属广西）人。大中四年（850）进士。曾任太常博士、祠部郎中、洋州刺史、吏部郎中等职。中年辞官，隐居以终。诗歌多抒写失意之情，少数篇章富有现实内容。语言通俗，有民歌风。著有《曹祠部集》。

与朋友离别，作者表现出了深深的难舍。作者有许多的话想说，即使在诗中也不想停笔。落地的举子，感情较脆弱，容易因为他人的不恭敬而伤感。作者在诗中为他介绍了一个热情的朋友，并且借这位朋友之口对他的怀才不遇表达了感慨和安慰。整首诗中洋溢着浓浓的友情。

睢阳①送韦参军还汾上，此公元昆②任睢阳参军

李昂

世业重籯金③，青春映士林。文华两孙楚④，兄弟二曾参。

竹抱卢门⑤暗，山衔晋国深。预知汾水上，一雁有遗音。

注释：

①睢阳：今河南省商丘市。

②元昆：长兄。

③籯金：一笼箱的金子。古人云："遗子黄金满籯，不如一经。"

④孙楚：晋人，字子荆，富文才，年四十参镇东军事。

⑤卢门：宋国门名，见《左传》，此用以表睢阳。

解说：

李昂（809—840），即唐文宗。初名涵，陇西成纪（今甘肃秦安）人，穆宗第二子，敬宗之弟。宝历二年（826）即位，在位十三年。开成五年（840）卒，谥曰昭献。昂恭俭儒雅，勤政好学，暇馀与宰臣论诗，讽咏不辍。

赠别诗，如果对象与自己关系一般，就不能过分渲染感情，而要以赞美为主。本诗就是如此。赞美包括两个方面：一是家世儒学，二是兄弟二人文道并重，难兄难弟。最后点出送别之事，不强调依依惜别，而用大雁预先告知其家做结，写得情韵悠长。

寒食行次冷泉驿①

李商隐

驿途仍近节，旅宿倍思家。独夜三更月，空庭一树花。

介山当驿秀，汾水绕关斜。自怯春寒苦，那堪禁火赊②。

注释：

①冷泉驿：旧在汾州介休县（今山西介休市）南冷泉关（今灵石县境内两渡镇冷泉村）。

②赊：长。

解说：

李商隐（约813—858），唐代诗人。字义山，号玉溪生，怀州河内（今河南沁阳）人。开成年间进士。历任县尉、秘书郎、东川节度使判官。因陷于牛李党争，受人排挤，坎坷终身。与杜牧齐名，并称“小李杜”。长于七律、七绝，善于用典。著有《李义山诗集》。也工骈文，后人辑有《樊南文集》。

在古代，寒食节是比较重要的节日。过节的时候，李商隐却孤零零的在旅社里，看着天上的月亮、庭中的花，远处的介山很秀美，汾河也很婉曲。只是，这一切都抵不过料峭的春寒，抵不过节日的孤单。

宋代

河渎神

宋·孙光宪

汾水碧依依①，黄云落叶初飞。
翠娥②一去不言归，庙门空掩斜晖。
四壁阴森排古画，依旧琼轮羽驾③。
小殿沈沈清夜，银灯飘落香灺。

注释：

① 依依：轻柔披拂貌。

② 翠娥：指美女。唐李白《忆旧游寄谯郡元参军》："翠娥婵娟初月晖，美人更唱舞罗衣。"

③羽驾：传说以鸾鹤为驭的坐车。

解说：

孙光宪（约895—968），字孟文，自号葆光子，五代宋初陵州贵平（今四川仁寿）人。家中聚书数千卷，校勘抄写，老而不辍。归宋，官黄州刺史。著有《北梦琐言》等。

这是一首题庙诗，庙主为汾水河神。诗人从汾水黄云的外景，写到了河神庙的壁画。虽然古画有些阴森，但是不妨碍银灯香灺给诗人所带来的平和宁静。

北苑侍宴杂

徐铉

碧草垂低岸，东风起细波。

横汾从游宴[①]，何谢到天河[②]。

注释：

①横汾游宴：典出汉武帝渡汾河故事。

②到天河：用张骞乘槎上天典故。

解说：

徐铉（917—992），字鼎臣，五代宋初扬州广陵（今江苏扬州）人。初仕南唐，后归宋，官至散骑常侍。与弟锴齐名，号“大小二徐”。精通文字学，曾与句中正等校订《说文解字》，世称“大徐本”。著有《徐公文集》。

如果说黄河是雄傲伟岸的美男子，那么汾河则是怜态可掬的娇痴女，虽然淫雨季节，汾水也会使使小性子，发发火，但总没有黄河那种冲冠一怒的怖惧。汾河的韵味即在于此。

文中子

石介

龙蛰[①]河汾道不行，吁谟[②]经济授诸生。

由来房魏皆卿相，共辅文皇致太平。

注释：

①龙蛰：阳气潜藏。

②吁谟：指远大宏伟的谋划。典出《诗·大雅·抑》：“讦谟定命，远犹辰告。”

解说：

王通（584—617），字仲淹，自号文中子，河东郡龙门县（今山西万荣县）人，乃隋朝通名大儒。其人《隋书》无传，仅有零星事迹亦附丽于新旧《唐书》中的王绩（其弟）、王勃（其孙）、王质（五代孙）等传记中。然而自从宋始，王通声名鹊起，很多达官贵宦都自附其门下。因其著书设帐于河东龙门，而此处恰居于黄河与汾河之间，故宋人诗中屡屡以“河汾”称之。

王通

刘克庄

当时三晋地，已有圣人生。
不晓河汾氏[①]，为隋策太平。

注释：

①河汾氏：指王通。王通曾向隋文帝奏《兴衰要论》七篇，颇为隋文帝所称道。

解说：

刘克庄（1187—1269），初名灼，字潜夫，号后村居士，莆田（今属福建）人。官至工部尚书兼侍读。为江湖派诗人中的重要作家。能词擅文，有《后村先生大全集》。

宋人抬高并追捧王通，并附说唐朝开国功勋房玄龄、魏征等人出其门下，这可能与宋代文化的“追祖溯源”思潮有关。

秋风

孙光宪

猎桂来钟岭，豭椒度汉宫。云飞汾水阔，叶下洞庭空。
海国[①]樯帆壮，边城鼓角雄。谁知洛阳客，归意在江东。

注释：

①海国：近海地域。唐张籍《送南迁客》：“海国战骑象，蛮州市用银。”

解说：

孙光宪（约895—968），字孟文，自号葆光子，五代宋初陵州贵平（今四川仁寿东北）人。家中聚书数千卷，校勘抄写，老而不辍。事南平三世，累官至荆南节度副使、检校秘书少监。后归宋，官黄州刺史。其词大部分收入《花间集》，但在风格上与该集中多数作品的绮艳有所不同。撰有笔记《北梦琐言》及历史著作《续通历》。另有文集多种，皆不传。

诗人以汾水与洞庭两水作比，喻指诗人南北行途的时空变换。海国樯帆与边城鼓角代表了诗人仕宦的艰难，而诗末点明思乡主题。

送卢大雅赴阙

王安礼

箫鼓[①]纷纷载酒醪，送行汾水觉秋高。
吏民遮道瞻思[②]切，车马还朝气势豪。
圣主询谟忘旰昃[③]，明庭收选尽英髦[④]。
看君才业何人似，哿矣[⑤]趋荣勿告劳。

注释：

①箫鼓：泛指乐奏。南朝梁江淹《别赋》："琴羽张兮箫鼓陈，燕赵歌兮伤美人。"，

②瞻思：仰慕，缅怀。

③旰昃：天晚。多用于颂扬帝王勤于政事。

④英髦：俊秀杰出的人。汉枚乘《柳赋》："俊乂英旄，列襟联袍。"

⑤哿矣：欢乐。《诗·小雅·正月》："哿矣富人，哀此茕独。"

解说：

王安礼（1035—1096），北宋抚州临川（今江西抚州）人，字和甫，王安石六弟。嘉祐六年（1061）进士。著有《王安礼集》。

最好的送别场景是送人高升或荣迁，因为大家都高兴，志得意满的

兴奋冲淡了离别的悲伤。就像现在从军时的喧嚣、出嫁时的热闹一样。

诗人叙写了人们敲锣打鼓、载酒送行的场面，虽然适值汾水秋季，但是没有丝毫的悲伤气氛。末句诗人抒发了对朋友赴任的殷切祝福。

再谢周颙之句

邓忠臣

眼看秋雁歌汾水，心到阳关唱渭城[①]。

却被维摩居士[②]笑，海潮音[③]作断肠声。

注释：

①古曲《阳关三叠》又名《渭城曲》。亦泛指离别时唱的歌曲。

②维摩居士：王维，字摩诘，号摩诘居士。

③海潮音：海潮按时而至，其音宏大，故以喻佛、菩萨应时适机说法的声音。

解说：

诗小意不小，句短情不短。用典巧妙，结境自然。有趣！

从始平公城西大阅

司马光

沧溟[①]浴日照春台，组练[②]光中玉帐开。

汾水腾凌金鼓[③]震，西山宛转旆旌回。

逍遥静散晴空雨，叱咤横飞迥野雷。

坐镇四夷真汉相，武侯空复道英才。

注释：

①沧溟：大海。《汉武帝内传》："诸仙玉女，聚居沧溟。"

②组练：组甲、被练皆指将士的衣甲服装。此处指精锐的部队或军士的武装军容。

③金鼓：四金和六鼓。四金指錞、镯、铙、铎。六鼓指雷鼓、灵

鼓、路鼓、鼖鼓、鼛鼓、晋鼓。金鼓用以节声乐，和军旅，正田役。

解说：

大阅，即古代阅兵。阅兵就要有气势，拿出看家本领，是对领军与作战的检验，亦是对敌人的强大震慑。大阅诗作亦要体现这一点。将军运筹帷幄，战士操练整备，呐喊冲击声如雷。这种冲锋陷阵的气势，恐怕让诸葛孔明都要自惭形秽了吧。

用厚后弟强甫韵

刘克庄

不腆先畴[1]与破庵，在汾水曲管岑南。
幽栖晚节巢林一，戆草当年及□三。
酒瓮有期春共酌，书囊无底晓犹谈。
吾悯紫气[2]难瞻瞩[3]，未暇攀迎柱下聃。

按：文中子田庐在乎疏属之南。疏属，山名。《山海经》云：“枕汾水，名管岑。”

注释：

①不腆：谦词，不丰厚，浅薄。先畴：先人所遗的田地。

②紫气：紫色云气，富贵的象征。

③瞻瞩：观看；注视；看视。

又和喜雨

白头无复驾征骖[1]，薄有田庐汾水南。
但使金穰[2]堪拾穗，何曾玉食欠包柑。
莫辞社酒[3]传三爵，犹胜障泥[4]趁六参[5]。
不必宗文扶亦可，老人不饮似微酣。

注释：

①征骖：驾车远行的马。亦指旅人远行的车。

②金穰：太岁星运行至酉宫（正西方）称“岁在金”，预示农业丰收。语出《史记·天官书》：“然必察太岁所在：在金，穰；水，毁；木，饥；火，旱。此其大较也。”

③社酒：旧时于春秋社日祭祀土神，饮酒庆贺，称所备之酒为社酒。

④障泥：垂于马腹两侧、用于遮挡尘土的东西。

⑤六参：谓一月朝参六次。

解说：

诗人庐居管岑山下，毗邻汾水。效法上古的隐士，过着淡然的村野生活，有酒有书，吟诗交谈。这样的生活不是更贴近自然，兴致盎然吗？

句

孙仅

汾水冷光摇画戟①，蒙山秋色锁层楼。

宋阮阅《诗话总龟》卷四三引《古今诗话》

解说：

①旧时常作为仪饰之用。此处指船。唐韦应物《郡斋雨中与诸文士燕集》诗：“兵卫森画戟，宴寝凝清香。”

解说：

虽只有上下两联，但兴致不输长篇。把汾水的静致高澹，与秋色的清冷孤寂，借着画戟与层楼，慢慢图画出来。

送公桓行

吴则礼

汾河水落雁南飞，一马萧萧木脱时。
苍鬓宁堪异乡别，幽人①况有故园悲。
山头日没边笳断②，陇底驼鸣塞草衰。
千里黄云太行路，自怜北望独相思。

注释：

①幽人：幽隐之人，隐士。《易·履》："履道坦坦，幽人贞吉。"孔颖达疏："幽人贞吉者，既无险难，故在幽隐之人守正得吉。"

②边笳：边关的笳声。笳，中国古代北方民族的一种乐器，类似笛子。与羌笛一样，是边塞诗中重要的意象。

解说：

吴则礼（？—1121），字子副，号北湖居士，南宋兴国州（今湖北阳新）人。哲宗时，任卫尉寺主簿，徽宗时知虢州。有《北湖集》。

送别是古人歌咏怀抱、寄寓情感的重要主题。崇山、江河、歧路、桥头，都可能是送别的场所，之所以选这些地方，是因为这些地方都是"绝路"，意味着主人若再送下去，就不容易回来了。于是在这些地方，往往会有设栈饯别、赋诗寄行等活动。对文人来说，诗是最简单而高效的方式，既表达了依依惜别之情，又炫耀了文采。

此诗写诗人在汾河岸边送友人远行，有征马、衰草，有断笳、驼鸣，都渲染了送别的凄凉景色。今天诗人送友远行，其实诗人自己亦是一个离乡客呀。

松棚

张九成

炎炎暑气若为当，旋买松枝庇草堂。
一望翠阴何爽快，暂来吾室变清凉。
直疑仙去冰壶里，岂是生居汾水阳①。
向晚薰风②香入座，为君一再奏文王。

注释：

① 山南水北称阳，平阳，即平水之北之义。

② 薰风：指初夏时的东南风。《吕氏春秋·有始》："东南曰薰风。"

解说：

张九成（1092—1159），字子韶，号横浦居士，又号无垢居士，南宋钱塘（今浙江杭州）人。绍兴二年（1132）进士第一。历官著作郎、宗正少卿，后为秦桧所贬，谪居南安军，桧死始得归。著有《横浦集》。

在炎热的天气里，如何消暑是一个棘手的问题。然而诗人却很好地解决了这个难题，买松枝遮蔽房子。这样一望，凉气自然而至了。

汾阴曲

李新

吾爱西河①段干木②，凛然③节槩凌孤竹④。
遗风扫地青冢存，汾水千年为谁绿。
水边剑佩锵寒玉，熊车⑤来作江阳牧。
忠梗⑥峨峨一面霜，想像古人今在目。
我叹今人似古人，丝桐⑦为播汾阴曲。

注释：

① 西河：战国时魏地，在今山西汾阳等地。《史记·仲尼弟子列传》："子夏居西河教授，为魏文侯师。"

②段干木：姓李，名克，封于段，为干木大夫，故称段干木。春秋末战国初魏国安邑（今运城市安邑镇）人。魏文侯月夜登门拜请段干木，段干木逾墙而走。文侯求贤若渴，每过段干木家门，扶轼致敬，以示其诚，终于感动了段干木，得以相见。此后君臣相合，终于开创魏国雄强大业。

③凛然：严肃；令人敬畏的样子。或形容表示敬重或惊恐的神态。

④孤竹：《庄子·让王》："昔周之兴，有士二人，处于孤竹，曰伯夷、叔齐。"后遂用"孤竹"借指伯夷、叔齐。

⑤熊车：有伏熊形横轼的车。汉时为公、列侯所用。

⑥忠梗：又为忠鲠，忠诚耿直。

⑦丝桐：指琴。古人削桐为琴，练丝为弦，故称。

解说：

李新（1062—?），字元应，号跨鳌先生，仁寿（今四川仁寿）人。宋哲宗元祐五年（1060）进士，著有《跨鳌集》。

诗以赞美段干木起兴，而实抒发自我之怀抱。

吊王忠肃

杨由义

太原城下屹行宫①，云树笼葱掩碧空。
铁马无声汾水急，满天风雨泣英雄。

注释：

①王禀（？—1126）宋开封人，字正臣。行伍出身。宣和七年（1125），金攻宋，童贯弃太原还京，留他为副都总管，统领宣抚司兵守太原。靖康元年（1126）六月，除建武军节度使。九月，太原援绝，军民断粮，城陷，犹率疲兵巷战，身中数十枪，后投河死。守太原凡二百五

十余日。

解说：

杨由义，字宜之，南宋汴京（今开封市）人。孝宗隆兴初以阁门祗候使金，不屈而还，孝宗嘉叹。累迁太府卿兼刑部侍郎，朱熹曾从其受业。

这是一首怀古咏史诗，借歌咏太原守将王禀而抒发历史感慨。名将虽然已随流水而逝，然而其英名却可掩碧晴空，流芳后世。

望海潮·上太原知府王君贶尚书

沈唐

山光凝翠，川容如画，名都自古并州①。
箫鼓沸天，弓刀似水②，连营十万貔貅③。
金骑走长楸④。少年人一一，锦带吴钩⑤。
路入榆关⑥，雁飞汾水正宜秋。
追思昔日风流。有儒将⑦醉吟，才子狂游。
松偃旧亭，城高故国，空余舞榭歌楼。
方面倚贤侯⑧，便恐为霖雨⑨，归去难留。
好向西溪⑩，恣携弦管宴兰舟⑪。

注释：

①并州：宋朝改为太原府，治所在今太原市。

②弓刀似水：弓箭和刀枪反射的光芒如水波般闪耀发亮。

③貔貅：传说中的一种神兽，此喻指勇猛的军士。

④长楸：高大的楸树，古代常种于道旁。此处喻指两旁种植长楸的大道。

⑤吴钩：钩，兵器，形似剑而曲。春秋吴人善铸钩，故称。后也泛指利剑。

⑥榆关：古榆关城，即今山西省平定县城的上城。榆关城建于高

丘，地势险峻，易守难攻。据传为韩信所筑并以榆塞门，因此得名。

⑦儒将：乃指西晋将领刘琨。刘琨曾任并州刺史，唐朝宰相裴度也两任太原尹。

⑧方面倚贤侯：指地方上的军政长官。此处指太原知府。

⑨霖雨：大雨，比喻济世之臣。

⑩西溪：指晋溪。

⑪兰舟：用兰木所做的船；对船的美称。

解说：

沈唐，生卒年不详，字公述，宋仁宗时人，韩琦宾客，曾任大名府签判，后改辟签判渭州。南宋黄升编《花庵词选》录有其词数首。

词人效法柳永，将太原的气势用词句淋漓尽致地展现了出来。诗人先从太原的驻军开始讲起，刀光如水，军士十万，将士们穿甲携兵，穿过大道奔赴边关。此值秋季，大雁南渡汾水。然后续写王知府的儒将风采，文武兼擅，诗酒风流。最后，寄勉当下，与知府恣情于汾水舟渡之中。

题芙蓉亭

苏过

清源大夫吴人到官之数月，凿池引泉，植芙蕖，大变晋俗。遂忘江湖之想，作诗寄。

先生腹有五车书①，宜著天禄与石渠②。
一日不可食无鱼③，何不置之于江湖。
迩来得邑古塞隅，饮酪披毳④如羌胡。
汾水浊恶山童枯，不知先生何为娱。
忽然寄诗遣长须⑤，报我县圃开榛芜⑥。
昔为沮洳⑦今可潴，下灌粳稻池之余。
清流映带红芙蕖，炯然不染先生如。

簿书[8]扰扰徒喧呼，不妨行吟学三闾[9]。

吏民已化愚溪[10]愚，能和紫芝于蔿于[11]。

教条自简俗自纾[12]，三尺不犯鞭与蒲。

愿君越吟小踟蹰，晋楚未觉肝胆殊。

长短莫较鹤与凫，弹铗[13]且缓归来乎。

注释：

①《庄子·天下》："惠施多方，其书五车。"后用以形容读书多，学问渊博。

②天禄，石渠，均为汉代著名藏书阁名。后亦通称皇家藏书之所。

③《战国策·齐策四》："齐人有冯谖者，贫乏不能自存，使人属孟尝君，愿寄食门下……左右以君贱之也，食以草具。居有顷，倚柱弹其剑，歌曰：'长铗归来乎！食无鱼。'"后遂以"食无鱼"为待客不丰或不受重视、生活贫苦的典故。

④饮酪披毳，食肉饮酪，指北方民族的粗食。

⑤汉王褒《僮约》："资中男子王子渊，从成都安志里女子杨惠，买亡夫时户下髯奴便了。"后因以"长须"指男仆。

⑥榛芜：草木丛杂。形容荒凉的景象。

⑦沮洳：低湿之地。《诗·魏风·汾沮洳》："彼汾沮洳，言采其莫。"孔颖达疏："沮洳，润泽之处。"

⑧簿书：官署中的文书薄册。

⑨三闾：指屈原，屈原曾做过三闾大夫。

⑩愚溪：指柳宗元。柳宗元曾做《愚溪诗》。

⑪于蔿于：均为歌曲名。《于蔿于》为唐人元德秀所作。

⑫纾：缓和，解除。

⑬弹铗：冯谖故事。

解说：

苏过（1072—1123），字叔党，眉州眉山（今属四川）人。苏轼幼子，时人称为小坡。官中山府通判。苏轼连年谪贬，过均随行；轼死，葬于汝州郏城（今河南郏县）小峨嵋，遂家颍昌（今河南许昌）小斜川，自号斜川居士。有《斜川集》。

诗记清源吴大夫在任职时，于汾河遍植荷花，引渠灌田，从而借之移风易俗的故事。汾水依旧流，不变的是汾水与田泽，改变的则是人心与世风，种渠事小，改革为大。试想时下，昔日临汾境内汾河污浊不堪，两岸皆臭不可闻，今日政府重点治理，两岸鸟语花香，风景一变，经济亦改观。由其观之，古今一也。

送贾推官赴绛州

欧阳修

白云汾水上，人北雁南飞。行李[①]山川远，风霜草木腓[②]。

郡斋宾榻挂[③]，幕府羽书[④]稀。最有题舆客[⑤]，偏思玉麈[⑥]挥。

注释：

①行李：行旅。亦指行旅的人。

②草木腓：草木枯萎。

③郡斋：郡守起居之处。宾榻：宾客下榻处。

④羽书：犹羽檄。指边境紧急的军事行动。

⑤题舆客：指周景。《太平御览》："周景为豫州，辟陈蕃为别驾。不就。景题别驾舆曰：'陈仲举座也。'不复更辟。蕃惶惧，起视职。"

⑥玉麈：玉柄麈尾。东晋士大夫清谈时常执之。

解说：

纵观汾水诗词，最多的一个意象组合就是白云汾水。那时天还是那么蓝，云还是那么白，鸟还是那么多，可是现在这种风景几乎成了凤毛麟角。如果诗人来到现代，诗定会改为"雾霾汾水上，人北雁无踪"，这或许更能衬托送别的悲凉吧。

此诗前两联想象绛州的风景与朋友旅途经过。后两句写赴任后的工作状态，与幕客诗友，指点文章。

碧楼

胡宿

中条何峨峨，映我缥碧瓦[①]。
汾水望飞云，参旂眺绿野。
美哉山与河，河流疾于马。

注释：

①缥碧瓦：浅青色瓦。

解说：

胡宿（996—1067），字武平，常州晋陵（今江苏常州）人。宋仁宗天圣二年（1024）进士，卒赠太子太傅，谥文恭。著有《文恭集》。

高高的中条山，映衬着碧瓦房。汾水与飞云，逗引着我歌唱。此诗如果唱出来，肯定特别美。

和资道读王绩传

晁说之

飞廉[①]有丑马，卒岁[②]得肥游。先生用自况[③]，散发[④]汾水头。
时时到醉乡，万汇如蜗牛。板筑[⑤]杜康[⑥]庙，配飨酒家流。
此意谁能解，空令儿女羞。为问关夫子，若何为献酬[⑦]。

注释：

①飞廉：风神。一说能致风的神禽名。

②卒岁：终年，整年。

③自况：犹自比。

④散发：喻指弃官隐居，逍遥自在。《后汉书·袁闳传》：“延熹末，党事将作，闳遂散发绝世，欲投迹深林。”

⑤板筑：泛指土木建筑。

⑥杜康：传说为最早造酒的人。

⑦献酬：谓饮酒时主客互相敬酒。后泛指斟饮。

解说：

晁说之（1059—1129），字以道，一字伯以，晁补之的从弟，因慕司马光之为人，自号景迂生。巨野人（一说澶州人）。元丰五年（1802）进士及第。著有《嵩山景迂生文集》。

王通与王绩虽是兄弟，然而志向却大有不同，一个积极入世，一个隐世淡泊。后世多推崇王通，而晁说之却独推王绩，诗人的志向与情调一览无遗。

季父知并州

梅尧臣

捧诏出明光[①]，飞轩[②]陟太行。玉墀[③]分近侍，虎绶[④]给新章。

笳吹喧行陌，旌旗卷夜霜。雁归汾水绿，城压代云黄。

土屋春风峭，毡裘[⑤]牧骑狂。关山[⑥]宁久驻，剩宴柳溪傍。

注释：

①明光：汉代宫殿名。后亦泛指朝廷宫殿。

②飞轩：轻车。《文选·曹植〈七启〉之三》："飞轩电逝，兽随轮转。"李周翰注："飞轩，轻车也。"

③玉墀：宫殿前的石阶。亦借指朝廷。

④虎绶：汉代的官职有佩印绶之制，佩绶时可垂于衣侧，也可用鞶囊盛之。鞶囊用金银钩钩于革带之上，所以称之为绶囊或旁囊，当时人们在囊上绣以虎头纹样，故又叫作虎头绶囊

⑤毡裘：指古代北方游牧民族以皮毛制成的衣服。

⑥关山：在诗词中，泛指关隘山岭。

解说：

诗叙诗人送叔父梅询赴并州任职。首先写了亲人旅途中的车马行帐，又联想并州的美景与生活，并寄托了诗人对亲人生活的美好展望。

弟得臣归觐并州

知君归去心，已逐秋风起。明发登太行，远将望汾水。

蔼蔼白云下，吾亲正居此。拜庆曷为荣，新除一官美。

解说：

得臣，字公梦，梅询第三子。太行，汾水，白云，对梅尧臣来说是一种美好生活的象征。这里富足，安逸，还可以诗酒文章。兄弟此去任职，何尝不是美差一件？

送刘职方知汾州

西河风俗厚，尚翅古所闻。子夏有遗庙，干木有遗坟。

太守下车日，当先此二君。不必汾水上，秋风看雁群①。

注释：

①秋风与雁群是一个意象组合，典出自武帝横渡汾河故事。

解说：

汾水岸边风景甚佳，然而真正吸引人的却不仅是这些，这里人文簇聚，星光发达。所以诗人勉励朋友此去任职一定要先拜览子夏庙与干木坟。

答徐耘朝散

李复

昔年汾水上，曾遇海南翁。欲问三山①路，先知一溉②功。

万纷销寂默，一气抱冲融③。更约丹砂诀，他时访葛洪④。

注释：

①三山：传说中的海上三神山。晋王嘉《拾遗记·高辛》：“三壶，则海中三山也。一曰方壶，则方丈也；二曰蓬壶，则蓬莱也；三曰瀛壶，则瀛洲也。”

②一溉：一次灌溉。亦比喻用力不多。

③冲融：冲和，恬适。

④葛洪：字稚川，自号抱朴子，自幼好神仙导养之法。先后从郑隐、鲍玄学炼丹术和道术。

解说：

李复（？—1128），字履中。京兆长安（今陕西西安）人。北宋学者。元丰年间进士，历任熙河转运使、集贤殿修撰、秦州知州。

诗人于汾水遇一异人，受其指点，更相互约定他年一起参道炼丹。

秋风白云飞

刘辰翁

风起秋尘外，山空海又围。疏疏黄叶外，渺渺白云飞。

扫地驱残暑，林烟带落晖。空明仙仗[1]过，天矫玉龙[2]归。

中野[3]悲游子，苍梧迎帝妃。回首汾水上，不觉泪沾衣。

注释：

①空明：空旷澄澈。仙仗：神仙的仪仗。

②天矫：纵恣貌。玉龙：传说中的神龙。

③中野：原野之中。

解说：

刘辰翁（1232—1297），南宋词人。字会孟，号须溪，庐陵（今江西吉安）人。景定年间进士。官至临安府学教授，曾参加抗元，宋亡后隐居不仕。词多怀念故国之作。明人辑有《须溪集》。

诗人立于汾水，瞻览胜景，遥想往事，感从衷来，不禁泪下沾衣。

赠呼延长原

段成己

我来负犊颠，投迹[①]汾水滨。乱余寡俦侣，所遇皆所亲。
□行未易完，忍更求其纯。矫矫[②]呼延生，栋宇接近邻。
虽云符诅师[③]，颇异寻常人。疾苦在力救，贵贱情一均。
功成不责报，第恐[④]伤吾仁。旷怀寓杯酒，不计醨与醇。
一酌万事毕，肝胆平轮囷[⑤]。酒酣奋长袖，满坐生阳春。
人皆笑汝狂，我独爱汝真。参苓吾所须，收为药笼珍。
吾闻先天[⑥]术，原委有本因。后人罕知学，莫复窥其津。
华陀起东汉，扁鹊名西秦。二君本儒者，卒以医自神。
愿生继高躅[⑦]，勉勉勿因循。

注释：

①投迹：举步前往，投身。

②矫矫：卓然不群貌。

③符诅师：擅长符篆与驱神的巫师。

④第恐：只怕。

⑤轮囷：硕大貌。

⑥先天：谓先于天时而行事，有先见之明。

⑦高躅：崇高的品行。

解说：

太行山下，姑射山中，汾水滨旁，多有异人。诗人所遇之人，即是此神仙中人。此人救人水火，贵贱如一。生性旷达，纵情寓酒，无论酒优劣好坏。别人笑他狂狷，诗人却喜欢这种纯真，并与其为友。

满江红·寿陈丈良臣

段克己

有妫之后，国于陈、庆流苗裔[①]。还世有、异人间出，簪缨不替[②]。别派[③]中分汾水右，英灵吸尽姑山气。看凤麟、来应太平期，为佳瑞。

都未展，经邦志。医与卜，浑余事。把活人手段，此中聊试。德义不孤[④]朋友乐，田园粗了儿孙计。有鬓丝、禅榻老生涯，栖心[⑤]地。

注释：

①陈氏出于上古妫姓。

②簪缨不替，世代显贵。簪缨，古代官吏的冠饰，比喻显贵。不替，不衰败。

③别派，同祖先的一个分支。

④德义不孤，不孤单，不单独。《论语·里仁》："德不孤，必有邻。"

⑤栖心，犹寄心。三国魏嵇康《释私论》："若质乎中人之性，运乎在用之质，而栖心古烈，拟足公涂。"

解说：

词人用词予人为寿，借词句把寿主的品质与生活祝颂一番。首写主人的先世家境，再写寿主失志庙堂之后济世救人的人格品质。最后词人送予寿主诚挚的祝福。

水龙吟·寿舍弟菊轩

天高秋气初清，姑山汾水增明秀。

黄花红叶，输香泛滟[①]，恰过重九。

细捻金蕤[②]，旋题新句，满斟芳酒。

况人生自有，安排去处，须富贵、何时有。

休说山中宰相[③]，也不效、斜川五柳[④]。

锄犁自把，山田耕罢，双牛随后。
经史传家，儿孙满眼，渐能承受。
待与君坐阅，庄椿⑤岁月，作皤然⑥叟。

注释：

①泛滟，浮光闪耀貌。

②金蕤，金色的花朵。蕤，草木的花下垂的样子。

③山中宰相，南朝梁时陶弘景，隐居茅山，屡聘不出，梁武帝常向他请教国家大事，人们称他为“山中宰相”。

④斜川五柳，即陶渊明。陶隐剧于斜川，房前种五柳，故称五柳先生。

⑤庄椿，祝人长寿之词。语本《庄子·逍遥游》：“上古有大椿者，以八千岁为春，八千岁为秋。”

⑥皤然，白貌。多指须发。

解说：

此为祝寿词，虽为应景之作，却也写出了姑山汾水的一片祥和之气。姑射山下，汾水河滨，是词人兄弟的居处，这里植菊种树，诗礼传家。词人把这种诗意生活图画在词作之中，让我们在千载之后切实地感受到这种田园乐趣。

鹧鸪天·九日寄彦衡济之兼简仲坚景纯二弟

点检①笙歌上小楼。西风帘幕卷清秋。
绿醅②轻泛红萸好，黄菊羞簪白发稠。
今古恨，去悠悠。无情汾水自西流。
淡烟衰草斜阳外，并作登临一段愁。

注释：

①点检，评论，指摘。

②绿醅，绿色美酒。

解说：

古人登高往往联结着忆远，词人正是如此。点了轻歌曼曲，却只能独自欣赏。虽然旁有红萸与美酒，然而自己却羞将黄菊插在白发上。为什么呢，因为诗人的兄弟都相隔在远方。可与王维“遥知兄弟登高处，遍插茱萸少一人”相对读。

同姚公茂徐沟道中联句

金末元初·元好问

路转川涂阔，天低雨气昏。绵山连汉垒，汾水入并门（姚）。

来往频鞍马，登临负酒樽。联诗强一笑，凄绝恐销魂（元）。

解说：

绵山，在山西省介休市东南，山下有地名绵上，故名绵山。相传春秋时晋介之推隐此山中，故又称介山。

联句诗是古代文人的文字游戏。一人出上句，立意命题，次者因韵续接题意。前两联为姚公茂所写，以汾水路途中所见的绵山、秋雨为景，为下文抒情做铺垫。元好问则承接上题，叙述出行事由，抒发凄凉感慨为旨。两者珠联璧合，可谓佳句。

出镇州

汾水归心日夜流，孤云飞处是松楸。

无端行近还乡路，却傍西山入相州。

南乡子

衰思怯登楼。百感中来不自由。天意时情谁解得，悠悠。

一片黄云画角秋。

汾水绕城流。流尽朱颜到白头。万事且休论一醉，都休。

前日黄花蝶已愁。

解说：

作为金代最伟大的文学家，元好问诗中离不开这个象征金国的汾水。汾水的意义甚至比黄河、长江都要浓烈得多，因此在元氏诗中，无论是送别、出征，还是怀古、咏史，都渗透着浓浓的汾水情节。

摸鱼儿

乙丑岁赴试并州，道逢捕雁者云，今旦获一雁，杀之矣。其脱网者悲鸣不能去，竟自投于地而死。予因买得之，葬之汾水之上，累石为识，号曰雁丘。时同行者多为赋诗，予亦有雁丘辞，旧所作无宫商，今改定之。

问人间，情是何物，直教生死相许。天南地北双飞客，老翅[①]几回寒暑。欢乐趣。离别苦。是中更有痴儿女。君应有语。渺万里层云，千山暮景，只影[②]为谁去。横汾路。寂寞当年箫鼓[③]。荒烟依旧平楚[④]。招魂楚些[⑤]何嗟及，山鬼自啼风雨。天也妒。未信与、莺儿燕子俱黄土。千秋万古。为留待骚人，狂歌痛饮，来访雁丘处。

注释：

①老翅，指两只大雁。

②只影，谓孤独无偶。

③此处用武帝渡汾河故事。

④平楚，谓从高处远望，丛林树梢齐平。

⑤招魂楚些，《楚辞·招魂》本是楚国民间流行的招魂词，因句尾皆有“些”字，后世因以“楚些”指招魂歌。

解说：

这是一首歌颂爱情的千古名作。其中名句“问世间，情是何物，只教生死相许”，为世人广为传颂，但是后人很喜欢给它加一个“人”字，好像爱情是人类的专利。然而事实上，这只是两只大雁的爱情故事，元好问等人用优美的笔触把这凄美的爱情故事记录了下来，而后人的改篡则显示了人类对忠贞爱情的追求与向往。

附：

摸鱼儿 （同遗山赋雁丘）

李治

雁双双、正飞汾水，回头生死殊路。
天长地久相思债，何似眼前俱去。
摧劲羽。倘万一幽冥，却有重逢处。
诗翁感遇。把江北江南，风嘹月唳，并付一丘土。
仍为汝。小草幽兰丽句。声声字字酸楚。
拍江秋影今何在，宰木欲迷堤树。
霜魂苦。算犹胜、王嫱有冢贞娘墓。
凭谁说兴。叹鸟道长空，龙艘古渡。
马耳泪如雨。

摸鱼儿 （同遗山赋雁丘）

杨果

怅年年、雁飞汾水，秋风依旧兰渚。
网罗惊破双栖梦，孤影乱翻波素。
还碎羽。算古往今来，只有相思苦。
朝朝暮暮。想塞北风沙，江南烟月，争忍自来去。
埋恨处。依约并门路。一丘寂寞寒雨。
世间多少风流事，天也有心相妒。
休说与。还却怕、有情多被无情误。
一杯会举。待细读悲歌，满倾清泪，为尔酹黄土。

送靳才卿之平阳

金末元初·杨奂

却向他州去，萧萧雪满簪。丘园初到眼，儿女总关心。

汾水野烟白，霍山寒雾深。得归归更好，吾亦爱秦音。

解说：

杨奂（1186—1225），字焕然，号紫阳，乾州奉天（今陕西乾县）人。著有《还山遗稿》等。

友人要去平阳了，那里可是好地方。汾水被白烟所笼罩，霍山里的寒雾亦更加深沉。回去吧，如果不是走不开，诗人也想去平阳那个地方。只是没想到临汾在金元两朝属秦音。

元代

游晋溪

契玉立

访古晋祠山，晓集汾水桥。星河没惨淡[①]，野色见平遥。
树鸟啼冥冥，涂马鸣萧萧。游车接飞盖[②]，驾言修禊[③]朝。
荒城忽已迴，远峤如相招。振衣投林丘，浥露□尘嚣。
涧壑耸绿桧，原隰[④]散红桃。敞殿罗幢幡[⑤]，虚庭杂牲醪[⑥]。
逶迤广寒宫，献酬瑶池皋。境胜地亦灵，心悦神自超。
法鼓[⑦]青山巅，仙家白云标。极留不可暂，鹤唳天风高。

注释：

①惨淡：暗淡；悲凉。此处指山色昏暗。

②飞盖：高高的车篷。此处比喻车辆盛多。

③驾言：托言，传言。修禊：古代民俗于农历三月上旬的巳日（三国魏以后始固定为三月初三）到水边嬉戏，以祓除不祥，称为修禊。

④原隰：广平与低湿之地。

⑤幢幡：指佛、道教所用的旌旗。

⑥牲醪：宗庙场所祭祀用的牲醴。

⑦法鼓：佛教法器之一。举行法事时用以集众唱赞的大鼓。

解说：

偰玉立（1290—1365），字世玉，新疆畏兀儿人。登仁宗延佑五年（1318）进士第，历任泉州路达鲁花赤、海北海南道肃政廉访使等职。著有《世玉集》。

这是一首流水账式的游记诗。全诗叙写了诗人游历晋溪的过程。诗人先描写了早晨晋祠山的风景，然后写车队的繁盛，最后写晋祠的宗教气氛。

登德风亭诗

潞郡古黎国[①]，历韩分晋阳[②]。右顾带河汾，左揖耸太行。
高阜[③]俯四下，风气殊劲刚。道路阒修阻，山岳互低昂。
州治列方中，有亭跨崇冈。翚飞炫华构[④]，迢递瞰大荒。
犹如沧海珠，群龙护其傍。云烟恣吞吐，岩谷发幽光。
城堞[⑤]峨前陈，冠盖来相望。匪唯壮游观，庶保斯民康。
孰奏南薰[⑥]琴，于彼君子堂。春风偃露草，夜月照屋梁。
持节眺所临，酷暑生清凉。俯仰陈迹异，对景多慨慷。

注释：

①潞郡：指潞州。大致包括现在山西东南部的长治、长子、黎城、壶关、潞城、襄垣等县。黎国：古国名，周初为文王所平。后武王灭殷，封帝尧之后于此。春秋时属晋国，在今长治市西南。这句说潞州本为古代黎国。

②韩：即今长治县韩店镇。过了韩店，潞郡就分为晋城与阳城。

③高阜：高的土山。

④翚飞：俗称“飞檐”。华构：“华搆”。壮丽的建筑物。

⑤城堞：城上的矮墙。后泛指城墙。

⑥南薰：亦作“南熏”。指《南风》歌。相传为虞舜所作，歌中有“南风之薰兮，可以解吾民之愠兮”等句。

解说：

德风亭唐玄宗李隆基任潞州别驾时建立的亭台。清顺治《潞安府志》记载，德风亭位于郡治后，宋显宗为节度使时，重加整饬。元至今，有废有修。从唐代起，德风亭不仅是府官议论政事，文人雅士游览、咏诗的佳地，也是潞州一处美景。登上德风亭，眺望四周，东百谷山、壶口关，北三垂岗，西老爷山，南羊头山，尽收眼底。历代诗人留下许多诗文佳作，宋、元、明府官写下的重修德风亭记的碑记至今留传。

其诗先追溯潞城郡上古时代的历史渊源，然后叙述潞城的地理位置，再描写德风楼的形胜与风景，最后送去对国家与百姓的殷切祝语。

题雪溪待渡图

张翥

晋阳山下蒲村渡，断坂连冈叠烟树。
横汾水落流更急，客子西归迫秋暮。
朔风[①]转雨作雪飞，倚盖[②]沙头泥没屦。
后来者谁须我友，望望[③]津船出前溆。
湿云扑地边鸿惊，危桥挂岸征马生。
樵家有径冻叶平，土床火煖无人声。
乱峰倒倚白石烂，空壑半压冰槎横。
归来想像犹眼底，讵拟褐夫能画此。
溪明雪净古色起，一片荒寒在窗几，岁晚远游吾倦矣。

注释：

①朔风：北风，寒风。

②倚盖：倾斜的伞盖。

③望望：急切盼望貌。

解说：

题画诗，本意为画增添气采，然而往往因其词采斐然，从而喧宾夺主。画有形象之妙，而诗有形神之气，好的作品，大象无形，所以题诗正补其不足。题画诗，诗题画，两者互相映彰，珠联璧合，较之现代摄影艺术，不知高出多少倍。

并州歌送张彦洪使毕还河东

吾乡故人零落尽，见子老成①殊慰心。
祥金百炼②乃利器，桐尾方焦逢赏音③。
河东臬府幕下士，飞传来作朝正使。
太和岭上盗已空，旌旗尽是官军红。
杀人如麻道路绝，朝狐暮枭竞巢穴。
严风歘起霜倒飞，塞日黯淡寒无辉。
子来未几遽言归，使我东望泪沾衣。
岂不闻并州少年游侠子，手携玉龙④最轻死。
并州将军刘越石⑤，夜半登临长啸起。
汾河直来绕郡城，雁门离石寒峥嵘。
老旻四叶弹丸地，大梁全师劳再征。
一朝征贼辄破碎，大将不诛天失刑。
为子作歌歌愤激，眼中太行如动色。
安得壮士射乌弓，为落搀⑥抢连太白。

注释：

①老成：精明练达；精明强干。

②祥金百炼：经过多次锻炼的精金；吉金。

③桐尾方焦：指良琴。《后汉书·蔡邕传》载：邕闻有人燃桐木而炊之声，知此桐木为制琴良材，因取以为琴。琴成，果有美音，而其尾尚焦。

④玉龙：宝剑。

⑤刘越石，即刘琨。《晋书·刘琨传》："琨字越石……在晋阳，尝为胡骑所围数重，城中窘迫无计，琨乃乘月登楼清啸，贼闻之，皆悽然

长叹。中夜奏胡笳，贼又流涕歔欷，有怀土之切。向晓复吹之，贼并弃围而走。”

⑥落搀：古指彗星，古人以搀抢为妖星，主兵祸。

解说：

自古三晋多英才，即从此诗可见一斑。全诗叙写张彦洪的英雄事迹，使后人了解到山西除了晋商、走西口、煤都外，还有像刘琨、张彦洪等数不尽的英雄豪杰。

张彦洪是一个什么样的人呢？他是并州游侠，手持宝剑，为人轻死。太和岭上有强盗出没，他率领官军荡尽贼寇。他文武双全，知音善事，是与并州将军刘琨一样的英雄人物。

河东试院即事

周伯琦

老槐俨立拂穹苍，庭户森然白昼长。
地绕汾流常沮洳，山违松汉半微茫。
西河旧是诗书里，曲沃今为农圃场。
蟋蟀在堂秋欲暮，绝怜[①]俭俗尚陶唐

注释：

①绝怜：极其喜爱。

解说：

周伯琦（1298—1369），字伯温，号玉雪坡真逸，饶州鄱阳（今江西鄱阳）人。洪武年间，以荣禄大夫集贤院大学士致仕。著有《说文字源》等。

诗人旧游到河东试院，触发历史兴亡、文化巨变之感。这里老树沧桑，汾流依旧，曾经繁华异常的地方，此时已沦为老农的菜圃。只有那只蟋蟀在秋季里鸣唱，犹似当年崇尚俭朴的尧帝。

太常引·送段信卿拜河东宪司经历

王恽

北来孤剑[①]郁苍颜。听时事，立谈闲。
秋隼正腾翻。莫便倚、霜空陡寒。
太行秋色，汾川雁影，极目[②]送归鞍。
簿领宪司闲。道好个、河东幕官。

注释：

①一把剑。亦借指单独的武士。

②极目：纵目，用尽目力远望。

解说：

王恽（1227—1304），字仲谋，卫州汲县（今河南卫辉）人。官至翰林学士、知制诰。元好问弟子。有《秋涧先生大全集》。

《太常引》，词牌名，《太和正音谱》注“仙吕官”，又名《太清引》。

此诗虽为送别曲，却将北地风光借之点染。秋天的鹰隼在空季翻腾，汾水的雁阵飞过太行。在这个时节，送别好友赴职，并恭喜其谋个好差事。

尧帝庙

王磐

上古元气淳以朠，群圣既出如传胪[①]。
高辛[②]登天帝挚痡，爰有真人起参墟[③]。
黄收纯衣[④]握帝符，马如白练彤云车。
璇玑玉衡拟天枢[⑤]，七政[⑥]循轨万物舒。
耕田凿井人自娱，帝力于我何有诸。
千秋万古仰范模，皎如白日临天衢。

川流山峙雨露濡，圣人德泽何时枯。

胡南汉北声教俱，矧兹河汾其故都。

邦人誇耀荣乡闾，遗庙世守无代无。

迁新去故奠神居，道人精诚与神孚。

觚棱[7]金碧凌空虚，采椽土阶与古殊。

岁时香火喧笙竽，神兮归来驻銮舆，祐我圣祚窥皇图[8]。

注释：

①传胪：科举时代，殿试揭晓唱名的一种仪式。殿试公布名次之日，皇帝至殿宣布，由阁门承接，传于阶下，卫士齐声传名高呼，谓之传胪。

②高辛：帝喾初受封于辛，后即帝位，号高辛氏。

③参墟：参星的分野。当今山西、河南一带。

④黄收纯衣：古冠名。《史记·五帝本纪》：“黄收纯衣，彤车乘白马。”裴骃集解：“《太古冠冕图》云：‘夏名冕曰收。’《礼记》曰：‘野夫黄冠。’”司马贞索隐：“收，冕名。其色黄，故曰黄收，象古质素也。”

⑤璇玑玉衡：古代玉饰的观测天象的仪器。天枢，北斗第一星。《星经》卷上：“北斗星……第一名天枢，为土星。”一说为北斗七星。一至四星名魁、为璇玑；五至七星名杓，为玉衡。

⑥七政：古天文术语。

⑦觚棱：宫阙上转角处的瓦脊成方角棱瓣之形。亦借指宫阙。

⑧皇图：疆域图，即今政治版图。

解说：

王磐（1202—1293），字文炳，号鹿庵，广平永年（今河北永年县）人。进士，曾任翰林直学士，同修国史。出为真定顺德等路宣慰使。著有《鹿庵集》。

古帝尧庙位于临汾市秦蜀路南端，为山西省重点文物保护单位。尧庙原建于汾河西岸，晋元康中徙汾东，唐显庆三年（685年）迁至今址，距今已1300余年，历代均为朝廷祭祀之所，并进行多次修葺与扩建。清康熙和光绪帝以及慈禧太后曾御驾临此。尧庙主要有山门、五凤楼、尧井亭、广运殿、寝宫等古建筑群，以及距今已1600余年的汉代奇树柏抱槐、柏抱楸、鸣鹿柏、夜笑柏等景观。

此是一首祭礼诗。诗题写尧庙的历史与尧帝的功绩。试想，尧庙曾经是何等兴盛，而如今又是何等萧条。在物欲横流、缺乏信仰的时代里，没有资本的包装，缺乏政府的人文关怀，对比那些没有文化底蕴却香火繁盛的佛庙道观，这座承继了数千年民族气息的庙宇又将何去何从？

太常引

刘秉忠

衲衣藤杖是吾缘。好归去，旧林泉。
富贵任争先。总不较、诸公著鞭。
雁飞汾水，鹤归华表[①]，人事又千年。
沧海变桑田。谁知有、壶中洞天[②]。

注释：

①鹤归华表，晋陶潜《搜神后记》卷一：“丁令威，本辽东人，学道于灵虚山。后化鹤归辽，集城门华表柱。时有少年，举弓欲射之。鹤乃飞，徘徊空中而言曰：‘有鸟有鸟丁令威，去家千年今始归。城郭如故人民非，何不学仙冢垒垒。’遂高上冲天。”后常用“鹤归华表”感叹人世的变迁。

②壶中洞天，谓人间仙境，胜境。典出《后汉书·方术传·费长房》：“传说东汉费长房为市掾时，市中有老翁卖药，悬一壶于肆头，市罢，跳入壶中。长房于楼上见之，知为非常人。次日复诣翁，翁与俱入壶中，唯见玉堂严丽，旨酒甘肴盈衍其中，共饮毕而出。”

解说：

元人散曲，多有散发扁舟之愿，这与元代佛道盛行有着密切的关系，所以“曲状元”马致远还有另外一个“万花丛中马神仙”的称号。

送田茂卿赴都

张宇

宿雨[①]初晴草木齐，一杯汾水恨分携[②]。

上林[③]晓色多莺友，长路春风入马蹄。

黄卷[④]可能无斗禄，青云自是有天梯。

从来俊杰知时务，莫为寒窗故纸迷。

注释：

①宿雨：久雨；多日连续下雨。

②分携：离别。唐李商隐《饮席戏赠同舍》：“洞中屐响省分携，不是花迷客自迷。”

③上林：古宫苑名。秦旧苑，汉初荒废，至汉武帝时重新扩建。后泛指宫殿，此处指皇都。

④黄卷：指书籍，书旧了就会发黄。或指道书、佛经，因佛道两家写书用黄纸。

解说：

张宇，字彦升，号石泉先生，临汾人（一说洛西人），金末元初著名诗人。著有《石泉集》。

诗人的朋友田茂卿是个不愿出仕的书生，诗人鼓励他上京谋个官职。所以劝他不要一味地读书，还要学会生活，所谓识时务者为俊杰。当然，如果到现在，用通俗的话来讲，就是“你可得开窍了，读书千万别读傻了呀”。

送赵宜之归辛安兼简洛下诸友

凄恻复凄恻，送君汾水侧。人生欢会少，一别难再得。

昔经劫火然，二鸟奋惊翼。嗷嗷各何之，同落天西北。

日夕相和鸣，此乐未易极。狂风忽吹散，一鸟归故国。

翱翱入寥廓，万里期一息。邓林[①]有余阴，未肯栖枳棘。

玉山[②]有嘉禾，未肯求粒食。一鸟独未归，毰毸[③]老无力。

矫首[④]思旧群，潸然泪沾臆[⑤]。

注释：

①邓林：古代神话传说中的树林。《山海经·海外北经》："夸父与日逐走，入日。渴欲得饮，饮于河渭，河渭不足，北饮大泽。未至，道渴而死。弃其杖，化为邓林。"

②玉山：古代传说中的仙山。《山海经·西山经》："又西三百五十里，曰玉山，是西王母所居也。"

③毰毸：披拂貌。宋曾巩《不饮酒》："况从多病久衰耗，自顾白发垂毰毸。"

④矫首：昂首；抬头。

⑤沾臆：谓泪水浸湿胸前。

解说：

此诗讲了两只小鸟的故事。把诗人与朋友比喻成两只飘零在外的小鸟。今天，一只小鸟要归故乡了，另一只小鸟去为他送别。以鸟为喻的作品非常多，三国魏曹植有《野田黄雀行》，今人亦有赵传的歌曲《我是一只小小鸟》。

两首诗均为汾水送别。前一首北上，情怀激昂，鼓励话语多；后一首，南下辛安，则凄苦悲凉。

汾州北席里石氏节妇

陈旅

北里高楼昼掩扉，水铜光冷上苔衣。

寸心誓比南山石[①]，汾水秋风雁不飞。

注释：

①比喻守节之情坚定不可转移。《诗·小雅·节南山》："节彼南山，维石岩岩。"

解说：

陈旅（1288—1343），字众仲，莆田人。中丞马祖常奇之，与游京师。历江浙儒学副提举、应奉翰林文宁。著有《安雅堂集》。

以汾水秋风比节妇，固然可写出节妇之专贞，然而无论如何高妙，却总让人感到血淋淋的凄苦。

过太行山

周伯琦

太行苍翠插秋旻[①]，叠岭重关自昔闻。
战国东西分晋赵，中原南北带河汾。
帝王都邑青青草，豪杰勋名点点坟。
鸟道盘空频立马，便从高处望飞云。

注释：

①秋旻：秋季的天空。唐李白《古风》之一："文质相炳焕，众星罗秋旻。"

解说：

太行山形胜，隔断了山西与河北，太行山的雄壮与气势却赋予了晋冀人相同的生命活力。那些帝王和豪杰的陵墓不正是最好的注解吗！

过清源赠法云禅师

耶律楚材

汾水禅师个里[①]人，杖藜[②]寻我过清源。
半盂红果情何厚，一盏青灯话细论。
山水景中君适意[③]，兵戈堆里我消魂[④]。
他年相约云深处，松竹萧萧静掩门。

注释：

①个里：此中；其中。

②杖藜：谓拄着手杖行走。藜，野生植物，茎坚韧，可为杖。

③适意：宽心，舒适。《古诗十九首·凛凛岁云暮》："眄睐以适意，引领遥相睎。"

④消魂：灵魂离散。形容极度的悲愁、欢乐、恐惧等。

解说：

耶律楚材（1190—1244），蒙古大臣，字晋卿，辽皇族后裔。成吉思汗时被召用，深受信任。窝阔台即位后，建议军民分治，反对以汉地为牧场，并建立赋税制度。破金汴京时，建议废屠城旧制。曾以守成必用文臣为理由，开科取士，释放被俘为奴的汉族儒士，渐兴文教。治国近三十年，官至中书令，蒙古汗国和元朝立国规模都由他奠定。著有《湛然居士集》。

"山水景中君适意，兵戈堆里我消魂"，道不同仍然可与谋。同样的生命行走，不同的生命曲线，最终因时间的消逝而同趋终点。

继崔子文韵

崔子龙钟①亦可怜，临风相送我胡然。
君来玉塞②三千里，余隐龙沙二十年。
美玉讵容藏韫椟③，精金到底入钧甄④。
他时定下搜贤诏，先到河东汾水边。

注释：

①龙钟：衰老貌；年迈。

②玉塞：本指玉门关。此泛指关塞。

③韫：蕴藏。椟：木匣子。《论语·子罕》："有美玉于斯，韫椟而藏诸，求善贾而沽诸？"

④钧甄：钧和甄。均为制造陶器所用的转轮。比喻造就人才之所。

解说：

崔子龙钟，老当益壮。诗人自雄，语意慷慨。

子猷访戴图

曹之谦

兴尽空回雪夜舟，访人虚语亦悠悠。

须知汾水多奇士，岂独王家一子猷[①]。

注释：

①王子猷，即王徽之，王羲之之子。典出《世说新语》。王子猷居会稽时，雪夜泛舟剡溪，访戴逵，至其门而返，人问其故。他说，本乘兴而来，兴尽而返，何必见安道（戴逵字）耶！

解说：

诗人借画而夸赞河汾多奇士，其实也是夸朋友和自夸。

送完颜总管赴平阳

程钜夫

汾水西南古晋州，双旌五马[①]汉诸侯。

庭无坐吏官班[②]重，地有遗民帝化留。

荆树春风誇列士，甘棠清荫羡高秋。

征騑莫叹长安远，回首朝阳是蓟丘[③]。

注释：

①双旌五马：指平阳执政长官。双旌，唐代节度领刺史者出行时的仪仗。五马，指太守。《玉台新咏·日出东南隅行》："使君从南来，五马立踟蹰。"

②甘棠：木名，即棠梨。《诗·召南·甘棠》："蔽芾甘棠，勿剪勿伐，召伯所茇。"后遂以"甘棠"称颂循吏的美政和遗爱。

③蓟丘：古地名。在北京城西德胜门外西北隅。

解说：

程钜夫（1249—1318），初名文海，字钜夫，因元武宗名海山，避讳，以字行，号雪楼，又号远斋，南康路建昌（今江西永修县）人。得世祖忽必烈重用，先后任翰林集贤直学士、闽海道肃政廉访使等职。著有《雪楼集》。

诗人前两联把临汾夸得这么好，我都有点不好意思了。后两句寄语朋友任职期间要勤勉为政，百姓自然会拥戴欢迎。

送刘祥卿之上都

魏初

笔砚相从日，于今四十年。关山长契阔[①]，尊酒暂留连。

汾水秋风里，滦江霁雪边。故人如见问，为说已华颠[②]。

注释：

①契阔：久别。

②华颠：白头。指年老。

解说：

魏初（1232—1292），字太初，号青崖，弘州顺圣（今河北阳原）人。魏初受学于元好问，好读书，尤长于《春秋》。遇事敢言，其奏议皆切当世要务。死后谥忠肃。著有《青崖集》。

诗人与好友阔别四十余年，一个在汾水边，一个在滦江岸，山水虽异，其情则同。

怀陈汉卿从事

元末明初·吴克恭

两江故人踪迹疏，汾水牛郎能遗书[①]。

青镜时时伤往事，素丝日日看新梳。

帘穿迸树攒云气，扇接飞花下雨余。

尔亦官居古道院，一春情思竟何如?

注释：

①遗书：著书。

解说：

吴克恭（？—约1353），字寅夫，毗陵（今江苏常州）人。工诗。古文。著有《寅夫集》。

这是一首怀人思旧诗，诗人借青镜素丝来喻指因思念而产生的哀伤。诗人此处是春情已发，不知朋友那里是否依然？

瑶台顶其二秦楼（送赵原仁赴京）

元末明初·王翰

潇潇栋宇自明昌，城郭人民半杳茫①。
帘卷太行秋气壮，窗摇汾水素波光。
目穷白鸟天边树，诗落青山云外庄。
于此登临送君去，阑干②留我倚斜阳。

注释：

①杳茫：指渺茫的天际。

②阑干：形容涕泪纵横貌。

解说：

生平不详。

瑶台顶，又名巫咸顶，在山西夏县城南。孤峰峭拔，苍翠摩空，下有巫咸祠，旁有巫咸谷，名为巫咸水。巫咸水即今山左之白沙河。

秦楼今已不存，然而其风貌仍然可以从诗中想见其容。其靠背太行，俯临汾水，诗人在此送别，情意盎然。

明代

题吴推官江山览图

陈谟

汾水秋风草木疏，龙门山色秀芙蕖。
岩扃容[①]有文中子，高卧白云闲著书。

注释：

①扃容：山洞的门。借指隐居之处。

解说：

陈谟（1297—1388），字一德，号心吾，人称正固先生，江西泰和人。洪武初年，应召入朝，受到优礼，宋濂、王棉请求留为国子师，因病辞归。在乡里设馆授徒。著有《海桑集》。

文中子王通的影响力在明代还有余波，汾水与龙门喻指文中子居处的位置，而文中子则是一幅高卧白云的著书形象。

晋祠祷雨晓行

于谦

晓行数里未天明，路绕汾河听水声。
斜月带星横远汉[①]，清风传漏[②]报残更[③]。

中心但愿灵祗格，远道何须父老迎。

好挽银潢[4]作甘雨，溥沾率土润苍生。

注释：

①远汉：指遥远的天河。

②传漏：报时。古以壶漏计时，故称。

③残更：旧时将一夜分为五更，第五更时称残更。

④银潢：天河，银河。

解说：

晋祠祷雨，是一桩隆重的事情，而诗人则调侃：神仙如果有灵的话，就应该不请自来，何必让百姓劳师动众呢。于谦是个铁杆的儒家知识分子和怀有远大谋略的政治家，鬼神的这套东西也许根本就不相信，但是还是要给民众装装样子。

春初得吴太原道中书有怀

于慎行

草色春城叹索居[1]，虚窗残月渺愁予[2]。

忽从五马边淮路，传得双鱼[3]隔岁书。

汾水东流连朔塞，关门北望是穹庐。

晋阳亦是谈兵地，莫使平时保障[4]疏。

注释：

①索居：孤独地散处一方。

②愁予：使我发愁。

③双鱼：指书信。一底一盖，把书信夹在里面的鱼形木板，常指代书信。

④保障：特指供防御戍守的军事建筑物。

解说：

于慎行（1545—1607），字可远，更字无垢，东阿（今山东）人。隆庆进士，官至东阁大学士。能诗文。有《读史漫录》《穀城山馆集》等。

汾水东流其实并没有连朔漠，诗人只是一种想象罢了。就像乘火车，遇见一个甘肃人就问那边的骆驼好骑么，这是一种诗性的人性关怀，不要计较对与错。

落叶有感

王润

雁拖秋影动金飙[1]，隔树钩帘一叶飘。

身在河汾多少思，青山云掩玉人遥。

注释：

①金飙：秋季急风。

解说：

生卒年不详。其诗见曹学佺《石仓历代诗选》。

秋思怀人，恰恰可以借黄河与汾水来表现。愁字怎么表达？往往与水一脉，或用雨打叶声，如李清照“梧桐更兼细雨，这次第怎一个愁字了的”；或用江河系，如李煜“问君能有几多愁，恰似一江春水向东流”……玉人为谁，不必追究，或实有，或虚有，或仅是诗人的一个梦，体会到了，那就够了。

送蒲州张尚宝使蜀便道过家

区大相

忽闻歌蜀道[1]，星使出天津。家在龙门上，途经汾水春。

锦流潆去栈，蒲坂望归人。不作昼游客，何名贵近臣。

注释：

①蜀道：即《蜀道难》歌曲。

解说：

诗人还真能够折腾，真对得起朋友。听说朋友要出使蜀地，晚上就渡过了天津。作为老朋友虽然我家住在龙门，但是还是要去朋友老家蒲坂去庆贺一番。

秋风亭下泛舟

乔宇

荒庭寥落野烟空，汉武雄才想像中。
箫鼓应声开画楫，帆樯飞影动晴虹。
山分秦晋群峰断，水入河汾两派通。
少壮几时还老大，不须回首叹秋风。

解说：

乔宇（1457—1524），字希大，号白岩，明乐平县人（今山西昔阳），历任礼部主事、太常少卿、南京礼部尚书、兵部尚书等职。他为官清正、刚正不阿，与和顺王云凤、太原王琼并称“河东三凤”。

在汾河泛个船，诗人也要秀一下文采，就像现代人上个洗手间还要玩个自拍一样。不同的是时代与玩物，相同的是兴趣与消遣。

中秋夜从侍御饶公登明远楼

王世贞

黯澹千山暮，凭阑首重回。虹争汾水上，云拥太行来。
渐老惊先达，多艰急异才。今宵迟月色，须为绣衣①开。

注释：

①绣衣：此指饶公。汉武帝时朝廷设置的专管巡视、处理各地政事的官员。也称“直指使者”，因出巡时穿着绣衣，故又称“绣衣直指”，或称“直指绣衣使者”。

解说：

中秋佳节，诗人陪侍饶公登上汾水岸边的明远楼。在楼上，诗人看到汾水上的彩虹，看到云拥太行而来，一直等到月亮出来。为什么这么兴奋，是因为饶公得到了重用。

送吕太守之沁州

王绂

沁州汾水北，兹地我曾过。郡郭云山绕，人家土屋多。
民淳无狱讼，时泰少徵科。此去君为牧，应闻五裤歌[①]。

注释：

①五裤歌：称颂地方官吏善政的歌谣。

解说：

诗人对朋友说，祝贺你呀，沁州是个好地方，那里我去过。那里山清水秀，民风淳朴，你在那里任职，肯定会得到百姓的拥戴。

画秋意送崔挥使

张宁

水涌云峰碧四围，天连江色雁初飞。
秋风不见汾河棹，人在霜林倚夕晖。

解说：

张宁（生卒年不详），字靖之，号方洲，海盐（今浙江海盐）人。约弘治八年（1495）前后在世。景泰五年（1454）进士。官至汀州知府。后引疾归，家居三十年。著有《方洲集》

秋意可画吗？当然可以，你没看到人在霜林落晖中吗？

咏秋风

王恭

朝来拂拂洒征衣，吹得关河叶渐稀。
回首茂陵[①]何处在，空余汾水白云飞。

注释：

①茂陵：汉武帝刘彻的陵墓。

解说：

王恭，生卒年不详，明初人，字安中，闽县（今福建福州）人。永乐四年（406），以儒士荐，待诏翰林。与林鸿、高棅等为诗友，并称“闽中十才子”。著有《白云樵唱集》等。

咏秋风，整诗却不见“秋”“风”二字。秋在哪里？在关河叶落；风在哪里？在汾水云飞。可谓不著一字，尽得风流。

访冼少汾二仲台同何古林

王渐逵

联舟渡汾水，驾言[①]访玄同。夜静促肩舆[②]，得与合簪[③]共。
逶迤历修轸[④]，徘徊转遥葑。羡君敞三径[⑤]，愧我非二仲[⑥]。
剪烛[⑦]语疑契，对酒乐哦诵。寒飙[⑧]袭轻裙，白露泫以重。
河横天宇清，南斗仰初中。旷怀释百虑，灏气[⑨]寂群动。
欲别闻晨难，役役悲倥偬[⑩]。翘首骈萝堤，叹息如寐梦。

注释：

①驾：乘车；言：语助词。语本《诗·邶风·泉水》：“驾言出游，以写我忧。”

②肩舆：轿子。

③合簪：犹同僚。簪：簪缨，古代官吏的冠饰。

④修轸：指大车。

⑤三径：隐居的处所。晋赵岐《三辅决录·逃名》：“蒋诩归乡里，荆棘塞门，舍中有三径，不出，唯求仲、羊仲从之游。”后因以“三径”指归隐者的家园。

⑥二仲：指汉羊仲、裘仲。《初学记》卷十八引汉赵岐《三辅决录》：“蒋诩字元卿，舍中三径，唯羊仲裘仲从之游。二仲皆推廉逃名。”后用以泛指廉洁隐退之士。

⑦剪烛，语出唐李商隐《夜雨寄北》：“何当共剪西窗烛，却话巴山夜雨时。”后以“剪烛”为促膝夜谈之典。

⑧寒飙：寒冷的大风。

⑨灏气：弥漫在天地间之气。

⑩倥偬：事情纷繁迫促。

解说：

王渐逵，生卒年不详。字用仪，番禺人。明正德十二年（1517）进士，授刑部主事，家居十年，以荐起官，言事不报，复乞归。著《青萝集》等。

诗人夜渡汾水访友，与朋友对酒吟哦，诗酒纵歌，彻夜无眠。第二天，诗人与朋友依依惜别。诗句有点拗口，用典也非常多，不平实自然，感觉有点像炫耀才学。

别汤子

边贡

驱车井陉谷，扬旆汾水流。翱翔览四极，迢遰[①]陟崇丘。

遐陬[②]历岩巘，幽访泱原畴[③]。勖哉利尔涉，风湍寡行舟。

注释：

①迢遰：遥远貌。

②遐陬：边远一隅。

③原畴：原野。

解说：

与友惜别，多有不舍之意。寄诗勉励朋友，希望朋友一帆风顺。

送友人奉旨侍亲归山西

刘崧

晓陪鹤驾觐龙旂，忽报承恩奉母归。

拜命[①]五花金作诰，还乡千里锦为衣。

太行日上云初起，汾水秋高雁正飞。

禄米满车新酒熟，殷勤[②]先与寿庭闱。

注释：

①拜命：谓拜谢厚命。

②殷勤：殷勤问候。

解说：

刘崧（1321—1382），字子高，初名楚，江西泰和人。洪武三年（1370）举经明行修科，授兵部职方司郎中。历官礼部侍郎、国子司业。著作有《槎翁集》。

友人奉旨归乡侍亲，这是衣锦还乡、光宗耀祖的事情呀。所以太行山的太阳升起来了，汾水的大雁也高飞了，家里的酒席也摆上了。

春愁送刘侯归云中

孙绪

缈缈云中山，曲曲山下路。杲杲[①]春日明，霭霭春云度。

唐风宛未改，汾水波扬素。计君归日程，正当三月暮。

清樽对落花，莫问尘与雾。

注释：

①杲杲：明亮貌。《诗·卫风·伯兮》："其雨其雨，杲杲出日。"

解说：

孙绪（1474—1547），字诚甫，号沙溪。故城（今属河北）人。弘治十二年（1499）进士，历仕吏部郎中、太仆卿等职。诗文沉着雄健，骨力较高。著有《无用闲谈集》。

好朋友回云中山老家了，那里可是个好地方。阳光明媚，春云轻度，风俗朴实，汾水扬波。

九日发汾水

成鹫

纸鸢[1]夹岸走儿郎，正好登高又别乡。
南地授衣[2]逢九月，西风移棹过重阳。
远书到日愁无雁，衰鬓经秋渐有霜。
家在罗浮归不得，年年空负菊花黄。

注释：

①俗称鹞子。用细竹为骨，扎成鸟形，以纸或薄绢蒙糊其上，斜缀以线，可以引线乘风而上。

②授衣，谓制备寒衣。古代以九月为授衣之时。

解说：

成鹫（1637—1722），成鹫和尚，字迹删，号东樵。本姓方，名颛愷，字麟趾，诸生。明亡后，与石洞禅师躬耕罗浮，相与游戏翰墨。著有《咸陟堂文集诗集》。

九月九重阳节本是登高赏菊的时节，偏偏诗人此时离家南行，西风残阳，衰鬓染霜，这是一件多么伤感的事情呀。

舟发汾水

同舟载得数家禅，江上潮声促放船。
老大出山如出世，去留由我不由天。
一生活计从今日，五岳归来定几年。
前路莫愁风浪恶，顺流施桨逆流牵。

解说：

诗人乘舟从汾水出发，此时意气昂扬，志向远大，发出了“老大出山如出世，去留由我不由天”的豪言壮语。这种气质与魄力，让我想起了那些走南闯北、声势煊赫的晋商。

送丘仲玉大参之任山西

朱诚泳

若翁三晋赖旬宣[①]，鹏路[②]追踪有后贤。
藩省甘棠谁忍伐，琐闱[③]旧草世争传。
蒲关夜月鸡声早，汾水秋风雁影联。
自是才高留不到，岩廊[④]千仞看飞騫[⑤]。

注释：

①旬宣：周遍宣示。

②鹏路：鹏飞之路。比喻仕宦之途。

③琐闱：镌刻连琐图案的宫中旁门。常指代宫廷。

④岩廊：高峻的廊庑。

⑤飞騫：高飞。

解说：

朋友去山西赴任，诗人送去殷殷寄语。

宿汾水驿

陈琏

新城楼头风急，汾水驿前月明。
有客思乡弄笛，何人对酒吹笙。

解说：

陈琏（1369—1454），字廷器，号琴轩，东莞县桥头（今属东莞市厚街镇）人。

六言句的诗不多，这是其中一首。诗人旅居汾水驿站，夜半无眠，有人思乡弄笛，有人对酒吹笙，不同的人生，不同的旅途，一样的愁思。

自斗冈还至汾水江值暮

陈献章

归舟欲背南风发，别盏初开落日斜。
社曲寄声[①]凭骥子，武陵回首惜桃花。
东游西泛经旬日，挥翰留诗到几家。
满眼却愁归路黑，时从野老问江叉。

注释：

①寄声：传语。

解说：

陈献章（1428—1500），字公甫，新会（今属广东）白沙里人。世称白沙先生。曾应召，授翰林院检讨而归，自后屡荐不起。一生唯重心性之学，主静坐“澄心”，开明代心学之先声。著作有《白沙集》。

北方为河，南方为江，所以诗题为汾水江。一个南方人在北方的汾水漂泊，突然家人来信促归，慌乱间迷失了归途，不得不向老农问路。

晋阳怀古

李贽

水决汾河赵已分，孟谈潜出间三军。
如何智伯破亡后，高赦无功独首论。

解说：

这是一首咏史诗，诗人借史鸣历史赏罚的不公平，然而历史又何曾公平过呢？

憩冷泉寺

孟洋

漫入冷泉寺，居然外虑空。云来千树黑，日敛半山红。

法鼓[①]传虚殿，禅音出上宫。兴来孤骑发，汾水正秋风。

注释：

①法鼓：佛教法器之一。举行法事时用以集众唱赞的大鼓。亦指禅寺法堂东北角之鼓，与茶鼓相对。

解说：

孟洋（1483—？534）字望之，一字有涯。信阳（今河南信阳）人。弘治十八年（1505）进士。司职清勤，事无碍滞。诗风高雅绮丽，与李梦阳、何景明等人相唱酬。著有《孟有涯集》。

诗人一人骑马休憩于汾水岸边的冷泉寺，听法鼓神音，看黑云压树，日敛山红，突然来了兴致，趁汾水秋风快马疾驰。如果情景是在现在的话，那么应该说：一个人静静地驱马汾河，享受孤独的秋风寂寞。

积雨感怀

谢榛

积阴无晓夜，云气压城头。雀共疏檐雨，人同老树秋。

晋山何惨色，汾水亦横流。此俗非荆楚，乡心重倚楼。

解说：

客居他乡，雨是最难排解的忧愁，更何况是积雨。屋檐下的麻雀都有寄宿之所，而我却孤独在外，老树横秋。诗人心情极度抑郁，不禁发出“雀共疏檐雨，人同老树秋”的悲凄伤叹。

送刘推官子礼之平阳

人怜燕市别，才羡洛阳奇。春色迎骖动，民情到郡知。
天低姑射岭，云抱帝尧祠。几为看汾水，东流寄所思。

登太原城楼送李郡丞叔东移任平阳

会晤何迟别太早，白首相违感衰草。
郭南咫尺望飞旌，况复青山之外红尘道。
渡汾水，向平阳，一官两佐郡，突见君才长。
兵散潢池[1]尽赤子，能使人家悲又喜。
是非定矣多荐书，萧艾何曾混兰芷。
河东城上垂杨秋，河东城下沧波流。
父老欢迎那更愁，仍是去年李霍州。
从今姑射洞前或有梦，心清得与仙人游。

注释：

①潢池，《汉书·循吏传·龚遂》："海濒遐远，不沾圣化，其民困于饥寒而吏不恤，故使陛下赤子盗弄陛下之兵于潢池中耳。"后因以"潢池弄兵"谓叛乱，造反。

解说：

送人赴任，一般要说几句任所的好处。于是诗人想到了临汾的姑射山、尧庙与汾水。只不过诗人有些话诗性太强，有点不可靠，比如"云抱帝尧祠"，实际上尧庙并没在高山上，何来云抱？

再过霍州

韩邦奇

此地吾尝治，风尘几度游。道随汾水折，云拥霍山浮。
昔往黄梅雨，今来白雁秋。萍踪[1]倦行役，何处是沧洲。

注释：

①萍踪：比喻行踪不定。

解说：

韩邦奇（1479—1556），字汝节，号苑洛，陕西西安人，是在1556年大地震中丧生的最高官员。

诗人曾经治理过霍州，此次为旧地重游。人在旅途，居无定所，即如萍踪，身不由己，念及于此，不禁生发归隐之叹。

平阳四首

其一

汾水春深落晚霞，沿堤十里尽桃花。

画船箫鼓游人醉，谩说风流是杜家。

解说：

明代两岸遍种桃花，有十里桃花之称。河面宽广，箫鼓声宣扬，别是一番风景。时过境迁，河道仍是当年的河道，汾河却已非旧汾河了。

其三

姑射泉边万竹稠，来青楼外四山秋。

重阳醉后归来晚，黄菊纷纷插满头。

解说：

姑射山就是庄子在《逍遥游》里所提及的那座山，“藐姑射之山，有神人居焉。肌肤若冰雪，绰约若处子。不食五谷，吸风饮露，乘云气，御飞龙，而游乎四海之外。其神凝，使物不疵疠而年谷熟。”然而它真正吸引我的则是那位肌肤若冰雪、绰约如处子的女真人。

灵石道中

汾水环灵石，苍山落日程。攒峰①寒雾结，宿莽②暮烟生。

牧笛横牛背，樵歌杂雁声。夕阳催去骑，绿树绕行旌。

坠叶三秋思，飘蓬万里情。家山渐喜近，人语似秦城。

注释：

①攒峰：密集的山峰。

②宿莽：经冬不死的草。

解说：

灵石道中真是个非常不错的地方，很多人都在写。汾水、崇峰、绿树、夕阳，这些现在都能看到，而真正稀奇的则是“牧笛横牛背，樵歌杂雁声”的古朴生活了。

中秋夜诸生持酒

薛瑄

五见中秋节，湘南想北州。忽看今夜月，忘却昔年愁。

汾水通河汉，龙门近斗牛。霜钟传[①]永夕，高咏未能休。

注释：

①永夕：长夜；通宵。

解说：

月明故乡明，何况在中秋。本来心情就不佳，不如因之开导，想想汾水与河汉相通，龙门星野则在斗牛，那么湘南与故乡亦不过咫尺之距罢了。真是自我麻醉的解忧。

久不作诗偶赋

案头彩笔倦长吟，陡觉诗情动不禁。

湖海尽除当日气，田园深称老年心。

种瓜已自连东畛，栽漆还应满北林。

汾水晋山无限好，拟逢清景更登临。

解说：

作诗有诗瘾，既然为瘾而来，故较多的是解瘾和泄瘾。诗人说了这么多，其实大多是套话。“汾水晋山无限好”，真是天下最美是山西呀！

秋日

窗户凉风似水流，河汾八月又惊秋。

寒蜩嘒嘒[①]鸣何切，社燕翩翩去不留。

饮水难期前圣乐，乞墦[②]才免昔人羞。

求田问舍安吾老，不羡元龙百尺楼。

注释：

①寒蜩：又称寒蝉，蝉的一种。嘒嘒：象声词，蝉鸣声。

②乞墦，典出《孟子》，向祭墓者乞求所余酒肉。后以“乞墦”指乞求施舍。

解说：

诗人对秋日已无甚可说，故作老生谈。只是仍然离不开他深爱的“汾水秋风”意象组合罢了。

七夕

三处三年逢七夕，鄢陵京索晋河汾。

人生是处堪行乐，领取清风对酒樽。

解说：

诗人三年在外，每次乞巧节都没回家，无以为乐，只能引清风祝酒了。

留别诸友

扁舟清晓渡汾河，露草风芦两岸多。

却望高城云雾尽，好山一带列青蛾[①]。

注释：

①青蛾：青黛画的眉毛；美人的眉毛。

解说：

留别，离开者给留者赠送礼品或诗词。这首诗是诗人要离开，写诗送给为他送行的朋友。因为诗人自己要离开，所以就要以轻快明丽的语言来回慰送行的朋友。

汾河南岸看杏花

其一

两载东风看杏花，汾河南岸水西斜。
几回驻马怜秾艳，只恐春流泛落霞。

解说：

韩邦奇诗中的汾河遍种桃花，而薛夫子诗中的汾河尽杏花，这美丽的花果汾河。

汾上春日

汾水春流岸岸深，水村新绿满春林。
残红已逐东风尽，不道游人负赏心。

解说：

薛夫子的汾水诗写得太多了，他太爱汾河了，我都无话可说了。

过冷泉关次韵

杨巍

西风落木不胜秋，百雉[①]关门控上游。
标柱[②]何人仍破虏，弃繻[③]狂客慢生愁。
云开霍岳当天出，雨涨汾河拍岸流。
到处登临兴感慨，角声高起夕阳楼。

注释：

①百雉：指宫城围墙长三百丈。

②标柱：高柱。

③弃繻：表示决心在关中创立事业。后因用为年少立大志之典。

解说：

杨巍（1517—1608），字伯谦，号梦山，又称二山先生，明嘉靖二十六年（1547 年）中进士，曾任山西巡抚。

冷泉关，亦名灵石口、阳凉北关，在山西省灵石县城北，为雀鼠谷之北口。顾炎武《天下郡国利病书》卷四十五："灵石口，在灵石县北四十里冷泉镇，洪武八年置巡检司。"旧志载："其泉清冷，下与汾河相通，视河水消长以为盈涸。当烟雨霏微之际，较三晋通衢，别有幽趣，是以古今风雅之士过此必留题咏。"

奉命祭霍山六韵

祀事存虞典[①]，山名载礼经。汾河真若带，嵩岳即维屏。

候气云长紫，凌寒树亦青。根蟠乾艮地，户堕井参星[②]。

缥缈闻天乐，阴森肃夜灵。吾皇勤秩望[③]，晋土借安宁。

注释：

①虞典，指《书·虞书》。

②井参星：星名。《晋书·天文志上》："参星失色，军散败。"

③秩望：犹望祭，远祭。

解说：

霍山又名霍太山、太岳山，位于山西省临汾市管辖下的霍州市境内，延绵洪洞、古县、沁源、灵石等县，是中国五大镇山之中镇。最高峰五龙壑，还有老爷顶、莲花山、摩天岭等峰。现在霍山森林公园为国家级森林公园。

中国古代有祭奠名山大川的文化传统，对皇帝而言是封禅，对百姓而言就是祭奠。诗人先追溯了霍山的历史，然后又交代了霍山的地理位置与星野，最后送去了对神灵的祈祷。

赠人之河汾

宗臣

鸟道下层云，龙门倚积石。
太平上书者，曾是布衣客。

解说：

这是一首纯粹的应景之作。前两句写景，后两句夸人。

送右辖吴公擢左山西

胡应麟

并门遥望思如何，缥缈棠阴①十郡多。
卤簿②北风辞粤峤③，楼船西日渡汾河。
青萍④谒帝龙光近，彩笔怀人雁字过。
上考吴公元第一，题诗能到旧烟萝⑤。

注释：

①棠阴：喻惠政或良吏的惠行。

②卤簿：古代帝王驾出时扈从的仪仗队。

③粤峤：指五岭以南地区。

④青萍：亦作“青蓱”，古宝剑名。

⑤烟萝：借指幽居或修真之处。

解说：

这是一首送别高升诗。这些诗一般都有个套路，先比附任职地的风景、名胜与文物，次则叙写民风与民俗。然后称赞事主的治理能力，最后送去执政的寄语。

送左辖赵公入觐兼便道还晋中

皂盖[1]飞扬白日前，汾河秋色半楼船。

辉煌白璧抡文夜，烂漫黄金奏绩年。

握里骤誇双剑合[2]，囊中争睹一琴悬。

匆匆锦里停车日，尽折梅花玳瑁[3]筵。

注释：

①皂盖：古代官员所用的黑色蓬伞。

②剑合：比喻重逢。

③玳瑁：谓豪华、珍贵的宴席。

解说：

诗人为朋友送别作。诗先叙述了朋友渡汾河时的仪仗，然后用剑与琴喻指朋友的文治武功，最后送去了对朋友的寄语。

苏祐明山西总督

箫鼓渡方舟，旌旗夹岸浮。山明汾曲晓，云白晋祠秋。

桐叶飘宫井，苹花荐酒瓯。愿言崇报祀，不是重遨游。

解说：

对诗人来讲，山西有两个名片，一个是晋祠，一个是汾河，因为这两样就像大熊猫，只有我有，别的地方都没有。所以全诗的诗眼就是“山明汾曲晓，云白晋祠秋”。

晋阳

谢肃

节彼悬瓮山，晋水出其阯。渟之湜方塘，注之盈畎亩[1]。

浩浩汾河流，东行何迤逦[2]。叔虞受封地，汾晋环左右。

维城屏宗周，贻谋[3]至孙子。胡为封曲沃，自使绝人纪。

兵戈日强大，创霸在东耳。悼公绍余烈，王室暂宁止。

区区隋家帝，宫宇极华侈。於焉启唐祚，天运不可拟。

我来游冀方④，斯境屡淹轨。慷慨怀古心，申章不能已。

注释：

①畎亩：有作"圳亩"，田地；田野。

②迤逦：曲折连绵貌。

③《诗·大雅·文王有声》："诒厥孙谋，以燕翼子。"后以"贻谋"指父祖对子孙的训诲。

④冀方：古泛指中原地区。

解说：

这是一首歌咏晋阳的作品，虽然称不上是佳作，但是还是希望大家都看一下，因为它叙述了隋唐以前的山西历史。

汾河鱼

汾河鱼，人不食，鱼跃鱼潜鱼自得。

未逐云雷飞上天，水阔波长渺无迹。

宁知公子江南来，听客剑歌声正悲。

即把钓竿临沮洳①，掣得鲤鱼长尺许。

斫鱼为羹甘且鲜，神物仅可收馋涎②。

嗟尔鱼乎胡不掉尾而远逝，仓卒乃为香饵制。

人生处世尤宜慎，诸君不见汾河鱼。

注释：

①沮洳：低湿之地。

②馋涎：因食欲而口中分泌的液体。

解说：

诗人的朋友来山西了，没有什么好吃的，只是在汾河里钓了一条一尺长的大鲤鱼。吃完以后，诗人还埋怨鲤鱼为什么那么傻，那么不珍惜生命，被我钓上来给吃了。诗人是不是有点不太厚道呢？

奉送按察马公治兵河东

叶春及

太行北望郁嵯峨[①]，建节[②]人传马伏波。
宪府[③]山川雄魏国，油幢[④]霜雪下汾河。
汉庭久拟三旌[⑤]待，晋史徒誇五利[⑥]和。
猃狁[⑦]只今须薄伐，期君出塞拥雕戈[⑧]。

注释：

①嵯峨：山高峻貌。

②建节：执持符节。古代使臣受命，必建节以为凭信。

③宪府：御史台。

④油幢：油布帐幕。多指将帅幕府。

⑤三旌：指公、侯、伯三公。

⑥五利：五种利益、好处。《左传·襄公四年》："和戎有五利焉。"

⑦猃狁：我国古代北方少数民族。

⑧雕戈：刻镂过的戈。

解说：

叶春及（1532—1595），字化甫，号䌷斋，后号石洞，广东归善（今惠阳）人。历任两淮盐运使、刑部右侍郎。

其诗叙述诗人护送马按察史赴山西治军的故事。多用军中典故，风格雄壮，意境雄浑。

汾水行宫

朱惟嫌

炀帝奢华四海空，銮舆[①]幸处建行宫。
雕梁画栋今何在，汾水滔滔依旧东。

注释：

①銮舆：皇帝的车驾。

解说：

朱惟熑（？—1574），明朝永兴庄定王朱秉栟之庶长子，袭封父勋。

据旧志载，隋炀帝曾在境内修建行宫，因筑汾水之上，故名汾水行宫。行宫建造豪华，由于毁坏年代已久，不知其具体位置，约在今汾阳城东康宁堡一带。

作为一个世袭王爷，能说出这样的话，应该也是个不错的王爷。崇尚简约，关注民生，是亘古不变的哲理。

汾川漾月

张廷辅

河曲滔滔水，长流万古雄。
净涵天影澜，深浸月光充。
古堞[①]西来抱，大河南下通。
月川良是道，乐此几人同？

注释：

①堞：古代城上如齿状的矮墙。

解说：

张廷辅，蒲州人，生卒年不详。

汾河由北而南流过霍州城西。旧志称波涛汹涌，滚滚不穷。每月光映人川中，荡漾浮沉，其为可玩。

汾流晚渡

索睿

襄陵域郭枕汾流，落日行人喧渡头。
跛柳遥连关外市，澄波例浸岸边楼。

橹声呕轧斜阳晚，渔笛凄清远浦秋。

南去北来无限客，济川独赖一扁舟。

解说：

汾河在襄陵县城（今襄陵镇）东里许由北而南，旧时城东郭村渡为东西要津，冬桥夏舟。傍晚渡口行人喧嚷，渔火荧煌，轻帆往返，棹歌相随。

古代在缺船少桥的大河岸边，渡口是一个热闹的场所。为什么？诗里给出了答案，南来北往的无数商客都要依赖这只小船渡河。然而行人都走了以后，河面又恢复了平静，那呕轧的橹声在夕阳的余晖中低鸣，清瑟凄凉的笛声徘徊在秋天的岸浦。这是一幅多么温馨的画面呀。

清代

看岩柏度云得

傅山

闲云罥[①]疏柏，去住都无心。挢首揽其妙，冷杀劳劳[②]人。
河渚双鸳游，岂复坱𡒄尘。衹以情之笃，一偶亦苦因。
晴霞笼花树，荡意山亭春。纷华[③]闻卜子，书院岿西汾。
玄心悟礼后，倩盼[④]实先摇。麦蝶若枫羽，情性无端伦。
起灭[⑤]有应否，莫不潜其根。丹娃守一命，大觉输空门。
还来理楖栗[⑥]，千山休厌深。

注释：

①罥：挂，悬挂。

②劳劳：辛劳；忙碌。

③纷华：繁华，富丽。

④倩盼：形容相貌美好，神态俏丽。语本《诗·卫风·硕人》"巧笑倩兮，美目盼兮。"

⑤起灭：佛教语。指因缘和合而产生与因缘离散而消灭。

⑥楖栗：木名。可为杖。后借为手杖、禅杖的代称。

解说：

傅山（1607—1684），明末清初人，初名鼎臣，字青竹，后改字青主，别字公它。山西阳曲人。明亡后，衣朱衣，居土穴中，号朱衣道人，又有真山、浊翁、石道人等别名。康熙中征举博学鸿词，以死拒不应试。特授中书舍人，仍托老病辞归。博通经史诸子和佛道之学，兼工诗文、书画、金石，又精医学。著作有《霜红龛集》《荀子评注》等。

傅山，是山西的一个著名人物。如果不了解他的话，可以去温习一下梁羽生的《七剑下天山》，其中的绝世武林高手傅青主就是他。

其诗叙述诗人在汾河岸边的悬崖上观树而顿悟的故事。闲云挂孤柏，去住无心。人生实如此，看似如漆似胶，亲密无间，然而利益突至，却又毫不相干。昙花一现，过眼云烟，生命不过是历史的过客，大彻大悟后才发觉空门是人生的归宿。

红尘看破，遁入空门，远有傅山，近有李叔同。境界不同，悟真不同。大千世界我还没看破，慧觉我还没参悟，我还是红尘中人，我还是我。这也是一种智慧与生活吧。

太原

赵进美

漠漠寒沙映戍楼，乱余烽火未全收。
天清句注[①]连云起，木落汾河抱郭流。
白草昼明吹角晚，黄榆[②]风冷射雕秋。
亦知万里轻行役，岁暮旌旗发旅愁。

注释：

①句注：山名。在今山西代县北，为古代九塞之一。

②黄榆：黄榆关，借指边塞。

解说：

赵进美（1620—1692），字韫叔，一字韫退，号清止，益都（今属山东）人。明崇祯进士。入清，官至福建按察使。著有《清止阁集》。

虽题名太原，实则写边塞雄关，戍楼、烽火、旌旗与黄榆关，都角吹寒与秋风射雕等物事，边塞景致一览无余。

河津邸次

吴雯

其一

粉堞[①]青山外，人家夕照中。

寥寥天府静，吟啸坐墙东。

注释：

①粉堞：用白垩涂刷的女墙。

解说：

吴雯（1644—1704）字天章，号莲洋，山西蒲州（今永济）人。清诸生。著有《莲洋集》等。

其二

野鹊语相逐，蜻蜓飞复还。每因人境寂，恰趁客中间。

苦节丛篁[①]碧，寒花细菊斑。秋风不相待，先到穆陵关。

注释：

①丛篁：密集的竹林，或丛生的竹子。

解说：

此诗叙写汾河人家的恬静生活。第一首以汾水远景入题，秋风木叶下，汾水上孤鸿飞翔。汾河人家点缀在夕阳的落晖里。第二首以静态的近景入画，野鹊相互追逐，蜻蜓在花间飞绕。虽然秋意渐浓，但是意致未减。这两首诗应该作为汾河农家乐的金字招牌。

过太原傅丈青渚宅赋赠

屈大均

卜马晋王宫，山河感慨中。无成空老大[①]，不死即英雄。

汾水城堪灌[②]，并门骑易通。思深当岁暮，且咏有唐风。

注释：

①老大：年纪大。

②979年，宋太宗赵光义亲征北汉，火烧晋阳，次年又引汾、晋二水灌城。

解说：

诗人借咏汾水晋城而自叹身世，借景纾愁。

望晋恭王园

襟带[1]河汾玉殿长，一朝弓剑委秋霜。
将军死战哀宁武[2]，帝子生降恨晋阳。
马首[3]关山空落日，城中歌吹罢清商。
悲风处处吹松柏，谁到并州不断肠。

注释：

①襟带：谓山川屏障环绕，如襟似带。比喻险要的地理形势。

②宁武，《论语·公冶长》：“子曰：‘宁武子，邦有道，则知；邦无道，则愚。’”邢炳疏：“若遇邦国有道，则显其知谋；若遇无道，则韬藏其知而佯愚。”后以宁武子为国家有道则进用其智能、无道则佯愚以全身的政治家的典型。

③马首：马首所向。指策马前进。

解说：

朱元璋封第三子朱棡为晋王，史称晋恭王。晋恭花园即晋王府外建花园，又名杏花岭、松柏坡等。清顺治年间，被火焚毁。此诗怀有诗人对朱明王朝的怀念之情。

霍州道中

太岳青苍接太行，河汾襟带势何长。
白云冉冉随行客，春草茫茫入战场。

解说：

太岳即霍山，又名霍太山。诗人行走在霍州道路上，联想到了霍州间于霍山与太行山，枕汾河而接黄河。现在的白云冉冉，生机一片，谁又曾想到这里曾经是古代的战场呢！

灵石道中

田登

灵石通汾水，晴春陟远山。嵓空渔欸乃[①]，风静鸟绵蛮[②]。

官府征繇省，农家岁月闲。十年频过此，吁我鬓毛斑。

注释：

①欸乃：象声词，摇橹声。

②绵蛮：泛指鸟语。

解说：

田登，生卒年不详，字梅岑，清江都人。康熙年间吴三桂叛乱，从祖将军南征，驻湖湘者数年。其诗多沈雄矫鸷之音，与黄冈杜于皇齐名。五律尤精。著有《埋照集》等。

诗人行旅于通往灵石县的道路上，渡汾水，陟远山，听渔歌，伴鸟声，是一件多么快乐的事情。然而思绪突然一转，想到自己已经行走在这条道路上十余年了，心情突然变得悲伤起来了。人这一生又有多少个十年呢？真是十年蹉跎呀。

孤雁

万夔辅

凄绝云边雁，高飞忽断行。一声哀夜月，孤影怯秋霜。

汾水蒹葭冷，衡阳道路长[①]。客中愁见汝，忆弟泪沾裳。

按：少陵咏物，不取形而取意，此篇得其宗法。

注释：

①传说北雁南飞，至衡阳歇翅停回，故衡阳又称为“雁城”。

解说：

万夔辅，生卒不详。字伯安，江苏宜兴人。贡生，其生性孤介正直，韵语不尚风格，一归真挚。著有《鲭馀集》。

咏物之作，最佳者如少陵之遗形取意法。通俗地讲，就是抓住事物的本质特征而极尽渲染，求得真蕴。如“孤雁”题，则需要破两个字：一则“孤”，二则“雁”。诗中所用“凄绝”“哀月”“孤影”等均体现了这层意思；而“雁”则体现在“汾水蒹葭”与“衡阳”上。最后点明诗人创作主题，即忆弟之情。当然，严格地说，这首诗其实写得并不好，如果诗中没“孤”“雁”两字而让读者自己体会到，则更是上佳之作了。

大云寺阁晚眺

邓琛

青山澹将夕，暝色入飞鸟。余霞尚绮丽，钟动月初皦。
平生癖看山，山晚看愈好。商飙[①]洒然来，长空秋浩浩。
浮图[②]凌百尺，怖鸽巢缥缈。铁佛铁何年，炉鞴[③]群灵绕。
佛法无尽藏，何大亦何小。泰山等秋毫，闻诸漆园老[④]。
平阳古都会，怀古足搜讨。百族尚雍熙[⑤]，唐风斯未邈。
奈何阳九厄，寇盗纷缠扰。廓清幸当时，祆氛顿湔扫。
霍岳北岧峣[⑥]，汾水西灏淼。我来僦僧舍，便觉出尘表。
前身或行脚，到处留鸿爪。飘然下虚阁，清坐对风筱[⑦]。

注释：

①商飙：秋风。

②浮图：佛塔。

③炉鞴：火炉鼓风的皮囊。亦借指熔炉。

④漆园老：即指庄子。庄周乃在蒙邑中为吏主督漆事，蒙在今商丘市北。

⑤雍熙：谓和乐升平。

⑥峍屼：山势高峻貌。

⑦风筱：风中的小竹。

解说：

邓琛，湖北黄冈人。道光癸卯举人，官蒲县知县，改刑部郎中。著有《荻训堂诗钞》。

大云寺，位于山西临汾市区西南隅，因寺内供奉一巨型佛陀头像，故又名铁佛寺。寺院始建于唐贞观年间，康熙三十四年（1695）遭地震毁坏，康熙五十四年（1715）重建。寺院由山门、献亭、中殿、方塔、藏经阁等建筑组成。

寺内有六层方塔，一至五层为方形，六层为八角，按八卦方位排列建造。塔高30余米，各层均有琉璃构件，镶成仿心。内容为佛、菩萨、罗汉、弟子及佛传故事，为阳城县匠师所作。第一层中空，内置高6米、直径5米的铁铸佛头，造型丰满，眉目端庄，当系唐代原作。

大云寺与山西师范大学一墙之隔，寺内无僧，建筑现为临汾市博物馆，但临汾的宝贝都不在这里。佛陀铁头因太大而无法搬移，故仍住寺中方塔，飨受四方居士信徒的供奉。

东山感春诗

丘逢甲

歌残汾水雁秋飞，北望胡尘[①]泪满衣。

愁对春风吟水调[②]，六龙[③]西幸不曾归。

注释：

①胡尘，指八国联军事件。

②曲调名。唐杜牧《扬州》诗之一："谁家唱《水调》，明月满扬州。"自注："炀帝凿汴渠成，自造《水调》。"后喻指亡国之悲。

③六龙，古代天子的车驾为六马，马八尺称龙，因以为天子车驾的代称。此处指慈禧与光绪皇帝。

解说：

丘逢甲（1864—1912），字仙根，号蛰庵，别号南武山人、台湾苗栗人。光绪年间进士。官工部主事，后回台湾讲学。甲午战争赴台率兵抗击登台日军。失败后到广东，参加同盟会反清活动。民国成立后赴南京，为参议院议员。其诗富于爱国激情。有《岭云海日楼诗钞》。

此诗乃影射慈禧西逃的故事。光绪二十七年（1901），因义和团事件，八国联军于8月4日由天津进犯北京。在八国联军进犯北京的枪炮声中，慈禧仓皇地带着光绪皇帝狼狈西逃，于9月10日到达山西太原。

诗人虽生逢晚清，国势日衰，然而仍然为国谋划，奔走呼号。爱国的激情与时代的衰败在诗中体现得淋漓尽致。

汾江送家叙敬之迁江

吴维彰

古渡落黄叶，西风江上愁。何堪长病客，复送远行舟。

海色黄牛暮，滩声白马秋。相思若汾水，千里共悠悠。

解说：

吴维彰，字显庸，又字晦亭，顺德人。清嘉庆十二年（1807）丁卯科举人，曾讲学于容山书院。著有《古人今我斋诗集》等。

送别最是伤情，何况又正值秋风，伤病。其中有些典故实在找不到出处，比如“黄牛暮”“白马秋”。

文中子旧居

吴雯

汾水汤汤绕旧居，白牛溪畔雁飞初。

早知道不关穷达，应悔金门轻上书。

解说：

文中子，即王通，这个人物早就被宋元人炒烂了。但是诗人来到故居，诗瘾犯了，所以还是要再解瘾一番。

介休喜晤茹文静纶常先生

张晋

家在林宗里，人耕绵上田。赋闲称漫叟，高卧即神仙。

认貌似相识，论交岂偶然。秋风汾水上，重到是何年？

解说：

三晋大地，人杰地灵，这位茹文静先生即是其中一位高人。其家住在山林里，耕种绵山的田地。其人不为官，高卧似神仙。这一点与诗人确有相似之处，所以诗人还期望有一天重逢在汾水之上。

霍山道中

李含章

莽莽晴沙野草枯，朔风汾水记征途。

山头麦垄千层出，溪畔松阴一径纡。

高阁残阳飞鹁鸽①，乱峰积雪走於菟②。

千秋唐魏遗风在，认取平阳古帝都。

注释：

①鹁鸽：鸽子。

②於菟：古时楚国人对“虎”的称呼。

解说：

李含章，字兰贞，晋宁人。侍郎因培女，叶佩荪继室。有《蘩香诗草》。

这首诗的作者是一位女性，随丈夫行走于任所。此次她把在霍山道上的景色与感受都用诗歌的形式一一记录了下来。诗写得平实自然，但是有的地方却又卖弄学问，比如“鹁鸽”“於菟”等词语本是上古词汇，早就不使用了。

登平阳试院后平台

缪烜

春草饱雨青，春树摇风绿。院后一废台，暇登仗童仆。

屋瓦合层层，市阛[①]通曲曲[②]。西穹姑射山，云有仙人躅。

汾水出其阳，桑麻赖之沃。熙熙去来氓，负戴[③]俭成俗。

遐想此尧封，胸怀真不局。苦无贤圣目，高瞻难远瞩。

注释：

①市阛：指市场，市区。

②曲曲：弯曲。形容街区弯曲相通。

③负戴：比喻夫妻一起安贫乐道，不慕富贵荣华。典出汉刘向《列女传·楚接舆妻》：“接舆躬耕以为食，楚王使使者持金百镒、车二驷往聘迎之。其妻曰：‘义士非礼不动，不为贫而易操，不为贱而改行。妾事先生躬耕以为食，亲织以为衣，食饱衣暖，据义而动，其乐亦自足矣。若受人重禄，乘人坚良，食人肥鲜，而将何以待之？不如去之。’于是夫负釜甑，妻戴纴器，变名易姓而远徙，莫知所之。”

解说：

缪烜，字旭之，清乾隆年间诸生。

古代的科举，与时下的公务员考试有点相似，都是在政府里上班，只不过是一个给皇帝打工，一个为人民服务。元明两季，山西的考试点在平阳，就是现在的临汾，现在山西师范大学所处的位置就是贡院街1号。清代，山西贡院移至太原，平阳贡院遂废。

诗人此次游览贡院故地，睹物怀古，追思先贤，遂有此叹。

豫让桥

王锡九

一溪烟树冷萧萧，残魄凭谁唱大招[①]。
终古英雄无片壤，祇今国士有遗桥。
生逢知己身何惜，死为酬恩泪不消。
千载汾河呜咽水，西风吹作越江潮。

注释：

①大招，《楚辞》篇名，或疑为屈原所作。后用以泛指招魂或悼念之辞。

解说：

王锡九（约 1820—1850），字兰史，山西汾阳人。清道光癸巳（1833）进士，曾在苏州做过官。

豫让，春秋战国人，为晋卿智瑶家臣。晋出公二十二年（前 453），赵、韩、魏共灭智氏。豫让用漆涂身，吞炭使哑，暗伏桥下，谋刺赵襄子未遂，后为赵襄子所捕。临死时，求得赵襄子衣服，拔剑击斩其衣，以示为主复仇，然后伏剑自杀。见《史记·刺客列传》。

雨夜强饮

纪映钟

并州连夜雨，秋水涨汾河。万岭交阴气，孤城俯白波。
乡心惊觱篥[①]，驿使阻盘陀[②]。霜令边庭早，清商入浩歌。

注释：

①觱篥：古簧管乐器名。以竹为管，管口插有芦制哨子，有九孔。

②盘陀：指不平的石块。

解说：

纪映钟（1609—1681），明末清初诗人，字伯紫，又作伯子，自称钟山遗老，江南上元（今江苏江宁区）人。明崇祯诸生。其时曾主金陵复社事。明亡后，弃诸生，回归故里，躬耕养母。

喝酒最怕愁酒，借酒浇愁愁更愁。秋心为愁，又添积雨，更是愁上浇愁。恐怕诗人此次难逃一醉了。

发介休县过义棠宿灵石途中即事

张仁黼

古镇义棠过，故关冷泉摩。
两山争壁立，湍悍夹汾河。

解说：

张仁黼（1848—1908），字少玉、劭予，号孟藻，固始人。清翰林，官侍郎，供职南书房。

山西两大名道之一灵石道中，诗歌见前。

得家书作

李骥元

羁人[①]每恨得书难，比至书来不忍看。
已为家贫伤米贵，何堪岁暮惜衣单。
霜枯塞草山俱瘦，雨减汾河水正乾。
好挟太行云两片，相随征骑到长安。

注释：

①羁人：羁留在外的旅客。

解说：

李骥元（1756—1798），字凫塘，号云栈，四川绵州（今绵阳）人。李调元从弟，李鼎元弟。乾隆四十九年（1784）进士，官至左春坊左中允。

家家有本难念的经，客居他乡，本有羁旅行役之苦，今又添家计之愁。可惜古代没有高铁动车，没有手机微信，只能行行重行行，临行又开封了。后两联乃全诗筋骨，一片真情借太行汾水烘出。

送倪闇公游晋阳

周在浚

唐殿隋宫满白蒿，汾河千古尚滔滔。
当年客里驱羸马，此日樽前赠佩刀。
极目彤云[①]沙塞远，荒城落日太行高。
晋祠过我留题处，难老泉头罄浊醪[②]。

注释：

①彤云：红云，彩云。

②浊醪：浊酒。

解说：

周在浚（1675 年前后在世），字雪客，一字龙客，号梨庄，河南祥符人，周亮工之子。辞官归隐摄山遗谷。著有《梨庄遗谷集》《云烟过眼录》。

山西文化两大名片，晋祠与汾水。晋祠历史长，但汾水历史更长；晋祠只在太原，汾水纵跨三晋。这是晋祠的弱势。但是晋祠在人，汾水在物，这又是晋祠的优势。

登石佛山

梁浚

偶来初地倚危楼，风景萧条望里收。
寒雁下时秋草没，晚钟开处岭云稠。
千章古柏依山矗，一带汾河尽日流。
到此已能空色相[①]，不须更上最高头。

注释：

①佛教用语，指大乘佛教义中的大智慧相。

解说：

梁浚，字文川，号秋谷，介休人。监生。

石佛山，址在山西盂县王村乡石佛村。石佛山有块晦岩石壁，壁呈不规则的长方形，无后室，纯以造像为主题。壁龛内有摩崖石佛造像三尊，石佛村和石佛山，皆以此故名。石佛山山势崔嵬，古木参天，风光秀丽。信徒香客来此朝拜者络绎不绝。

卦山

潘耒

卦山交山阳，孤峰独崔嵬。下眺一气中，棱棱露岩崖。
森如六爻列，错若诸卦排。我来正雪霁，寒空无纤埃。
群峰皎练明，万柏攒一苔。远见介山[①]巅，干霄白皑皑。
近瞩交城城，微茫辨楼台。文峪下西溪，汾川自东来。
连山走黄河，屏扆[②]却抱回。谁言万家县，形势亦壮哉！
守险在良牧[③]，济世须雄才。利铁锢穷岩，健马嘶风哀。
刘渊亦何人，石匣[④]为之开。苍天不可问，浩歌舒远怀。

按：偶然登临，兴怀守险，安得仅以词人目之。

注释：

①介山：在山西省介休市东南。春秋晋介之推隐居此山，故名。

②屏扆：古代宫廷内设在户牖间的屏风，上画斧形图案。

③良牧：贤能的州郡长官。

④石匣：宗庙藏神主的石匣。

解说：

潘耒（1646—1708），字次耕，又字稼堂，吴江（今属江苏）人。师事顾炎武，博涉经史及历算声韵之学。康熙时举博学鸿词，授检讨，参与纂修《明史》。著有《遂初堂集》等。

卦山在吕梁山东麓，山西交城县城北。又名万卦山。在交山太极峰下，两山回合，峰起岳伏，巍峨拱立，形如八卦六爻，故名卦山。八峰耸峙，层峦叠嶂，古柏奇特，千姿百态。千年古柏，不可胜数，或生悬崖绝壁，或抱石钻岩，万株古柏，终年茂盛，郁郁柏香，飘逸四方。

汾州道中

许珏

劫后哀鸿瘖[①]不鸣，天涯极目泪纵横。
山经积旱春无色，河咽残冰夜有声。
万里轮蹄[②]消白日，几人肝胆为苍生。
蹉跎[③]未遂澄清志，何日驰驱报圣明？

注释：

①瘖：哑，不能说话。

②轮蹄：车轮与马蹄。代指车马。

③蹉跎：失意，虚度光阴。

解说：

许珏（1843—1916），字静山，晚号复庵，江苏无锡人。光绪八年（1882）举人。

战后余波，山河失色，哀鸿遍野，满目苍凉。

汾川晚映

董作序

晋川襟带屹尧封[①]，崩石悬崖斗淙洌。
涨起春溶如怒骥，浪飞秋涌似翻龙。
斜阳半岭拂清照，匹练[②]晚溪映紫峰。
扬国山河谁竞秀，芙蓉郭外睹崇墉[③]。

注释：

①尧封：指尧的生活地。

②匹练：指水光如练。

③崇墉：高大的城垣。

解说：

董作序，生卒年不详，洪洞人。

古时，汾河在春讯时，流量非常大，波涛如怒，浪若翻龙。最美的时景当在傍晚，斜阳夕照，河如白练。现在临汾市尧都区西城外汾河，经过人工治理，已初显当时盛景。如果没有雾霾，天气晴朗，风景亦是较佳。

汾水拖蓝

李升阶

汾水澄清两岸秋，微波送棹入中流。
藐姑[①]景动迴澜外，出佛泉生别陇头。
落叶萧萧鸣雁渚，轻风嫋嫋采兰洲。
美人迟莫还相忆，箫管休时恨不休。

注释：

①藐姑：姑射山。

解说：

李升阶，乾隆年间人，时任赵城知县。

汾河荡舟，别有一番风味，虽然秋风落叶，但仍可缓缓地乘舟去欣赏这些美景。

汾水澄波

李庚昌

汾流滚滚势豪雄，
万里波光接碧空。
多少游人桥上过，
恍疑身在镜湖中。

解说：

李庚昌，生卒年不详，河津县人。

汾水在清代仍然水势浩大，所谓“汾水滚滚势豪雄”。

汾水烟波

王履沽

汾水何悠悠，禹功那可求。鱼鳞滩上出，鹘嘴[①]石边留。

烟障千家树，波澄万里秋。行人争借问，何处是扁舟。

注释：

①鹘嘴：指野鸭一类的水鸟。

解说：

王履沽，生卒年不详。山西太平县人，举人。

汾水悠悠，已经看不到大禹治水的痕迹了。鱼从滩上跳跃而出，水鸟在岸边滞留。远远的烟岚笼罩着乡村，行人为了回家，着急地寻找着渡船。

霍州道中

缪荃孙

一曲横汾[①]继大风[②]，汉家天子自英雄。
年年汾水秋飞雁，只剩河山夕照中。

注释：

①横汾，即汉武帝《秋风辞》。

②大风，即汉高祖刘邦《大风歌》。

解说：

缪荃孙（1844—1919），字炎之，又字筱珊，晚号艺风，江苏江阴人。清光绪进士，历任京师学监、翰林院编修等职。著有《艺风堂文集》等。

任何人，不管伟大与渺小，在历史面前都是过客。整首诗弥漫着一层衰飒清冷的意味。

第三章 水脉纵横

如果说黄河与汾水构建了山西的血脉筋骨的话，那么这些纵横交错的水系则丰润了他的肉身躯体。如果说黄河与汾水哺育了三晋沃野的话，那么这些水系则陶冶了河魂汾韵。勤劳朴实的三晋人用点点滴滴的诗词记录了家乡的涓涓细流，然后慢慢汇聚成了一条条山溪川流，最后融为血脉注入到黄河与汾水中。让我们擦亮眼睛寻找身边的美吧！

第一节 沁河

解题：

沁河，是黄河的一级支流。沁河亦是山西境内仅次于汾河的第二条河流。自其源头沁源县出发，沁河流经安泽县、沁水县、阳城县、晋城市，流经两岸峡谷陡峭，草木蓊郁，然后直切穿太行山脉，进入济源而达河南平原，汇入滚滚东去的黄河。沁河其中游阳城段最为山清水秀。山则太行、王屋、中条，名山林立，美不胜收。沁河沁山孕育了沁河流域的早期文明，沁河流域的人民，在沁河沁山这个大舞台上，不断演绎着那世代相替的动人故事。

怀州客舍

唐·方干

误饮覃怀酒，谁知滞去程。朝昏太行色，坐卧沁河声
白道穿秦甸，严鼙似戍城。邻鸡莫相促，游子自晨征。

解说：

方干（？—约885）唐诗人，字雄飞，新定（今浙江淳安）人。卒后门人私谥“玄英先生”，屡应举不第，遂绝意仕进，隐居鉴湖。

诗人因宿酒而误征程，然而仅仅因为酒吗？当然不是，还有让人流连忘返的太行、沁河等美丽景色。想想早晨与傍晚都可以欣赏太行山的壮丽风景，起来和躺卧都可以聆听沁河水的美妙琴声，这是多么让人高兴的事情。再对比自己那冷清的征途生迹，真让人愁云莫展。

此诗已流露出诗人对政治科举的厌恶，以及对隐居生活的向往，最终诗人隐居鉴湖，做了一个真正的隐士。

游坊口悬泉偶题石上

唐·白居易

济源山水好，老尹知之久。常日听人言，今秋入吾手。
孔山刀剑立，沁水龙蛇走。危磴上悬泉，澄湾转坊口。
虚明见深底，净绿无纤垢。仙棹浪悠扬，尘缨风斗薮。
岩寒松柏短，石古莓苔厚。锦坐缨高低，翠屏张左右。
虽无安石妓，不乏文举酒。谈笑逐身来，管弦随事有。
时逢杖锡客，或值垂纶叟。相与澹忘归，自辰将及酉。
公门欲返驾，溪路犹回首。早晚重来游，心期罢官后。

解说：

诗人描写了坊口悬泉的美丽景色。孔山绝壁峭拔，如立刀剑；沁水虚与委蛇，迂回曲折。悬泉则拥绝壁而立，水清无垢，澄澈见底。在这种环境下，诗人举酒诗乐，与途行中僧侣、钓翁一样，徜徉于湖山胜水之间。这种生活，真让人有种流连不舍的情结。

奉和初春幸太平公主南庄应制

唐·李乂

平阳馆外有仙家，沁水园中好物华。
地出东郊回日御，城临南斗度云车。
风泉韵绕幽林竹，雨霰光摇杂树花。
已庆时来千亿寿，还言日暮九重赊。

解说：

李乂（647—714），字尚真，赵州房子（今河北临城县）人。

应制之作，当盛夸主人圣德、园林之美制，最后送去诚挚祝语之类。此诗正是范本。

东郊纳凉

唐·楼颖

纳凉每选地，近得青门东。林与缭垣接，池将沁水通。
枝交帝女树，桥映美人虹。想是忘机者，悠悠在兴中。

解说：

楼颖，生平不详，唐玄宗时进士。

纳凉也要选一个风景最优的地方。文人的嗜好当然是有山水交接、绿树风桥这个特质的地方了。只有这样，才能实现庄子的坐忘生活。

枋口作

宋·文彦博

下马入枋口，漾舟缘碧溪。雪消山骨瘦，风定浪头低。
数里复登岸，群贤俱杖藜。徘徊岩石畔，寻觅退之题。

过燕川渡

早过燕川渡，千峰插太虚。云开微见日，水浅不渐车。
风急樵歌响，霜严木叶疏。缘溪东北去，岩腹有精庐。

盘谷作其一

昔有幽栖士，兹焉遂考槃。惊眠涧泉响，醒酒谷风寒。
列岫开窗见，冥鸿倚杖观。韩文传已久，合在翠岩刊。

盘谷作其二

愿也乖真隐，韩文旨趣深。本非逃富贵，岂是爱云林。
已失豪华望，方萌退缩心。归来老穷谷，村叟共浮沈。

化成寺作唐裴相之山墅舍为寺

昔览传心法，知公素学禅。今游化成寺，使我复思贤。

大舍倾高产，多生结胜缘。人琴虽已矣，松菊尚依然。

宝地侵苍藓，巍峰柱碧天。撮衣书久失，砻石像犹全。

境寂遗尘虑，僧闲足昼眠。欲归情恋恋，缓辔出燕川。

次韵乐道送花

宋·王安石

沁水名园好物华，露盘分送子云家。

新妆欲应何人面，彩笔知书几叶花。

曾和郢中歌白雪，亦陪天上饮流霞。

春风已得同心赏，更拟携诗载酒誇。

沁水山寺

金末元初·王寂

两峡山高月半轮，五更人起马嘶频。

无端又上长安道，输与僧窗饱睡人。

解说：

王寂（1128—1194），字元老，蓟州（今河北）玉田人，金天德年间进士，先后任太原祁县令、河北西路兵马副都管、中都转运史。遗有《拙轩集》。

又是一个不愿早行的人，谁不想睡个懒觉，只是征役难遣，生活所迫呀。

沁水道中

元·王恽

苍巅互出缩，峪势曲走蛇。回眺惊后拥，迎看复横遮。
云林荡高秋，半岭翻晴霞。十里九渡水，清流带寒沙。
山溪本幽寂，激之声乃哗。解鞍憩美荫，觉我心静嘉。
风枝满秋实，野菊被水涯。幽馨散兰馥，红鲜缀丹砂。
二物固琐碎，托兴骚人誇。我欣记所见，信笔书田家。

解说：

沁水一道，是最美的一路风景，从古至今，皆是如此。苍山峪领，虚与委蛇，层层叠嶂，两岸陵谷，美色可餐。特别是诗人所行之秋季，所谓“云林荡高秋”，秋色天高气爽，云气山岚在林树间荡漾，远远的山峰腰间仿佛挂着一条烟霞。这景色真可以入画了。沁水也是如此的含蓄美丽，“十里九渡水”，本是虚数，然而依然可以感受到沁水的蜿蜒回绕，仿佛一位余情默默、婉约送别的少女。山道的近处则更可爱了，秋天的果实缀满枝头，溪头的野菊亦楚楚可怜。更不要提那山涧中的幽幽兰花了。实在是太美了，诗人情不自禁用笔记了下来。

沁水县

明·徐贲

一水随山根，宛转流出迥。滩声绕县门，孤城数家静。
风土殊可怪，十人五生瘿。土屋响牛铎，壁满残日影。
行迟欲问宿，连户皆莫肯。亭长独见留，半榻亦多幸。
呼童此晚炊，粝饭谷带颖。野蔌不可得，敢望肉与饼。
途行乃至此，俭素当自省。

解说：

徐贲（1335—1393），字幼文，号北郭生，长洲（今属江苏）人。

工诗，与高启、杨基、张羽齐名，称“吴中四杰”。擅画山水。有《北郭集》。

时至明代，沁水仍旧是回环曲折，风景依然，然而风土人情却发生了巨大的变化。所谓“十人五生瘿”“壁满残日影”等破敝的生活。生活的压力让人情亦变得寡薄起来，甚至借宿都成了问题。最后诗人寄宿到当地的亭长家中，吃的饭粗糙无比，甚至连野菜都没有。诗人有感于此，借诗而发。

过沁水县

明·王翰

题注：米贵，市无得。赖司训陈先生送酒米，一饭而过。

邑小居民众，途冲过客多。田荒多间石，路险半登坡。

市米如炊玉，村醪似饮河。广文青眼顾，相慰问如何。

解说：

王翰，字时举，河南禹州人。元末隐居中条山中。入明，官至翰林编修。著有《敝帚集》。

元末明初，沁水县人民的生活仍然比较艰辛，“市米如炊玉”就可以推知生活的艰辛了。现在，当人们去沁水欣赏美景的时候，一定不要忘记体会一下山水人家的辛苦与劳作。

送王公勉赴沁水教谕

明·贝琼

清商陨一叶，白下未知秋。倦鸟息高荫，潜鱼依弱流。

君子方北首，山河阻且修。岁久衣尽缁，驱车良未休。

我无双明珰，何以结绸缪。怅焉隔千里，白云空悠悠。

解说：

贝琼（1314—1378），字廷琚，一名阙，字廷臣，崇德（今浙江桐乡）人。明初召修《元史》，官国子助教，与张美和、聂铉齐名，时称“成均三助”。著有《清江贝先生集》。

诗人的朋友王公勉将赴沁水任教谕，教谕就是县里教育工作的督导或教师。用当今的名词表述，应该是“文化扶贫”。

癸亥杂诗

明·何瑭

青春回首思悠悠，王屋山高沁水流。
观国念存空倚剑，思乡魂断独登楼。
悲鸣夜月笼中鹤，泛滥春波海上鸥。
寂寂桑榆敛残照，丽谯吹角使人愁。

解说：

何瑭（1474—1543），字粹夫，号柏斋。怀庆武陟（今属河南）人。弘治进士，官至南京右都御史。

官居异地，客悲故乡，王屋山高，沁水自流，亘古不变的还有乡愁。

纪怀并引

明·温纯

朱明景风至，衔命之沈代。
言陟天下眷，历晋出雁塞。
上党文物集，朱门多风槩。
沁水主人奇，论文出流辈。
踟蹰马邑城，追慨诈为害。
云中节至止，带砺盟千载。
邂逅赵将军（岢），英声无与佩。
接武渭阳周（尚文），出师敌辄北。

养士（周）与双眼（鎗名赵创），屈指名仅再。
赖有刘都督（承嗣），三捷威仍倍。
今为连炮雷，一发敌尽碎。
省卒更省饷，不战功尤最。
先声屈人兵，庶以威为爱。
乃知禦侮策，全胜在修内。

解说：

温纯（1539—1607），字景文，一字叔文，号一斋，晚更号亦斋，三原（今陕西三原）人。嘉靖进士。著有《温恭毅公集》。

全诗警句正在“上党文物集，朱门多风槩。沁水主人奇，论文出流辈”。

沁水道中

清·王衡

石径绕寒山，秋风在溪水。
前村几处烟，没入朝云里。

解说：

王衡，生卒年不详，字梅雪，清代沁水人。康熙庚臣拔贡。

首句可作沁水山亭中的楹联，绝佳。

四代好·泛艇春溪作

清·陈维崧

碧透双溪尾。蒲桃浪、惯被暖风吹碎。琉璃正滑，簟纹小展，一川空翠。
春衣篷舱慢倚。十载事、从头都记。算飘零、曾度汶水，漳水沁水泜水。
汶水长绕孤城，漳水又抱，铜台废址。可怜沁水，还灌太原残垒。
三关怒涛夜起。过泜水、重嗟馀耳。总不如、春水江南，柔蓝千里。

解说：

诗词上的话，多不能全信，失实处多。有时候为了增强气势，有时候间杂想象，所以会出乱子。这句“可怜沁水，还灌太原残垒”，是汾水好么？但又不能与古人较真，因为这是文学。

登太行绝顶

清·田延年

突兀压神州，苍茫据上游。群山皆北向，沁水自南流。

地远三川见，天晴万木秋。故乡在何处，回首白云浮。

解说：

田延年，字友羲，浑源人。清同治年间举人，副贡。有《希达斋存稿》。

古人的乡愁特别浓，这亦成为古代诗歌中经久不衰的主题。在古人诗歌中，最常见的题材是登高思乡，即使不是高山，山丘、亭台，甚至小楼，都能唤起古人浓浓的思乡情绪。

送泽州相国予告归里

清·吕谦恒

元老承恩帝里回，奏书三上曰俞哉。

丹心宁恝苍生望，白发方看绿野开。

纶阁有章光日月，岩城无地起楼台。

他时天语还存问，沁水遥瞻佳气来①。

按：①五语表其奏疏光明，贤于孔光削草之媚，六语表其持躬洁白，同于寇莱公行己之清，“有官居鼎鼎，无地起楼台”，魏野呈莱公语也。

解说：

吕谦恒（1653—1728），字天益，又字洞樵，河南新安人。康熙进士，官至光禄寺卿。工诗，有《青要集》。

夸人之语，多有从郡望入手。就是说夸人就要连老家、祖宗等一起夸耀一番。

渡沁水宿穆陵关

清·张盖

斜阳明晚渡，倦马踏寒云。岸动移舟影，沙喧落雁群。

山城秋似画，水市暮多闻。老客归心急，无眠到夜分。

解说：

张盖，明末清初，直隶永年（今河北永年）人，字覆舆，一字命士、号箬庵。明诸生。明亡后，得狂疾，自闭土室中，不与外人见，终以狂死。有《张子诗选》。

诗人夜宿在著名的穆陵关城中，斜阳晚渡，倦马秋风。由于归心太切，一晚无眠。

少城观沁河涨

清·张晋

风雨迷前渡，纵横万马声。飞涛能转石，急浪欲崩城。

滚滚神偏王，茫茫气不平。江湖余旧涉，回忆百忧生。

解说：

正因为沁水河道曲折，加之以山势陡峭，所以风雨骤至，河水马上会激腾翻跃，飞涛转石，猛浪崩城的气势，是不是如壶口飞瀑一般呢？有机会一定去看看。

武陵道中

清·彭凤高

环堤垂柳尚含烟，秋尽覃怀十月天。
暝色围村人不见，雁声如橹沁河边。

解说：

彭凤高，生卒年不详，字箫九，长沁人。道光年间举人，任沁阳知县。

武陵晨行，天未曙，然而行人自不寂寞，且观“雁声如橹沁河边”便知。可与温庭筠《商山早行》的“鸡声茅店月，人迹板桥霜”媲美。

三月三日同杨松谷泛舟沁水

清·陈廷敬

始得方舟稳，沧波转路迷。涛声春昼外，寺影夕阳西。
杨柳横桥暗，桃花夹岸齐。十年江海兴，与尔手同携。

解说：

陈廷敬（1639—1712），字子端，号说岩，晚号午亭，清代泽州（今山西阳城北留镇皇城村）人，官至文渊阁大学士、吏部尚书等。

志得意满，生活当然更惬意了。

沁湾塔影

清·李莲

浮图层叠费跻攀，势镇潆洄沁水湾。
倒影直凌楼阁外，标形高插斗牛间。
跨河云拥千年寺，照日霞连万仞山。
极目苍茫无际远，梦游一例听潺湲。

解说：

岳阳县城东北麻衣山巅有麻衣寺塔（今属安泽县境），建于金代，八角九级，高21.5米。麻衣山松柏苍翠，怀揽古寺，砖塔擎天矗立，沁水经流其下，塔影随波满漾，山光水色，情趣别致。

沁水秋声

清·汪士鹏

何处新声豁睡眸，汤汤沁水正当秋。
风生绝壑林同啸，月涌惊湍夜更幽。
似送哀猿过客枕，疑随逸鹤到高楼。
余心雅与清商合，澡浴应须择上流。

解说：

汪士鹏，曾任康熙年间（1662—1722）沁源知县。

沁河在沁源县城东，秋季来临，沁水湍浪杂以壑林风声，别有一番风味。

第二节 桑乾河

桑乾河在山西省北部和河北省西北部。相传每年桑葚成熟时河水干涸，故名。上源恢河出山西省北部管涔山，在河北省怀来县朱官屯汇洋河后入官厅水库。桑乾河系内陆河，沿途内干、支流甚多，水量全凭涌泉、池沼、涧水、天降水和洪水补给。分别有源头水系、大同水系、壶流河水系、洋河水系和下游（即永定河）水系等汇流而成。源头水系桑乾河源出两处，即上源和下源。上源叫恢河，发自山西宁武管涔山天池，经阳方口入朔州地界，在沙河村北形成潜流，一直到窑子头村南跃出地面，被称为“十里钻沙”，为古朔州八景之一。

从北征诗

南北朝·祖珽

翠旗临塞道，灵鼓出桑乾。祁山敛雰雾，瀚海息波澜。

戍亭秋雨急，关门朔气寒。方系单于颈，歌舞入长安。

解说：

祖珽，字孝征，范阳狄道（今河北容城县）人。南北朝时期北齐大臣，诗人。

桑乾河地处古战场的咽喉之地，正因如此，它才被赋予一种战争的气息。看看这些翠旗、灵鼓、戍亭、关门，还有那倒霉的单于，不正是战争的颂歌吗？然而战争的背后，战骨累累，民生萧条，谁又顾惜呢？

出塞二首·和杨素其一

隋·薛道衡

高秋白露团，上将出长安。尘沙塞下暗，风月陇头寒。
转蓬随马足，飞霜落剑端。凝云迷代郡，流水冻桑乾。
烽微桔槔远，桥峻辘轳难。从军多恶少，召募尽材官。
伏堤时卧鼓，疑兵乍解鞍。柳城擒冒顿，长坂纳呼韩。
受降今更筑，燕然已重刊。还嗤傅介子，辛苦刺楼兰。

解说：

薛道衡（540—609），字玄卿，南北朝隋河东汾阴（今山西荣河县）人。专精好学，诗文为时所重，历仕北齐、北周，入隋，为内史侍郎，颇有才名。后因论时政，为炀帝所忌杀，天下称冤。

桑乾河与战争的联系，比黄河、长江还要多。北方是游牧民族聚居的地方，他们觊觎中原地区的富饶丰庶，于是踏马桑乾河便成为战争的初发点。对中原文明来说，桑乾河又成为防御北方蛮夷的重要堡垒。正是这样的局势叙写了古代战争的桑乾河故事。

深秋白露时节，将军出征桑干。此时桑乾河水已结冰，尘沙肆虐，寒冷彻骨。从军战士多凶猛残恶之人，军官亦多良才。将军运筹帷幄，伏兵疑兵等计谋频施，终于获得了胜利。当然这只是文人的拟写罢了。

送韦秀才

唐·皎然

晨装行堕叶，万里望桑乾。旧说泾关险，犹闻易水寒。
黄云战后积，白草暮来看。近得君苗信，时教旅思宽。

解说：

僧皎然（730—799），俗姓谢，字清昼，湖州（浙江吴兴）人，是中国山水诗创始人谢灵运的十世孙，唐代著名诗人、茶僧，吴兴杼山妙喜寺主持，在文学、佛学、茶学等方面颇有造诣。

送韦判官归蓟门

唐·于鹄

桑乾归路远，闻说亦愁人。有雪常经夏，无花空到春。

下营云外火，收马月中尘。白首从戎客，青衫未离身。

解说：

于鹄（？—约814），生平及字号不详。代宗大历、德宗年间久居长安，应举不第，后隐居汉阳。

军门送别，又是一番风景，如岑参《白雪歌送武判官归京》，岑参诗作大气磅礴，自有盛唐气韵，而于鹄此作多萧瑟凋敝之意。时代不同，政治不同，境界亦不同。

塞上逢卢仝

唐·刘叉

直到桑乾北，逢君夜不眠。上楼腰脚健，怀土眼睛穿。

斗柄寒垂地，河流冻彻天。羁魂泣相向，何事有诗篇。

解说：

刘叉，唐诗人。性刚直任侠。尝因酒杀人，隐姓名避居齐、鲁，始折节读书。元和年间为韩愈门客。后归齐、鲁，不知所终。有《刘叉诗集》。

刘叉之作多有雄杰之气，甚至还拿过韩愈的润笔费，“持愈金数斤而去，曰：‘此谀墓中人得耳，不若与刘君为寿。’”此诗恰好反映了刘叉这种狂傲雄豪之气。

穆陵关北逢人归渔阳

唐·刘长卿

逢君穆陵路，匹马向桑乾。楚国苍山古，幽州白日寒。

城池百战后，耆旧几家残。处处蓬蒿遍，归人掩泪看。

解说：

刘长卿（？—约789），字文房，河间（今属河北）人。天宝年间进士。官终随州刺史。工于五言，自诩为“五言长城”。有《刘随州诗集》。

曾经的古战场，今天的荒凉地，历史总是在轮回中穿梭。诗人观瞻古战场，有感于斯，掩泪伤叹。

出塞曲

唐·刘湾

将军在重围，音信绝不通。羽书如流星，飞入甘泉宫。

倚是并州儿，少年心胆雄。一朝随召募，百战争王公。

去年桑乾北，今年桑乾东。死是征人死，功是将军功。

汗马牧秋月，疲卒卧霜风。仍闻左贤王，更将围云中。

解说：

刘湾，字灵源，蜀（今四川成都）人。天宝进士，官侍御史。“安史之乱”后，居于衡阳，与元结相处甚密。官至职方郎中。

战争是人民的苦难，“死是征人死，功是将军功”，这是多么真实的写照呀！

塞下

唐·许浑

夜战桑乾北，秦兵半不归。

朝来有乡信，犹自寄征衣。

解说：

许浑，字用晦，一作仲晦，唐代润州丹阳（今属江苏）人。大和进士，官虞部员外郎，睦、郢二州刺史。有《丁卯集》。

一个巧妙的镜头，写出了战争的沧桑与残酷。昨夜战士出战，今天早晨家中寄来了征衣，可是人却永远不会回来了。

渡桑乾

唐·贾岛

客舍并州已十霜，归心日夜忆咸阳。
无端更渡桑乾水，却望并州是故乡。

解说：

故乡是重重的故乡，乡愁是层层的乡愁。诗人曾客居太原十年，而日夜思念故乡咸阳。如今渡过了桑乾河，并州却也成了我的故乡了。曾经我上大学，老家是我的故乡；后来读研，大学所在的城市是我的故乡；再后来去读博，读研所在的城市成了我的故乡；如今工作在山西，读博所在的城市亦成了我的故乡。故乡重重，乡乡层层，人生不也是一个过客吗？

渡桑乾河

唐·雍陶

南客岂曾谙塞北，年年唯见雁飞回。
今朝忽渡桑乾水，不似身来似梦来。

解说：

雍陶，生卒年不详，字国钧，唐代成都（今四川成都）人。官至简州刺史。工诗善赋，多记游题咏、寄赠送别之作。

诗人到了梦寐以临的桑乾河，这种渴望就像当年我考上了研究生，却又不相信自己能考上一样。

奉使契丹　渡桑乾

宋・苏辙

北渡桑乾冰欲结，心畏穹庐三尺雪。
南渡桑乾风始和，冰开易水应生波。
穹庐雪落我未到，到时坚白如磐陀。
会同出入凡十日，腥膻酸薄不可食。
羊修乳粥差便人，风隧沙场不宜客。
相携走马渡桑乾，旌旆一返无由还。
胡人送客不忍去，久安和好依中原。
年年相送桑乾上，欲话白沟一惆怅。

解说：

苏辙（1039—1112），字子由，眉州眉山（今属四川）人。嘉祐年间进士。官至门下侍郎，执掌朝政。后被贬，晚年定居颍川，号颍滨遗老。与父苏洵、兄苏轼合称“三苏”，均列入“唐宋八大家”。有《栾城集》。

一个喜欢吃大米饭的四川人来到了喜欢吃羊肉、喝羊汤、啮羊乳的契丹，会是什么样的场景呢？苏辙把他的行踪与感受真实地写了出来。虽然饮食有别，但是情谊却是深厚的，“胡人送客不忍去”，如果永无战争，那有多好。

发桑乾河

宋・刘敞

四牡怀靡及，侵旦肃征騑。凝霜被野草，四顾人迹稀。
水流日边去，雁向江南飞。我行亦已久，羸马声正悲。
览物岁华逝，抚事壮心违。岂伊越乡感，乃复泪沾衣。

解说：

刘敞（1019—1068），字原父，号公是，临江新喻（今江西新余）人。

用先秦语言来写宋诗，比古文还拗口。其实就是写怀乡，故意写得文雅一点。

入涿州

宋·郑獬

饮马桑乾流水浑，燕山未晚已黄昏。
衣襟犹带长安酒，不分江湖浣旧痕。

解说：

郑獬（1022—1072）字毅夫，号云谷，宋代安州安陆（今湖北安陆）人。

初入淮河

宋·杨万里

船离洪泽岸头沙，入到淮河意不佳。
何必桑乾方是远，中流以北即天涯。

解说：

杨万里（1127—1206），南宋诗人，字廷秀，世称诚斋先生，吉州吉水（今属江西）人。绍兴年间进士。官至秘书监、江东转运副使。诗风平易浅近，活泼诙谐，人称“诚斋体”。有《诚斋集》。

是呀，桑乾河曾经是北宋与契丹的分界线，而如今国界却在淮河中流。国土丢失，奇耻大辱呀！可是生在南宋那个孱弱的时代，除了感叹之外，朝臣还能做些什么呢？

湖村月夕

宋·陆游

金尊翠杓犹能醉，狐帽貂裘不怕寒。
安得骅骝三万疋，月中鼓吹渡桑乾。

雪中忽起从戎之兴戏作

十万貔貅出羽林，横空杀气结层阴。
桑乾沙土初飞雪，未到幽州一丈深。

解说：

陆游喜欢做梦，梦中有两个意象，一个是黄河，一个便是桑乾河，因为这里代表着故土故国。正因为得不到，所以常常梦及之。

赐第登楼

宋·郑清之

病思归心走兔迒，自嗤幻境未渠忘。
并州便作咸阳看，设若桑乾亦故乡。

解说：

郑清之（1176—1251）字德源，初名燮，字文叔，别号安晚，庆元道鄞县（今浙江宁波）人。南宋宰相。

故乡重重，乡关叠叠。此诗与贾岛《渡桑乾》有异曲同工之妙。

别方万里

宋·汪梦斗

门外桑乾水，我行君尚留。话长见恨晚，情苦意如秋。
此道今垂绝，何人可与谋。临行重分首，吾教尚多忧。

解说：

汪梦斗，字玉南，号杏山，绩溪人。宋亡，不仕。有《北游集》。送别之作，多愁苦酬唱，此诗亦然。

留示逯云甫秀才

万里舟车要觅诗，衰年忍负始来时。
未成班氏两京赋，仅见韩山一片碑。
归信正须传雁帛，秋风不为忆莼丝。
今朝再渡桑乾水，月朗风清谁系思。

解说：

丘墟陵迟，世事变迁，我已衰败，君情何似呢？

马头

金·赵秉文

天外乱山围旷野，水边孤塔背层城。
马头才指桑乾路，愁见行人问去程。

解说：

同路皆是客，愁见问去程。天外群山与旷野相接，桑乾水与孤塔依城而建，这样的送别场景真让人生出无限寒意。

送李参军

金末元初·元好问

五日过居庸，十日渡桑乾。
受降城北几千里，出塞入塞沙漫漫。
古来丈夫泪，不洒别离间；
今朝送君行，清泪留馀潸。
生女莫作王明君，一去紫台空佩环。

生男莫作班定远，万里驰书望玉关。
我知骥子坠地无齐燕，我知鸿鹄意气青云端。
草间尺鴳亦自乐，扶摇直上何劳抟！
一衣敝缊袍，一饱苜蓿盘。
岁时寿翁媪，团栾有馀欢。
就令一朝便得八州督，争似綵衣起舞春斓斑。
去年洛阳人，今年指天山。
地远马鞯破，霜重貂裘寒。
朔风浩浩来，客子惨在颜。
扼胡岭上一回首，未必君心如石顽。
君不见，桓山乌，乳哺不得须臾閒。
众雏一朝散，孤雌回颜声悲酸。
寒雁来时八九月，白头阿母望君还！

桑乾河

元·冯子振

几年朔客渡桑乾，野水潺潺滴沥寒。
回首燕南烟雨外，西风沙雁报平安。

解说：

冯子振（1257—1314），字海粟，自号怪怪道人、瀛州客，攸州（今湖南攸县）人，官至承事郎、集贤待制。

桑乾岭

元·陈孚

昔闻桑乾名，今日登桑乾。桑乾是否不必问，但觉两耳天风寒。
大峰小峰屹相向，空际谽谺一千丈。燕云回首夕阳间，长川历历平于掌。
人家如蛎粘石壁，白土堆檐高半尺。门外毡车风雨来，平地轰轰惊霹雳。
汉唐百战场，绿草今满碛。野夫耕田间，犹有旧铁戟。
道傍谁欤三叹息，古（一作布）袍古帽江南客。

解说：

陈孚（1240—1303），字刚中，号笏斋，台州临海（今属浙江）人。曾出使安南，官至翰林待制、台州路总管府治中。著作有《陈刚中诗集》。

蓟门怀古

明·区怀年

榆塞清笳起暮烟，桑乾秋色过居延。
千金俊骨台空纪，一匣鱼肠刃未捐。
易水送轲愁击筑，碣宫留行竟谈天。
当年任侠称燕蓟，挥手边烽欻黯然。

送杨得昂

明·王绂

题注：讳偲，号静约，鸿山钜族。

我适桑乾归，君犹五溪去。飘流若萍蓬，何繇复相遇。
迢迢江上山，历历烟中树。后夜月明时，相思渺何处。

桑乾河

明·邓林

咸阳贾岛客并州，更渡桑乾赴远游。
我有千程乡国路，归心亦赴水东流。

解说：

邓林，生卒年不详，原名彝，又名观善，字士斋，号退斋。明太祖洪武末年乡试举人。

怀归

明·申佳允

桑乾河水白，无恙挂秋帆。雪满高人屧，风吹隐士衫。
论交俱六吉，阅世欲三缄。苍莽恒阳树，天风振石巉。

解说：

申佳允（1630—1644），一作佳胤，字孔嘉，永年（今属河北）人。崇祯四年（1631）进士，除仪封知县，调知杞县，治行卓异，擢吏部主事，官至太仆寺丞。京城陷，投井死，谥端愍。有《申端愍公》集。

渡桑乾河

明·江源

我欲思归畏简书，桑乾河上独踌躇。
马蹄蹀躞寒冰滑，鸟雀凄凉古木疏。
妻子每怀燕市寓，梦魂长绕越山庐。
咸阳客子忘情甚，直指并州作故居。

解说：

江源，字一原，别号桂轩，广东番禺人。成化五年（1469）进士，授上饶知县，后任江西佥事，累官至四川副使。著有《桂轩稿》。

云中曲八首

明·卢楠

燕岱河山黑水分，胡沙北望接氤氲。
桑乾斜映龙山月，碣石遥通鱼海云。

解说：

卢楠（1507—1560），字次楩，一字少楩，又字子木，浚县人。数次赴乡试不第，以资为太学生。著有《蠛蠓集》。

柬张前溪大参

明·杨巍

为问张平子，客怀近若何。悲秋心共苦，忧国鬓应皤。
北岳云中树，桑乾霜后河。悬空寺里约，九日可相过。

解说：

杨巍，字伯谦，号梦山，又称二山先生，明嘉靖二十六年（1547）进士，曾任山西巡抚等官职。

乱后经小石寺

桑乾河畔寺，门对战场开。乱后僧多去，雨中客独来。
霜笳连磬院，野烧到经台。无计平边塞，尘心空自哀。

寄张有功

明·沈炼

桑乾河曲水潺潺，好送征人双泪还。
带叶随风千里去，又愁隔断万重山。

解说：

沈炼（1505—1557）字纯甫，号青霞，浙江会稽（今绍兴）人。嘉靖十七年（1538）举进士，曾官溧阳等处知县，后入为锦衣卫经历。

桑乾道中

明·陈鸿

征程十里见桑乾，二月谁怜尚苦寒。
沃野北来边地近，流澌东下早春残。
风疑竹箭穿貂帽，雪作杨花点马鞍。
旅况垆头消不尽，琵琶纤指莫教弹。

解说：

陈鸿，生卒年不详，字文仪，号东桥，吴江（今江苏吴江市）人。明嘉靖举人，官新乡知县，后辞归。

清明日云中分院偶成

明·罗亨信

清明节届日迟迟，三叠绵衣体不离。
岭表此时摇画扇，桑乾河水尚流澌。

解说：

罗亨信（1377—1457），字用实，号乐素，东莞人。明成祖永乐二年（1404）进士。著有《觉非集》。

天末逢故人

明·郑善夫

不耐秋风摇落后，与君把袂看飞蓬。
关山无地干戈息，江海何年笑语同。
岁晏柳条那忍折，天涯车辙尚难通。
萧条更问桑乾路，目断园陵烟雾中

解说：

郑善夫（1485—1523），明诗人，字继之，闽县（今福建福州市）人。弘治十八年（1505）进士，官至南京吏部郎中，年三十九卒。

野人

明·陶安

野人便土物，家计日经营。弋雁干成腊，笼虾活煮羹。
泥肥桑乾密，雨湿菜芽生。今岁田禾熟，鸡豚养得成。

解说：

陶安，生卒年不详，字主敬，当涂（今属江苏）人。元至正八年（1348）中浙江乡试，后佐明太祖。官至江西行省参知政事。著有《陶学士集》。

出塞

明·戚继光

（夏四月单骑阅险，行二十里外，水萦山抱，鱼泳鸟鸣，何啻江南，忆昔有作）

郁葱千里绿阴肥，涧水萦纡一径微。
鱼为惊钩闻鼓动，鸟因避帜傍人飞。
江南塞北何相似，并郡桑干总未归。
惆怅十年成底事？独将羸马立斜晖。

解说：

戚继光（1528—1587），字元敬，山东登州（今蓬莱）人。将门出身。嘉靖后期，被调至浙东防倭。他招募义乌农民矿工，训练出一支纪律严明、战斗力强的军队，人称“戚家军”。在台州（今浙江临海）一带九战九捷，全歼倭寇。后又入福建、广东与抗倭名将俞大猷配合，消灭盘踞在福建的倭寇主力，解除东南沿海倭患。后奉调至蓟州，在镇十六年，修筑长城，加强战备。著有《纪效新书》等。

上谷秋日杂书四首

明·程可中

烟火依微带近郭，鸡鸣驿路入平芜。
挽飞百道征军饩，市榷千缗算贾胡。
天寿蟠龙山竞拱，桑乾饮马水堪枯。
秋来节钺提封内，除却椎牛一事无。

望云中塞

明·谢榛

几年欲向塞门游，北渡桑乾重旅愁。
画角悲凉孤馆夜，黄榆摇落九边秋。
壮心未掷班生笔，浪迹堪怜季子裘。
回首江湖任鸥鸟，谩嗟华发滞燕州。

渡桑乾

明·韩邦奇

少小不知边塞道，雁门闻说在天涯。
如今流落桑乾外，南望山阴即是家。

桑乾河

明·蔡羽

桑乾八月寒，胡中射生早。弯弧决封牛，群氐醉眠草。
白登山头熊夜啾，胡人火猎无时休。并州小儿惯厮杀，夜半窃得丁零头。
左手接飞鸢，右手挟双矛。马上吹胡笳，扬鞭入朔州。
嫖姚帐前交首级，但问几颗能封侯。吁嗟！死士在边不用忧。

解说：

蔡羽（？—1541），明苏州府吴县人，字九逵，自号林屋山人。屡试不第，由国子生授南京翰林孔目。

渡桑乾河

明·黎民表

古渡是桑乾，征人晓涉寒。鸣笳喧聚落，带剑拥材官。
霜雪经行尽，烟花出塞残。春衣犹未寄，空倚月轮看。

解说：

黎民表（1515—1581），字惟敬，号瑶石，广东从化人。嘉靖十三年（1534）举人，官至河南布政参议。万历七年（1579）致仕。著有《瑶石山人稿》《北游稿》等。

大同作

明末清初·屈大均

饮马东连白道泉，桑乾西接紫河烟。
何年代邸沦秋草，几处秦城出远天。
事去英雄羞一剑，时来游侠喜三边。
哀笳莫奏思乡曲，都尉台前月正圆。

云中词

薄暮桑乾大猎还，纷纷雨雪暗关山。
天寒不惜貂裘典，一醉春光上玉颜。

天净沙·塞上

桑乾浊似黄河。冰开难饮明驼。
滑滑春泥苦多。卤儿呼渡，雌雄两两吹螺。

第三节　平水河

游龙祠

金・陈赓

题注： 一作平水神祠歌

黄河如丝导昆仑，万里南下突禹门[1]。
枝流潜行大地底，派作八道如霆奔。
吾闻川真岳灵有冥宰，况乃利泽开洪源[2]。
神龙窟宅瞰平野，千古庙貌何雄尊。
深林含蓄雷雨润，冷殿似带波涛痕。
我来南州走尘坌[3]，执热未濯忧思烦。
试斟百洌洗肝肺，一勺注腹清且燉[4]。
悠然晞风坐东庑[5]，倏见绘画如飞骞[6]。
仙官华裾乘朱轩，旗纛[7]掩蔼蛟伏辕。
雷公电母踏烟雾，天吴海若驱鼍鼋。
何时借取霹雳手，倒挽银汉清乾坤。
庙前老翁顾我语，孺子未易排天阍[8]。
胡为高论乃如此，一笑满面春风温。
是时三月游人繁，男女杂遝[9]箫鼓喧。

搴茭沉玉答灵贶⑩，割牲酾酒传巫言。

巫言恍惚庙扉阖，拜手上马山烟昏。

注释：

①禹门：即龙门。地名。在山西河津西北、陕西韩城东北。相传为夏禹所凿，故名。

②况："贶"，赐予。此句意思为山川河岳有神灵主宰，打开水源润泽原野。

③尘坌：灰尘，尘土。

④燉：通"暾"，即温暾。微暖，不冷不热。

⑤晞风：让风吹拂。东庑：正房东边的廊屋。古代以东为上首，位尊。

⑥飞骞：飞行。白居易《游悟真寺一百三十韵》："衣服似羽翮，开张欲飞骞。"

⑦旗纛：饰以鸟羽的大旗。唐韩愈《南海神庙碑》："旗纛旄麾，飞扬晻蔼。"

⑧天阍：天帝的守门人。排：推开。这里指见到皇帝。

⑨杂遝：纷冗繁杂。《南齐书·萧颖胄传》："董帅熊罴之士十有五万，征鼓纷沓，雷动荆南。"

⑩搴茭，它本作"搴菱"。搴：采摘。灵贶：神灵赐福。范晔《后汉书·光武纪赞》："世祖诞命，灵贶自甄。"

解说：

陈赓，字子飏，别号默轩，临晋人，仲谦长子。擢明经。官至河东山西道行巾书省参议。北渡后，任河东山西道行中书省参议，以诗倡酬，学者宗之。

《元和郡县图志》："龙子祠，在姑射山东平水之源。其地茂林状郁，俯枕清流，实晋之胜境也。"《大明一统志》中载："平水神祠在平水上，亦名龙子祠。唐宋以来皆封神以爵号。"由此可知龙祠又名龙子祠、平水神祠。

全诗讲述诗人三月来到平阳龙祠，在这里观览了龙泉与龙子祠。龙泉水甘甜清冽，祠中壁画诉说着神迹。此时节，正是人们祭拜祖神、祈祷丰收的时节，祀神礼乐，箫鼓齐鸣，男女接踵摩肩，搴茭沉玉以祈神。龙子祠现在犹存，龙泉亦存，游览者可一览胜概。

平水神祠

金·曹之谦

城居厌嚣湫，林壑思自逸。相将得佳友，侵晨驾言出。
西瞻姑射山，马首见嶕崒。行行至其麓，一径入蒙密。
灵宫閟清深，流水惊荡潏。凉飚自远至，回首炎歊失。
平生沧州兴，便拟此筑室。翻然念男女，会待婚嫁毕。
壶觞畅幽情，笑语永今日。题诗记曾来，夏六月初吉。

平水八咏

金末元初·李俊民

其一　陶唐春色

题注：府西南三里有陶唐庙。每至春月，倾城出游祭享。

松柏森森护帝宫，至今和气在河东。
诗人不尽当时事，八景图中见国风。

其二　广胜晴岚

题注：府北七十里有寺，曰广胜。霍山之阳寺下有海曰大郎。

等闲过了万千峰，偃蹇相看意不浓。
洗出青山真面目，祇疑海底有天龙。

其三　平湖飞絮

题注：府西五里有泊曰平湖。姑山之东、汾水之西，四面皆杨柳如幄。三月上巳，居民祓禊于此。

三月湖边祓禊亭，依依杨柳雨中青。
晚来风起花如雪，春色都归水上萍。

其四　锦滩落花

题注：府西门外有汾水，退滩南北二十余里，皆树桃焉。

春风桃叶复桃根，相妒封姨似少恩。
无限乱红随水去，人間何处觅仙源。

其五　汾水孤帆

题注：府西二三里有渡口。

古渡无人鸟迹多，眼前历历旧山河。
片帆不是秋风客，谁向中流发棹歌。

其六　姑山晚照

题注：府西南二十五里有县，曰襄陵。北门外有桥如虹，左右皆梅圃。

嫩寒篱落似江村，雪里精神月下魂。
桥北桥南路分处，行人立马待黄昏。

其七　晋桥梅月

题注：府西五十里有姑射山，神人居焉。

物外神仙自一家，等闲不许占烟霞。
只今冰雪人何处，惆怅山前日易斜。

其八　西蓝夜雨

题注：府北五十五里洪洞县之西，有寺曰西蓝，近汾水一二里绕寺多花竹。有水杯池。

暮云深锁梵王家，楼阁峥嵘阅岁华。
香火半残僧入定，卧听窗外落檐花。

解说：

李俊民（1176—1260），字用章，号鹤鸣老人，泽州晋城（今属山西）人。金章宗承安五年（1200）以经义举进士第一，授应奉翰林文字。不久弃官，教授乡里。金室南迁后，隐于嵩山，后徙怀州，又隐西山。忽必烈在藩邸闻其名而召见，仍求还山。忽必烈中统元年（1260）卒。

赋龙池水

元·姚公枢

题注：即平水之源。

浊泾一斛几半区，白田一沃成膏腴。
汾水流源亦不殊，循崖挟阜不可渠。
姑射山高草木敷，精英四散清流疏。
清流溉田田即癯，耕犍啬夫疲粪车。
陈蕃一室还扫除，渊明亦复新其庐。
伯夷柳惠圣之徒，其源逼窄其流污。
春日秋霜与化俎，何当得此辅唐虞。
中行未易良可吁，晋人努力无为迂。

解说：

姚公枢（1203—1280），字公茂，号雪斋，谥号文献。

许编修克敬归平水奉寄王秘监先辈

元·张翥

忆昔先生致政时，至今留在十图诗。
古来贤达知几早，此日山林问舍迟。
故国衣冠多草莽，中原郡县半旌旗。
白云汾水秋风外，目送归鸿有所思。

平水作

明·邱云霄

千里一归帆，九秋十日尽。野火江上明，渔歌夜相应。

徘徊山月孤，萧飒林风振。羌篴何处声，度船起清听。

解说：

邱云霄（生卒年不详，约明世宗时人），字凌汉，号止山，崇安（今江苏无锡市）人。官至柳城知县。著有《南行集》等。

平水拖蓝

明·李咨

溪上巉岩列画屏，溪间流水玉峥嵘。

尧封沟浍犹天造，禹迹山川仰地平。

丰稼拟云秋色重，踈林过雨晚凉轻。

何如万派皆澄彻，唯有源头一脉清。

解说：

李咨，河间故城人，曾任襄陵知县。

据旧志载，平水源出姑射山分支平山下，脉分十二官河，灌临、襄二县民田。旧时建祠崇祀，敕封为平水泉之神。山清水秀，碧波如玉。

太行绵亘上党之东险隘林立述其在潞安境内者示朱生甫

清·徐继畬

太行走北干，山势何巑岏。河内与上党，两界起峰峦。

潞州扼其吭，形胜留不刊。壶关汉名县，大河流急湍。

新旧两窟窿，五丁凿奇观。其北为玉缺，高岭路纡盘。

桃花隔两园，斗绝不容攀。林虑近可接，望之云漫漫。

再北为潞城，虹梯空际蟠。鸟道回百折，投足欲走丸。
樵苏尚彳亍，何人敢据鞍。奇险由天造，一夫可以完。
下有茱兰岩，峨峨石剑攒。岸崿怖行旅，群吟行路难。
黎城古建国，式微诗欣叹。东瞰吾儿峪，壶口旧安澜。
雄关有遗址，雉堞半凋残。坡陀高数仞，山涧纡且宽。
地利无可恃，常忧兵力单。楸园与石背，要隘烦控抟。
行行渡漳水，古道走邯郸。我行来乘鄣，被命试师干。
请缨虽有志，无如气力殚。聚米愧未能，括地借诗坛。
伫闻吴楚捷，环瀛普乂安。

解说：

徐继畬（1795—1873），字健男，号牧田，又号松龛。山西五台人。清道光六年（1826）进士，官至闽浙总督。著有《瀛环志略》等。

第四节 偏关河

解说：

偏河即官河，亦即关河。偏关县位于山西省西北部，为黄河从内蒙古流入晋南的交汇处。其北依长城，西临黄河，南与河曲、五寨两县相接，东与神池、平鲁两县毗邻。

偏关秦汉属雁门，隋属马邑，唐置唐隆镇。五代北汉天会元年(957)始筑严寨。其地东仰西伏，如人首之偏隆，故名偏头寨。宋以寨属火山军，元朝大德三年（1299）升寨为偏头关。从此，偏头关、雁门关、宁武关合称外三关。偏头关为晋之屏藩、三关首镇。明洪武二十三年（1390）改筑关城于西原河坪，历经四次展拓，使偏关城以磅礴的气势，巍然屹立于万山丛中。春秋战国时，偏关为林胡、娄烦地，汉人与少数民族共居。明初，从洪洞县大槐树下移民来偏关安居者颇多。后来，偏关为边防重镇，军队时来时往，弃军从农落籍当地者颇多。

偏河（其一）

卢承业

关河鱼浪

关西形势若崤函，北塞天潢折向南。
岩戍飞楼悬壮剑，河翻浪雪点幽潭。
花飘蝶影惊鱼穴，风送涛声破鸟庵。
相接云峰传八阵，筹边人至把兵谈。

解说：

卢承业，明万历甲午举人，曾任通州知州、兵部主事。

咏偏头关

何乔新

雄关鼎宁雁，形势独开张。地控黄河北，山连紫塞长。
春深貔虎伏，秋老鹳鹅翔。门户障宣大，藩篱限羯羌。
层峦千里亘，绝险巩晋强。华夷天设域，表里若为防。
可笑和戎利，相因误汉唐。

解说：

何乔新（1427—1502），字廷秀，号椒丘，江西广昌（今江西广昌）人。明景泰五年（1545）进士，官至刑部尚书，有《椒丘文集》。

楼烦

蔡可贤

山前山后十六州，天涯尽处是偏头。
云间大漠风沙走，水折长河日夜流。
万户金绘愁见月，千群铁骑畏逢秋。
却思大汉无中策，一曲胡笳倚戍楼。

解说：

蔡可贤，字子齐，一字文仲，明成安（今河北成安）人。嘉靖四十一年（1562）进士。由太原知府升霸州兵备道，调山西岢岚道，后受命率兵驻辽东防守。

边行

杨澄

北出长械小径斜，崇墉数仞渺平沙。
萧萧麦陇编氓业，寂寂柴扉戍卒家。
石涧幽泉晨饮鹿，营门残柳夜啼鸦。
夕阳暂向邮亭宿，笳鼓声沉士不哗。

解说：

杨澄，明成化年间射洪人，有《宦辙存稿》。

春日偏关城

杨魏

落日关门外，荒凉自怆神。河声兼鼓角，山色带风尘。
耕牧春仍废，台隍鲁作邻。受降城不远，恢复是何人。

解说：

杨巍（1514—1605），字伯谦，海丰（今属广东）人。嘉靖进士，万历时累官吏部尚书。曾任山西巡抚。著有《存家诗稿》。

偏头关

崔镛

半壁孤城水一湾，万家烟火护偏关。
黄黄曲曲涛西下，柴塞隆隆障北环。
铁笛数声摧戍急，玉沙千里叹金艰。
荒陬斗绝今如此，未许将军即解颜。

解说：

崔镛，明代陕西榆林人。嘉靖年进士，隆庆年间迁山西按察使佥事，万历年又进山西御史。

偏城春望

周延饮

一关当要道，万户值春风。鸟为时来语，花因运转通。

黑山官井北，河水紫荆东。立马城头上，身疑霄汉中。

解说：

周延饮，清人。

偏河

陆刚

百折清溪万仞山，金汤半壁状雄关。

杏花日漾红千叠，杨柳风吹绿几湾。

矶错犬牙形似锁，沙回龙背势如环。

雨余登堞看新涨，绝胜天桥碛石间。

解说：

陆刚，清人。

偏关河

张龙德

涓涓寒涧里，疑是乏神功。浪涌海门近，源长塞外通。

环城回蜿蜒，赴壑影霓虹。休羡洪波阔，朝宗庆会同。

解说：

张龙德，生卒年不详，清朝偏关县人，增生。

偏河

武树勋

曾闻河九曲，搁水将母同。湍折流远去，波横西复东。

山环频转浪，涧曲几回通。出险宁无日，乘风效禹功。

解说：

张龙德，生卒年不详，清朝偏关县人，附生。

第五节　众河涌流

一、县川河

县川河为黄河一级支流，亦称涧河，古名沙泉河。《清一统志·保德州》载“沙泉河，在河曲县东南一百三十里，源出宁武府五寨县，流经县界，至本州界入黄河。”县川河源出管涔山西麓，西流经神池、五寨、偏关、河曲四县后注入黄河。主要支流有悬沟河、尚峪河、红崖子沟、王家寨河等。

沙泉

清·李銮宣

漫漫穷发路，何地种松杉。戈壁天无暑，沙泉水亦咸。
坡回萧寺出，山远夕阳衔。诗梦从头续，清风拂枕函。

宿沙泉

清·颜检

路上半沙碛，山中宁有泉？水悬车一篓，人憩屋三椽。
墙角唤新鸟，几前寒旧毡。天涯不岑寂，展箧理诗篇。

二、涑水

涑水河位于山西省南部的运城市境内，流域范围包括闻喜县、夏县、盐湖区、临猗县、永济市的绝大部分和绛县、万荣县的一部分。涑水河干流总长200.55千米，主要支流有冷口峪、沙渠河、青龙河、姚暹渠、湾湾河等。

挽司马季若知郡

宋·孙应时

前日巴东守，中朝涑水家。风规踵清白，牍奏述忠嘉。
鼎鼎名逾重，堂堂发未华。如何空叠组，不见海陵瓜。

春日

宋·吴锡畴

韶光大半去匆匆，几许幽情递不通。
燕未成家寒食雨，人如中酒落花风。
一窗草忆濂溪老，五亩园思涑水翁。
无赋招魂成独啸，且排春句答春工。

涑水送别

宋·胡寅

涑水分携首重回，南山指日可徘徊。
殷勤问讯烦甥友，更遣新诗两咏来。

挽竹湖李端明

宋·赵汝腾

淡似香山老，臞于涑水翁。政须将及子，心孰不为公。
后进师清俭，前旒誉直空。墓陵手所筑，过者式高风。

涑水春涨

明·王龙

猗城佳景处，涑水涨春流。膏雨生涛滚，鱼龙跃浪浮。
桃花漂渡口，柳絮落滩头。忆古寻芳乐，庄周旷达游。

涑水环清

清·李遵唐

曲曲河渠似镜明，好凭襟带束西城。鱼梭织浪翻春雨，鸟篆摹沙浴晚晴。
放眼欲收千顷碧，抚心常抱一腔清。行来凉沁侵人骨，喜听歌声唤濯缨。

涑水横桥

清·王恭先

三月桃花涑水平，绿杨堤外一桥横。
玉栏尽锁鼋鳖睡，金镜夜开蟾兔明。
不见车书通万里，也看往来老浮生。
如今莫问题诗手，石柱年来半已倾。

瑶台顶　其三涑水

元末明初 · 王翰

一派灵源滚滚来，风摇锦浪岸花开。
桥分野色行人去，雨没沙痕钓客回。
秋净霜澄明似练，春深烟染碧如苔。
羡君自有朝宗志，莫怪矶头鸥鹭猜。

解说：

据旧志载，桥在虞乡县（今虞乡镇）东北。桃花奔流，玉栏春锁，遥望乡人往来如踏鳌背。

怀司马温公

明 · 何乔新

瑶台何巍巍，涑水亦瀰瀰。我公独何之，空堂遗剑履。
念昔熙宁初，事事稽周礼。新法纷如毛，旧基寖以圮。
公时居洛师，容与花竹里。朝披嵩阜云，夕钓伊川水。
宣仁始临朝，翻然为时起。惓惓抚疮痍，汲汲除莠秕。
坐令憔悴民，复见雍熙理。胡为厌氛浊，溘然骑箕尾。
忠清与粹德，令闻传不已。嗟予生已晚，高山夙仰止。
稽首遗像前，酌泉荐芳芷。

寓安邑

明　杨巍

回首同安路，忽惊岁序徂。腐儒惭饩廪，多病梦江湖。
涑水寒云合，条山夕照孤。荒凉城郭里，惆怅禹王都。

世泽

明·陈献章

世泽由来远，中更几替隆。市廛怀直道，夷险信阴功。
地接华山隐，家严涞水翁。百年还旧物，报事亦无穷。

简伊佥宪

明·祝允明

七朝熙洽世臣家，班序丘樊势并华。
忠孝到君传不匮，韫沽如玉总无瑕。
园同涞水青山下，扉掩阊门小曲斜。
老去高情澹如水，著书观物是生涯。

饶三溪翁邀饮

明·贺一弘

溪翁爱野客，邀赏撷芳园。竹下憩瑶砌，花前开玉樽。
襟怀舒涞水，气象逼桃源。欲和阳春曲，应惭大雅言。

挽涞水令吴文昌

明·曹义

鸣琴花县几经年，一梦黄粱隔九泉。
三径独存元亮菊，日年谁棹剡溪船。
云迷远汉悲辽鹤，春去空山哭杜鹃。
惟有棠阴遗爱在，碑铭会见后人传。

三、朱家川

朱家川河发源于山西省朔县利民沟，向南经神池县折向西，经五寨、河曲、保德诸县入黄河。河因流经河曲县朱家川村而得名。主要支流有鹿角河、井儿洼河、清涟河。属季节性河流，河床稳定。河道顺直，因流经土石山区，蒸发渗透严重。旱季河流干涸，雨季细流可续。

观水寨

王纬

走上观音寺，黄河山下分。秦川人厄寇，晋地稻连云。
螭首双碑古，蝉声两岸闻。乘风襟抱爽，绝胜酒酣浓。

周山

保德山

昔作林涛寨，今为保德城。定羌亡宋号，附廓大金名。
后瞰黄河近，前临翠岭平。笼葱蔼佳气，万古属皇明。

禹庙

马上锦

禹庙空山里，黄河绕故宫。墙凋余古绘，庭阒满秋蓬。
粮石清华老，龙门道路通。至今横作堑，尤藉控羌戎。

转壑飞流

苏东柱

一湾流水活，飞雨溅青天。白练光如绽，琼珠碎复连。
云回迷断屿，涧折散空烟。不意风尘日，还来洗玉泉。

同诸子过西滩即事

沈廷璐

冉冉平沙并辔行，家家矮屋有书声。
绿山雉堞高低见，极浦厨烟远近生。
绿树阴浓红果熟，黄河浪静白鸥轻。
楼烦风景西滩好，笑指归途月正明。

峻领飞烟

陈士宣

巍峰拱秀大河东，地接闉阇淑气通。
晓雾出山春寂寞，暮烟吐岫月朦胧。
腾腾亘古疑朝雨，袅袅长空漾晚风。
眺罢醉还回首望，谩夸身到五云中。

莲山耸翠

殷梦高

佳气浮河上，山山翠色重。
分明太华顶，飞下玉芙蓉。

莲山耸翠

周山

一脉生来发五支，翠微寒削玉莲奇。
夕阳雨过看还好，红闪霞光落砚池。

朱家川

前人

雪涛触崩崖，雷霆终日震。浩浩复汤汤，如鸟争奋迅。
银山涌中流，玉垒翻水阵。溅沫龙喷珠，飞花目几瞬。
伟裁壮雄观，丽景冠三晋。

带水泛黄

前人

势从天上落，行向地中深。
曲折依城去，山腰亦带金。

峡口天桥

前人

峡共瞿塘险，银河卷雪涛。
疑因牛女渡，驱石架长桥。

峻岭飞炯

百丈丹崖迥，常疑野火烧。
谁知是正气，化作彩云飘。

温泉腾雾

玉夜滋灵气，空中素雾荣。

披襟思濯禊，不羡古华清。

四、恢河

恢河古名灰河、浑河，《汉书》称为治水。发源于山西省宁武县的管涔山北麓分水岭村，它向北流到朔州马邑附近与发源于左云县辛子堡村的元子河汇合后为桑乾河。恢河从阳方口入境，在沙河村北潜流，一直到窑子头村南钻出地面，称“恢河伏流”，俗称“十里钻沙”。古人认为天池与恢河、桑乾河潜通，相传北魏孝文帝曾用金珠穿活鱼七尾放入天池，又用金缕缠箭射中天池大鲸。后在恢河下游桑乾河找到了七尾穿金珠的鱼和所射之箭。又传有车被大风吹落天池中，后在桑乾河找到车轮，故名“恢河伏流”。

恢河伏流

明·李芳春

争讶恢河水，何缘续断流。发源原自异，到海更无俦。

地限东风派，鱼分出没游。渔人常过此，应系木兰舟。

恢河

明·王一鸣

神头山下黄泉道，故老相传几百年。

天池飘坠车轮在，金珠又见七鱼穿。

出没潜通真奇绝，混混日夜昆仑泄。

……

五、浑河

浑河，古称崞川水，源于浑源县崞山。旧志称河至城东十余里处，“清冷无滓，亦不鸣激。至夜则静影沉璧，浮光耀金。而月上下可观，最奇趣也”。

浑河

明·田蕙

浑潭清冷映婵娟，万顷澄蓝漾碧天。
最是龙沙披甲士，悲笳声里怅团圆。

永清道浑河

明·林熙春

曾读水经识水源，浑河即是古桑乾。
频年迁徙分南北，此日安环若带鞶。
东海霜寒攒玉垒，西山云蔼拥金銮。
但祈浑水澄清永，归马华阳系可汗。

河桥篇寄用贞懋昭

明·杨慎

浑河流水桑乾潮，何年伐石架长桥。
玄鼍窟近填乌鹊，沧海波平上赤霄。

众派汇流

清·王霨

山下飞泉石径幽，别源分派汇同流。

寒潭潦尽清连雪，冷壑冰消浪乏沤。

北近长域趋大口，东过转碴绕前沟。

萦回直达黄河去，绵沥宁知几度秋。

解说：

平鲁县境北部有三条清水溪：一为由八墩、九墩和响水营三条小溪汇成的汤溪河，一为发源于黑果沟、园子村和郭家窑的沧头河，一为发源于新墩、蒋家坪和索家窑、刘虚窑的河流。一向西，一向东，一向北，最后都汇入黄河，故称“众派汇流”。

廿六日度罗睺岭入潭柘岫云禅林

清·永瑢

晓梦破涛声，幽禽近枝啭，畏寒尚拥衾，言补昨朝倦。

东方浴海暾，野气若蒸甗。招提伯仲间，廿里无平甸。

威纡艮背行，眼晕逐峰转。攀径肖猿缘，到顶俨螺旋。

仆夫惜马蹄，陟降辄原巘。浑河俯漭流，青蚓盘一线。

乱石叱馀羊，杂花堕疑钿。村氓傍岭居，厨烟亘葱茜。

归途二十里渡浑河登石径山遇雨

清·赵怀玉

回头别群山，西望尽碧空。岂知青未了，山色忽向东。

巃嵸邈双阙，詄荡开九重。林枯少栖鹘，洞累疑藏蜂。

虚无想金阁，黯淡留铜容。遗经署元和，高爵爹卢龙。

能邀定州殁，始信大觉功。至今来游客，证古名犹蒙。
徐开荆枳地，力陟陂陀峰。下临驌无地，上瞩愁近穹。
桑乾塞外来，至此势更雄。飞声撼诸天，一听三日聋。
塔孤势疑动，客惧不敢从。前山雨欲集，归路云已封。
不辞沾衣湿，藉慰久旱衷。

六、兔毛河

兔毛河又称沧头河，沧头河发源于朔州市平鲁城北郭家窑，在燕家堡流入右玉县境，经刘家窑汇入李红河、石匣河、二道河及三道河；北流经杀虎口出右玉县境，入内蒙古称红河，再西流入黄河。历史上，沧头河名中陵川水，又名兔毛河。“兔毛”实为“土默特”之音转。《水经注》：“中陵川水，水出中陵县西南山下，北俗谓之大浴真山。”旧志称其“沙岸漫衍，平波潆洄。水面风来，恍似纹生皱縠；山光蘸影，犹如彩笔临池”。

兔渚回萦

清·刘士铭

发源驼岭历龙沙，归注黄河到海赊。
清处讵同饮马窟，涛来拟欲泛仙槎。
苍波古戍孤云落，岸草汀烟燕子斜。
漫道环城如带水，作霖鹿塞润桑麻。

登岳同黄刺史作

清·朱休度

桑乾外抱东北奔，抱内山者水名浑。
浑河一委承八源，逆西南流桑乾吞。

八源所出棼难论，络岳之腋洒岳跟。
跟有一峡水潺湲，架水作栈梁鼍鼋。
悬壁之下厚阴昏，背入腰转攀天门。
无数山壅困廪屯，五脏六腑互为根。
岳包如心脏腑君，厥心中空厥顶髡。
势兜左右微轾轩，形家乃以钳为言。
直言导脉从昆仑，万里入首临中原。
泰山如坐嵩如蹲，如行如立衡华骞。
此山独卧自然尊，石不玲珑草不蕃。
太朴一气禀混元，周三千里蟠外垣。
锥指之地太极存，上应虚危擘中分。
壁开如幛如缺盆，负阴抱阳向午暾。
直午一峰如守阍，贪星变廉火焞焞。
丙张丁柳无偏反，天造地设非强云。
柰何立庙羞蘋蘩，昧厥宅中旁是援。
当年议祀聚讼纷，曲阳飞石诬愚惛。
只今怀柔百礼惇，明烟釐正神所欣。
那更迁庙移钟鼖，宅幽都正如中军。
如人坐车前式辕，还玄洞封灵宝文。
会仙府集群真幡，仟之人兮渺白云。
两伯之乐何处闻，仰瞻俯睇荡心魂。
侧身怀古苍烟痕，黄君守上古治敦。
神之听之民无冤，邀我登岳谒帝孙。
题名岳壁联篪埙，劝我作歌辞复温。
我无笔力扛鼎翻，敢绘日月摹乾坤。
昌黎遗诫时乃谖，虽欲悔舌不可扪。

七、滹沱河

沱水即滹沱河，曾名乎池、乎勺、恶池、亚驼等，发源于繁峙县泰戏山桥儿沟。每年三四月间为春讯，由高山雪水融化所致。旧志称其绕县治如带，每春时坚冰渐泮，故有“沱水冰消”一景。

滹沱冰销

清·王时炯

茫茫今古此滹沱，燕赵关山得半过。
巨浪岂缘东汉静，坚冰常见北溟多。
经春作雨分膏泽，入夏成渠润物和。
两岸齿残沙碛影，中流孤艇稳渔蓑。

解说：

王时炯，定襄知县，广东乐会人。

乌河

清·周永福

乌河灌平川，环流凡几曲。
山城影在中，一片光如玉。

解说：

乌河，又称乌川，系滹沱河支流。旧志称其“源出西境诸山，汇为河，绕玉泉而北。每夜凉风静，澄光映带常如月皎”。

滹沱孤舟

明·施重光

滹水名天下，孤舟此探源。
灌畴农浪喜，洗甲士安餐。

滹沱落石

清·李子峪

连天巨浪欲长吞，水落不曾有石存。
汉使争传危渡口，晋人早已识河源。

解说：

李子峪，清邑人，进士。

八、浊漳河

浊漳河属海河流域漳卫南运河水系，流域呈扇形分布，上游有南、北、西三大支流，俗称南源、北源、西源。浊漳河南源由长子县入长治县北部，旧志称其“与蓝水合处，清浊不淆，如玉带长拖，顺流数里”。

赤壁漳水

明·申锐

漳水滔滔日向东，时当疏凿见神功。
天开玉峡飞涛涌，地设金汤横逝雄。
浪气潮空犹雾障，波声落涧如雷轰。
美哉胜概堪游赏，题此令人兴不穷。

解说：

旧志载，赤壁村南有石崖深涧，高数丈余。漳水至此，急流落涧，声吼若雷，气腾若雾，浪喷若珠，瀑泄若帘，故曰赤壁悬流。今在悬崖断壁之上拦漳筑坝，蓄水成湖，建起赤壁水电站。昔日赤壁悬流，今为赤壁银湖。

漳水秋波

明·钟武瑞

千溪万涧鼓石砰，水净沙明转夹城。
兔影西从双岭合，龙湫东注两溪平。
玉壶贮月深斟酌，素练随风奔纵横。
先庙祇今撑砥柱，寒潭孤屿不胜情。

解说：

清漳河沿途历经深山峡谷，两岸山势嵯峨，屏障壁立，山水掩映，风录秀丽。

漳水环带

明·周钺

百雉孤域间两洲，南溪北涧总东流。
三门作品题清议，二水成人泛白鸥。
向晚云收涵兔影，入寒潦尽见龙湫。
危桥跨处堪图画，高咏沧浪兴未休。

解说：

和顺县境内有两支漳水：东清漳河自县北东流，西清漳河自县南东流，两河交绕环抱，有若襟带。

浊漳河

清·蔡履豫

何人误拟浊漳名，禹贡当年纪至衡。
波绕鸠山常自净，源分鹿谷本来清。
春风荇藻鱼梭跃，秋月芦花雁字横。
更共蔚蓝天一色，教人思染一襜盈。

解说：

浊漳河北源干流古称武乡水，俗称关河，为武乡县第一大河。河水由榆社县北流向东南，沿途有涅河、南亭河、贾豁河、大有河、活庄河、监漳河等支流汇入。旧志载：漳水在县西三里余，秋水时至，百川灌河，奔涛若山，令人惊怖。

漳河

清·李廷芳

城郭抱江斜，春流漾浅沙。扣舷人度曲，喷沫浪生花。
归牧依残照，征帆落晚蠖。红尘纷扰攘，羡此泛仙槎。

漳水浮清

清·佟国宏

奉命临斯邑，非山印是川。人烟营屈里，城郭水云边。
王焉何能望，郑图急欲传。戴星吾所愿，惟意共尧天。

漳河回澜

清·程步堂

出郭叹汪洋，云是清漳，波澜壮涌乱流狂。
顿使涟漪成激湍，一片寒光。
望处总苍茫，浩浩荡荡，如斯逝者为谁忙。
若得渔人夸自在，曲奏沧浪。

漳源泻玉

清·吴琠

漳水源头何处寻，古碑残墅碧云深。
一溪翠瀑清如醴，万里飞声势若骎。
客路无尘朝帝国，乡山有径到灵岑。
携来共羡登临事，谁识当年老子心。

解说：

吴琠（1637—1705），清初山西沁州（今沁县）人，顺治十六年己亥（1659）进士，曾官湖广总督、保和殿大学士兼刑部尚书，谥文端。著有《吴珙文集》。

田溪洌水

清·程大夏

古渡漳河水浊流，清泉阁外一泓幽。
密阴交树潭光落，静影幽空雨气浮。
晓日烟花藏远野，秋风菽黍灌平畴。
别来江上扁舟好，暇日溪边感旧游。

解说：

田溪即今黎县城东关村小河，为漳河支流。清乾隆版《潞安府志》载："溪在县北关，泉发于岚山之腹，丈许即伏，至溪始出焉。溪上杂树交映，云垂烟接，水则嚣尘不染，一清自如。"

九、涝河

涝河发源于浮山县北乌岭里山，西流临汾尧都区经尧陵至高河桥与潏河汇合后入汾河。明万历十八年（1590），临汾县知县邢云路因势利导，兴利除害，开渠十三里，灌溉焦堡等村农田六十余顷。结合渠道工程，修池沼，建楼阁，植堤柳，种荷莲，使涝河渠形成"金堰洄澜"、"水国龙宫"等十景，成为游览胜地。

涝河渠十景

明·邢云路

水云楼阁

水国云烟合，高楼出水云。
登楼谁得似，宛作云中君。

金堰洄澜

雉堞势连云，海山凌倒景。
赤岸驾阳涛，洄湍荡天井。

月沼风莲

池塘开半月，风袅红莲新。
莫歌湖上曲，恼杀浣沙人。

平台啸月

高台俯洪川，洸瀁清辉发。
忽作鸾凤音，啸向中天月。

洞口桃花

仙源何处觅，洞口桃花真。
迎风还笑日，妬杀如花人。

四山晚翠

坐爱池台晚，闲云意共慵。
青山看远近，面面落芙蓉。

堤柳荫塘

青青河畔柳，倒影林塘净。
相看如有情，翠眼舒明镜。

莲舟竞渡

可爱木兰舟，可怜采莲女。
采之将赠谁，凝睇不能语。

水国龙宫

金碧耀天浔，龙宫澍泽深。
春秋箫鼓闹，报事小民心。

秋野黄云

秋色澹郊原，水村明夕照。
多稼忽如云，儿童自嬉笑。

解说：

邢云路，直隶安肃人，临汾知县。

黑水清波

清·张体义

中条山下出泉多，潋滟光澄黑水河。
晚照夕阳临远岸，晓飞朝彩漾清波。
纹叠绉风微动，鉴影分明鸟暗过。
料得溪旁垂钓叟，惯从月夜放渔歌。

十、昌源河

昌源河，又称胡甲水、龙舟水、盘陀水，源于武乡县护甲山。旧时河水丰盈，山清水秀，春来两岸景色如画。

昌源春水

明·武尚纲

绕涧飞流接野滩，波翻晴云蹴桥寒。
农家赢得勤生计，灌溉良田兆岁安。

龙舟夜月

明·吕师贤

龙舟横带帻山东，水势滔滔湛碧空。
几树晴岚浮远岫，一轮明月丽高峰。
光摇云汉随人转，影射楼台到处同。
漫道清晖终夜好，年年还似仲秋中。

解说：

昌源河即龙舟水。盘陀一川龙舟峪一带，乘兴游览，山寺风满，酒旗沽客，亦是美不胜收。据旧志载，“东岩一潭寒泓，净拭孤云”，每晦日“峰亏峦蔽，而金波玉涟之间，顾兔私明，蟾蜍偷漾”。

十一、昕水、芝河、巢溪、降河、寿水、象峪河、壶流、潞河、五渡河、秀水、巴州河

昕水练潆

清·梅期鋗

脉脉流波曲绕域，二川相合石泉清。
洲连秀色藏殊媚，槛照晴光琢玉成。
村犊负薪凭浅渡，野鸥衔藻踏沙行。
徘徊啸月题诗处，一幅生绡更有情。

解说：

梅期鋗，江南宣城人，曾任大宁知县。

昕水河为大宁县最大河流，横贯县境中部，发源一自隰县紫川，一自蒲县蒲川，合流而西，由大宁入黄河。河水环曲而来，凭高望之，酷如匹练，故称“昕水练潆”。

带河环清

明·罗永新

一水盈衣带，曲流绕翠峰。
潺湲鸣日夜，经纪旧尧封。

解说：

昕水河旧称东大河，为蒲县境内最大河流，发源于黑龙关镇上火石凹村豹梁东南侧，流经黑龙关、化乐、城关、薛关数镇。

芝河钓艇

明·张光裕

芝水涵清郭外流，波光逐浪欲吞舟。
天晴垂钓连纶下，日暮归帆和月收。
处士无心随变鹊，闲身有意伴浮鸥。
沙洲一任风涛急，稳棹苍苔古渡头。

解说：

芝河发源于永和县境东北，自东北向西南曲折穿行，注入黄河。旧志称“水色霭浮，烟波弥漫，令人不禁起少伯扁舟之兴焉”。

巢溪春涨

明·李咨

残雪初消北岸晴，巢溪晓涨拟桥平。
驱牛事已湮陈迹，洗耳人犹擅旧名。
草色遥连春漾漾，柳条低拂绿盈盈。
谁知一线清风远，千载桐江钓子陵。

解说：

巢溪又名颍水、洗耳河，在襄陵县城东南，世传为尧王时高士巢父驱牛和许由洗耳处。

西流河

清·张士浩

波水潺潺沂浅流，
斜阳残照漾津头。
往来农务村村急，
满岸垂杨不系舟。

解说：

张士浩，陕西泾阳人，曾任潞城知县。

西流河发源于潞城县境东七圪垴，自西向东至西流南村入浊漳河。旧志载：西流涓滴之水，雨季水势汪洋，环山倒映，霞辉粼波，每夕舟船竞渡，十分繁忙。

降河

清·赵廷煦

惊看水到喜渠成，众蟞争趋绛水行。
两岸沙平连野渚，片帆影动绕孤城。
霞烘浪底红泉涌，月满湾头紫气横。
更有小萝庵可憩，坐来风静钓丝轻。

解说：

绛河发源于盘秀山、瓮城山，由西向东，横贯屯留全县。流经县城北的一段，历为人们游览休憩之处，春来碧波荡漾，鱼鳞相趣，垂柳飘拂，美景如画，旧志称其为“绛河春涨”。

景明瀑布

元·靳荣

玉龙睡起白云堆，喷出珠玑万颗齐。
飞下半空悬瀑布，流来平地漾玻璃。
遍浇禾稼秋云阔，静浴扶桑晓日低。
若遇春来桃夹岸，渔郎认作武陵溪。

解说：

天河，古称绛水，自绛县蜿蜒而来，经青玉峡折至白石山，急流直下 30 米，于景明村附近形成瀑布，即沃泉。《水经注》载："云青崖若点黛，素湍如委练，望之极为奇观。"

解说：

寿水，又称黑水、白马河，是汾河支流潇河的主要支流，横穿寿阳。其源头一出境内要罗山东，一出颉纥村北山谷。旧志称："虽山水暴涨，寿水独清。"

寿水清波

清·吴祚昌

古邑城南漾碧波，淙淙寿水抱山阿。
要罗出处天泉少，颉纥分来地气多。
百道明霞飞玉练，一行白鹭绕清河。
农桑劝罢归与晚，俯听潺湲日此过。

解说：

吴祚昌，江南沭阳人，曾任寿阳知县。

象水秋波

清 · 陈时道

露白沙明秋水清，粼粼巧作珮环声。
簟纹不假风中动，琴调还从雨中生。
燕尾漫分寒漱石，鸭头浅漾碧凝弘。
临流每剧观澜兴，一曲沧浪自濯缨。

解说：

陈时道，清邑人，曾任静宁州通判。

象峪河旧称小涂水、象谷河，俗称向阳河，为太谷县境内一条大河。发源于太谷、榆次、和顺交界的八赋岭，流经太谷入清徐县境。旧志称："秋高水清，澄澈可鉴。"

壶流河

清 · 李焕斗

城南丰水夜鳞鳞，一望平川白似银。
静影玲珑飞玉镜，寒光荡漾跃冰轮。
三更遣兴花当涧，十里寻溪月近人。
况是清秋风景别，更从何处涤氛尘?

解说：

李焕斗，曾任广陵知县。

壶流河古称祁夷水，发源于浑源县大石头岭及乱岭关，流经广灵县东流河北省蔚县，注入桑乾河。《广灵县志》载："壶流河古名滋水，源出县西莎泉，东注壶山下神泉，二水全流三十里，上狭下宽，其形如壶，故名。"

中秋初度

明·张元凯

桂影青天满，桑乾白水斜。公车不待诏，客舍秖思家。

报主雌雄剑，谋生子母瓜。去年今夜酒，吴市听琵琶。

渡河

清·孙杰

渺渺桃江下，东流直且纡。平波分渡口，曲岸转山隅。

芳草伴嘶马，斜阳艳浴凫。通津何处急，沧海也应浮。

解说：

五渡河在今阳泉市郊，旧属平定境，为桃河支流。旧志载：五渡河在州北十五里，发源于寿阳之太平山，经北下注娘子关。渡口有五，故名。然水至此无波，故曰五渡平波。

细水微澜

清·周永福

浤瀰坡南水，垂杨树里看。

朝宗虽到海，只作细波澜。

解说：

秀水河古称细水，因河道蜿蜒、澄细如缕不绝而名。

沾水拖蓝

明 · 乔宇

一脉涟漪出远岚，山光云影共拖蓝。
春深欲染云衣净，夜久微将月镜涵。
清别泾流同渭水，碧分江派比湘潭。
旧时县治今何在，雉堞茫茫野草毵？

解说：

巴州河古称沾水，发源于乐平市内沾岭东麓掌城村附近，山清水碧。旧志称其水发源处微有蓝色，汲于器则白。

后 记

黄河与汾河都是哺育山西人民的母亲河，在华夏文明的历史进程中，这两条河都曾经起到举足轻重的作用。在构设本书内容时，我还曾对河汾文化的影响产生质疑，直到我真正步入黄河与汾水的历史中，才发现自己视域的狭仄与知识的不足，徒生望洋之叹，而这更增加了我对河汾文化的崇敬之情。

黄河之于三晋大地，不仅有龙门飞瀑，更有九环曲折、险阨雄关，黄河之水天上来，三晋风流尽览于此。汾水不仅灌溉了三晋沃土，更养育勤劳朴实的山西人民。所谓“五千年文化看山西”，从上古社会的尧舜禹，到唐代的河东才俊，再至大槐树的民族“根”，河汾文化是一条流淌的血脉，它把三晋历史与山西文化源源不断地输送出去。希望这一本小册子能够为河汾旅游贡献一份力量，也希望人们记住山西不是仅靠汾酒或煤炭，而是辉煌的河汾文化。

本套丛书是山西省“山西省互联网+与旅游产业升级协同创新中心”重点项目的一部分。在编写过程中，得到了山西师范大学历史与旅游文化学院院长车效梅老师、副院长侯慧明老师的鼎力支持，出版社熊汉宗编辑也给予了热心的帮助。本丛书的另外两位作者——鲁立智和李晓敏老师，在编写的过程中也为本书的编写提供了相当多的建议与资料，此处一并致谢！

最后，希望本套丛书能够切实发挥辅助山西省旅游文化产业发展的作用，使每一位读者都能喜爱山西，热爱山西。热忱欢迎大家来山西做客旅游。

图书在版编目（CIP）数据

河魂汾韵／刘士义编. —太原：山西经济出版社，2018.5

（表里山河丛书／车晓梅主编）

ISBN 978-7-80767-894-6

Ⅰ. ①河… Ⅱ. ①刘… Ⅲ. ①中国文学—古典文学—作品综合集 Ⅳ. ①I212.01

中国版本图书馆 CIP 数据核字(2018)第079861号

河魂汾韵

编　　者：刘士义
责任编辑：熊汉宗
装帧设计：赵　娜

出 版 者：山西出版传媒集团·山西经济出版社
地　　址：太原市建设南路21号
邮　　编：030012
电　　话：0351-4922133（市场部）
　　　　　0351-4922085（总编办）
E-mail：scb@sxjjcb.com（市场部）
　　　　zbs@sxjjcb.com（总编室）
网　　址：www.sxjjcb.com

经 销 者：山西出版传媒集团·山西经济出版社
承 印 者：临汾工艺美术印刷有限公司

开　　本：787mm×1092mm　1/16
印　　张：22.5
字　　数：330千字
版　　次：2018年5月 第1版
印　　次：2018年5月 第1次印刷
书　　号：ISBN 978-7-80767-894-6
定　　价：120.00元（全二册）